高等院校经济管理类基础平台课程系列

浙江工业大学重点建设教材

Second Edition

ECONOMICS

高等院校经济管理类基础平台课程系列

（第二版）

主　编　陈春根
副主编　潘申彪

经济学原理

ZHEJIANG UNIVERSITY PRESS
浙江大学出版社

图书在版编目（CIP）数据

经济学原理／陈春根主编. —2 版. —杭州：浙江
大学出版社，2014.8（2020.8 重印）
　　ISBN 978-7-308-13491-0

　　Ⅰ.①经… Ⅱ.①陈… Ⅲ.①经济学－高等学校－教
材 Ⅳ.①F0

　　中国版本图书馆 CIP 数据核字（2014）第 149345 号

经济学原理（第二版）

主　　编　陈春根
副主编　潘申彪

责任编辑　朱　玲
封面设计　俞亚彤
出版发行　浙江大学出版社
　　　　　（杭州市天目山路 148 号　邮政编码 310007）
　　　　　（网址：http://www.zjupress.com）
排　　版　杭州中大图文设计有限公司
印　　刷　嘉兴华源印刷厂
开　　本　787mm×1092mm　1/16
印　　张　21.25
字　　数　530 千
版 印 次　2014 年 8 月第 2 版　2020 年 8 月第 12 次印刷
书　　号　ISBN 978-7-308-13491-0
定　　价　55.00 元

前　言

　　"经济学是一门研究人类一般生活事务的学问。"这是 19 世纪伟大的经济学家马歇尔(Alfred Marshall,1842—1924)对经济学的定义。的确,一个人,无论是居庙堂之高还是处江湖之远,经济活动总是其日常行为的最主要的组成部分,小到柴米油盐的消费决策,大到宏观调控的政策组合,经济学的研究对象可谓是包罗万象。学习经济学将有助你更好地了解你所生活的世界。近者,例如,为什么校园周边那些脏乱的小吃店总是生意火爆而地处闹市的有些饭店却老是更换主人呢? 为什么大学毕业生就业也会有大小年现象呢? 为什么别的地方的房价跌了我们这边却还在涨呢? 远者,例如,美国的联邦储备委员会为什么又在调低利率了呢? 为什么这能使港股大涨而内地 A 股却没有反应呢? 国际市场原油价格为什么涨了那么多呢? 运用经济学的原理和方法,不仅能帮助我们对这许许多多的社会现象做出科学理性的分析解释,而且能帮助我们进行正确的消费、投资和管理决策,从而成为一个精明卓越的经济参与者。

　　有人说经济学太抽象,不好学。的确,经济学虽然源于人类的经济活动,但是经济学又是对经济活动的高度概括和抽象,而且西方经济学研究者又运用了大量的数学手段,试图用实证的方法使经济学的研究更为科学,这种情况确实增加了初学者学习的难度。因此,学好经济学,一方面,需要培养一定的科学思维能力,包括要求掌握一定的归纳分析方法和数学分析工具;另一方面,还需要学会观察分析社会的经济现象,把抽象的经济理论与活生生的经济生活联系起来。学会用脑子思考、用眼睛观察,切记,不要把经济学当作教条死记硬背。

　　本书定位为经济学基础教程,以介绍经济学基本原理为主,适当介绍一些前沿理论,适用于经济管理类专业本科生培养计划中的基础经济学课程(经济管理类专业一般后续还安排中级经济学课程),也可作为其他专业或成人教育学生修读经济学课程的教材。全书共 18 章,包括绪论(第一章),绪论部分除介绍一般的经济学研究对象、研究方法外,还增加了经济学发展历史的简介;微观经济学部分(第二至十章),分别是需求、供给和均衡价格,消费者行为理论,生产理论,成本与收益理论,厂商均衡(第六、七两章),生产要素价格和收入分配,一般均衡和福利经济学,市场失灵和微观经济政策;宏观经济学部分(第十一至十八章),分别是国民收入核算,国民收入决定理论,货币、利率和投资,IS—LM模型,财政政策和货币政策,总需求—总供给模型,通货膨胀和失业理论,经济增长与经济周期理论。考虑到本课程的开设年级较低,学生尚未修读国际贸易、国际金融等课程,而一般经济管理类专业都在经济学之后设置了国际经济类课程,所以本书没有安排开放经济部分内容。为了加深学习者对经济理论的理解,提高分析现实问题的能力,本书在每一章后面都安排了相关的案例和习题,供学习者练习思考。

美国当代经济学家格里高利·曼昆(N. Gregory Mankiw)在他编写的《经济学原理》中写道:"在我当学生的二十年中,最令人兴奋的课程是我在上大学一年级时所选的连续两个学期的经济学原理,可以毫不夸张地说,这门课改变了我的一生"。不错,经济学不仅会带给我们快乐的课堂,而且经济学的理性和智慧更会使我们受用终生。

编　者
2009 年 12 月

C目 录
ontents

第一章　绪　论

经济学的产生源于两大前提,即资源的稀缺性和人类的理性,前者使经济学成为必要,后者使经济学成为可能。经济学的研究基于一个最基本的事实,这就是客观存在的稀缺性(scarcity)。人类所以要进行生产活动,是为了满足他们的消费欲望,假如人们的消费欲望以及由这些欲望所引起的对物品和劳物的需要是有限的,而满足需要的手段取之不尽、用之不竭,便不会产生稀缺性问题,经济学也就不会产生。可是,实际上在人类社会中,生产资源以及用它们生产的产品的增长在一定时期内总是有限的,而人类的欲望是无限的,由此便产生了经济学所要研究和解决的问题。

第一节　经济学的研究对象

一、经济学的基本问题

西方经济学家把满足人类欲望的物品分为"自由物品"(free goods)和"经济物品"(economic goods)。前者指人类无须通过努力就能自由取用的物品,如阳光、空气等,其数量是无限的;后者指人类必须付出代价方可得到的物品,即必须借助生产资源由人类加工出来的物品。"经济物品"在人类社会生活中是最重要的,但它的数量是有限的。

按照美国学者亚伯拉罕·马斯洛(Abraham Maslow)关于欲望或需要层次的解释,人的欲望或人的需要可分为以下五个层次:第一,基本的生理需要,即吃、穿、住等生存的需要,这是最底层的需要;第二,安全的需要,即希望未来生活有保障,如免于伤害,免于受剥夺,免于失业等;第三,社会的需要,即感情的需要,爱的需要,归属感的需要;第四,地位的需要,即需要有名誉、威望和地位;第五,自我实现的需要,即对于人生的看法,需要实现自己的理想。这些欲望或需要一个接一个地产生,当前一种欲望或需要得到满足或部分满足以后,又会产生后一种欲望或需要,所以欲望或需要是无穷无尽的。

相对于人无穷无尽的欲望而言,"经济物品"以及生产这些物品的资源总是不足的,这就是稀缺性。这里所说的稀缺性,不是指物品或资源绝对数量的多少,而是相对于人类欲望的无限性来说,再多的物品和资源也是不足的。

由于稀缺性的存在,当一个经济主体掌握了一定的经济资源后,便产生了如何利用现有资源去生产"经济物品"来更有效地满足人类欲望的所谓选择问题。选择包括:第一,如何利用现有的经济资源;第二,如何利用有限的时间;第三,如何选择满足欲望的方式;第四,在必要时如何牺牲某种欲望来满足另外一些欲望。它所要解决的问题是:(1)生产什么(what)物品和劳务以及各生产多少? (2)如何生产(how)? (3)为谁(for whom)生产这些物品和劳务? (4)现在生产还是将来(when)生产? 这四个问题被认为是人类社会共有的基本经济问题,经济学正是为了解决这些问题而产生的,从这个意义上说,经济学是一门关于选择的科学。

美国著名经济学家萨缪尔森(Paul A. Samuelson)给经济学下了这样一个定义:经济学是研究人们和社会如何做出最终抉择,在使用或不使用货币的情况下,来使用可以有其他途径的稀缺的经济资源在现在或将来生产各种物品,并把物品分配给社会的各个成员或集团以供消费之用。它分析改进资源配置形式可能付出的代价和可能产生的收益。

二、机会成本与生产可能性边界

从经济资源稀缺性的事实出发,解决人类社会经济生活的四个基本问题,归纳起来,实际上就是要解决好这样两个问题的相互关系:一是各种欲望的轻重缓急程度;二是为了满足某种欲望所需付出的代价。例如,甲种欲望的重要程度大于乙种欲望的重要程度,但是满足甲种欲望的物品所需的投入大于满足乙种欲望的物品所需的投入,即满足甲种欲望所需的花费大于满足乙种欲望所需的花费。在这种情况下,是用有限的经济资源来满足甲种欲望还是来满足乙种欲望? 这就必须把上述两个问题联系起来进行考虑,即必须把既定目标与达到这一目标所需的代价联系起来权衡比较,作出抉择。为此,西方经济学家提出了机会成本(opportunity cost)和生产可能性边界(production possibility frontier)两个概念。

经济资源的稀缺性决定一个社会的经济物品在某一时期内是个定量,这就意味着,为了生产某种产品就必须放弃其他产品的生产。当把一定经济资源用于生产某种产品时,所放弃的另一些产品生产上最大的收益就是这种产品生产上的机会成本。例如某人拥有1000美元资金,他把这1000美元资金存入银行一年可得利息50美元,他把这1000美元用来炒股票,一年下来可得利润200美元,买债券可得利息60美元,那么,他炒股票的机会成本就是60美元。这60美元之所以称作是这1000美元炒股票的机会成本,是因为用这笔钱炒股票就失去了存银行或买债券的机会,这两个机会中最大的收益是60美元,因此是其机会成本。在经济计划的制订过程中,在新投资项目的可行性研究中,在新产品开发中,乃至工人选择工作中,都存在机会成本问题。在进行选择时,力求机会成本小一些,是经济活动行为方式的最重要准则之一。

与机会成本密切相关的是生产可能性边界。一个经济社会必然具有一定数量的人口,一定程度的技术水平,一定数量的工厂和工具,一定数量的土地、水和其他自然资源,总之具有一定数量的经济资源、生产技术水平。当经济社会在为解决四个基本问题而进行选择时,实际上就是要决定这些相对稀缺的经济资源如何被分配到千千万万种可能生产的不同产品和劳务中。为了简化起见,假定这个社会用既定的经济资源和生产技术只生产两种产品 X(黄油)和 Y(大炮),多生产 X 就必然减少 Y 的生产;反之亦然。假定全部经济资源用来生产 X,可生产5个数量单位,全部用来生产 Y,可生产15个数量单位。在这两个极端的可能性之间,还存在着各种可能性,即通过经济资源从一种用途不断地转移到另一种用途,两种产品的数量会产生此消彼长的格局。假定共有 A、B、C、D、E、F 六种可能性,如表 1-1 和图 1-1 所示。在图 1-1 中,用纵轴表示 Y,用横轴表示 X,根据表中的数据找出坐标点,连接各种可能性可得到一条曲线,这条曲线就叫作生产可能性边界,它表明在既定的经济资源和生产技术条件下所能达到的各种产品最大产量的组合,又可叫生产可能性曲线。

表 1-1　生产可能性组合

可能性	X(黄油)	Y(大炮)
A	0	15
B	1	14
C	2	12
D	3	9
E	4	5
F	5	0

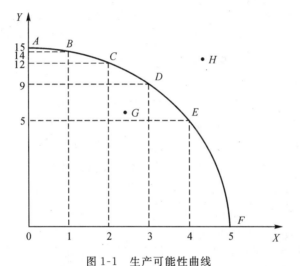

图 1-1　生产可能性曲线

　　我们可用 X 产品与 Y 产品来表达各自的机会成本。比较一下 C 点和 E 点,多生产 2 个单位 X 产品必须少生产 7 个单位 Y 产品,则多生产 2 个单位 X 产品的机会成本是少生产 7 个单位的 Y 产品。

　　处在生产可能性边界以内的点,如图中的 G 点,表示社会未能充分利用资源,即存在闲置资源,也就是存在失业。当社会使用了这部分资源,就可以得到更多的 X 和 Y 产品。而处于生产可能性曲线之外的区域,如图中的 H 点,表示社会现有资源条件不可能达到的产量。

　　当社会生产处在生产可能性边界上时,表示社会经济处于有效率的充分就业状态。但在这种状态下,社会在选择两种产品的组合时,必须确定最佳的比例,是选择 D 点还是 E 点,抑或是其他点? 这便是微观经济学中所要解决的资源性配置问题。

三、理性人假定

　　理性人(rational man)假定,是西方经济学在经济分析中和由此得出的经济理论中关于人类经济行为的一个基本假定。西方经济学的诸多命题都是在一定的假设条件下推演出来的。作为经济主体的居民户、厂商和政府，尽管在经济生活中作用不同、各具特点，但由于理论抽象需要，在理论分析中一般都被视为理性人。它意指作为经济决策的主体（居民户、厂商、政府）都充满理性，既不会感情用事，也不会轻信盲从，而是精于判断和计算，其行为符合始终如一的偏好原则。

假如在经济活动中 X、Y 两种方案或 X、Y、Z 三种方案需要经济活动的主体加以选择的话，理性人将有如下三种行为特征：①完整性。他了解自己的偏好，或偏好 X 甚于 Y，或偏好 Y 甚于 X，或对两种偏好无差异，但无论什么情况下都只能两者择其一。不可能同时偏好 X 甚于 Y，Y 又甚于 X。②传递性。倘若他偏好 X 甚于 Y，而又偏好 Y 甚于 Z，那么他必然会合乎逻辑地偏好 X 甚于 Z。③有理性地选择。若 X 能给他带来最大的利益，在其他情况不变时，他绝不会选择 Y 或 Z。这种理性人所追求的经济目标也体现着最优化原则。具体地说，消费者追求满足最大化，生产要素所有者追求收入最大化，生产者追求利润最大化，政府则追求目标决策最优化。

这种理性人，实际上就是英国古典经济学家亚当·斯密（Adam Smith）在《国富论》中所讲的"经济人（economic man）"，但斯密的"经济人"是指"人"，主要指资本家，而理性人假定则包括经济活动的所有参与者，既有资本家和工人、生产者和消费者，又包括政府，即理性人假定把政府也人格化了。

理性人假定中，经济主体行为的基本动力是利益最大化，从而行为准则是既定目标的最优化，当然，这并不意味着经济主体在行动中就一定能实现最优目标，也不意味着这一目标一定是好的。在现实经济生活中，人们在做出某项决策时，并不总是深思熟虑；人们在许多场合，往往是按习惯办事，受骗上当也是难免的；人们在进行经济决策时，除了经济利益外，还受到社会、政治以及道德等方面的影响或制约。西方经济学家认为，经济分析之所以要作这样的假定，无非是要在影响人们经济行为的众多复杂因素中，抽出主要的基本因素，在此前提下，可以得出一些重要的结论。并据此对人们有关经济行为做出预测，提供行动计划或决策的理论基础。可以设想，要是没有这种假定，如果人们真的对经济活动结果的好坏抱着无所谓的态度，那么，经济学就很难提出什么理论了。

经济学既然假定经济行为主体都是理性人，就必然得出只有符合理性人假设要求的经济制度，才能把人们的经济行为真正长期纳入一定轨道。通过某种教化或感动方式，虽然也能使少数人短期内做出某种毫不考虑自己利益的高尚行为，但要求大多数人长期如此做是不切实际的。通过政府某种强制力量迫使他们这样行动，也只能奏效一时。人性也不存在起初是"善"还是"恶"的问题，而只存在理性和非理性的问题。既然如此，通过不断实践的摸索，逐步建立起一套符合理性人假定要求的制度，以规范人们的行为，就是市场经济有序运行与健康发展的题中应有之义。

四、经济体制

经济资源配置和利用的方式就是所谓经济体制问题。按照西方经济学家的划分，经济体制大体上分为下列四种类型：自给经济、计划经济（命令经济）、市场经济和混合经济。不同的经济体制，实现资源和资源利用的方式不同。自给经济的特征是每个家庭生产他们消费的大部分物品，扩大一点说，是每个村落生产他们消费的大部分物品，只有极少数消费品是与外界交换来的。在这种体制下,资源配置和利用由居民的直接消费所决定,经济效率低下。

计划经济的基本特征是生产资料归政府所有,经济的管理,实际上像一个单一的大公司。在这种体制下,用计划来解决资源配置和利用问题。产品的数量、品种、价格、消费和投资的比例、投资方向、就业及工资水平、经济增长速度等均由中央当局的指令性计划来决定。生产的产品也由国家统一分配。这种体制,从理论上也许可以证明,资源能够达到最优配置和有效利用。但实践证明,这种体制不能解决资源配置问题,且效率较低,由此产生了社会主义国家经济体制改革。

市场经济的基本特征是产权明晰,经济决策高度分散。这种经济为一只"看不见的手"所指引,资源配置和利用由自由竞争的市场中的价格机制来解决。对于这一点,英国古典经济学家亚当·斯密早就说过,在市场经济中,人们追求他自己的利益,却往往使他能比在真正出于本意的情况下更有效地促进社会的利益。按他的看法,市场上琳琅满目的商品供应,并非由于生产商考虑到消费者的需要,而是他们追求利润的结果。交通公司在交通拥挤时之所以会多放几辆车,也不是为了解决职工按时上下班困难的问题,而是为了多赚钱。总之,市场机制是解决资源优化配置、增进社会福利的有效机制。

然而,市场在配置资源方面并不是万能的。在克服垄断和外部性弊端、提供公共物品、管理信息、调节收入、控制经济波动等方面,市场都无能为力,需要国家或者说政府出场来发挥作用,于是混合经济体制产生了。

混合经济的基本特征是生产资料的私人所有和国家所有相结合,自由竞争和国家干预相结合,因此也是垄断和竞争相混合的制度。政府限制私人的某些活动,垄断的成分限制完全竞争的作用。在这种体制下,凭借市场制度来解决资源配置问题,依靠国家干预来解决资源利用问题。这种体制被认为是最好的制度,效率和公平可以得到较好的协调。

西方经济学家认为,纯粹的自给经济、纯粹的市场经济和纯粹的计划经济在当代并不存在。非洲和拉丁美洲一些国家偏向于自给经济,北美、西欧、澳大利亚和日本等偏向于市场经济,而社会主义国家在传统体制下则偏向于计划经济。虽然一些经济学家认为美英这样一些国家是混合经济,但也有一些西方经济学家认为,由于过去资本主义国家的国有化运动和近年来社会主义国家的改革运动,使得两种制度互相渗透、"趋同",从而都具有"混合经济"的特征,因而在解决资源配置和利用问题时,方式和方法也逐渐"趋同"。

五、微观经济学和宏观经济学

以解决经济资源的配置和利用为对象划分,现代西方经济学从总体上可以分为微观经济学和宏观经济学两大块。前者研究资源配置问题,后者研究资源利用问题。微观经济学(micro-economics)的"微观",宏观经济学(macro-economics)的"宏观",本意是"微小"和"宏大",原是物理学中的概念,后移用于经济学。

微观经济学以单个经济单位(居民户、厂商以及单个产品市场)为考察对象,研究单个经济单位的经济行为以及相应的经济变量的单项数值如何决定。经济行为包括:家庭(居民户)如何支配收入,怎样以有限的收入获得最大的效用和满足;单个企业(厂商)如何把有限的资源分配在商品的生产上以取得最大利润。单个经济变量包括:单个商品的常量、成本、利润、要素数量;单个商品(包括生产要素)的效用、供给量、需求量、价格等。微观经济学通过对这些单个经济行为和单个经济变量的分析,阐明它们之间的各种内在联系,从而确定和实现最优的经济目标。归纳起来,微观经济学实际上是要解决两个问题:一是消费者对各种产品的需求与生产者对产品的供给怎样决定着每种产品的产销量和价格;二是消费者作为生产要素的供给者与生产者作为生产要素的需求者怎样决定着生产要素的使用量及价格(工资、利息、地租、正常利润)。它涉及的是市场经济中价格机制的运行问题。所以,微观经济学又称为市场均衡理论或价格理论。它实际上研究的是一个经济社会既定的经济资源被用来生产哪些产品、生产多少、采用什么生产方法以及产品怎样在社会成员之间进行分配。概言之,它研究的是既定的经济资源如何被分配到各种不同用途上,即资源配置问题。资源配置问题这样来解决:生产什么、生产多少取决于消费者的货币投票,如何生产取决于不同生产者之间的竞争以及成本与收益的比较,为谁生产取决于生产要素的供求关系所确定的要素价格。

微观经济学的主要内容包括价格理论、消费者行为理论、生产理论、成本理论、厂商均衡理论、收入分配理论以及福利经济学和一般均衡分析。福利经济学虽以一个社会的经济福利问题为研究对象,而一般均衡分析同时考察所有产品的供求关系的相互作用以及所有生产要素的供求关系的相互作用,但由于都以单个消费者行为和单个厂商的行为作为出发点来考察社会经济行为,有别于宏观经济学,因而也被放在微观经济学中进行分析。

宏观经济学以整个国民经济活动作为考察对象,研究社会总体经济问题以及相应的经济变量的总量的决定和相互关系。总体经济问题包括经济波动、经济增长、就业、通货膨胀、国家财政、进出口贸易和国际收支等。经济总量有国民收入、就业量、消费、储蓄、投资、物价水平、利息率、汇率及这些变量的变动率等。宏观经济学通过对这些总体经济问题及其经济总量的研究,来分析国民经济中的几个根本问题:一是已经配置到各个生产部门和企业的经济资源总量的使用情况如何决定着一国的总产量(国民收入)或就业量;二是商品市场和货币市场的总供求如何决定着一国的国民收入水平和一般物价水平;三是国民收入水平和一般物价水平的变动与经济周期及经济增长的关系。其中,国民收入(就业量)的决定和变动是一条主线,所以宏观经济学又称为国民收入决定论或收入分析。它研究的实际上是一国经济资源的利用现状怎样影响着国民经济总体,用什么手段来改善经济资源利用,实现潜在的国民收入和经济的稳定增长。概言之,宏观经济学研究的是经济资源的利用问题。

宏观经济学一般包括国民收入决定理论、就业理论、通货膨胀理论、经济周期理论、经济增长理论、财政与货币政策理论等。

微观经济学和宏观经济学是西方经济学中互为前提、彼此补充的两个分支学科。西方经济学之所以有微宏之分,主要是因为经济目标与方法有着明显的差异。微观经济学以经济资源的最佳配置为目标,采取个量分析方法,而假定资源利用已经解决;宏观经济学以经济资源的有效利用为目标,采取总量分析方法,而假定资源配置已经解决。正由于分析问题的角度不同,故有些问题从微观看可行或有效,但从宏观看却不可行或无效,反过来也是如此。好比人们在戏院看戏,若一个长得较矮的人从座位上站起来看,也许可看清楚台上演戏,但会影响后座观众的视线。这时,若所有的观众都站立起来,则第一个站起来的观众等于白站起来。同样,在经济生活中,某厂商实行低工资,对该企业而言,成本低了,市场竞争力强了。但若所有厂商都降低工资,则原先实行低工资的厂商就失去了竞争力,而且职工整体收入也低了,不仅影响了政府所得税,也影响了全社会的消费、储蓄和投资,影响了社会有效需求。再如,一个家庭或一个人实行节约,可增加家庭财富积累,但大家都节省,社会需求就降低了,生产和就业就要受到影响。所以,宏观和微观经济学互相把对方所考察的对象作为自己的理论前提,互相把对方的理论前提作为自己的研究对象。一个经济社会,不仅有资源配置问题,也有资源利用问题,只有把这两方面的问题解决了,才能解决整个社会的经济问题。所以,它们是各具功效、彼此补充、不可分离的整体。况且,宏观和微观经济学的界限实际上又不可能泾渭分明。例如,所有的经济总量均是由经济个量加总而成,孤立地考察就会只见树木不见森林;再如,对同一个经济现象,从一个角度看是宏观经济问题,从另一个角度看就可能是微观经济问题,全面考察才不至于偏颇。所以近年来,当代西方经济学出现了微观经济学宏观化和宏观经济学微观化的趋势。

还有一点值得注意,即微观经济学和宏观经济学不是仅从概念上就可简单加以区分的。例如,价格、产出、消费、投资、供给、需求等概念,在微观经济学和宏观经济学中都出现,但含义不一样。举例来说,价格这个概念,在微观经济学中是指一个个产品的价格,比方说猪肉 10 元 500 克,大米 1.5 元 500 克等;而在宏观经济学中,价格是指价格水平或物价指数,若以 2000 年为基期,价格指数为 1,2002 年价格指数若为 1.3 或 130%,则表示与 2000 年相比,2002 年的物价总水平上升了 30%。其他概念同样如此。

第二节　经济学的研究方法

一、实证经济学和规范经济学

人们在研究经济学时,会有两种态度和方法,一是只考察经济现象是什么(what is),即经济现状如何,为何会如此,其发展趋势如何,至于这种经济现象好不好,该不该如此,则不作评价。这种研究称为实证经济学(positive economics)分析。另一种则是对经济现状及变化要作出好不好的评价,或该不该如此的判断。这种研究称为规范经济学(normative economics)分析。例如,我国改革开放以来,人们收入差距有所扩大,对此问题的研究有两种不同的分析方法:一是分析收入差距现状如何,变动趋势如何,造成差别扩大的原因是什么等,这就是实证经济学分析;二是研究收入差距扩大好不好、该不该、公平不公平等,这就是规范经济学分析。

实证经济学分析要求,一个理论或假说涉及的有关变量之间的因果关系,不仅要能够反映或解释已经观察到的事实,而且要能够对有关现象将来出现的情况做出正确的预测,也就是要能经受将来发生的事件的检验。因此,实证经济学具有客观性,即实证命题有正确和错误之分,其检验标准是客观事实,与客观事实相符者为真理,否则就是谬误。所以,西方经济学家把实证经济学定义为目的在于了解经济是如何运行的分析。

规范经济学以一定的价值判断作为出发点,提出行为的标准,并研究如何才能符合这些标准。它力求回答:应该是什么(what ought to be)的问题,即为什么要作这样的选择,而不作另外的选择? 它涉及是非善恶、应该与否、合理与否的问题。由于人们的立场、观点、伦理道德标准不同,对同一个经济事物,会有截然不同的看法。因此,规范经济学不具有客观性,即规范命题没有正误之分,不同的经济学家会得出不同的结论。所以,西方经济学家把规范经济学定义为对于政策行动的福利后果的分析。

由上可以看出,实证经济学研究经济运动规律,不涉及评价问题;规范经济学则对经济运行进行评价。在西方经济学家中,少数人坚持认为经济学只应该是一门实证科学,大多数则坚持认为经济学既像自然科学一样是一门实证科学,又像一般社会科学一样是一门规范科学。这是因为,为什么对经济问题进行研究,应采取什么研究方法,强调哪些因素,实际上涉及研究者个人的价值判断。而且一个经济学家之所以提出某一种经济理论,在大多数场合是为他所主张的政策提供理论依据。而政策主张之所以不同,一方面是由于实证分析的结论不同,另一方面则是由于各人不同的价值判断。虽然微观和宏观经济学基本属于实证经济学,但也包含不少规范分析的因素。例如,在微观经济学中,在涉及消费者的偏好和收入再分配的研究中,都具有较强的规范色彩。在宏观经济学中,关于充分就业的含义、经济增长的后果等,就是一种规范分析。至于制度经济学和福利经济学,则主要是一种规范经济学。

实际上,无论是实证经济学还是规范经济学,都与经济目标相关。经济目标是分层次的,目标的层次越低,越与经济运行联系密切,因而研究越具有实证性;目标层次越高,越需要对经济运行进行评价,研究越具有规范性。所以从这个意义上来说,就像微观经济学和宏观经济学是从不同角度来研究经济问题并不矛盾一样,实证经济学和规范经济学是在经济目标的不同层次上进行研究,同样具有相互补充、功效各异、构成整体的效果。例如,对于5%的年经济增长率目标,实证经济学就要研究在多大的储蓄比率和加速系数下,可以达到目标,并且可以检验这个结论是否正确;规范经济学就要研究,该目标假定本身是否正确,它能不能成为目标,实现这样一个目标对社会产生的后果是好是坏等。所以,对任何一个经济现象进行研究时,不仅要对经济过程本身进行研究,而且要对经济过程做出价值判断,方能说明经济过程的全貌,而不至于走向片面。正因为如此,近年来的西方经济学,特别是其中的宏观经济学的规范化分析有所加强。

二、个量分析与总量分析

宏观经济学和微观经济学在对象上以资源利用和资源配置相区别,在方法上则以总量分析(aggregate analysis)与个量分析(individual analysis)相区别。总量分析称为宏观经济分析方法,个量分析称为微观经济分析方法。

西方经济学在运用总量分析与个量分析方法对经济问题进行考察时首先假定制度是已知、既定的,在这个前提下对经济中的总量和个量进行分析。这并不是说西方经济学家认为制度对经济不起作用因而不重要,而是认为,不管制度对经济活动会产生什么样的影响,制度本身或制度变动的原因和后果不是微观经济分析和宏观经济分析能够解决的,所以在分析研究时,可以把它作为既定的条件而不予讨论。

微观经济学采用个量分析方法,宏观经济学采用总量分析方法,都是由它们的研究对象的特点决定的。如前所述,微观经济学以个体的经济活动为对象,它就必须要分析单个厂商如何在生产经营中获得最大利润,单个居民户如何在消费中得到最大满足。与此相应,在数量分析上,它还必须研究单个商品的效用、供求量、价格等如何决定;单个企业的各种生产要素的投入量、产出量、成本、收益和利润等如何决定;以及这些个量之间的相互关系。宏观经济学以总体经济活动为对象,它必须描绘社会经济活动的总图景,分析影响就业与经济增长的总量因素及其相互关系。在数量分析上,它必须研究社会总供求、均衡的国民收入、总就业量、物价水平、经济增长率等如何决定;总消费、总储蓄、总投资、货币供求量、利息率、汇率等如何决定;以及它们的相互依存关系。

个量分析和总量分析,作为一种数量分析的具体形式,都广泛地采用边际增量分析方法。所谓边际增量分析(marginal adding analysis),是指分析自变量每增加一单位或增加最后一单位的量值会如何影响和决定因变量的量值。比如,微观经济学中的边际收益、边际成本、边际生产力等,宏观经济学中的边际消费倾向、资本边际效率等,都属于边际增量分析之列。现代西方经济学的产生和发展,是与边际分析方法的广泛应用分不开的。正是边际增量分析方法的深入应用,使得完整的微观经济学体系在 20 世纪 30 年代建立起来。可以说,没有边际增量分析方法,便没有现代的西方经济学。

宏观经济学在进行总量分析时,还把相关的经济变量区分为流量和存量。存量(stock)是一定时点上存在的变量的数值;流量(flow)是一定时期内发生的变量变动的数值,存量与流量之间有着密切的关系。流量来自于存量,流量又归于存量之中。比如,人口总数是个存量,它表示某一时点的人口数,而人口出生数则是个流量,它表示某一个时期内新出生的人口数;国民财富是个存量,它表示某一个时点的国民财富总值,而国民收入则是个流量,它表示某一个时期内所创造的国民收入。一定的人口出生数来自一定的人口数,而新出生的人口数又计入人口总数中;一定的国民收入来自一定的国民财富,而新创造的国民收入又计入国民财富之中。流量分析是指对一定时间内有关经济总量的产出、投入(或收入、支出)的变动及其对其他经济总量的影响进行分析。存量分析是指对一定时点上已有的经济总量的数值对其他有关经济变量的影响进行分析。

三、局部均衡分析与一般均衡分析

均衡分析在西方经济学中,处于重要的地位。均衡(equilibrium)原本是物理学中的名词。它表示,当一物体同时受到来自几个方向的不同外力作用时,若合力为零,则该物体将处于静止或匀速直线运动状态,这种状态就是均衡。英国经济学家马歇尔把这一概念引入经济学中,它是指经济中各种对立的、变动着的力量处于一种力量相当、相对静止、不再变动的境界。这种均衡一旦形成后,如果有另外的力量使它离开原来的均衡位置,会有其他力量使它恢复到均衡,就称为恒定的均衡。如果任何力量都无法使它恢复到均衡位置,则称为不稳定均衡。

均衡可以分为局部均衡(partial equilibrium)与一般均衡(general equilibrium)。

局部均衡是假定在其他条件不变的情况下来分析某一时间、某一市场的某种商品(或生产要素)的供给与需求达到均衡时的价格决定。这里指的其他条件不变,是指这一市场的某一商品的供求和价格等对这一市场其他商品的供求和价格等不发生影响,而这一市场其他商品的供求和价格以及其他所有市场的商品供求及价格等对这一市场该商品的供求和价格也不发生作用。它把研究范围只局限于某一市场或某一经济单位的某种商品或某种经济活动,并假定这一商品市场或经济单位与其他市场或经济单位互不影响,所以称为局部均衡分析。比如马歇尔的均衡价格论,就是假定某一商品或生产要素的价格只取决于该商品或生产要素本身的供求状况,而不受其他商品价格和供求等因素的影响。这就是典型的局部均衡分析。

一般均衡是在分析某种商品的价格决定时,在各种商品和生产要素的供给、需求、价格相互影响的条件下所有商品和生产要素的供给和需求同时达到均衡时商品的价格如何被决定。所以,一般均衡分析把整个经济体系视为一个整体,市场上所有商品的价格、供给和需求同时达到均衡状态下的价格决定。也就是说,一种商品的价格不仅取决于它本身的供给和需求状况,也受到其他商品的价格和供给状况的影响,因而一种商品的价格和供求均衡,只有在所有商品的价格和供求都达到均衡时才能决定。一般均衡分析方法,是法国经济学家瓦尔拉斯(Leon Walras)首创的。它重视不同市场中的商品的产量和价格的关系,强调经济体系中各部门、各市场的相互作用,认为影响某种商品的价格或供求数量的因素的任何变化,都会影响其他商品的均衡价格和均衡数量。因此,一般均衡分析是关于整个经济体系的价格和产量结构的一种研究方法,是一种比较周到和全面的分析方法。但由于一般均衡分析涉及市场或经济活动的方方面面,而这些又是错综复杂和瞬息万变的,因而这种分析实际上非常复杂和浪费时间。所以在西方经济学中,大多采用局部均衡分析。局部均衡分析对所需结果给出一个初始值,所研究的市场与经济的其余部分联系越弱,这种近似就越好(即局部均衡分析就越有用)。

第三节　经济学发展历史简介

"经济"一词,在西方源于希腊文,原意是家计管理。古希腊哲学家色诺芬(Xenophone,约公元前430—前355)的著作《经济论》中论述了以家庭为单位的奴隶制经济的管理,这和当时的经济发展状况是相适应的。在中国古汉语中,"经济"一词是"经邦"和"济民"、"经国"和"济世"以及"经世济民"等词的综合和简化,含有"治国平天下"的意思。内容不仅包括国家如何理财、如何管理其他各种经济活动,而且包括国家如何处理政治、法律、教育、军事等方面的问题。包括在"经世济民"内的"经济"一词,很早就从中国传到日本。西方经济学在19世纪传入中、日两国。日本的神田孝平最先把economics译为"经济学",中国的严复则将其译为"生计学"。20世纪80年代以来,经济学已逐渐成为各门类经济学科的总称,具有经济科学的含义。经济学作为一门独立的科学,是在资本主义产生和发展的过程中形成的。在资本主义社会出现以前,对当时的一些经济现象和经济问题形成了某种经济思想,但是并没有形成系统的学科体系。在以历史和文明悠久著称的民族和国家中,以中国、古希腊、古罗马及西欧中世纪保存的历史文献最为丰富。它们是两个独立发展的文化系统,在经济思想方面都有重要的贡献。

一、古希腊、古罗马及西欧中世纪的经济思想

古希腊在经济思想方面的主要贡献,有色诺芬的《经济论》、柏拉图(Plato,公元前427—前347)的社会分工论和亚里士多德(Aristotle,公元前384—前322)关于商品交换与货币的学说。

　　色诺芬的《经济论》论述了奴隶主如何管理家庭农庄,如何使具有实用价值的财富得以增加。色诺芬十分重视农业,认为农业是希腊自由民的最好职业,这对古罗马的经济思想和以后法国重农学派都有影响。

　　柏拉图在《理想国》一书中从人性论、国家组织原理以及使用价值的生产三个方面,考察社会分工的必要性,认为分工是出于人性和经济生活所必需的一种自然现象。这种分析与中国古代管仲的"四民分业"论和孟子的农耕与百业、劳心与劳力的"通功易事,以羡补不足"的理论,基本上是一致的。

　　亚里士多德在《政治学》与《伦理学》两书中指出,每种物品都有两种用途:一是供直接使用,一是供与其他物品相交换,而且说明了商品交换的历史发展和货币作为交换媒介的职能,指出货币对一切商品起着一种等同关系的作用,从而成为最早分析商品价值形态和货币性质的学者。

　　古罗马的经济思想部分见于几位著名思想家如大加图(Marcus Porcius Cato,公元前235—前149)的《农业志》、瓦罗(Marcus Terentius Varro,公元前116—前28)的《论农业》等著作中。古罗马对经济思想的贡献,主要是罗马法中关于财产、契约和自然法则的思想。古罗马早期有十二铜表法,以后在帝国时期有适用于罗马公民的民事法律——市民法以及适用于帝国境内的各族人的万民法。在这些法律中,对于财产权、契约关系以及与此相联系的买卖、借贷、债务等关系都有明确的解释。万民法所依据的普遍性原则和自然合理性,以后逐渐形成自然法则思想,成为资本主义初期的自然法、自然秩序思想的重要来源。

　　西欧中世纪虽然经历了千年之久,但封建制度是在11世纪才真正建立起来。中世纪的学术思想为教会所垄断,形成所谓经院学派。

　　经院学派主要用哲学形式为宗教的神学作论证,但也包含某些经济思想,用来论证某些经济关系或行为是否合法或是否公平。后来,由于商品经济的发展和城市的兴起,教会不得不回答当时社会上出现的两个重要问题:一是贷款利息的正当性问题;一是交换价格的公正性问题。

　　贷款取息与教义抵触,教会曾一再明令禁止。但后来迫于大量流行的贷款取息的现实,经院学派不得不采取调和态度。

　　在中世纪神学家中较早论述公平价格的是阿尔伯特·马格努(Albertus Magnus,约1200—1280),阿尔伯特认为公平价格是与生产该物品所消耗的劳动量相等的价格,即和成本相等的价格,市场价格不能长期低于成本。后来被奉为"神学泰斗"的托马斯·阿奎那(Saint Thomas Aquinas,1225—1274)进一步论述了公平价格问题,他在接受上述观点的同时,又给公平价格作了新的解释。他的第二种解释从封建等级观念出发,提出公平价格必须保证卖主有"相当于他的等级地位的生活条件",因此,不同等级的人出售同一种商品可以有不同的价格,这才是公平的;他的第三种解释是公平价格取决于人们从物品中得到的利益的大小,即物品的价格取决于物品对人的效用;他的第四种解释是公平价格是由供求关系决定的。

二、中国古代的经济思想

　　中国封建社会的经济和政治制度有着自己的特点。与西方古代的经济思想比较,除在重视农业生产、社会分工思想等方面有些共同之处外,也有它自己的特点。这方面主要有

"道法自然"的思想、义利思想、富国思想、赋税思想、平价思想、奢俭思想等。

"道法自然"是道家的经济思想。道家从自然哲学出发,主张经济活动应顺从自然法则运行,主张清静无为和"小国寡民",反对当时儒家所提倡的礼制和法家所主张的刑政。道家这种经济思想后来传到西欧,对17—18世纪在西欧盛行的自然法和自然秩序思想有一定影响。

义利思想是关于人们求利活动与道德规范之间相互关系的理论。"利"主要指物质利益,"义"是指人们行动应遵循的道德规范。儒家贵义贱利,成为长期束缚人们思想的僵化教条,妨碍了人们对求利、求富问题的探讨和论证,也在一定程度上影响了商品经济在中国的发展。

中国古代思想家为使中央集权的封建制国家富强,提出了各种见解或政策。孔子的学生有若就提出"百姓足,君孰与不足",这是儒家早期的富国思想。以后商鞅在秦国变法,提出了富国强兵和"重本抑末"政策。商鞅和以后的韩非,认为农业是衣食之本、战士之源,发展农业生产是国家富强的唯一途径。同时,他们认为工商业是末业,易于牟利,如不加限制,就会使人人避农,危害农业生产,因而主张"禁末"。富国思想在中国的政治经济思想史上具有独特地位,这与中国长期是一个中央集权的封建专制主义国家这一特点有着密切关系。

对土地课征赋税是中国封建社会农产品的主要分配形式,是中国思想家经常论述的问题之一。自西周的"公田"制消亡后,对农业生产改为按所有田亩课征赋税。因此,中国古代的经书、史籍如《尚书》《周礼》《国语》等,常有关于田地分级和贡赋分等的论述。平价思想,即关于稳定物价的思想。战国时代,李悝、范蠡鉴于谷价大起大落对农民和工商业者都不利,提出国家在丰年购进粮食,在歉年出售粮食的"平籴"、"平粜"政策,使粮价只在一定范围内涨落。这一平价思想也被用于国家储备粮食的常平仓制度和救济贫民的义仓制度中。

古代王公贵族生活的奢侈或节俭,关系到财用的匮乏或富足、税敛的苛繁和薄简,因此,对待消费应提倡"俭"还是"奢",这也是中国古代思想家经常论述的一个问题。一般来说,黜奢崇俭是中国封建时期占支配地位的经济思想。但在中国漫长的封建社会里,也出现过一些相反的观点。如《管子》一书的《侈靡》篇,就论述过富有者衣食、宫室、墓葬等方面的侈靡性开支,可以使女工、太工、瓦工、农夫有工作可做,即有利于贫民得到就业和生活的门路,也可使商业活跃起来。这在当时确是一个颇不寻常的观点,它从经济活动各方面的相互联系来考察消费问题,提出了消费对生产的反作用的卓越见解。

除上述几种主要经济思想外,中国古代思想家还有其他的经济观点,如欲求思想、功利思想、理财思想、田制思想、富民思想、人口思想以及地尽其利、民尽其力的思想等。一般来说,中国古代的经济思想,大都是为维护中央集权的封建专制统治服务的,但也有些思想是为扩大商品生产与交换、发展社会生产力开辟道路而提出来的。

三、资产阶级经济学的发展和演变

随着资本主义生产方式的产生和发展,在西欧各国逐渐形成了资产阶级经济学。

1. 重商主义

16—17世纪是西欧资本原始积累时期。这一时期商业资本的兴起和发展,促使封建自然经济瓦解,国内市场统一,并通过对殖民地的掠夺和对外贸易的扩张积累了大量资金,推动了工场手工业的发展,产生了代表商业资本利益和要求的重商主义思想。

重商主义原指国家为获取货币财富而采取的政策。16 世纪末以后,在英、法两国出现了不少宣扬重商主义思想的著作。主要代表人物有早期英国的威廉·斯塔福德(William Stafford,1554—1612)、晚期的托马斯·孟(Thomas Mun,1571—1641),法国的安东尼·德·孟克列钦(Antoni de Montchretien,1575—1621)、让·巴蒂斯特·柯尔培尔(Jean Baptiste Colbert,1619—1683)。重商主义重视金银货币的积累,把金银看作是财富的唯一形式,认为对外贸易是财富的真正源泉,只有通过出超才能获取更多的金银财富。因此,主张在国家的支持下发展对外贸易。

2. 古典经济学

17 世纪中叶以后,首先在英国,然后在法国,工场手工业逐渐发展成为工业生产的主要形式,重商主义已经不适应日益壮大的产业资本的利益和要求。资产阶级面临的任务是对封建势力做斗争,这种斗争要求从理论上说明资本主义生产方式怎样使财富迅速增长,探讨财富生产和分配的规律,论证资本主义生产的优越性。由此,产生了由流通过程进入生产过程研究的古典经济学。

古典经济学的先驱是英国的威廉·配第(William Petty,1623—1689)和法国的布阿吉尔贝尔(Pierre Le Pesant Boisguillert,1646—1714)。配第的主要贡献在于提出了劳动价值论的一些基本观点,并在此基础上初步考察了工资、地租、利息等范畴。布阿吉尔贝尔认为流通过程不创造财富,只有农业和畜牧业才是财富的源泉。

出现于 18 世纪 50—70 年代初的以魁奈(Francois Quesnay,1694—1774)和杜尔戈(Anne Robert Jacques Turgot,1721—1781)为主要代表的法国重农学派理论,是对资本主义生产的第一个系统理解。他们提出自然秩序的概念,用按资本主义方式经营的农业来概括资本主义,用的生产经营活动来分析资本的流通和再生产。

亚当·斯密(Adam Simth,1723—1790)是英国古典经济学的杰出代表和理论体系的创立者。他所著的《国富论》一书把资产阶级经济学发展成一个完整的体系。他批判了重商主义只把对外贸易作为财富源泉的错误观点,并把经济研究从流通领域转到生产领域。他克服了重农学派认为只有农业才创造财富的片面观点,指出一切物质生产部门都能创造财富。他分析了国民财富增长的条件以及促进或阻碍国民财富增长的原因,分析了自由竞争的市场机制,把它看作是一只"看不见的手"支配着社会经济活动,他反对国家干预经济生活,提出自由放任原则。

李嘉图(David Ricardo,1772—1823)是英国古典经济学的完成者。他在 1817 年提出了以劳动价值论为基础、以分配论为中心的严谨的理论体系。他强调经济学的主要任务是阐明财富在社会各阶级间分配的规律,认为全部价值都是由劳动生产的,工资由工人的必要生活资料的价值决定,利润是工资以上的余额,地租是工资和利润以上的余额。由此,他阐明了工资和利润的对立,工资、利润和地租的对立。此外,李嘉图还论述了货币流通量的规律、对外贸易的比较成本学说等。古典经济学到李嘉图时达到了顶峰,对后来的经济学发展有着深远的影响。

古典经济学产生于西欧资本主义生产方式处于上升发展的时期,在这种条件下,古典经济学还能对资本主义生产方式的内在联系和矛盾进行较为客观的探索,因而具有一定的科学成分。古典经济学主要的贡献是奠定了劳动价值论的基础,从而成为马克思的经济学说的一个重要来源,但由于阶级和历史的局限性,他们的理论不可避免地包含一些庸俗因素。

3. 历史学派

19世纪上半叶德国资本主义的发展还远远落后于英法。在这个特殊的历史条件下,出现了以国家主义为先驱的德国历史学派。

历史学派分为旧历史学派和新历史学派两个阶段。以罗雪尔(Wilhelm Roscher, 1817—1894)为创始人的旧历史学派活动于19世纪40—70年代。他们反对19世纪中叶以前的英法传统经济学,以历史归纳法反对抽象演绎法;以历史反对理论,否认经济规律的客观存在;以国家主义反对世界主义;以生产力的培植反对交换价值的追求;以国家干预经济反对自由放任。

随着19世纪70年代德国资本主义经济的迅速发展和工人运动的蓬勃兴起,出现了以施穆勒(Gustav von Schmoller,1838—1917)、瓦格纳(A. Wagner,1835—1917)等为主要代表的新历史学派,他们在上述基本观点的基础上,提出改良主义的"社会经济政策",因而被称为"讲坛社会主义者"。

4. 边际效用学派

边际效用学派是19世纪70年代初出现在西欧几个国家的一个庸俗学派,以倡导边际效用价值论和边际分析为共同特点,在其发展过程中形成两大支派:一是以心理分析为基础的心理学派,其主要代表为奥地利的门格尔(Carl Menger,1840—1921)、维塞尔(Friedrich Freiherr von Wieser,1851—1926)和帕姆·巴维克等;二是以数学为分析工具的数理学派或称洛桑学派,其主要代表有英国的杰文斯(William Stanley Jevons,1835—1882)、法国的瓦尔拉斯(Leon Walras,1834—1910)和帕雷托(Vilfredo Pareto,1848—1923)。

边际效用学派在美国的主要代表是克拉克(John Bates Clark,1847—1938),他在边际效用论的基础上提出了边际生产力分配论。当代经济学家把边际效用价值论的出现称为"边际主义革命",即对古典经济学的革命。这个学派运用的边际分析方法,后来成为资产阶级经济学发展的重要基础。

5. 新古典经济学

新古典经济学主要代表人物是英国剑桥大学的马歇尔(Alfred Marshall,1842—1924),他在1890年出版的《经济学原理》一书中,继承了19世纪以来英国庸俗经济学的传统,兼收并蓄,以折中主义手法把供求论、生产费用论、边际效用论、边际生产力论等融合在一起,建立了一个以完全竞争为前提、以"均衡价格论"为核心的相当完整的经济学体系,这是继亚当·斯密之后庸俗经济学观点的第二次大调和、大综合。

马歇尔用均衡价格论代替价值论,并在这个核心的基础上建立各生产要素均衡价格决定其在国民收入中所占份额的分配论。他颂扬自由竞争,主张自由放任,认为资本主义制度可以通过市场机制的自动调节达到充分就业的均衡。新古典经济学从19世纪末起至20世纪30年代,一直被西方经济学界奉为典范。

6. 制度学派

制度学派是19世纪末20世纪初在美国出现的历史学派变种。它的主要代表人物有范勃伦（Thorstein B. Veblen，1857—1929）、康蒙斯（John Rogers Commons，1862—1945）等。他们把历史学派的方法具体化为制度演进的研究，否认经济理论的意义，以批判资本主义的姿态出现，提倡改良主义政策。

此外，在北欧出现了以维克塞尔（Knut Wicksell，1851—1926）为代表的瑞典学派，提出与马歇尔不同的理论体系，强调投资与储蓄的均衡，提出自己的利息理论，在这一时期的资产阶级经济学说中，占有特殊地位。

四、当代资本主义经济学

这里主要指经过所谓"凯恩斯革命"迄今的资产阶级经济学。

1. 凯恩斯主义与新古典综合学派

1929 年爆发空前规模的世界经济危机后，资本主义经济陷入长期萧条状态，失业问题严重。经济学关于资本主义社会可以借助市场自动调节机制达到充分就业的传统说教彻底破产，垄断资产阶级迫切需要一套"医治"失业和危机，以加强垄断资本统治的新理论和政策措施。正是适应这个需要，凯恩斯（John Maynard Keynes，1883—1946）于 1936 年发表了《就业、利息和货币通论》一书。该书的出现引起了西方经济学界的震动，把它说成是经济学经历了一场"凯恩斯革命"。凯恩斯抨击"供给创造自己的需求"的萨伊定律和新古典经济学的一些观点，对资本主义经济进行总量分析，提出了有效需求决定就业量的理论。

有效需求包括消费需求和投资需求，它主要是由三个基本心理因素即消费倾向、收益预期、流动偏好和货币供应量决定的。他认为，现代资本主义社会之所以存在失业和萧条，就是由于这些因素交相作用而造成的有效需求不足。据此，他提出加强国家对经济的干预，采取财政金融政策，增加公共开支，降低利率刺激投资和消费，以提高有效需求，实现充分就业。

第二次世界大战后，以凯恩斯这一理论为根据而形成的凯恩斯主义，不仅成为当代资产阶级经济学界占统治地位的一个流派，而且对主要资本主义国家的经济政策具有重大的影响。

新古典综合学派是第二次世界大战以后形成并发展起来的现代凯恩斯主义的一个主要流派，也是现代西方经济学在世界流传最广、影响最大的一个经济学流派。其理论观点和政策主张对资本主义国家经济政策的影响，远远超过其他经济学流派。它在西方经济学中占据统治地位，直到 20 世纪 60—70 年代随着资本主义滞胀局面的出现才开始动摇，并且受到其他学派越来越严厉的批评。

新古典综合学派的主要代表人物有保罗·萨缪尔森（Paul A. Samuelson，1915—2009）、詹姆斯·托宾（James Tobin，1918—2002）、罗伯特·索罗（Robert Merton Solow，1924—）、佛朗哥·莫迪利安尼（Franco Modigliani，1918—2003）、阿瑟·奥肯（Arthur M. Okun，1928—1980）、阿尔文·汉森（Alvin Hansen，1887—1975）等。

"新古典综合"一词由萨缪尔森首先提出，他在其《经济学》教科书第三版中，开始用此名称来表明其经济理论的特征。他所谓的"新古典"是指凯恩斯以前的西方正统经济学，主要是马歇尔经济学，所谓"新古典综合"就是把凯恩斯的经济理论同马歇尔的新古典经济学"综合"起来，建立一套新的理论体系。

2. 新经济自由主义

第二次世界大战后，国家垄断资本主义的发展和 20 世纪 50—60 年代相对稳定的经济增长,促成了凯恩斯主义的盛行。但是随着垄断资本主义固有矛盾的激化,国家干预经济不断引起一系列新问题,特别是 70 年代以来出现了经济停滞和通货膨胀同时并存的"滞胀"局面,使凯恩斯主义的理论和政策陷于困境,受到各式新经济自由主义流派的挑战。

各种色彩的新经济自由主义具有各自的论点和论证方法,但是,反对国家干预经济,鼓吹恢复和加强自由市场机制的自动调节作用,是他们的共同立场。狭义新自由主义主要是指以哈耶克(Friedrich August von Hayek,1899—1992)为代表的新自由主义。广义新自由主义,除了以哈耶克为代表的伦敦学派外,还包括以弗里德曼(Milton Friedman,1912—2006)为代表的货币学派、以卢卡斯(Robert E. Lucas Jr. 1937—)为代表的理性预期学派、以布坎南(James Mcgill Buchanan,1919—)为代表的公共选择学派以及以拉弗(Arthur Betz Laffer,1941—)和费尔德斯坦(Martin Feldstein,1939—)为代表的供给学派等,其中影响最大的是伦敦学派、现代货币学派和理性预期学派。

▓▓▓ 案　例 ▓▓▓

【案例 1】　　　　　　　　　　　　人生离不开选择

关于做出决策的第一课可以归纳为一句谚语:"天下没有免费的午餐。"为了得到我们喜爱的一件东西,通常就不得不放弃另一件我们喜爱的东西。做出决策要求我们在一个目标与另一个目标之间有所取舍。

我们考虑一个学生必须决定如何配置她的最宝贵的资源——时间。她可以把所有的时间用于学习经济学;她可以把所有的时间用于学习心理学;她也可以把时间分配在这两个学科上。她把某一个小时用于学习一门课时,她就必须放弃本来可以学习另一门课的一小时。而且,对于她用于学习一门课的每一个小时,她都要放弃本来可用于睡眠、骑车、看电视或打工赚点零花钱的时间。

还可以考虑父母决定如何使用自己的家庭收入。他们可以购买食物、衣服,或全家度假。或者他们也可以为退休或孩子的大学教育储蓄一部分收入。当他们选择把额外的一美元用于上述物品中的一种时,他们在某种其他物品上就要少花一美元。

当人们组成社会时,他们面临各种不同的交替关系。典型的交替关系是"大炮与黄油"之间的交替。我们把更多的钱用于国防以保卫我们的海岸免受外国入侵(大炮)时,我们能用于提高国内生活水平的个人物品的消费(黄油)就少了。在现代社会里,同样重要的是清洁的环境和高收入水平之间的交替关系。要求企业减少污染的法律增加了生产物品与劳务的成本。由于成本高,结果这些企业赚的利润少了,支付的工资低了,收取的价格高了,或者是这三种结果的某种结合。因此,尽管污染管制给予我们的好处是更清洁的环境以及由此引起的健康水平的提高,但其代价是企业所有者、工人和消费者的收入减少。

社会面临的另一种交替关系是效率与平等之间的交替。效率是指社会能从其稀缺资源中得到最多东西。平等是指这些资源的成果公平地分配给社会成员。换句话说,效率是指经济蛋糕的大小,而平等是指如何分割这块蛋糕。在设计政府政策的时候,这两个目标往往是不一致的。

例如,我们的考虑目的在于实现更平等地分配经济福利的政策。某些这类政策,例如,福利制度或失业保障,是要帮助那些最需要帮助的社会成员。另一些政策,例如,个人所得税,是要求经济上成功的人士对政府的支持比其他人更多。虽然这些政策对实现更大平等有好处,但它以降低效率为代价。当政府把富人的收入再分配给穷人时,就减少了对辛勤工作的奖励;结果,人们工作少了,生产的物品与劳务也少了。换句话说,当政府想要把经济蛋糕切为更均等的小块时,这块蛋糕也就变小了。

认识到人们面临交替关系本身并没有告诉我们,人们将会或应该做出什么决策。一个学生不应该仅仅由于要增加用于学习经济学的时间而放弃心理学的学习。社会不应该仅仅由于环境控制降低了我们的物质生活水平而不再保护环境。也不应该仅仅由于帮助穷人扭曲了工作激励而忽视了他们。然而,认识到生活中的交替关系是重要的,因为人们只有了解他们可以得到的选择,才能做出良好的决策。

摘自:梁小民.微观经济学纵横谈.北京:生活·读书·新知三联书店,2005

问题:(1)为什么经济学要研究选择问题?

(2)公平和效益你会如何选择?

【案例 2】　　　　　　　理性成就快乐:像经济学家那样思考

在日常生活中,每个人其实都在自觉不自觉地运用着经济学知识。比如在自由市场里买东西,我们喜欢与小商小贩讨价还价;到银行存钱,我们要想好是存定期还是活期。经济学对日常生活到底有多大作用,有一则关于经济学家和数学家的故事可以作为参考。

故事说的是三个经济学家和三个数学家一起乘火车去旅行。数学家讥笑经济学家没有真才实学,弄出的学问还摆了一堆诸如"人都是理性的"之类的假设条件;而经济学家则笑话数学家过于迂腐,脑子不会拐弯,缺乏理性选择。最后经济学家和数学家打赌看谁完成旅行花的钱最少。三个数学家于是每个人买了一张火车票上车,而三个经济学家却只买了一张火车票。列车员来查票时,三个经济学家就躲到了厕所里,列车员敲厕所门查票时,经济学家从门缝里递出一张票说,买了票了,就这样蒙混过关了。三个数学家一看经济学这样就省了两张票钱,很不服气,于是在回程时也如法炮制,只买了一张票,可三个经济学家一张票也没有买就跟着上了车。数学家心想,一张票也没买,看你们怎么混过去。等到列车员开始查票的时候,三个数学家也像经济学家上次一样,躲到厕所里去了,而经济学家却坐在座位上没动。过了一会儿,厕所门外响起了敲门声,并传来了查票的声音。数学家乖乖地递出车票,却不见查票员把票递回来。原来是经济学家冒充查票员,把数学家的票骗走,躲到另外一个厕所去了。数学家最后还是被列车员查到了,乖乖地补了三张票,而经济学家却只掏了一张票的钱就完成了这次往返旅行。这个故事经常被经济学教授当作笑话讲给刚入门的大学生听,以此来激发学生们学习经济学的兴趣。但在包括经济学初学者在内的大多数人看来,经济学既枯燥又乏味,充满了统计数字和专业术语,远没有这则故事生动有趣;而且经济学总是与货币有割舍不断的联系,因此,人们普遍以为,经济学的主题内容是货币。其实,这是一种误解。经济学真正的主题内容是理性,其隐而不彰的深刻内涵就是人们理性地采取行动的事实。经济学关于理性的假设是针对个人而不是团体。经济学是理解人们行为的方法,它源自这样的假设:每个人不仅有自己的目标,而且还会主动地选择正确的方式来实现这些目标。这样的假设虽然未必总是正确的,但很实用。在这样的假设下发展出来的经济学,不仅有实用价值,能够指导我们的日常生活,而且这样的学问本身也由于充满了理性而足以娱人心智,令人乐而忘返。尽管我们在日常生活中时常有意无意地运用了一些经济学知识,但如果对经济学知识缺乏基本的了解,就容易在处理日常事务时理性不足,给自己的生活平添许多不必要的烦扰。比如,刚刚买回车子,没过两天,这款车子却降价了,大部分人遇到这种情况的时候都垂头丧气,心里郁闷得很;倘若前不久刚刚买了房子,该小区的房价最近却上涨了,兴高采烈是一般购房者的正常反应。这些反应虽然符合人之常情,但跌价带来的郁闷感觉却是错误的。

经济学认为,正确的反应应该是:无论是跌价,还是涨价,都应该感觉更好。经济学认为,对消费者而言,最重要的是你消费的是什么——房价、车价是多少以及其他商品的价格是多少。在价格变动以前,你所选择的商品组合(房子、车子加上用收入余款购买的其他商品)就是对你来说是最好的东西。如果价格没有改变,你会继续这样的消费组合。在价格变化以后,你仍然可以选择消费同样的商品,因为房子、车子已经属于你了,所以,你不可能因为价格变化而感觉更糟糕。但是,由于房子、车子与其他商品的最佳组合取决于房价、车价,所以,过去的商品组合仍然为最佳是不可能的。这就意味着现在还有一些更加吸引人的选择,因此,你的感觉应该更好。新的选择虽然存在,但你却更钟情于原来的最佳选择(原来的商品组合)。

在日常生活中,我们还常常烦扰于别人为什么挣得比我多,总是觉得自己得到的比应得的少,而经济学却告诉我们这样的感觉是庸人自扰,也是错误的。经济学认为别人比自己挣得多是正常的,自己得到的就是应得的,如果自己不能理性地坦然面对,只会给自己的生活带来不必要的烦扰和忧愁。

我们之所以在日常生活中遇到这样那样的烦扰,主要还是因为对经济学有一些误解,这可能是经济学说起来比较简单的缘故。"供给与需求"、"价格"、"效率"、"竞争"等都是大家耳熟能详的经济学词汇,而且这些词汇的意思也是显而易见的,因此,很多时候,似乎人人都是经济学家。人们不敢随便在一个物理学家或数学家面前班门弄斧,但在一个经济学家面前,谁都可以就车价跌了该高兴还是该郁闷等实际问题随意发表自己的见解。其实,经济学中有许多并非显而易见的内容,并不是每个人想象得那么简单。在经济学领域,要想从"我听说过"进入到"我懂得"的境界并不是件轻而易举的事情。

因此,掌握正确的经济学知识,将经济学思考问题的方法运用到日常生活中来,使我们能够更加理性地面对生活中的各种琐事,小到油盐酱醋,大到谈婚论嫁,就会减少生活中的诸多郁闷和不快,多一些开心,多一些欢笑。

摘自:梁小民.微观经济学纵横谈.北京:生活·读书·新知三联书店,2005

问题:什么是理性?生活中人们的行为都是理性的吗?为什么?

▦▦ 习 题 ▦▦

1.如何理解稀缺性是经济学的前提?

2.举例说明生产可能性曲线和机会成本的概念。

3.微观经济学和宏观经济学的区别和联系是什么?

4.如何看待西方经济学中的实证分析?

5.如何理解经济学中的理性人假说?

第二章 需求、供给和均衡价格

价格是市场运动的核心,价格的决定方式是区分经济体制的重要依据。本章介绍在市场经济条件下价格的决定机制和价格对市场供求双方的影响,即亚当·斯密称之为"看不见的手"的价格机制。

第一节 需求理论

一、需求和需求曲线

在微观经济学中,需求(demand)是指消费者在一定时间内,在各种可能的价格水平下,愿意而且有能力购买的商品数量的集合。作为消费者的需求,必须具备以下条件:第一,在一定时间内;第二,在一定的价格水平下;第三,有购买的欲望;第四,有能力购买。若仅有购买的欲望而无购买的能力,则不是需求。同样,若只有购买能力而无购买欲望也不构成现实的需求。

影响需求的因素很多,在假定其他条件(如消费者收入、消费者偏好、其他商品价格、预期等)不变的情况下,一种物品的市场价格与该物品的需求数量之间存在着一定的关系。将这种价格与需求量之间的对应关系用表格表示出来,就称为需求表(demand schedule)。比如,某消费者在不同价格水平下对西瓜的需求量(见表 2-1)。

表 2- 1　西瓜的需求分析

价格	5	4	3	2	1
需求量	9	10	12	18	32

需求表表示消费者对于特定商品在不同价格水平下所愿意购买的该商品的数量。根据需求表绘制而成的曲线就称为需求曲线(demand curve)。在图 2-1 中,横轴表示西瓜的需求量,纵轴表示消费者愿意支付的价格。

二、需求规律与替代效应和收入效应

图 2-1 表明,价格与需求量之间存在着相反运动的关系,这称为需求规律。上述分析是

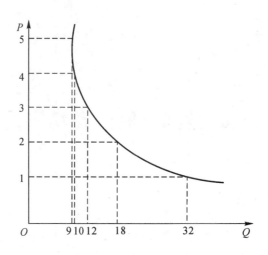

图 2-1　需求曲线

针对单个消费者而言的。若干个消费者需求量的加总,就可以得到市场的需求曲线。市场需求曲线也是一条向右下方倾斜的曲线。

　　商品的价格和需求量之间存在反方向的变化关系,这种关系的存在可以用替代效应和收入效应来解释,即商品价格的下降之所以会引起需求量的增加,是由于替代效应和收入效应共同发生作用的结果。

　　在一种商品的价格下跌而其他商品价格不变时,消费者试图用这种商品替代其他商品,因而某商品价格下降时,可能使每个消费者都增加该商品的消费量;如百事可乐的价格下降,而可口可乐的价格保持不变,会促使人们用百事可乐代替可口可乐,引起对百事可乐需求量的增加。反之,若百事可乐价格上升,而可口可乐价格保持不变,会促使消费者用可口可乐替代百事可乐,引起对百事可乐需求量的减少。可口可乐价格给定不变,百事可乐价格下降(或上升)引起消费者用百事可乐代替可口可乐(或用可口可乐代替百事可乐),从而引起百事可乐需求量的增加(或减少),称为替代效应。

　　收入效应是指价格下跌相当于消费者实际收入的提高,从而鼓励消费者扩大消费,使市场的消费量增加。假设百事可乐价格下降,其他商品价格保持不变,引起消费者实际收入的提高,从而导致对百事可乐需求量的增加。反之,百事可乐价格提高,在货币收入不变的情况下引起实际收入下降,导致对百事可乐需求量的减少。

三、需求函数

　　上述讨论都是假设商品自身的价格发生变化,而其他影响消费者需求量的因素保持不变。然而,影响消费者需求的因素很多,主要存在以下几种:

　　(1)商品的价格。商品本身的价格。

　　(2)其他商品价格的变化。依据商品价格间的相互影响关系,可将其分为三种类型:互补品(用 P_c 表示)、替代品(用 P_S 表示)和独立性商品(用 P_I 表示)。互补品是指一种商品的价格上涨时,另一种商品的需求量随之减少。比如,汽油和汽车即为互补品。所以,互补品之间的价格与需求量呈反方向运动。替代品是指可以相互替代来满足同一种欲望的两种或多种商品。例如,百事可乐和可口可乐之间就存在一种相互替代的关系以满足人们解渴的需要。这类商品之间价格变动对需求量的影响表现为：当一种商品的价格下降时，另一种商品的需求量就减少。所以，替代品之间价格与需求量呈同方向运动。独立性商品是指那些商品之间价格变动对其他商品需求量不产生影响。

(3)消费者对未来的预期（用 E 表示）。比如，当消费者预期某种商品的价格会下降，他可能会延迟消费；当消费者预期某种商品的价格将上升，他可能会增加当前的消费。

(4)政府的消费政策（用 G 表示）。若政府欲拉动经济，推出了刺激消费的政策，必然会导致商品需求量的增加。

(5)消费者收入的变动（用 I 表示）。一般说来，在其他条件不变的情况下，人们的收入增高，对商品的需求量也会增加。

(6)人口结构的变化和消费结构的变化（用 M 表示）。青壮年为主的社会和老龄化社会其商品需求结构和需求量都会显著不同。随着收入水平的提高，人们对奢侈品的需求会增加，食品等日用品在消费中的比重会明显下降，整个社会的消费结构会发生显著的变化。

(7)消费者偏好的变化（用 T 表示）。比如，一国的奶制品被检测出含有三聚氰胺，该国的消费者必然会减少奶制品的消费或者选择国外的奶制品。

(8)其他因素（用 α 表示）。

综上所述，一个市场在一定时期内对某一种商品的需求量，取决于商品自身的价格、其他商品的价格、消费者对未来的预期、政府的消费政策、消费者的收入、人口结构和消费结构以及消费者偏好等，将影响该种商品需求的诸多因素用函数表达出来，即

$$Q = f(P, P_C, P_S, E, G, I, M, T, \alpha)$$

这种表示影响需求的因素与商品需求量之间关系的函数式被称为需求函数（demand function）。

假设其他条件确定，只考虑需求量与价格之间的关系，则需求价格函数为

$$Q = f(P)$$

四、需求量的变动和需求的变动

需求曲线是在假设除了商品自身价格之外其他情况不变的条件下画出来的，一旦以前保持不变的其他因素发生变化时，会导致需求曲线的移动。因此，有必要区分由价格变动所引起的需求量变动和其他因素变化引起的需求的变动，这是两个截然不同的概念。

依据需求理论，需求量是指在某一特定的价格水平下，消费者愿意并且能够购买的商品数量。由价格和需求量对应关系画出来的需求曲线，并不是一段时期中需求变化过程的历史曲线。也就是说，它只是某一特定时刻的整个需求曲线。需求点代表消费者在不同价格水平下，各种消费量的可能性，其中，只有一组对应点是能实际出现的。特定时刻由于价格不同所对应的需求量变动并不是需求发生了变化，原有需求量建立时的条件依旧不变，只不过是因为价格变化而相应地使需求数量发生了变化。这种变化在需求曲线上表现为点的变动，整条曲线并不发生移动。

需求的变动是指，在原有的每一个价格水平下，消费者较以前更愿意增加或减少商品的需求量。需求的变动表现为需求曲线的整体移动。需求增加时，需求曲线向右上方移动；需求减少时，需求曲线向左下方移动。导致需求曲线移动的因素有很多，主要包括其他商品的价格、消费者预期、消费者收入、人口总量和人口结构、消费者偏好等。

五、需求弹性

前面谈到,影响一种商品需求的因素,除了消费者偏好、预期等之外,主要有该商品的价格、其他商品的价格以及消费者的收入。需求弹性(elasticity of demand)是用来表示影响需求的诸因素(自变量)发生变化后,需求数量(因变量)变化做出反应的程度。

理论上可以对影响需求的所有因素的需求弹性进行考察,但因其他因素(如消费者偏好)很难加以量化,所以本节只考察需求弹性最常见的三种类型,即需求的价格弹性、需求的交叉价格弹性和需求的收入弹性。

1. 需求的价格弹性

需求的价格弹性是指一种商品的需求量对自身价格变动的反应程度,用公式表示为

$$E_P = \frac{\Delta Q/Q}{\Delta P/P} = \frac{\Delta Q}{\Delta P} \cdot \frac{P}{Q}$$

式中:E_P 代表需求价格弹性系数;P 代表商品价格;ΔP 代表商品价格变化量;Q 代表商品需求量;ΔQ 表示商品需求量的变化量。

由于需求曲线是向右下方倾斜的曲线,价格与需求量之间呈反方向运动,因此,ΔP 和 ΔQ 两者中必然有一个为负数,即需求价格弹性恒定为负数。但在实际运用中,弹性分析的目的在于分析价格变动对需求量的影响,因此,通常只考虑其绝对值的变动。比如 $E_1 = -2$,$E_2 = -1$,我们仍然说 $E_1 > E_2$。

依据商品需求弹性的大小,一般可分为以下几种:

(1)弹性大于1,称为富有弹性。在这种情况下,需求量变动的幅度大于价格变动的幅度,在图形上变现为一条相对平缓的曲线。通常情况下,奢侈品的需求弹性充足。

(2)弹性小于1,称为缺乏弹性。在这种情况下,需求量变动的幅度小于价格变动的幅度,在图形上变现为一条相对陡峭的曲线。生活必需品,比如日常洗漱用品、食盐等通常缺乏弹性。

(3)弹性等于1,称为单元弹性。在这种情况下,需求量变动的幅度与价格变动的幅度相等,在图形上变现为一条对称的双曲线。

(4)弹性为0,即需求量对价格的变动毫无反应。在图形上表现为一条垂直于横轴的直线,一些特殊的商品,比如棺材、火葬用品和解蛇毒的药品等。

(5)弹性无穷大,即在既定的价格水平下,需求量趋于无穷大。在图形上表现为一条与横轴平行的直线。

需求价格弹性的计算公式一般分为两种:

(1)点弹性公式,即测算需求曲线上某一点的弹性计算公式。若 $Q(P)$ 是 P 的可微分函数,则

$$E_P = \frac{\mathrm{d}Q}{\mathrm{d}P} \cdot \frac{P}{Q}$$

(2)弧弹性公式,即利用需求曲线中某段弧上两点的算术平均值来计算弹性系数的公式。其具体形式为

$$E_P = \frac{\Delta Q}{(Q_1+Q_2)/2} \bigg/ \frac{\Delta P}{(P_1+P_2)/2} = \frac{\Delta Q}{\Delta P} \cdot \frac{P_1+P_2}{Q_1+Q_2}$$

弧弹性公式克服了百分比弹性公式中没有明确规定基期和报告期数值,在选择基期和报告期方法不同时可能产生的混乱。

一种商品的需求价格弹性的测量,还可以用几何作图方法进行。现在先考察需求曲线为直线的情形(见图 2-2)。

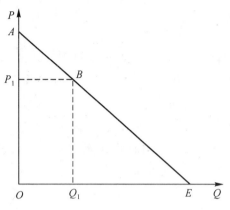

图 2-2　直线型需求曲线

根据定义,点 B 的弹性为

$$E=\frac{\Delta Q}{\Delta P} \cdot \frac{P}{Q}=\frac{Q_1 E}{OP_1} \cdot \frac{OP_1}{OQ_1}=\frac{Q_1 E}{OQ_1}=\frac{BE}{BA}$$

由此可以看出,直线型需求曲线上点的弹性可以用该点到横轴的线段长度除以该点到纵轴的线段长度来求得。由此可轻易求出直线型需求曲线上不同点的弹性(见图 2-3),设 S 点为 AB 的中点,则在 AS 段,$E_P>1$;在 S 点,$E_P=1$;在 SB 段,$E_P<1$。

曲线型需求曲线上点的弹性可以用以下方法求得(见图 2-4):

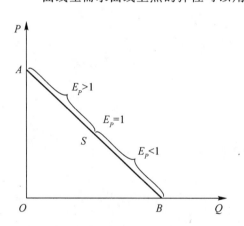

图 2-3　直线型需求曲线上的弹性

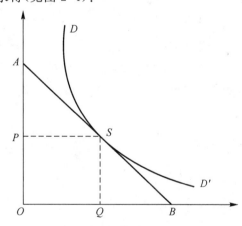

图 2-4　曲线型需求曲线上的弹性

若要求需求曲线 DD' 上点 S 的弹性,可以过 S 点做 DD' 的切线 AB,则 S 点的弹性可以用 $\frac{SB}{SA}$ 来表示。

决定一种商品的需求价格弹性的因素主要包括以下几种:

(1)该商品的替代品的数目以及可替代的程度。如果一种商品有很多相近的替代品,它的需求就更有弹性。因为该种商品提价,就会导致消费者转而购买其他替代品。

（2）该商品的用途越多,其需求弹性就越大。比如,羊毛可以纺织成多种纺织用品。一旦羊毛提价,多个渠道的需求都会减少,从而导致商品的需求大幅下滑。

（3）时间的长短。一般来说,某种商品价格发生变动后,短期内需求弹性较小,因为其消费习惯的改变需要时间;随着时间的延长,需求弹性可能增大。

（4）该商品在购买者家庭预算中所占的比重。对该商品的支出占家庭预算的比重越大,其需求弹性就越大。

（5）消费者收入水平的差异。商品价格的小幅调整对高收入家庭而言无足轻重。对他们而言,需求弹性较低。然而对低收入家庭而言,他们对价格调整更为敏感,他们的需求弹性较高。

2. 需求的交叉价格弹性

需求的交叉价格弹性是指,假定影响商品 X 需求量的各因素（包括该商品的价格 P_X）都给定不变,另一商品 Y 的价格 P_Y 的变动会引起 X 的需求量的变动程度,用公式表示为

$$E_{XY} = \frac{\frac{\Delta Q_X}{Q_X}}{\frac{\Delta P_Y}{P_Y}} = \frac{\Delta Q_X}{\Delta P_Y} \cdot \frac{P_Y}{Q_X}$$

由公式可知,若两种商品是互补品,其交叉价格弹性系数为负数;若两种商品是替代品,其交叉价格弹性系数为正数。

3. 需求的收入弹性

在影响商品价格和影响需求量其他因素给定不变的条件下,购买者收入的变动导致对商品需求量的变动程度,用需求收入弹性来表示,其公式为

$$E_M = \frac{\Delta Q/Q}{\Delta M/M} = \frac{\Delta Q}{\Delta M} \cdot \frac{M}{Q}$$

在价格不变的情况下,收入的提高通常会引起需求的增加,即 E_M 为正数。我们把 $E_M > 1$ 的商品称为奢侈品,如娱乐用品、首饰等;我们把 $E_M < 1$ 的商品称为必需品,如米、油和盐等。收入弹性小于零的情况,一般是劣等品。

第二节　供给理论

一、供给和供给曲线

与需求相对应的是供给,供给（supply）是指生产者在一定时间内,在各种可能的价格水平下,愿意而且能够出售的商品量的集合。微观经济学在研究供给的时候,也通常先假定其他条件不变,仅考虑价格和商品需求量之间的关系。比如,假设商品生产的技术水平、生产者偏好、其他商品的价格、政府税收政策等都保持不变,仅考虑供给价格与供给量之间的关系。

根据个别生产者在不同价格水平下,所愿意提供的商品量之间的关系制成的表,叫作

供给表(supply schedule)。与需求相似,由供给表可绘制出供给曲线(supply curve)。供给曲线是一条向右上方倾斜的曲线,表明供给价格与供给量之间存在着同向变动的关系,这种关系被称为供给定律(law of supply),即在其他条件不变的情况下,供给量随着供给价格的上升而增加,随着供给价格的下跌而减少。

所谓市场供给,是指某种商品市场上的全部生产者,在不同价格水平下,所愿意提供的产品产量。市场供给与市场需求不同,微观经济学依据市场中厂商数目的不同,将市场结构划分为不同的类型,比如完全竞争、完全垄断、寡头垄断和垄断竞争等。在不同的市场结构中,市场的供给曲线也不同。单个厂商的供给曲线以及由生产同种产品的众多厂商组成的市场供给曲线是一个较为复杂的问题,将在后面的章节详细讨论。西方经济学者认为,从短期来看,由于存在边际收益递减规律,供给曲线向右上方倾斜,即商品的供给价格越高,生产者愿意提供的产品数量就越多。从长期来看,随着生产规模的扩大,若生产者内部或外部存在着非经济因素使生产成本上升,则供给曲线也呈上升趋势。若在生产扩大时成本保持不变,则供给曲线就会向水平方向延伸。随着生产规模的扩大,生产者内部或外部因素导致生产成本的节约,则供给曲线就会呈现向下倾斜的趋势。在这种情况下,生产者愿意以较低的价格提供更多的产品。

二、供给函数

同需求一样,影响供给的因素也有很多,主要包括:

(1)产品自身的价格(用 P 表示)。一种产品的市场价格越高,生产者愿意提供的产品数量也越多。

(2)其他商品的价格。这依然要分两种情况:替代性商品的价格(用 P_S 表示)和互补性商品的价格(用 P_C 表示)。通常,对于那些资源易于转移的商品,在一种商品的替代品价格上升时,该商品的供给量将减少。若某种商品价格不变,在其互补品的价格上升时,则可能出现该商品的供给量不足,从而导致市场上该商品价格的上升,促使其供给量的增加。

(3)生产技术(用 T 表示)、生产要素的价格(用 P_F 表示)和产品的成本(用 C 表示)。技术进步或由于任何原因引起的生产要素价格下降,将导致单位产品成本的下降而使得与任一价格相对应的供给量增加。

(4)生产者对未来的预期(用 E 表示)。如果生产者预期未来产品价格会上升,储存费用又较低,商品的当期供给量就会减少。反之,供给量将增加。

(5)其他因素(用 β 表示)。除了上述因素之外,商品的供给还受到政府的税收政策、厂商的目标、银行的利息率、新的替代性原材料的发现以及旧的原材料资源的枯竭等因素的影响。

供给函数(supply function)是指影响供给的因素(自变量)与供给量(因变量)之间的函数关系。设该产品供给量为 Q_S,则供给函数的一般表达式为

$$Q_S = f(P, P_S, P_C, T, P_F, C, E, \beta)$$

若只考察产品自身的价格或成本与供给量之间的关系,则可得到:

供给价格函数　　　$Q_S = f(P)$

供给成本函数　　　$Q_S = f(C)$

本书其他部分论及供给函数,除非特别指明,都是指供给价格函数。

三、供给量的变动和供给的变动

与对需求的变动分析类似,供给量的变动不同于供给的变动。前者是指在影响供给的其他因素不变时,商品自身价格变动引起的供给量变动。从图形上看,供给量的变动表现为在同一条供给曲线上点的移动。供给的变动则表现为整个供给曲线的移动。

在商品价格不变的条件下,若其他影响供给的因素发生变化,则可能引起整条供给曲线的移动。在生产技术进步、替代性商品价格下降、生产者预期的供给价格将下跌、经营管理水平提高等情况下都可能出现供给的增加。

四、供给弹性

与需求类似,供给弹性着重分析影响供给因素的变动对商品供给量的影响。供给价格弹性是指商品供给量对供给价格变动的灵敏程度,其公式为

$$E_s = \frac{\Delta Q/Q}{\Delta P/P} = \frac{\Delta Q}{\Delta P} \cdot \frac{P}{Q}$$

式中:E_s 代表供给价格弹性系数;Q 代表供给量;ΔQ 代表供给量的变动;P 代表供给价格;ΔP 代表供给价格变动。供给价格弹性的微分公式为

$$E_s = \frac{\mathrm{d}Q}{\mathrm{d}P} \cdot \frac{P}{Q}$$

与需求价格弹性相似,供给价格弹性的弧弹性公式为

$$E_s = \frac{\Delta Q}{(Q_1+Q_2)/2} \bigg/ \frac{\Delta P}{(P_1+P_2)/2} = \frac{\Delta Q}{\Delta P} \cdot \frac{P_1+P_2}{Q_1+Q_2}$$

由于价格上升通常会导致供给量的上升。因此,供给的价格弹性系数为正值。

若 $E_s > 1$,表示价格每提高 1%,供给量的增加大于 1%,称为富有弹性。同理,若 $E_s = 1$,称为单元弹性。$E_s < 1$ 表示缺乏弹性。$E_s = 0$ 称为供给缺乏弹性,供给曲线是垂直于横坐标的一条直线。$E_s = \infty$,供给曲线是平行于横坐标的一条直线。

我们可以用类似于需求曲线求弹性时所用的几何作图法来测度供给曲线的弹性(见图 2-5)。

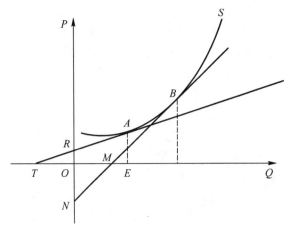

图 2-5 供给曲线的弹性

求供给曲线 S 上任一点 A 点的弹性,可由 A 点做供给曲线的切线交纵轴于 R 点,交横轴于 T 点,则 A 点的弹性系数为

$$E_A = \frac{\Delta Q}{\Delta P} \cdot \frac{P}{Q} = \frac{TE}{AE} \cdot \frac{AE}{OE} = \frac{TE}{OE} = \frac{AT}{AR}$$

由于 $AT > AR$,因此,A 点的弹性大于 1。同理可知,B 点的弹性 $E_B = \frac{BM}{BN}$,由于 $BM < BN$,故 B 点的弹性小于 1。

影响供给弹性的因素较为复杂,主要包括以下几种因素:

(1)供给时间的长短。在极短的时间内,无论价格如何变动,厂商的产量都难以调整,商品的供应量只能通过调整库存来实现。这时的供给曲线为一条垂直于横轴的直线。在短期内,产业结构、工厂规模难以调整,但可以通过一定投入的改变来调节产量。这时的供给量变动有限,供给缺乏弹性。在长期内,一切的生产要素都可以调整,供给量可以发生大量的变动,供给富有弹性。

(2)调整产量的难易。产量易于调整的商品,供给弹性大;产量难于调整的商品,供给弹性小。

(3)生产规模的大小。通常,生产规模大的企业、资本技术密集型企业,生产规模受其设计生产能力及专业化设备制约,当商品价格发生变动时,产量调整较为困难,因而供给弹性小;相反,生产规模较小的企业、劳动密集型企业,其生产规模容易变动,调整周期短,因而供给弹性较大。

(4)派生供给商品弹性的大小。所谓派生供给,是指生产最终产品所需的原材料、半成品、动力及设备等中间产品的供给。由于派生供给直接影响最终产品的供给,因此,派生供给商品与最终产品弹性呈同方向变化。

第三节　均衡价格

一、均衡价格的概念

如图 2-6 所示,DD 和 SS 分别代表市场的需求和供给曲线。当两者相交于 F 点时,生产者愿意供给的数量和消费者愿意购买的数量刚好相等,此时就称为市场达到均衡状态。这种使需求量与供给量相等的价格,称为均衡价格,与均衡价格相应的供给量(需求量),称为均衡供给量(需求量)。

当市场未达到均衡状态时,比如价格水平为 P_1,此时市场供给量超过市场需求量,市场存在超额供给,或者叫供过于求,生产者为了将

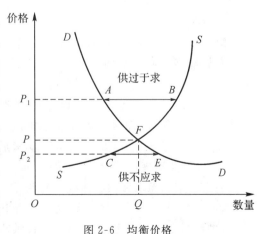

图 2-6　均衡价格

多余的产品销售出去,被迫降低产品售价直至市场达到均衡。当价格水平为 P_2 时,市场需求量超过供给量,市场存在超额需求,也称为供不应求,从而导致产品的市场价格上升,直至市场达到均衡为止。

二、需求与供给的变动对均衡的影响

依然假设 DD 和 SS 是某商品原来的需求和供给曲线,则由此决定的均衡价格为 OP,均衡产品为 OQ(见图 2-7)。

假设供给状况不变,但由于消费者收入提高,或者更加偏好该种产品,或其他替代品提价,导致消费者对该种商品的需求量在任一价格水平下都较以前增加,需求曲线由 DD 右移至 D_1D_1。显然,由 D_1D_1 与 SS 所决定的新的均衡价格为 OP_1,均衡产量由 OQ 增至 OQ_1。

再假设需求状况不变,但由于生产技术水平提高,或生产要素价格降低,导致供给曲线由 SS 右移至 S_1S_1,S_1S_1 与 DD 所决定的均衡

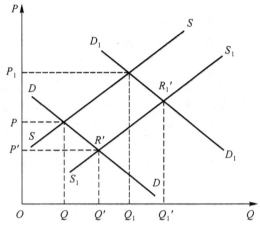

图 2-7 需求与供给的变动对均衡的影响

价格 OP' 比原来的价格要低,但均衡产销量 OQ' 比 OQ 增加。

还可以看到,当需求和供给都增加时,即需求曲线 DD 移至 D_1D_1,供给曲线 SS 移至 S_1S_1,均衡交易量将增加很多,新的均衡价格则可能高于或低于原来的均衡价格。

但是,当 DD 移至 D_1D_1 后,S_1S_1 移至 SS,均衡价格一定会上涨,新的均衡交易量可能大于或小于原来的均衡交易量。

其他情况对均衡价格和均衡产量的影响,也可以从供给和需求曲线的图形上直观地看出。

三、限制价格与支持价格

西方经济学常用均衡价格理论来分析各种价格政策对经济的影响,最常见的例子就是有关限制价格和支持价格的研究。

1. 限制价格

限制价格(ceiling-price)是政府为了防止某些商品价格上涨过高而规定一个最高价格。例如,在战争期间,由于资源消耗过大,民用品供不应求,若对消费品价格不加以控制,必然会影响全民的士气,因而政府对商品实施最高限价。实施限制价格会产生什么样的政策后果呢,我们借助图形来说明(见图 2-8)。

假定原来的需求和供给曲线分别为 DD 和 SS,现在假设由于战争原因,导致消费品供应不足,供给曲线由 SS 移至 S_1S_1,按照供求规

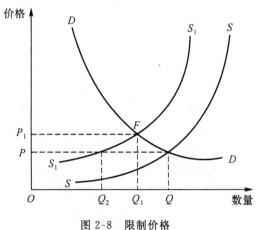

图 2-8 限制价格

律,这时的均衡价格应为 P_1,均衡数量为 Q_1。然而政府不愿意商品价格上涨过高,引起国内不稳定,采取限价政策。假定政府最高限价仍为 P,需求量仍为 Q,而供给只有 Q_2,供不应求,供求缺口为 Q_2Q。若政府不予管制,将出现抢购风潮;或者供给者不公开出售,仅供给熟悉的顾客;或者供给者将商品流向黑市,出现高价出售等不利于社会稳定的现象。因而,在实施限价措施时,政府通常同时采取配给政策,以保证社会的稳定。

2. 支持价格

支持价格(support-price)是政府为了促进某些产业的发展而规定的该行业产品的最低价格。例如,政府为了扶植农业的发展,对某些农产品规定最低价格。在农产品价格高于这个规定价格时,生产者可自由出售,若市场价格低于这个最低价格时,则由政府按规定的最低价格收购。

如图 2-9 所示,假定原来的需求和供给曲线分别为 DD 和 SS,均衡价格和数量分别为 P 和 Q。如果该行业供给不足,市场价格攀升至 P_2,则政府不予干预。若该行业由于生产扩大,导致供给曲线右移至 S_1S_1,由供求规律可知,新的市场均衡价格和数量分别为 P_1 和 Q_1。但政府为了扶植该产业的发展,不愿意该商品的价格过分下跌,故采用支持价格的政策。假定政府规定该商品的最低价格仍为 P。由图可知,在该价格水平下,市场的供给量为 Q',而需求量只有 Q,供过于求,在这种情况下,政府为保证支持价格的实施,必须收购多余的数量 QQ'。

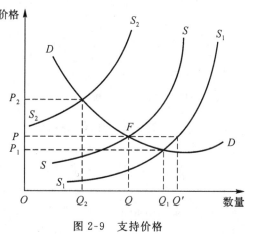

图 2-9　支持价格

第四节　均衡价格理论的应用

一、蛛网模型

蛛网模型最初是在 1930 年由美国的舒尔茨、荷兰的丁伯根以及意大利的里西分别在发表的论文中提出的。1934 年英国的卡尔多将其译成英文,并定名为"蛛网定理"。1938 年美国学者伊齐基尔(M. Ezekiel)又将其扩展用以解释更长的周期波动,并运用于实际经济分析,提出了著名的"生猪—玉米循环周期"。

蛛网模型所研究的商品具有以下特征:第一,本期商品的供给量决定本期商品的价格;第二,本期价格影响下期商品的产量。对于满足上述要求的商品,可根据商品的供给和需求弹性的差异,将其产量和价格的波动分为几种不同的类型:

(1)收敛型蛛网。供给价格弹性小于需求价格弹性,即市场价格对供给量的影响小于对需求量的影响。在这种情况下,市场价格对产量的影响会逐渐减弱,最后趋于均衡。

假定初始的需求和供给曲线分别为 DD 和 SS,如图 2-10 所示,DD 比 SS 平坦。假定该种商品为猪肉,由于发生瘟疫,猪肉产量大幅下降为 Q_1,即下降到均衡供求量 Q^* 之下,猪肉出现供不应求,导致价格上升至 P_1,高于均衡价格 P^*,从而刺激供给,导致第二个生产周期的猪肉产量提高至 Q_2,出现供过于求,价格下降至 P_2,导致第三个周期的猪肉产量下降至 Q_3。需求又超过供给,价格上升至 P_3……如此循环,最后价格和产量趋于均衡。

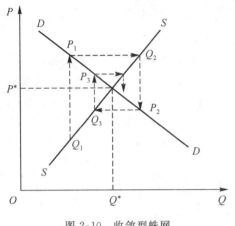

图 2-10 收敛型蛛网

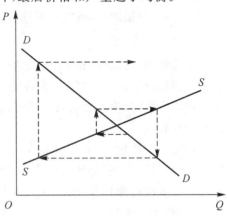

图 2-11 发散型蛛网

(2)发散型蛛网。若供给价格弹性大于需求价格弹性,就会出现与上述收敛型蛛网相反的情形,市场价格对供给量的影响大于对需求量的影响(见图 2-11)。在这种情形下,市场价格变动对产量的影响越来越大,形成发散型波动,越来越偏离均衡价格和均衡数量。

(3)循环型蛛网。若供给价格弹性和需求价格弹性相同,市场价格的变动对需求量和供给量的影响相同(见图 2-12)。在这种情况下,市场价格和产量始终围绕均衡点循环波动,既不会达到均衡,也不会远离均衡。

二、恩格尔定律

19 世纪德国统计学家通过对家庭消费的统计研究,得出了三点结论:①饮食费用在家庭消费中所占比例,随着收入的增加而逐渐减少;②衣服和住房费用在家庭消费支出中的比例,基本保持不变;③文娱支出所占比例,随收入的增加而迅速上升。由于

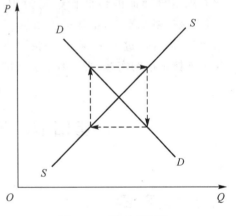

图 2-12 循环型蛛网

食物支出在家庭消费支出中的比例随着收入的增加而降低,因此,恩格尔把家庭收入中用于食物支出的比例,作为衡量一个家庭或一国富裕程度的标准,其公式为

$$恩格尔系数(E)=\frac{食物支出变动的百分比}{收入变动的百分比}=\frac{\Delta Q/Q}{\Delta Y/Y}=\frac{\Delta Q}{\Delta Y}\cdot\frac{Y}{Q}$$

可见,恩格尔系数实际上就是一种需求的收入弹性,由公式可知,随着一国或家庭收入的提高,恩格尔系数便会逐渐减小。因此,恩格尔系数与一国或家庭的富裕程度成反比。

三、税收分担

对产品征税分为对生产者征税和对消费者征税,从表面上看,对生产者征税,税收负担

就落在生产者的身上；对消费者征税，税收负担就落在消费者身上。但应用供求原理的分析结果表明，结果并不是如此简单，本部分内容将以从量税为例，研究税收的分担问题。

假定政府向厂商征收税额为 T 的从量税（见图 2-13）。假定初始的均衡点为 C，征税后新的均衡点变为 B，销售价格也由 G 上升到 A。消费者需要支付的总税额为税率 $AG\times$ 征

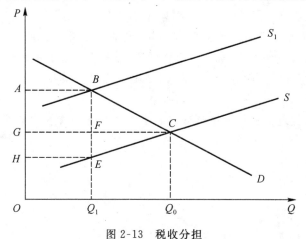

图 2-13　税收分担

税数量 Q_1，即图中的面积 $S_{矩形AGFB}$，厂商承担的总税额为税率 $GH\times$ 征税数量 Q_1，即图中的面积 $S_{矩形GFEH}$。究竟谁承受的税额较多，就要看需求曲线和供给曲线弹性的大小。当需求曲线的弹性小于供给曲线的弹性（也就是需求曲线较为陡峭），消费者面临的选择较少，税收主要由消费者承担，反之，税收主要由生产者承担。

::: 案　例 :::

【案例 1】

2007 年 6 月 26 日，兰州市物价局联合兰州市工商局、质监局、卫生局和兰州牛肉拉面行业协会等出台文件，把市区牛肉面馆（店）划分为四个级别，并限制每个级别的最高售价。其中，普通级大碗不得超过 2.50 元，小碗不得超过 2.30 元。据介绍，这一文件同时也是对 2006 年以来兰州市牛肉面馆、店连续两次较大幅度提高价格行为的规范。这一"限价令"引起社会关注。兰州市相当多市民对此表示支持，而部分专家和律师则认为，物价部门对牛肉面进行限价，缺少法律依据，是用"有形之手"对市场进行干涉，是行政越权行为。

资料来源：http://news.sohu.com/20070711/n251009208.shtml

请根据上述材料，回答：

（1）分析对牛肉面价格的政府干预将会产生什么后果？

（2）兰州市民为什么会支持政府的做法？

（3）政府应如何管理牛肉面这类商品市场？

【案例 2】

财政部、国家税务总局决定从 2008 年 9 月 1 日起调整只针对厂家征收的汽车消费税政策,包括提高大排量乘用车的消费税税率以及降低小排量乘用车的消费税税率。此次汽车消费税的调整:一是提高大排量乘用车的消费税税率,排气量在 3.0 升以上至 4.0 升(含 4.0 升)的乘用车,税率由 15% 上调至 25%,排气量在 4.0 升以上的乘用车,税率由 20% 上调至 40%;二是降低小排量乘用车的消费税税率,排气量在 1.0 升(含 1.0 升)以下的乘用车,税率由 3% 下调至 1%。同时,对部分乘用车进口环节消费税进行调整,调整幅度与国内汽车消费税相同。

(1)试用供求弹性理论分析大排量汽车和小排量汽车消费税在生产者和消费者之间的分担情况(作图)。

(2)说明此次消费税调整的意义。

习　题

1.试用弹性理论分析为何在经济大萧条时期,一些牛奶企业宁愿将产量过剩的牛奶倾倒掉也不愿意廉价出售?

2.试用支持价格理论分析中国《劳动合同法》要求提高最低工资标准对市场的影响。

3.设某商品市场的供求函数如下

$$Q_D = 178 - 8P, Q_S = -2 + P$$

(1)求该商品市场的均衡价格和均衡产量。

(2)若市场价格从 20 元上升到 21 元,求此时的需求价格弹性。

(3)政府对该产品征收每单位 1 元的间接税(销售税),试计算该项征税在厂商和消费者之间的分担情况。

4.某人对消费品 X 的需求函数为 $P = 100 - \sqrt{Q}$。分别计算价格 $P = 60$ 和 $P = 40$ 时的价格弹性。

5.某人消费商品 X 的数量与其收入 M 的函数关系为:$M = 1000Q^2$,计算收入 $M = 6400$ 时的点收入弹性。

第三章　消费者行为理论

根据需求法则,一种商品的需求量与价格之间具有反向关系,需求曲线是一条自左上方向右下方倾斜的曲线。为什么会这样呢? 有人可能会说现实生活就是如此,但作为科学的经济学并没有需求法则这样的假设,我们只能从理性人的假设出发来推导负斜率的需求曲线。需求函数的背后是消费者的行为,所以本章也称为消费者行为理论。

第一节　基数效用理论

一、效用与效用理论

效用(utility)是指消费者在商品和劳务的消费中获得的满足感。效用的大小取决于商品满足人们欲望和需求的能力,也取决于消费者对这种商品的需求程度以及消费者对其满足程度的主观心理评价。围绕着效用的衡量问题,经济学家给出了两种不同的效用概念:一种是基数效用;另一种是序数效用。在此基础上,形成了分析消费者行为的两种方法,分别是基数效用论者的边际效用分析方法和序数效用论者的无差异曲线分析方法。

基数与序数原本是数学上的两个概念。基数是指 1,2,3,…这样的自然数,它可以加总求和。序数则是指第一、第二、第三……表示排列次序的数。

序数只表示事物的先后次序,不表示它们之间的实际差距。比如,对于两种商品自行车和汽车,消费者更愿意拥有汽车。就两者进行排序,他会把汽车放在第一位,把自行车放在第二位。在这里,重要的是消费者排列的前后顺序,至于汽车比自行车好多少,并不重要。事实上,消费者也无法说明。

在 19 世纪普遍使用的是基数效用(cardinal utility)的概念。经济学家杰文斯、瓦尔拉斯和马歇尔等人认为,效用如同重量和长度一样,是可以用基数 1,2,3,…来计量的,并且可以加总求和。例如,消费者吃一顿丰盛的晚餐可以得到 10 个单位的效用,看一场精彩的NBA 篮球比赛可以得到 20 个单位的效用。也可以理解为一场精彩的 NBA 篮球比赛的效用等于两顿丰盛的晚餐。如果消费者吃一顿丰盛的晚餐的同时看一场精彩的 NBA 篮球比赛,则可以得到 30 个单位的效用。在这里,效用的大小主要取决于消费者对满足程度的主观感受。假定每一个消费者都能够明确说出所消费的每一件商品效用量的大小,而且不同商品效用可以加总求和,这就是基数效用论。

到了 20 世纪 30 年代,序数效用的概念开始为大多数西方经济学家所使用。序数效用论者认为,效用是一个有点类似于香、臭、美、丑那样的概念,效用的大小是无法具体衡量的,效用之间的比较只能通过顺序或等级来表示。仍就上面的例子来说,消费者要回答的是偏好哪一种消费,即哪一种消费的效用是第一,哪一种消费的效用是第二。或者是说,要回答的是宁愿吃一顿丰盛的晚餐,还是宁愿看一场精彩的 NBA 篮球比赛。进一步的,序数效用论者还认为,就分析消费者行为来说,基数效用的特征是多余的,以序数来度量效用的假定比以基数来度量效用的假定所受到的限制要少,它可以减少一些被认为是值得怀疑的心理假设。

二、总效用与边际效用

效用是消费者在消费商品时获得的满足感,这种满足感是随着消费商品和劳务数量的变化而变化的。根据基数效用论的假定,如果以消费者消费商品的数量为自变量,以效用量的大小作为因变量,那么,可以用效用函数来表示效用量与商品消费量之间的关系。

令效用为 U,消费者消费的各种商品的数量分别为 $X_1, X_2, \cdots, X_n$,则效用函数可以表示为

$$U = U(X_1, X_2, \cdots, X_n)$$

特别的,如果消费者只消费两种商品,用 X_1 和 X_2 表示这两种商品的消费数量。则效用函数为

$$U = U(X_1, X_2)$$

这里需要区分总效用与边际效用的概念。

总效用(total utility)是指消费者在一定时间内,连续消费一定数量商品所得到的总的满足感,用 TU 表示。效用函数 $TU = U(X)$ 就表示消费一种商品时,总效用与商品数量之间的函数关系。

边际效用(marginal utility)是指在一定的时间内,消费者每增加一个单位商品消费所得到的效用增加量,用 MU 表示。它是最后消费的那个商品给消费者带来的效用。例如,一个人吃面包,从第一个面包吃到第五个面包,每一个面包给他带来的满足程度是不一样的,最后一个面包所带来的效用即为边际效用。如果从边际效用和总效用的关系来看,边际效用就是指该物品的消费量每增(减)一个单位所引起的总效用的增减。如果用 ΔX 表示消费商品数量的变化量,用 ΔTU 表示消费总效用的变化量,那么边际效用可以表示为

$$MU_X = \frac{\Delta TU}{\Delta X}$$

假定商品 X 是可以无限细分的,则可以进一步表示为

$$MU_X = \lim_{\Delta X \to 0} \frac{\Delta TU}{\Delta X} = \frac{dTU}{dX}$$

对于边际效用和总效用,我们可以借助下面假设的表 3-1 进一步得到理解(假定消费的商品为面包,消费单位为个)。

表 3-1　总效用和边际效用

消费品的数量	总效用	边际效用
0	0	0
1	10	10
2	18	8
3	24	6
4	28	4
5	30	2
6	30	0
7	28	−2

从表 3-1 可以看出,随着消费的面包数量的增加,消费者得到的总效用也在增加,但他从每个面包中得到的效用即边际效用,却随着面包消费数量的增加而不断减少。也就是说,随着商品消费数量的增加,消费者得到的总效用以递减的速度增加,即边际效用递减。这一结论从总效用曲线和边际效用曲线中可以看得更加直观。根据表 3-1 中的面包消费量、总效用和边际效用的数字,可以画出总效用曲线和边际效用曲线。如图 3-1 所示。

图 3-1 表明,总效用 TU 随着商品消费量的增加逐渐增加,但是以递减的速度增加;在达到消费饱和点(图中为 6 个单位)后,开始随商品消费量的增加而减少。边际效用随商品消费量的增加而递减,开始为正,逐渐减小为零,直至变为负值。

边际效用与总效用存在这样的关系:边际效用为正时,总效用增加;边际效用为零时,总效用达到最大;边际效用为负时,总效用减少。

三、边际效用递减规律

效用表和效用曲线都反映出这样一个特征:当消费者连续消费某种商品时,随着消费量的增加,他从每单位商品中得到的边际效用,呈现逐渐递减的趋势,这就是边际效用递减规律(law of diminishing marginal utility)。

设总效用函数为

$$TU=U(X)$$

则边际效用函数为

$$MU=\frac{\mathrm{d}TU}{\mathrm{d}X}$$

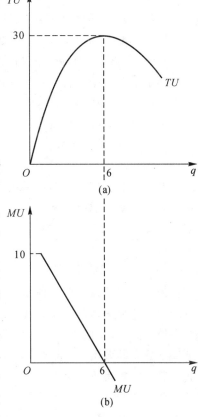

图 3-1　总效用曲线和边际效用曲线

随着消费商品数量的增加,在一定范围内,$MU=\dfrac{\mathrm{d}TU}{\mathrm{d}X}>0$,其表示 X 增加(减少),则总效用 TU 也相应地增加(减少),故 TU 与 X 呈同方向变化,但到一定阶段,再增加商品消费时,$MU=\dfrac{\mathrm{d}TU}{\mathrm{d}X}<0$,也即 TU 与 X 呈反方向变化。但是从边际效用的变化率来看,$\dfrac{\mathrm{d}MU}{\mathrm{d}X}=\dfrac{\mathrm{d}^2 TU}{\mathrm{d}X^2}<0$,表示随着 X 递增,边际效用本身相应递减。

边际效用递减规律可以从两个角度来解释。

1. 从心理或生理角度来分析

人们的欲望尽管是无限的,但就每一个具体的欲望来说却是有限的。这样,随着消费的商品数量的增加,有限的欲望就逐渐得到满足,生理上或心理上对商品重复刺激的反应愈来愈迟钝,后消费的商品对消费者的效用也就愈来愈小。

2. 从商品的用途来分析

商品的用途是多种多样的,并且各种用途对人们的重要程度也是不同的,人们总是把商品用于最重要的用途,也就是效用最大的用途,然后才用于重要程度较差的、效用较小的用途。因此,人们后消费的商品的效用一定小于先消费的商品的效用。

由于边际效用决定于物品的稀缺性,而边际效用又是形成物品价值的基础。有些用处很大的东西(如空气),由于其多,货币意义上的价值就很少;而有些用处很少的东西(如钻石),由于其少,反而很值钱。

总之,边际效用递减规律是西方经济学家在研究消费者行为时用来解释需求规律的一种理论观点。作为经济学的一个规律,它断言消费者均衡的某种物品的数量的变化与相应的消费者主观心理感受到的满足程度这两者之间具有某种稳定的数量关系。它是在考察总结人们日常生活而得出的一个理论命题。当然,它的有效性要以假定人们消费行为的决策是符合理性的为必要前提。

四、消费者均衡

如果消费者只消费一种商品,而且这种商品可以无限地获得,那么,消费者消费到边际效用为零的那一单位商品时就会停止消费。此时,消费者获得了最大的效用。当消费者面对多种商品时,我们可能会说,当每种商品的边际效用都为零时,这样的消费组合给消费者带来了最大的效用。但是"天下没有免费的午餐",获得任何商品都需要支付一定的货币,而消费者的货币收入是有限的。所以,消费者必须进行取舍。消费者以其全部收入购买商品组合给消费者带来最大效用的状态,被称为消费者均衡,此处均衡的含义就是保持该状态不变。根据基数效用论,理性的消费者在进行消费时总是倾向于消费能给自己带来更多边际效用的商品,那么是不是边际效用越大就越好呢? 我们先来证明消费者均衡(consumer equilibrium)。

我们从一种商品的购买开始分析。假定消费者的货币收入是既定的,并且在这个收入范围内,每单位货币的边际效用也是稳定不变的。消费者购买商品的过程实际上就是用货币的效用去交换商品效用的过程,付出货币失去货币的效用,消费商品获得商品的效用。在既定的收入与商品价格条件下,如果购买一单位商品所得到的效用大于因付出货币而减少的效用,那么,消费者购买这一单位商品可以增加总效用。这时,购买这一单位商品是消费者的理性选择,而且他还应该继续购买。由于商品的边际效用是递减的,当再购买一单位商品所增加的效用降低到小于因付出货币而减少的效用时,购买这一单位商品就会减少消费者的总效用,理性的消费者不会进行这个交易。所以,只有当再购买一单位商品所增加的效用即边际效用等于为此所支付的货币的效用时,消费者就实现了效用最大化,也就实现了消费者均衡。如果以 MU_X 表示商品的边际效用,P_X 表示商品的价格,以 λ 表示单位货币的边际效用,那么消费者均衡的条件可以表述为

$$MU_X = P_X \cdot \lambda$$

也可以将其变形为

$$\frac{MU_X}{P_X} = \lambda$$

此式的经济学意义是:花费在商品上的最后一单位货币所得到的边际效用恰好等于一单位货币本身的效用。

这个结论可以推广到多种商品,对 $X_1, X_2, \cdots$ 等商品,这个均衡条件同样成立:

$$MU_{X_1} = P_{X_1} \cdot \lambda$$
$$MU_{X_2} = P_{X_2} \cdot \lambda$$

我们可以得到消费者购买 n 种商品时的均衡条件:

$$\frac{MU_{X_1}}{P_{X_1}} = \frac{MU_{X_2}}{P_{X_2}} = \cdots = \frac{MU_{X_n}}{P_{X_n}} = \lambda$$

此式的含义是:为了实现效用最大化,消费者应该使他花费在所购买的每一种商品上的最后 1 元货币所得到的边际效用都相等,即都等于单位货币的边际效用 λ。

对于两种商品 X 和 Y,如果 $\frac{MU_X}{P_X} > \frac{MU_Y}{P_Y}$,意味着 1 元货币购买的 X 的边际效用大于 1 元货币购买的 Y 的边际效用。这时消费者将增加 X 的购买量,而减少 Y 的购买量。因为 Y 的效用减少量小于 X 的效用增加量。消费者的总效用会增加。

追求效用最大化的消费者会持续这一过程。随着 X 购买数量的增加,Y 购买数量的减少,X 的边际效用递减而 Y 的边际效用递增,直到 $\frac{MU_X}{P_X} = \frac{MU_Y}{P_Y}$ 为止。这时消费者得到的总效用最大,他不再调整 X 和 Y 的购买量,从而处于均衡状态。举个例子,假定某人购买 10 单位 X 商品时,X 的边际效用为 20,如果 $P_X = 5$ 美元,则每 1 美元购买 X 商品时得到的边际效用为 4。再假定他购买 14 单位 Y 商品时,Y 的边际效用为 12,如果 $P_Y = 6$ 美元,则每 1 美元购买 Y 时得到的边际效用为 2。这时消费者一定会感到与其用货币购买那么多的商品 Y,不如用货币多买点 X,因为买 X 时每 1 美元可买到的边际效用为 4,而买 Y 时只有 2,即 $\frac{20}{5} > \frac{12}{6}$。假定他逐渐多买 X 到 16 单位时,X 的边际效用降为 15,而逐渐减少买 Y 到 9 单位时,Y 的边际效用增加为 18,则该消费者就会决定买 16 单位 X 和 9 单位 Y,因为这时他用每 1 美元无论买 X 还是 Y 都会得到数量为 3 的边际效用。这时如果他再进一步多买 X、少买 Y,则 X 的边际效用会进一步减少,Y 的边际效用会进一步增加,从而使他的每 1 美元再买 X 和 Y 时所获得的边际效用不相等,从而使总效用减少。

应该指出,花在每种商品上的最后一单位货币所带来的边际效用相等,并不是指消费

者在各种商品上消费相同数额的钱,而是指消费者购买商品时使商品的边际效用和价格成比例。另外,消费者获得最大效用并不是指消费者的欲望得到完全满足,而是指在货币收入和商品价格为一定的条件下得到了能够得到的最大效用。

五、需求规律的边际效用说明

需求定理表明,消费者愿意买进的任一商品的数量与该商品价格呈反方向变化,价格高(或提高)则需求量少(或减少)。为什么消费品的需求量与其价格之间具有这样的关系呢？这也可以用边际效用递减规律来说明。

消费者购买各种物品是为了从消费这些物品中获得效用,他所愿意付出的价格取决于他以这种价格所获得的物品能带来的效用。这也就是说,消费者所愿意付出的货币表示了他用货币所购买的物品的效用。例如,某消费者愿意以 2 元购买一本书或一斤苹果,这就说明一本书或一斤苹果给消费者所带来的效用是相同的。

消费者为购买一定量某物品所愿意付出的货币的价格取决于他从这一定量物品中所获得的效用。效用大,愿付出的价格高；效用小,愿付出的价格低。根据边际效用递减规律,随着消费物品数量的增加,该物品给消费者所带来的边际效用是递减的,而货币的边际效用是不变的。这样,随着物品的增加,消费者所愿付出的价格也在下降。因此,需求量与价格必然呈反方向变动。

六、消费者剩余

消费者剩余(consumer's surplus)是指消费者为消费某种商品而愿意付出的总价值与他购买该商品时实际支出的差额。消费者剩余是边际效用递减的直接结果。

举例来说,消费者欲购买苹果,在消费者一点苹果也没有消费的情况下,为得到一斤苹果消费者愿意支付 2.50 元的价格。在消费者获得了一斤苹果以后,为得到第二斤苹果,消费者愿意支付的价格是 2.00 元。如果苹果的市场价格为 1.50 元一斤,消费者购买第一斤苹果获得的消费者剩余是 1.00 元,购买第二斤苹果获得的消费者剩余是 0.50 元,两斤苹果共获得消费者剩余 1.50 元。消费者获得消费者剩余的多寡依赖于所购商品的市场价格与所购商品的数量,商品的市场价格越低,消费者购买的数量越多,他所获得的消费者剩余越多。

用需求曲线来测算消费者剩余是一种简便的方法。如图 3-2 所示,当市场均衡价格为 P^*、均衡数量为 Q^* 时,阴影部分的面积即是消费者所获得的剩余。

消费者剩余是一种心理现象,消费者在自己的日常购买行为中很少想到它。这是经济分析抽象出的概念。消费者对于这种现象最明显的感觉是大量购买时的优惠价,这时他真正感觉到自己得到了消费者剩余。消费者剩余的概念常常被用来研究消费者福利状况的变化以及评价政府的公共支出与税收政策等。

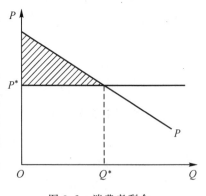

图 3-2　消费者剩余

第二节　序数效用论

一、序数效用论和偏好

前面我们介绍了一些西方经济学家如何以基数效用论来考察消费者均衡。在那些论述中，效用是可以用具体数字进行计量和比较的。另一些经济学家认为，效用是无法用具体数字表示的，只有大小次序的区别。就是说，效用大小可表示为序数，无法表示为基数。这样，就有了序数效用论。

序数效用理论认为效用是心理现象，不可以度量，只能根据偏好的程度排列出第一、第二……的顺序。因此，效用的大小只与偏好排列的顺序有关，而与效用绝对值的大小无关。关于偏好的含义，前面已经作过介绍。为了加深对序数效用的理解，我们再用经济学中偏好的特性作一番通俗的解释。

通常认为，偏好满足如下三个假定：

第一个假设是偏好的完全性。偏好的完全性是指消费者总是可以比较和排列所给出的不同商品组合。如果消费者被限制在两个消费组合里，每一个都包括不同数量的各种商品。例如，一个消费组合可能包括一张篮球比赛的入场券和两个苹果。另一个则有三瓶苏打水和一张巴士车票。那么消费者总是可以做出，而且也仅仅只能做出以下三种判断中的一种：对第一个组合的偏好甚于第二个；对第二个组合的偏好超过第一个；对两个组合的偏好并无差别。

第二个假设是偏好是可传递的。例如，如果一个人喜欢百威啤酒超过燕京啤酒，喜欢燕京啤酒又超过了青岛啤酒，那么与青岛啤酒比起来他一定就更喜欢百威啤酒。一旦偏好不是可传递的，那就意味着他的偏好将是矛盾的和不一致的。与此相类似，如果一个消费者对碎肉馅饼和南瓜馅饼的偏好是无差别的，而且南瓜馅饼和苹果馅饼对他也是无差别的，那么碎肉馅饼和苹果馅饼对他也一定是没有差别的。

第三个假设是偏好的非饱和性。例如，如果一个商品组合包括 15 个口琴和 3 辆自行车，而另一个组合包括 5 个口琴和 3 辆自行车，我们假设的第一个组合，显然包括了更多的商品，因此会得到人们的青睐。我们还可以假设，如果给第二个组合增加一定数量的自行车，也可以使它在消费者眼中具有同第一个组合同样的价值；也就是说，使它们对于消费者来说无差别。这些假设，像前两个一样，在序数效用理论分析中是不可动摇的。序数效用论可以通过无差异曲线进行分析比较。

二、无差异曲线

无差异曲线（indifference curve）最初是由英国经济学家埃奇渥斯在 1880 年提出的。1900 年由意大利经济学家帕累托加以发展，在 20 世纪 30 年代被艾伦和希克斯两位英国经济学家广泛应用。

无差异曲线是用来表示消费者的偏好或满足（效用）的程度，而消费者的需求行为则是一定收入(预算约束)下的追求满足或效用最大化行为。在这样的前提条件下,以序数效用为基础才能进一步推导市场需求曲线。

1. 无差异曲线的定义

在上述假定条件下,用无差异曲线来表示消费者偏好。为便于几何图形分析,假定只有两种商品 X 和 Y。对于一个消费者来说,两种商品的消费量(在既定时间内)可以有不同的组合,而它们对该消费者提供的效用或满足程度是一样的。比如有 X 和 Y 两种商品,可组成 A、B、C、F 四种组合,每种组合包含有不同的商品 X 和 Y 的消费量。但是,这四种组合给该消费者提供了相等的效用或满足程度。如表 3-2 所示。

表 3-2　商品及组合

X	Y	组合
1	10	A
2	6	B
4	3	C
7	1	F

将表 3-2 中各种组合点连接起来,就是一条无差异曲线,如图 3-3 所示。

可见,无差异曲线是对消费者有相同效用或满足程度一样的两种商品组合点的轨迹,即无差异曲线上任何一点所表示的特定商品组合对消费者的总效用都是相同的,是没有差异的。

消费者不是仅有一条无差异曲线,而是有无数条无差异曲线。由原点开始逐渐向外排列,形成一个无差异平面图。一条既定的无差异曲线只表示某一既定的总效用水平,离原点较远表示效用程度或满足程度较大,但是,并没有准确表明效用大多少,无差异曲线仅仅提供了消费者的偏好顺序。

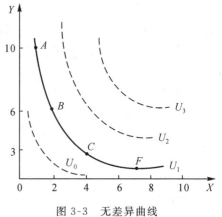

图 3-3　无差异曲线

2. 无差异曲线的特点

第一,无差异曲线向右下方倾斜,斜率为负,并凸向原点。根据无差异曲线的定义,位于曲线上的商品组合能够给予消费者完全相同的满足程度。那么,当沿着无差异曲线由左上方向右下方移动时,减少一定的商品 Y,为了维持原有的满足程度或效用不变,必须相应增加一定量的商品 X,因此无差异曲线向右下方倾斜,斜率为负。放宽前面的假定,在特殊的情况下无差异曲线也可能表现为水平的、垂直的,甚至是向右上方倾斜的。

无差异曲线的形态呈凸向原点的特征,可以这样说明:假设消费者沿图 3-3 中的无差异曲线由左上方向右下方滑动。显然,向下滑动的过程就是用商品 X 替代商品 Y 的过程。一开始,消费者拥有很多的商品 Y 和较少的商品 X,消费者愿意用较多的商品 Y 交换较少的商品 X。随着这个过程的继续,消费者拥有的商品 X 的数量愈来愈多,而商品 Y 的数量愈来愈少。在用商品 X 替代商品 Y 的过程中,消费者愈来愈珍惜商品 Y,趋向于用更少的商品 Y 交换更多的商品 X。因此,无差异曲线上端比较陡峭,下端比较平缓,凸向原点。

第二,在无差异曲线图中,离原点远的无差异曲线代表的效用大,而离原点近的无差异曲线代表的效用小。因为消费者对数量多的两种商品组合的偏好大于对数量少的两种商品组合的偏好,而离原点远的、位置较高的无差异曲线总是和较多数量的商品组合联系在一起,所以它所代表的效用要大于离原点近的无差异曲线所代表的效用。如图 3-4 所示,无差异曲线 U_2 比无差异曲线 U_1 远离原点。A 是无差异曲线 U_1 上的一点,对应的商品 X 和商品

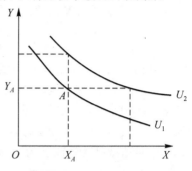

图 3-4 不同效用的无差异曲线

Y 的数量分别为 X_A 和 Y_A。如果点 A 水平地向无差异曲线 U_2 移动,则 Y_A 保持不变而 X_A 增加;如果点 A 垂直地向无差异曲线 U_2 移动,则 X_A 保持不变而 Y_A 增加;如果点 A 向右上方移动到无差异曲线 U_2,则 X_A 和 Y_A 的数量都会增加。因此,无差异曲线 U_2 的效用大于无差异曲线 U_1 的效用。

第三,无差异曲线图中,任意两条无差异曲线不能相交。两条不同的无差异曲线代表着不同的效用水平,两条无差异曲线相交本身与无差异曲线的定义相矛盾。这可以用反证法加以证明:假设两条无差异曲线可以相交,如图 3-5 所示,任意两条无差异曲线 U_0 和 U_1 相交于 A 点;分别另取无差异曲线 U_0 和 U_1 上各一点 B 和 C,因为 B 点和 A 点都是无差异曲线 U_0 上的点,所以 B 点与 A 点代表着同等的效用水平;因为 C 点和 A 点都是无差异曲线 U_1 上的点,所以 C 点与 A 点代表

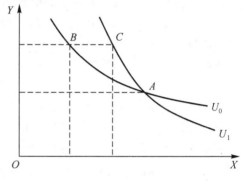

图 3-5 无差异曲线不能相交

着同等的效用水平。因此,根据效用的传递性,B 点和 C 点具有同等的效用水平。但从图中可以看出,B 点在 C 点的左方,B 点对应的商品 X 的数量明显少于 C 点对应的商品 X 的数量。根据偏好的不饱和性的假定,B 点代表的效用水平一定小于 C 点代表的效用水平。这与前面的结论相矛盾,因此,无差异曲线图中任意两条无差异曲线不能相交。

3. 边际替代率

无差异曲线说明当消费者增加对一种商品的消费时,为了维持效用的不变,必须减少对另一种商品的消费数量。为了描述这种替代关系,序数效用论者提出了边际替代率(Marginal Rate of Substitution,MRS)这一概念。边际替代率可以表述为,在维持效用水平不变的条件下,消费者增加消费一单位某种商品,不得不放弃的另一种商品的消费数量。商品 X 对商品 Y 的边际替代率可以表示为

$$MRS_{XY} = -\frac{\Delta Y}{\Delta X}$$

当 ΔX 变小时,A 点就沿着无差异曲线向 B 点靠拢。当 X 的变化量 ΔX 趋近于零时,即 $\Delta X \rightarrow 0$ 时,A 点就无限趋近于 B 点(见图 3-6),此时,无差异曲线的斜率可表示为

$$-\lim_{\Delta X \to 0} \frac{\Delta Y}{\Delta X} = -\frac{\mathrm{d}Y}{\mathrm{d}X}$$

商品 X 对商品 Y 的边际替代率又可以表示为

$$MRS_{XY} = -\lim_{\Delta X \to 0} \frac{\Delta Y}{\Delta X} = -\frac{\mathrm{d}Y}{\mathrm{d}X}$$

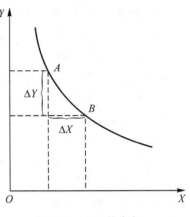

图 3-6　边际替代率

可见在几何上,无差异曲线上任意一点的边际替代率,可以用该点切线的斜率来表示。因为商品 X 和 Y 的变化方向相反,所以无差异曲线的斜率为负。我们在前面加上一个负号,就得到正的边际替代率,即无差异曲线斜率的绝对值就是两种商品的边际替代率。

序数效用论者认为在两种商品相互替代的过程中,普遍存在边际替代率递减的规律(law of diminishing marginl rate of substitution),即在维持效用水平不变的条件下,随着一种商品消费的增加,为增加每单位该商品的消费所需放弃的另一种商品的数量是递减的。之所以会出现这一规律,是因为随着这种商品消费量的增加,消费者对这种商品的偏好就会有所降低;同时一种商品数量减少,消费者对另一种商品的偏好就会增大,所以消费者为了得到一单位前者而愿意放弃的后者的量是递减的。由于边际替代率递减规律的作用,无差异曲线的斜率也是递减的,因此无差异曲线是偏向原点的。

序数效用论者还试图用边际替代率递减规律来代替基数效用论的边际效用递减规律。我们可以用边际效用递减规律来解释边际替代率递减规律。当沿着同一条无差异曲线向下移动时,由于在保持效用水平不变的前提下,消费者增加商品 X 所增加的效用与相应减少商品 Y 所减少的效用必定相等,即

$$MU_X \cdot \Delta X + MU_Y \cdot \Delta Y = \Delta U = 0$$

得到　　　$$\frac{MU_X}{MU_Y} = -\frac{\Delta Y}{\Delta X} = MRS_{XY}$$

由于随着商品 X 数量的不断增加,其边际效用 MU_X 递减;随着商品 Y 数量的不断减少,其边际效用 MU_Y 递增,所以这两者的比值 $\frac{MU_X}{MU_Y}$ 就越来越小。而 $\frac{MU_X}{MU_Y}$ 就是商品 X 对 Y 的边际替代率。这样,就用边际效用递减规律解释了边际替代率递减规律。

三、预算线及其移动

无差异曲线图描绘了某个消费者对两种商品不同组合的偏好。但消费者的偏好不能无限制地满足,要受到其购买力的约束。现实中,消费者只能根据商品的价格,在其有限的收入约束下,选择最优的商品组合。所以,消费者购买力的限制取决于市场上商品的价格和消费者本人的货币收入,两者共同构成了消费者的预算约束。

例如,某消费者有收入 100 元,市场上商品 X 和 Y 的价格分别为 20 元和 10 元。如果消费者的收入全部花在商品 X 上,可以购买 5 单位的商品 X,如果消费者的收入全部花在商品 Y 上,可以购买 10 单位的商品 Y。如果消费者既购买 X 商品,又购买 Y 商品,会有介于商品组合(5,0)和(0,10)之间的其他各种组合(见表 3-3)。这些商品组合有一个共同的特点,即消费者对每一个商品组合的支出都必须等于消费者的收入。否则,前者小于后

者,消费者不能充分利用既定的收入;前者大于后者,意味着消费者现在的收入不能承受如此高的消费。

表 3-3　某消费者的支出情况

P_X	X	$P_X \cdot X$	P_Y	Y	$P_Y \cdot Y$	$I = P_X \cdot X + P_Y \cdot Y$
20	5	100	10	0	0	100
20	4	80	10	2	20	100
20	3	60	10	4	40	100
20	2	40	10	6	60	100
20	1	20	10	8	80	100
20	0	0	10	10	100	100

　　如果以商品 X 的购买量作为横坐标,以商品 Y 的购买量作为纵坐标,则上面的预算约束可以表示为图 3-7 中的直线 AB。它表示在既定的价格水平下消费者用现有的全部收入能够买到的两种商品的最大数量组合。这条线称为预算线(budget line),也称为预算约束线、价格线。

　　假定某一消费者的固定收入为 M,市场上商品 X 和商品 Y 的价格既定不变,分别为 P_X 和 P_Y。如果消费者的全部收入都用于购买 X 和 Y 两种商品,其购买数量分别用 X 和 Y 表示,则能购买的 X、Y 的最大数量组合满足方程:

$$XP_X + YP_Y = M$$

或

$$Y = \frac{M}{P_Y} - \frac{P_X}{P_Y}X$$

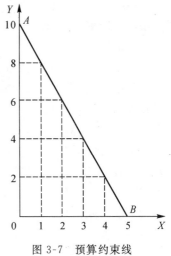

图 3-7　预算约束线

式中:$\frac{M}{P_Y}$ 是图 3-7 中 AB 线的截距;$\frac{P_X}{P_Y}$ 是 AB 线的斜率。AB 线向右下倾斜,故 $\frac{P_X}{P_Y}$ 前面有负号。

　　预算线的位置取决于它的斜率 $-\frac{P_X}{P_Y}$ 及其纵截距 $\frac{M}{P_Y}$,归根结底取决于消费者的收入和两种商品的价格。如果消费者的收入不变,两种商品的价格也不变,预算线的位置就是确定不变的。但从较长的时期来看,消费者的收入是可变的,商品的价格也不是固定的。当两者中的任何一者发生变化时,就会引起预算线的变化。假定两种商品的价格不变,消费者的收入可变。由于价格不变,所以价格比 $-\frac{P_X}{P_Y}$ 不变,决定了预算线的斜率不变;由于收入变化,所以截距 $\frac{M}{P_Y}$ 会发生变化。收入的改变将只会引起预算线的平行移动,如图 3-8 所示。如果收入增加,纵截距增大,预算线 AB 将向右上方平行移动到 A_1B_1,意味着消费者的购买力增加,可以购买更多的商品;反之,如果收入减少,则预算线 AB 向左下方平行移动到 A_2B_2。

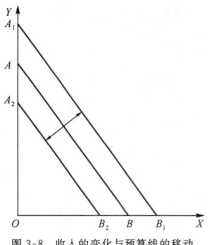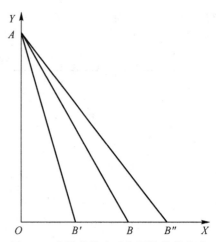

图 3-8　收入的变化与预算线的移动　　　图 3-9　商品价格变动与预算线的移动

　　假定消费者的收入不变,商品的价格可变。这又可以分多种情况讨论,如两种商品的价格同方向变化、两种商品的价格反方向变化、两种商品的价格同方向同幅度变化、两种商品的价格同方向不同幅度变化等。我们这里只分析一种商品价格发生变化而另一种商品价格不变的情况。如果消费者收入和商品 Y 的价格不变,而商品 X 的价格降低了,则预算线的斜率的绝对值 P_X/P_Y 就会变小,预算线将绕 A 点逆时针转动到 AB''。反之,如果消费者收入和商品 Y 的价格不变,而商品 X 的价格上升了,则预算线的斜率的绝对值 P_X/P_Y 就会变大,预算线将以绕 A 点顺时针转动到 AB'。如图 3-9 所示。

　　以上讲的预算线只是受货币收入和商品价格限制。实际上,消费除了花钱,还要花时间,因此,时间也会构成人们消费的一种约束。有人不是没有钱消费,而是没有那么多的时间消费。假定某人仅消费 X 和 Y 两种消费品, $P_X = P_Y = 4$ 元,他仅有 16 元收入。若仅考虑收入和价格,他可以在 4 单位 X 和 4 单位 Y 之间选择。再假定他消费 1 单位 X 商品需要花 3 小时,消费 1 单位 Y 需要花 5 小时,同时假定他每天至少需要睡眠 9 小时,则至多只有 15 小时可以用来消费,那么事实上只能在 5 单位 X 和 3 单位 Y 之间加以选择。把收入、价格和时间都考虑

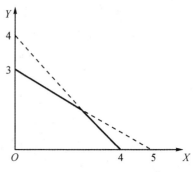

图 3-10　双重约束的预算线

进来的话,他事实上只能在 3 单位 Y 和 4 单位 X 之间加以选择。受到收入和时间双重约束的预算约束线如图 3-10 所示。

　　四、消费者均衡

　　以上我们讨论了无差异曲线和预算约束线,现在我们暂时撇开时间约束,将两者结合起来,研究消费者如何使有限的收入取得最大的效用或者达到最大程度的满足,即消费者均衡问题。

　　如图 3-11 所示为预算约束线 MN 和数条无差异曲线 U_1、U_2 和 U_3。由于有预算约束,消费者只能在 OMN 围成的三角形区域内进行选择,又由于假设消费者没有储蓄,所有收入均用于消费,那么消费者只是在 MN 线上寻找一个均衡点。在本书中,我们假定消费者是

追求个人利益极大化的"理性人",因此他总是试图尽可能地达到最高的效用水平。如果消费者选择 U_3 上的 C 点,虽然 U_3 曲线的效用水平高于 U_2 和 U_1,但 C 点是消费者的收入无法承担的,超出了消费者选择的客观条件,消费者可望而不可即。如果消费者选择 A 点,A 点在预算约束线上,是消费者收入可以承受的。在 A 点,消费者消费的食品数量是 X_A,衣服数量是 Y_A,得到的效用水平为 U_1。但是,他还没有做到效用极大化,因为

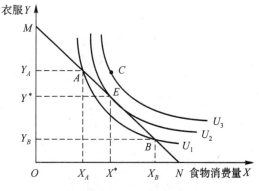

图 3-11　最大效用原则

如果他沿着曲线向下移动,通过减少衣服消费量、增加食品消费量来改变商品组合,可以和更远的无差异曲线相交,从而提高自己的效用水平。同样的道理也适用于 B 点。消费者在 B 点的商品组合 (X_B,Y_B) 得到的效用同样为 U_1,他可以沿着 MN 线向上移动,通过增加衣服消费量、减少食物消费量来和更远的无差异曲线相交,达到提高效用水平的目的。

从图 3-11 中可以看到,追求效用极大化的消费者的均衡点应该是预算约束线可能"碰"到的最高水平的无差异曲线的交点,也就是与预算约束线相切的那条无差异曲线 U_2 上的切点 E。此时,消费者消费的食物数量为 X^*,衣服数量为 Y^*。这是因为,如果消费者在 E 点改变自己的组合,不论是通过减少衣服消费量、增加食品消费量的方法,还是通过增加衣服消费量、减少食品消费量的方法,都只能与效用水平较低的无差异曲线相交,降低了自己的效用水平。因此,在 MN 线上,E 点代表了消费者能够达到的最高效用水平。所以,均衡点 E 是消费者的最优选择,消费者在约束条件的限制下达到了效用极大化,也就是在客观条件允许下使自己的主观愿望得到了最大限度的满足。

让我们来看一下消费者最优的选择——均衡点 E 有什么特点。由于 E 是预算约束线 MN 和无差异曲线 U_2 的切点,因此 MN 线和 U_2 线在 E 点的斜率是相同的。根据我们前面对无差异曲线特点的介绍,$MRS_{XY}=-\dfrac{\mathrm{d}Y}{\mathrm{d}X}=\dfrac{MU_X}{MU_Y}$,因此预算约束线斜率和无差异曲线斜率的绝对值相等,意味着:

$$MRS_{XY}=\frac{P_X}{P_Y}=\frac{MU_X}{MU_Y}$$

即在消费者的均衡点上,两种商品的价格之比等于边际替代率,即等于两种商品的边际效用之比。可见,序数效用论和基数效用论分析结论是一致的。如果我们把商品的价格之比看作市场对商品的客观评价,而边际效用之比看作消费者对商品的主观评价,那么当客观评价与主观评价正好相符时,消费者达到了效用极大化。

五、消费者均衡的变动

如果消费者的偏好和收入既定,商品的价格不变,消费者均衡就是确定的,消费者将继续维持这种均衡状态。但消费者的收入不是固定不变的,商品的价格也会经常发生变化,这都将引起消费者均衡的变化。下面我们用比较静态分析的方法,分别考察消费者均衡购买量的变化与收入及价格变化之间的关系。

1.收入变动与消费需求

在消费者的偏好和商品的价格不变的条件下,收入的增减会引起预算线的平行移动。当收入增加时,预算线向右上方平移;当收入减少时,顶算线向左下方平移。预算线的上下平行移动会导致预算线和无差异曲线切点的变化,从而引起消费者均衡的变动。如图 3-12 所示,AB 为初始状态的预算线,其与无差异曲线 U 相切于 E 点。当消费者的收入增加时,预算线 AB 向右上平行移动到 $A'B'$,与位置较高的无差异曲线 U' 相切于 E' 点,即消费者的均衡点移动到了一个较高的位置 E'。反之,当消费者的收入减少时,预算线 AB 向左下移动到 $A''B''$,与位置较低的无差异曲线 U'' 相切于点 E'',即消费者的均衡点移动到了一个较低的位置 E''。

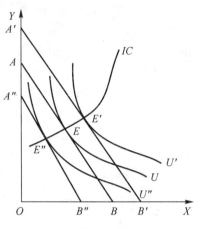

图 3-12 收入—消费曲线

我们可以想象,对于消费者来说,每一收入水平都有与之相适应的预算线。在消费者的收入连续变动的过程中,会有无数条预算线分别与相应的无差异曲线相切,从而得到一系列的消费者均衡点。将这些消费者均衡点连接起来,便得到收入—消费曲线。收入—消费曲线(income-consumption curve),或称收入扩展线,表示在消费者偏好和商品价格不变的条件下,一系列最优商品组合随消费者收入变化而形成的轨迹。它反映了消费者对 X、Y 两种商品的最优选择是如何随收入变化而变化的。

图 3-12 中,E、E' 和 E'' 分别是三条预算线 AB、$A'B'$ 和 $A''B''$ 与三条无差异曲线 U、U' 和 U'' 的切点,是消费者均衡点,将其连接起来得到的 IC 曲线就是收入—消费曲线。从收入—消费曲线可以推导出收入—需求曲线。收入—需求曲线是表示一种商品的均衡购买量与消费者收入之间变化关系的曲线。19 世纪德国统计学家恩斯特·恩格尔,研究了消费者的收入与其所购买的商品之间的关系,率先提出了收入—需求曲线,因此收入—需求曲线通常也被称为恩格尔曲线(Angel curve)。

图 3-13 说明了恩格尔曲线的推导过程。图 3-13(a)即前面的图 3-12,只是用 E 标出了每条预算线代表的收入水平,从下到上依次为 E''、E 和 E'。由于商品的价格不变,因此收入增加,商品的需求量也增加。与上面的收入水平相适应,商品 X 的需求量分别为 X''、X 和 X'。图 3-13(b)是以商品 X 的数量为横轴,以收入 M 为纵轴的坐标系。当消费者的收入为 M'' 时,商品 X 的需求量是 X'',可以在图(b)中找到一点 F''。当消费者的收入为 M' 时,商品的需求量是 X',可以在图(b)中找到点 F'。用同样的方法可以在图中找出 F 等其他各点。连接 F''、F' 和 F 等各点便可得到恩格尔曲线 EC。

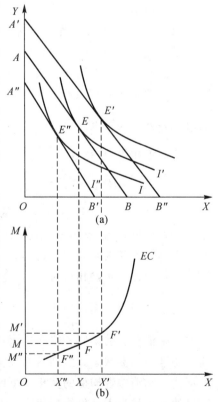

图 3-13 恩格尔曲线及其推导

2.价格变动和消费需求

如果消费者收入不变,商品价格发生变动,购买量如何变动? 我们可以通过图 3-14 来说明。在图 3-14 中,若商品 X 的价格从 P''_X 逐步下降到 P_X 和 P'_X,预算线 AB'' 将绕 A 点向外逆时针方向转动到 AB 和 AB',并分别与三条无差异曲线相切,把这些切点连接起来形成一条价格—消费曲线,即图 3-14(a)中的 PC 曲线。然后用一个图形表示价格变化和消费者购买量之间的关系,即图 3-14(b)中的 D 曲线,这条曲线就是消费者需求曲线。把消费者需求曲线水平加总,就得到这种商品的市场需求曲线。

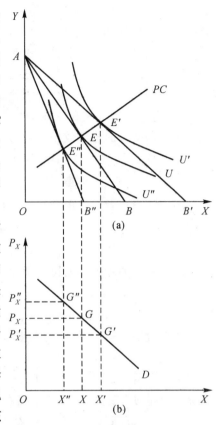

需求曲线是指在其他因素保持不变时,消费者对应于商品的各种可能的价格,愿意并且能够购买的数量。那里的"其他因素"就是指消费者的偏好、收入和其他商品的价格等;"愿意并且能够购买的数量"就是消费者的最优购买数量。一般来说,价格下降,需求量增加。第二章分析需求函数时曾经说过,某商品价格下跌之所以会引起需求量增加,是替代效应和收入效应共同作用的结果。从替代效应来看,任何商品下降都会引起该商品需求量增加;但从收入效应来看,情况并不一定如此,因为商品价格下跌意味着消费者在该商品面前实际收入(购买力)增加了。若该商品是正常

图 3-14 价格—消费曲线和需求曲线

商品,实际收入增加就会增加对该商品的需求;若该商品是劣质商品,实际收入增加时,消费者就有条件消费好一些的商品,从而减少对该商品的需求。价格下跌究竟会不会增加对该商品的需求,要看替代效用是大于还是小于收入效应。如果大于,那么价格下跌会增加对该商品的需求;如果小于,那么价格下跌反而会减少对该商品的需求,这种商品就是吉芬商品。

第三节　不确定情况下消费者行为 *

一、预期效用函数

我们之前分析的都是确定情况下的消费行为,消费者掌握了关于影响其效用的所有变量的全部信息,能够准确无误地了解自己经济行为的后果,并没有涉及不确定情况下消费者行为。然而,在现实经济社会中存在着各种不确定性因素,人们经常在事先不能准确地知道自己某种决策的后果。例如人们购买一辆汽车,由于制造过程中存在若干偶然因素,使一个人买到的车可能是符合标准的车,也可能是低于标准的车,这就使得买车者在买车时无法知道自己所买的车是否是一辆符合标准的车。在这种不确定情况下,消费者又是如

何进行消费决策的呢？或者说,消费者又是如何选择以实现效用最大化的呢？

举个例说,假定某人现在的周收入是 900 元,工作和收入是稳定的。他现在有了另一个选择机会;根据他的销售额付报酬,周收入为 1500 元的概率是 40％,500 元的概率为 60％。他会不会选择后一个机会呢？由于他不知道是否一定能获得 1500 元,因此,他的决策是一种不确定情况下的消费者行为决策。在此,尽管他面临的结果是不确定的,但他同样要使自己获得最大满足,即最大效用,只是这种效用是一种预期效用。在这个例子中,如果用 p 和 $1-p$ 分别代表 0.4 和 0.6 的概率,W_1 和 W_2 分别代表高收入(1500 元)和低收入(500 元),则该消费者的预期效用函数可写成:

$$E\{U[p、(1-p),W_1、W_2]\}=pU(W_1)+(1-p)U(W_2)$$
$$=0.4U(1500)+0.6U(500)$$

假定该消费者的效用函数形式是 $U=\sqrt{W}$,则他的预期效用可以计算得:

$$E(U)=0.4U(1500)+0.6U(500)=0.4\sqrt{1500}+0.6\sqrt{500}=28.91$$

如果他不选择后一个机会,他肯定有 900 元的周收入,这 900 元现在也正好是他在不同结果下所拥有的收入的加权平均数。这一加权平均数称为期望值,公式是:

$$W\{p、(1-p),W_1、W_2\}=pW_1+(1-p)W_2$$

在本例中是 $W=0.4\times1500+0.6\times600=900$(元)。

需要说明的是,本例中的期望值正巧是 900 元,如果 p 和 $1-p$ 分别是 0.6 和 0.4,则期望值就是 1140 元,而不是 900 元,这时预期效用将变为 32.18。

在讲完期望效用的概念之后,应注意将它与期望值的效用区别开来,这两者所代表的含义是完全不同的。期望效用是指在各种可能消费水平下消费者所获效用的加权平均效用,即

$$E[U(y)]=p_1U(W_1)+p_2U(W_2)$$

期望值的效用是指各种可能消费水平期望值的效用,即

$$U[E(y)]=U(p_1W_1+p_2W_2)$$
$$p_1+p_2=1$$

如图 3-15 所示,A 点的高度代表期望值的效用大小,而 B 点的高度代表期望效用的大小,很明显,两者是完全不同的。

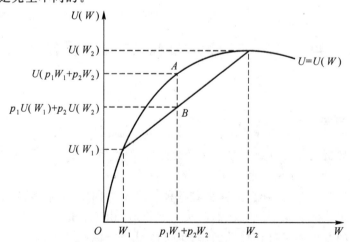

图 3-15　期望效用和期望值的效用

二、消费者对待风险的态度

当消费者在不确定条件下进行选择时,他的某种行为就会具有一定的风险,因此,他不可能像确定条件下的选择那样只关注预期收益的大小,还需要考虑风险。特别的,如果消费者面对有风险的选择可以获得相同的预期效用值,那么他又应当如何选择呢? 有的人可能相当谨慎,选择风险最小的;有的人可能喜欢冒风险,选择最具有挑战性的;有的人可能觉得两者无差异,这就取决于消费者对待风险的态度。因此,消费者对待风险的态度将影响他的最终选择,这种态度还决定了消费者愿意为有风险的选择所支付的货币数量或价格。

在有的消费者心目中,财富的边际效用是递增的,如图 3-16 所示的 $U_1(W)$:当财富从 W_1 增加到 W_2 时,期望效用呈现出递增的趋势,意味着期望效用大于期望值的效用,消费者更喜欢冒险。这样的消费者被称为风险爱好者,其效用函数的二阶导数大于 0。

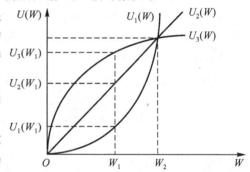

在有的消费者心目中,财富的边际效用是递减的,如图 3-16 所示的 $U_3(W)$:当财富从 W_1 增加到 W_2 时,期望效用呈现出递减的趋势,意味着期望效用小于期望值的效用,消费者不喜欢冒险。这样的消费者被称为风险规避者,其效用函数的二阶导数小于 0。

在有的消费者心目中,财富的边际效用是不变的,如图 3-16 所示的 $U_2(W)$:当财富从 W_1 增加到 W_2 时,期望效用等比例增加,意味着期望效用等于期望值的效用,消费者对待风险的态度是

图 3-16　不同风险态度的消费者的效用函数

无所谓的。这样的消费者被称为风险中立者,其效用函数的二阶导数等于 0。

需要指出的是,在理论分析中,消费者对待风险的态度可以分为以上三类。但一般说来,在实际经济生活中,大多数的消费者都是风险规避者。

案　例

【案例 1】 <center>吃三个面包的感觉</center>

美国总统罗斯福连任三届后,曾有记者问他有何感想,总统一言不发,只是拿出一块三明治面包让记者吃,这位记者不明白总统的用意,又不便问,只好吃了。接着总统拿出第二块,记者还是勉强吃了。紧接着总统拿出第三块,记者为了不撑破肚皮,赶紧婉言谢绝。这时罗斯福总统微微一笑:"现在你知道我连任三届总统的滋味了吧。"这个故事揭示了经济学中的一个重要的原理:边际效用递减规律。

总效用是消费一定量某物品与劳务所带来的满足程度。边际效用是某种物品的消费量增加一单位所增加的满足程度。我们就从罗斯福总统让记者吃面包说起。假定,记者吃1 个面包的总效用是 10 个效用单位,吃 2 个面包的总效用为 18 个效用单位,如果记者再吃第 3 个面包的总效用还为 18 个效用单位。记者吃 1 个面包的边际效用是 10 个效用单位,

吃第 2 个面包的边际效用为 8 个效用单位,如果记者再吃第 3 个面包边际用为 0 个效用单位。这几个数字说明记者随着消费面包数量的增加,边际效用是递减的。为什么记者不再吃第 3 个面包是因为再吃不会增加效用。还比如,水是非常宝贵的,没有水,人们就会死亡,但是如果你连续喝超过了你能饮用的数量时,那么多余的水就没有什么用途了,再喝边际价值几乎为零,或是在零以下。现在我们的生活富裕了,我们都有体验"天天吃着山珍海味也吃不出当年饺子的香味",这就是边际效用递减规律。设想如果不是递减而是递增会是什么结果:吃一万个面包也不饱。吸毒就接近效用递增,毒吸得越多越上瘾。吸毒的人觉得吸毒与其他消费相比,毒品给他的享受超过了其他的各种享受。所以吸毒的人会卖掉家产,抛妻弃子,宁可食不充饥、衣不遮体,毒却不可不吸。幸亏我们生活在效用递减的世界里,在购买消费达到一定数量后因效用递减就会停止下来。

消费者购买物品是为了效用最大化,而且物品的效用越大,消费者愿意支付的价格越高。根据效用理论,企业在决定生产什么时首先要考虑商品能给消费者带来多大效用。

企业要使自己生产出来的产品能卖出去,而且能卖高价,就要分析消费者的心理,能满足消费者的偏好。一个企业要成功,不仅要了解当前的消费时尚,还要善于发现未来的消费时尚,这样才能从消费时尚中了解到消费者的偏好及变动,并及时开发出能满足这种偏好的产品。同时,消费时尚也受广告的影响。一种成功的广告会引导着一种新的消费时尚,左右消费者的偏好。所以说,企业行为从广告开始。

消费者连续消费一种产品的边际效用是递减的。如果企业连续只生产一种产品,它带给消费者的边际效用就在递减,消费者愿意支付的价格就低了。因此,企业的产品要不断向多样化发展,即使是同类产品,只要不相同,就不会引起边际效用递减。例如,同类服装做成不同式样,就成为不同产品,就不会引起边际效用递减。如果是完全相同,则会引起边际效用递减,消费者不会多购买。

边际效用递减原理告诉我们,企业要进行创新,应生产不同的产品满足消费者需求,减少和阻碍边际效用递减。

问题:(1)边际效用递减规律起作用要有哪些前提?

(2)边际效用递减与边际效用递增矛盾么? 为什么?

【案例 2】 把每一分钱都用在刀刃上

消费者均衡就是消费者购买商品的边际效用与货币的边际效用相等。这就是说,消费者的每 1 元钱的边际效用和用 1 元钱买到的商品的边际效用相等。假定 1 元钱的边际效用是 5 个效用单位,1 件上衣的边际效用是 50 个效用单位,消费者愿意用 10 元钱购买这件上衣,因为这时的 1 元钱的边际效用与用在 1 件上衣的 1 元钱边际效用相等。此时消费者实现了消费者均衡,也可以说实现了消费(满足)的最大化。低于或大于 10 元钱,都没有实现消费者均衡。我们可以简单地说,在你收入既定、商品价格既定的情况下,花钱最少得到的满足程度最大,就实现了消费者均衡。

我们前边讲到商品的连续消费边际效用递减,其实货币的边际效用也是递减的。在收入既定的情况下,你存货币越多,购买物品就越少,这时货币的边际效用下降,而物品的边际效用在增加,明智的消费者就应该把一部分货币用于购物,增加他的总效用;反过来,消费者则卖出商品,增加货币的持有,也能提高他的总效用。通俗地说,假定你有稳定的职业收入,你银行存款有 50 万元,但你非常节俭,吃、穿、住都处于温饱水平。实际上这 50 万元足以使你实现小康生活。要想实现消费者均衡,你应该用这 50 万元的一部分去购房、用一部分去买一些档次高的服装,银行也要有一些积蓄;相反,如果你没有积蓄,购物欲望非常强,见到新的服装款式,甚至借钱去买,买的服装很多,而效用降低,如遇到一些家庭风险,由于没有一点积蓄,很快会使生活陷入困境。

经济学家的消费者均衡理论看似难懂,其实一个理性的消费者,他的消费行为已经遵循了消费者均衡的理论。比如你在现有的收入和储蓄下是买房还是买车,你会做出合理的选择。你走进超市,见到琳琅满目的物品,你会选择你最需要的。你去买服装肯定不会买回你已有的服装。所以说经济学是选择的经济学,而选择就是在你资源(货币)有限的情况下,实现消费满足的最大化,使每 1 分钱都用在刀刃上,这样就实现了消费者均衡。

问题:(1)如何用消费者行为理论说明一般商品的需求曲线是斜向下的?

(2)消费者均衡与消费者的非理性消费之间有矛盾么? 为什么?

::: 习 题 :::

1.如果你在 1 辆需要四个轮子才能开动的车子上有了三个轮子。那么当你有第四个轮子时,这第四个轮子的边际效用似乎超过第三个轮子的边际效用,这是不是违反了边际效用递减规律?

2.钻石用处极小而价格昂贵,生命必不可少的水却非常之便宜。请用边际效用的概念加以解释。

3.我国许多大城市,处于水源不足,自来水供应紧张,请根据边际效用递减原理,设计一种方案供政府来缓解或消除这个问题。并请问答以下问题:

(1)对消费者剩余有何影响?

(2)对生产资源的配置有何有利或不利的影响?

(3)对于城市居民的收入分配有什么影响? 能否有什么补救的办法?

4.若某人的效用函数为 $U=4\sqrt{X}+Y$。原来他消费 9 单位 X、8 单位 Y,现 X 减到 4 单位。问:需消费多少单位 Y 才能与以前的满足相同?

5.已知某君消费的两种商品 X 与 Y 的效用函数为 $U=X^{\frac{1}{3}}Y^{\frac{1}{3}}$,商品价格分别为 P_X 和 P_Y,收入为 M,请推导出某君对 X 和 Y 的需求函数。

6.假设消费者张某对 X 和 Y 两种商品的效用函数为 $U=X^2Y^2$,张某收入为 500 元,X 和 Y 的价格分别为 $P_X=2$ 元和 $P_Y=5$ 元,求:

(1)张某对 X 和 Y 两种商品的最佳购买组合。

(2)若政府给予消费者消费 X 商品以价格补贴,即消费者可以原价格的 50% 购买 X,则张某对 X 和 Y 两种商品的购买量又是多少?

(3)若某工会愿意接纳张某为会员,会费 100 元,但张某可以原价格的 50% 购买 X。问:张某是否应该加入该工会?

第四章　生产理论

第三章考察消费者行为,研究的是产品需求。从本章开始转入对产品供给方面的研究。本章将讨论为了以最经济的方式进行生产,企业应如何来确定生产要素的使用量、生产要素的组合方式以及生产规模确定等问题。

第一节　企业及其目标

一、企业组织

在社会生产活动中,企业无疑是最重要的生产组织形式。企业的基本功能就是将各种生产要素组合起来,转换为社会所需要的商品或劳务。因此,可以把企业看作是一个投入—产出转换系统,其决策涉及使用哪些生产要素、用什么方式来组合这些生产要素以及向社会提供的各种商品的数量应为多少等。在微观经济学中,生产决策分析主要集中讨论各种生产要素最佳使用量及各种生产要素应采用何种组合方式,才能在经济上效率最高。

从现代企业的组织形式来看,最基本的企业组织包括个人独资企业、合伙企业及有限责任公司与股份有限公司。个人独资企业,是指依法在中国境内设立,由一个自然人投资,财产为投资人个人所有,投资人以其个人财产对企业债务承担无限责任的经营实体。合伙企业一般是指由两个或两个以上的个人联合经营的企业,合伙人共同分享企业所得,并对营业亏损共同承担责任。有限责任公司依照《公司法》在中国境内设立,股东以其出资额为限对公司承担责任,公司以其全部财产对公司的债务承担责任。股份有限公司是根据《公司法》及有关法律规定的条件成立,全部资本分为等额股份,股东以其所持股份金额为限对公司承担责任,公司以其全部资产对公司债务承担责任的企业法人。其规模、发起形式等都不一样。前两个是非法人,后两个是法人。然而在经济分析中,企业的组织形式究竟是独资的、合伙的或股份公司性质的并不重要,只是把企业看作一个追求利润最大化的决策实体(尽管利润并非现实中企业的唯一目标)就可以了。为了实现企业的目标,企业必须以在经济上最有效的生产方式来组织生产。具体来讲,当产量一定时,寻求成本最低的生产方式;或者当成本预算一定时,寻求能达到最大产量的生产方式。

企业并非是社会生产活动中的唯一生产组织。除企业之外,社会中还存在为数众多的非营利性组织也在从事各种生产活动。大学就是这类非营利性生产组织中的一种。在大学的生产活动中，投入的生产要素包括资金、建筑设施、教师及管理人员等，所得到的产出是各种不同专业的、能满足社会需要的毕业生及科研成果。类似的，从事纯学术研究的研究机构、医院及政府管理部门等也可以看作是一种生产组织。从广义上讲，任何适用于企业生产决策的经济学原理与方法，同样可以适用于非营利性生产组织的决策之中。

二、企业存在的原因

在市场经济中，市场机制在引导消费者及生产者行为、有效配置资源等方面发挥着主导性作用。社会的发展导致社会分工不断深化，现在绝大部分产品都是由两个以上的生产者通过分工协作完成的。从组织生产过程的形式来看，存在两种极端的形式：一种是全社会就是一个大的企业，每个工厂只是这个大的企业的一个车间，这就构成了纯粹计划经济的模式。按照这一模式，市场调节的功能完全由内部管理活动的协调来取代，计划是配置资源的唯一手段。另一种极端的形式就是生产活动完全以个人为基本单位，各个生产阶段之间完全由市场来协调。而在现实中，企业事实上是介于上述两种极端形式之间的一种组织形式，部分活动由市场来协调，部分活动由内部组织来协调。这究竟是为什么呢？

经济学家认为，企业之所以存在，主要有三个方面的原因：

(1)交易费用的节约。1991年诺贝尔经济学奖得主科斯(R. H. Coase)在其发表于20世纪30年代的《企业的性质》一文中明确指出，企业的存在可以降低交易成本。交易成本是指市场活动的主体通过市场交易时，为了搜集信息、谈判签约以及为监督协议的实施而必须付出的成本。交易成本实际上是市场运行的内在成本。正像没有免费的午餐那样，市场的正常运行不是没有代价的，交易活动的范围越大、交易越频繁，交易成本也就越高。当具有交易关系的经济活动主体归属于同一所有者时，组织内的协调就取代了市场协调，从而达到节省交易费用的目的。

(2)团队生产的优势。由于生产过程中存在不同性质的工作，绝大多数产品不是由一个人而是由许多人合作完成的。例如，一部电影的完成需要有编剧、摄影、制片、导演及演员等共同配合。专业化分工能够提高生产效率，分工也必然要求合作。当生产活动以团队形式进行时，可以利用各个方面专家的特长，使效率大大提高。

(3)规模经济的存在。规模经济是指随着生产规模的扩大，单位产品成本呈递减趋势。这种现象存在于许多行业之中，如汽车、钢铁、造船等。由于许多生产过程中所需要的投入要素不能任意分割，大规模生产使得每一单位产品分摊的成本大大降低，从而提高了生产过程的经济性。企业这种组织形式为生产要素的聚集，从而为获得规模经济创造了条件。

当然，企业所具有的上述优势既不意味着企业内部的组织协调可以完全取代市场协调，又不意味着企业的规模越大越好。事实上，当企业的规模超过一定的限度后，由于管理层次增加，信息传递缓慢，将会导致企业内部协调成本迅速增加，从而抵销企业这种组织形式所固有的优势，甚至效率更低。

三、企业经营目标与社会责任

企业作为生产经营性组织，总要以盈利为目标。俗话说，千做万做，亏本生意不做。追求利润极大化，是传统经济学对企业目标的一个基本假定。对于个人独资企业和合伙制企业来说,这一目标非常明显,毫无疑问。但对公司制企业来说,这一目标似乎有些问题了。对于公司股东来说,要使红利最大化,就必须使企业盈利极大化。但对公司经理层来说,由于他们不是所有者,而是经营者,因此,他们直接关心的是如何把企业规模做大,实现产品销售的市场份额极大化,或者是追求他们个人效用极大化,包括他们的在职消费、个人收入等。而企业职工首先关心的则是自己的工资和奖金如何尽量高一些等。这样,企业经营目标似乎多元化了。然而应当指出的是,这些多元化的目标从根本上说与利润极大化这一基本目标并不是矛盾的,相反,都要受这一基本目标的制约。这是因为,第一,企业规模要做大,必须建立在盈利基础上。如果不能盈利,企业缺乏效益,即使通过筹资把规模做大了,也不能持久。不仅如此,企业扩大规模本身也是为了盈利。第二,扩大产品销售的市场份额,同样是为了盈利,即使有的企业在产品销售中一时低价亏本经销,也是为了压垮竞争者,夺取市场以最终求得利润最大化。第三,经营者和职工的收入极大化,更要建立在企业经营利润极大化基础上,否则,一切都是空中楼阁。

随着现代社会经济的发展,经济学家、管理学家和社会学家越来越普遍地认识到,企业在创造利润、对股东利益负责的同时,还要承担对员工、对社会和环境的社会责任,包括遵守商业道德、生产安全、职业健康、保护劳动者合法权益、环境保护、节约资源等。这就是所谓的企业社会责任(corporate social responsibility,CSR)。

第二节　生产函数

一、生产和生产函数

一般来说,企业在生产过程中必须使用各种生产要素(factor of production)。生产过程就是将这些生产要素在企业内部进行组合,并转化为社会所需要的产品或劳务。即使生产同一种产品,在不同的企业中所使用的生产要素的组合可能不完全相同,因而就表现出在生产效率方面的差别。可以通过观察企业的投入与产出之间的关系来研究企业的生产效率,而企业的这种投入—产出关系可以用生产函数这一概念来描述。

生产函数表示一定数量的生产要素组合所可能得到的最大产量。或者说,生产函数表明为了得到一定数量的产品所需要的最少生产要素投入量。生产要素是指在生产中投入的各种经济资源,包括劳动、土地和资本等。劳动是人类为了进行生产或者为了获取收入而提供的劳务,包括体力劳动和脑力劳动;土地是一个广义的概念,不仅包括泥土地,还包括山川、河流、森林、矿藏等一切自然资源;资本是指机械、工具、厂房、仓库等资本物品。除了以上传统的生产三要素,英国经济学家阿·马歇尔在《经济学原理》一书中又增加了一种生产要素,即企业家才能。于是,就有了所谓"生产四要素"说。

产量 Q 与劳动 L、资本 K、土地 N、企业家才能 E 的投入存在着一定的依存关系。

$$Q = f(L、K、N、E)$$

其中,N 是固定的,E 难以估算,所以一般简化为

$$Q = f(L、K)$$

生产函数与一定的生产方法和技术水平相对应，一旦企业的技术发生变化，就会产生新的生产函数。值得注意的是，生产函数所反映的技术水平是一种广义的技术水平，它不仅包括产品与工艺技术，而且包括管理技术。即使两个企业使用相同的工艺技术生产相同的产品，如果在管理水平与职工素质方面存在差别，它们的生产函数的形式也会不同。

各种产品生产中投入的各种生产要素的配合比例，称为技术系数(technological coefficient)。技术系数可以是固定的，例如一辆汽车配一个司机。这种固定系数的生产函数称为固定比例的生产函数；而如果技术系数可变，则称为可变比例的生产函数。例如，修建一条公路，可以使用大量的工程机械与少量的劳动力相结合，也可以采用少量的工程机械与大量的劳动力相结合，这两种方式反映了技术系数的差别。对于一种生产函数，如果投入的所有生产要素变化 λ 倍，产量也同方向变化 λ^n 倍，则这样的生产函数为齐次生产函数：

$$f(\lambda x_1, \lambda x_2, \cdots, \lambda x_n) = \lambda^n Q$$

若 $n=1$，就为线性齐次生产函数。

在齐次生产函数中有一种典型的生产函数，即柯布(Cobb)和道格拉斯(Douglas)在1928年研究美国1899—1922年间资本与劳动这两种生产要素对产量的影响时提出的生产函数。其形式是

$$Q = AK^\alpha L^\beta \qquad (\alpha + \beta = 1)$$

这里，A 代表技术水平，K、L 分别代表资本与劳动，α、β 是系数。他们通过研究得出结论：产量增加中约有 3/4 是劳动的贡献($\beta = 3/4$)，1/4 是资本的贡献($\alpha = 1/4$)。由于 $\alpha + \beta = 1$，因此，该生产函数是线性齐次函数，它显示出本章结尾处将提到的规模报酬不变的性质。

二、短期与长期

分析生产函数还要区分长期与短期。这里的"短期"、"长期"，不是指一个具体的时间跨度，而是指能否使厂商来得及调整生产规模(固定的生产要素和生产能力)所需的时间长度。

"短期"是指厂商来不及调整生产规模的时间跨度，只有一部分生产要素(劳动、原材料)可变。"长期"是指时间长到可以使厂商调整生产规模来达到调整产量的目的，一切生产要素(劳动、资本等)均可变。

在短期生产函数中，投入的生产要素由固定的生产要素和可变的生产要素两部分组成。前者与产量无关，不随产量的变动而变动，如厂房、机器。后者与产量密切相关，随着产量的增减而增减，如劳动、原材料和辅助材料等。

短期生产函数的表达如下：

$$Q = f(L)$$

在上式中，资本假定为不变的生产要素，可变的投入为劳动的数量。短期内，产量主要受到可变投入要素即劳动的影响。因此，短期生产函数指的就是一种可变生产要素的生产函数。研究短期生产函数的目的在于寻求在短期内厂商对生产要素投入的最合适区域。

长期内，资本与劳动都可变，则长期生产函数的表达如下：

$$Q = f(L, K)$$

第三节 短期生产函数

一、总产量、平均产量与边际产量

总产量（total product）是指企业投入一定量生产要素后所生产出来的产量总和，由于在短期总产量随可变要素投入量的变动而变动，而短期生产函数中可变的生产要素又常指劳动，因此我们把总产量简记为 TPL。

平均产量（average product）是指每单位可变投入量所能生产的产出量，以 APL 表示：

$$APL=TPL/L$$

边际产量（marginal product）是指增加的一单位可变生产要素所带来的产量增量，以 MPL 表示：

$$MPL=\Delta TPL/\Delta L$$

为了说明总产量、平均产量与边际产量三者之间的关系，我们假设只有一种生产要素投入，生产一种产品，生产函数的具体形式为

$$Q=f(L)=27L+12L^2-L^3$$

则

$$APL=Q/L=27+12L-L^2$$
$$MPL=\lim_{\Delta L\to 0}\Delta Q/\Delta L=dQ/dL=27+24L-3L^2$$

根据上边的计算式，投入的劳动量与总产量、平均产量和边际产量可用表 4-1 表示。

表 4-1 产量的变化

总产量、平均产量与边际产量

L	$TPL(Q)$	$APL(Q/L)$	$MPL(dQ/dL)$
0	0	—	—
1	38	38	48
2	94	47	63
3	162	54	72
4	236	59	75
5	310	62	72
6	378	63	63
7	434	62	48
8	472	59	27
9	486	54	0
10	470	47	−33

根据表 4-1,可画出总产量、平均产量和边际产量的曲线,如图 4-1 所示。

图 4-1 中的三条产量曲线是指一定技术水平条件下的投入—产出关系。前面说过,生产函数中的投入—产出关系,取决于技术水平。如果技术进步了,采用了更先进的设备,同样投入这点劳动,会产出更多产品,于是这三条产量曲线都会向上作相应移动。它表明劳动生产率提高了。

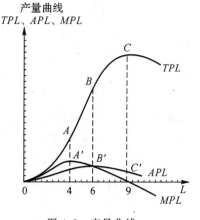

图 4-1 产量曲线

从表 4-1、图 4-1 中可以看到,劳动投入各区间、各产量的变化:

$$0 < L < 4$$

TPL 递增↑;MPL↑;APL↑

$$4 < L < 6$$

TPL 趋缓↑;MPL↓;APL↑

$$6 < L < 9$$

TPL 趋缓↑;MPL↓;APL↓

$$L > 9$$

TPL↓;$MPL < 0$;APL↓

总产量和边际产量的关系为

$$MPL = dQ/dL$$

$$0 < L < 4$$

TPL 上凹(一阶导数>0;二阶导数>0);MPL 增加

$$L = 4$$

TPL 拐点;MPL 极大

$$4 < L < 9$$

TPL 上凸(一阶导数>0;二阶导数<0);MPL 下降

$$L = 9$$

TPL 极大;$MPL = 0$

$$L > 9$$

TPL 下降(一阶导数<0);$MPL < 0$

总产量和平均产量的关系为

$$APL = Q / L$$

$$0 < L < 6$$

TPL 增加;APL 增加

$$L = 6$$

APL 极大

$$L > 6$$

TPL 先增后降;APL 下降

平均产量和边际产量的关系为

$$APL=Q/L;MPL=dQ/dL$$
$$0<L<6;MPL>APL$$
$$L=6;MPL=APL;APL\text{极大}$$
$$L>6;MPL<APL$$

从边际产量与平均产量的关系来看,当边际产量大于平均产量时,平均产量将会随着要素投入量的增加而增加;当边际产量小于平均产量时,平均产量将会随着要素投入量的增加而减少;当边际产量等于平均产量时,平均产量将达到最大值。

平均产量与边际产量之间的相互关系可以进一步用数学表达式来说明。

因为 $APL=\dfrac{TPL}{L}$

当 $\dfrac{dAPL}{dL}=\dfrac{L\dfrac{dTPL}{dL}-TPL}{L^2}=\dfrac{1}{L}(\dfrac{dTPL}{dL}-\dfrac{TPL}{L})=\dfrac{1}{L}(MPL-APL)=0$

AP 达到最大值,此时,$MPL=APL$。

二、生产要素报酬递减规律(边际收益递减规律)

在短期生产理论中,边际收益递减规律显得相当重要,它既能说明上述三条曲线的走势关系,还可以进一步解释在一种生产要素变动时生产者的合理投入区域。

所谓边际收益递减规律,是指在技术不变的前提下,连续增加一种同质的可变要素,与其他不变的生产要素相结合,起初边际产量可能是递增的,但达到一定程度后,边际产量在一定技术水平条件下,若其他生产要素不变,连续地增加某种生产要素的投入量,在达到某一点之后,总产量的增加会递减,即产出增加的比例小于投入增加的比例。

边际报酬递减规律存在的条件:第一,以技术水平不变为前提;第二,以其他生产要素投入不变为前提;第三,并非一增加投入这种生产要素就会出现边际报酬递减规律,只会在投入超过一定量时才会出现;第四,所增加的生产要素在每个单位上的性质都是相同的,先投入和后投入在技术上没有区别,只是投入总量的变化引起了收益的变化。

三、生产要素的合理投入区域

我们可以依据边际报酬递减规律的三阶段来确定生产要素的合理投入区域,如图 4-2 所示。

第Ⅰ区域:平均收益递增阶段

L 的增加,带来 $MP\uparrow>AP\uparrow$;和 L 相比,K 投入太多。增加 L 可更充分利用 K。

第Ⅱ区域:平均收益递减阶段(经济区域)

L 的增加,带来 $MP\downarrow>0$,TP 仍递增;但 $MP<AP$,AP 已下降。

它是理性厂商的生产区域。但投入多少,生产多少,还取决于成本函数。

第Ⅲ区域:负边际收益阶段

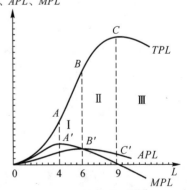

图 4-2　生产三阶段

L 的增加,带来 $MP<0$,TP 递减;减少 L,反而可增加 TP。

第四节　长期生产函数

在分析了短期生产函数以后,我们进一步来分析长期生产函数。

一、长期生产函数

在长期生产中,不存在固定的生产要素,厂商投入的所有生产要素都是可变的。因此,长期生产函数可以用下列形式表示:

$$Q=f(L、K)$$

长期生产函数要考察的是,在厂商有足够的时间根据市场调整改变所有的生产要素的情况下,它的投入和最大产出之间的关系。在此,我们首先分析厂商投入的两种生产要素可以相互替代的生产函数。

二、等产量曲线

等产量曲线(isoquant curve)是指在一定的技术条件下,能够生产出同等产量的两种生产要素组合的轨迹,换句话说,等产量曲线上所有生产要素的组合生产出来的产量都是相等的。如图 4-3 所示,L 和 K 为生产要素劳动和资本的数量,曲线 Q_1,Q_2,Q_3 即为等产量曲线。假定生产要素可以无限细分,则有无数个要素组合生产出相同的产量。与无差异曲线相类似,对同一厂商而言,面临着一组代表不同产量的等产量曲线。

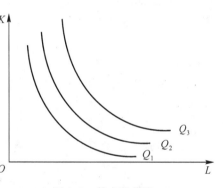

图 4-3　等产量曲线

等产量曲线同样拥有与无差异曲线相类似的特征。

第一,斜率为负。等产量曲线的走向为从左上方向右下方倾斜,意味着在生产等量的产品时,L 和 K 具有一定的替代性。

从理论上说,等产量曲线的斜率还可以为正,正斜率的等产量曲线意味着为生产同等数量的产品而投入的两种生产要素之间不存在相互的替代,也就是说,在维持同样的产量时,在增加一种生产要素的同时还得增加另一种生产要素。显然,作为一个理性的厂商,不可能在斜率为正的范围内从事生产,因为在此区域生产同等数量的产品必须投入更多的生产要素。所以,厂商的等产量曲线均为斜率为负的部分。

第二,在一组等产量曲线中,离原点越远,代表的产量越高。在图 4-3 中,Q_3 的产出量最大,Q_1 的产出量最小。

第三,对同一生产者而言,两条等产量曲线不能相交。假设两条等产量曲线相交,那就表示同样的生产要素组合可以生产两种不同的产量,这与等产量曲线的定义相矛盾。

第四,斜率递减,从图形上显示为等产量曲线凸向原点。等产量曲线呈此特征的原因在于生产要素的边际技术替代率递减。

三、边际技术替代率

边际技术替代率（marginal rate of technical substitution，MRTS）是指在产量不变的情况下，当某种生产要素增加一单位时，与另一生产要素所减少的数量的比率，其公式可以表示为

$$MRTS_{LK} = \Delta K / \Delta L = MPL / MPK$$

在维持总产量不变的前提下，随着一种生产要素投入量的增加，它能替代的另一种生产要素的数量越来越小，此即为边际技术替代率递减规律。这一规律是建立在边际收益递减规律的基础之上的。从图 4-3 中我们可以非常清楚地看到，随着要素 L 的不断增加，边际产量逐渐下降；相反，要素 K 的边际产量却随着其数量的不断减少而上升。

四、等成本线

从生产者的偏好来看，当然希望等产量曲线离原点越远，但要受到生产要素价格和自身货币投入量的制约。等成本线表示生产要素价格一定时，花费一定的总成本所能购买的各种生产要素组合的轨迹。如图 4-4 所示。假设生产者的总成本为 C，劳动 L 的价格为 P_L，资本 K 的价格为 P_K，横轴上的截距 C/P_L 表示用全部成本能够购买的 L 的数量，纵轴上的截距 C/P_K 则是全部成本用于购买 K 的数量。只要在等成本线上，厂商支付的总成本相等，均为 C。在等成本线右方区域，厂商没有支付能力，属于生产不可能区域；在等成本线的左方区域，厂商的货币量还有剩余。等成本线的方程为

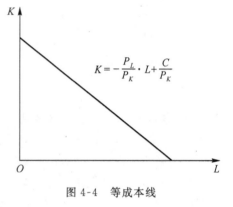

图 4-4　等成本线

$$C = P_L \cdot L + P_K \cdot K$$

等成本线斜率为 $-P_L/P_K$，即两种要素的价格比。

在要素价格不变或两种要素的价格之比不变的情况下，实际成本总量的增减会导致等成本线的平移；如果成本不变，要素价格发生变动，则等成本线的斜率改变，等成本线呈旋转式的变动。等成本线及其变动的原理与消费者行为理论中的预算线非常类似。

五、生产要素的最佳组合

把等产量曲线和等成本线放在一起可以分析生产者均衡，即生产要素的最佳组合问题。生产要素的最佳组合处于等产量曲线和等成本线的切点，如图 4-5 所示。E 点表示成本一定、产量最大的均衡，或者产量一定、成本最小的均衡。

要素最佳组合的条件：当要素组合达到最佳组合状态时，等产量曲线与等成本曲线相切，两条曲线在切点的斜率相等。

$$-\frac{MP_L}{MP_K} = -\frac{P_L}{P_K}$$

$$\frac{MP_L}{P_L} = \frac{MP_K}{P_K}$$

成本一定产量最大的均衡

产量一定成本最小的均衡

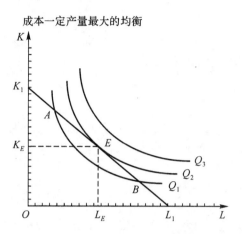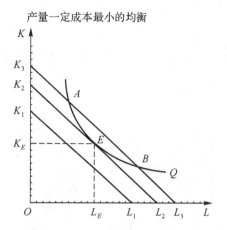

图 4-5　生产要素的最佳组合

经济含义:投入要素达到最佳组合时,必须使得在每一种投入要素上最后一个单位支出所得到的边际产量相等。

一个数量例子:某公司每小时产量与工人和设备使用时间的关系如下:$Q=10\sqrt{XY}$,X 为工人数量(人),Y 为设备使用时间(小时),工人每小时工资 8 元,设备每小时价格 2 元。如果该公司每小时生产 80 单位产品,应使用多少单位的工人和设备?

解　由要素最佳组合条件$\dfrac{MP_L}{P_L}=\dfrac{MP_K}{P_K}$,可得

$$\frac{5\sqrt{Y/X}}{8}=\frac{5\sqrt{X/Y}}{2}\quad\Rightarrow Y=4X$$

又因为 $Q=80$,故

$$10\sqrt{XY}=80\quad\Rightarrow 10\sqrt{X(4X)}=80\Rightarrow X=4,Y=16$$

六、生产扩展线

在生产要素价格不变的前提下,随着厂商投入成本的增加,其等成本线不断向外平移,则生产要素的最佳组合也在发生移动。经济学上把不同成本下的均衡点的轨迹称为生产扩展线(expansion path)。如图 4-6 所示。

生产扩展线显示了厂商在生产要素价格不变的前提下,随着生产规模的扩大,沿着这条生产扩展线都可以实现生产要素的最佳组合,从而使生产一直沿着最有利的方向进行。

生产扩展线

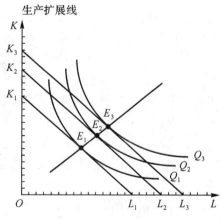

图 4-6　生产扩张线

第五节　规模报酬

规模报酬(return to scale)是探讨当各种要素同时增加或减少一定比率时,生产规模变动引起产量的变化情况。当所有投入要素按照相同的比例增加时,产出会发生什么变化? 如果我们设企业的长期生产函数为:

$$Q_0 = f(x_0, y_0, z_0)$$
$$hQ_0 = f(kx_0, ky_0, kz_0)$$

则当 $h > k$ 时,称为规模收益递增;当 $h < k$ 时,称为规模收益递减;当 $h = k$ 时,称为规模收益不变。

规模对收益的关系可以用图 4-7 的情形来表示。①规模收益递增:产出扩大规模大于生产要素扩大规模。②规模收益不变:产出扩大规模等于生产要素扩大规模。③规模收益递减:产出扩大规模小于生产要素扩大规模。

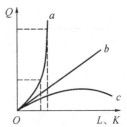

图 4-7　规模报酬三种类型

导致规模收益递增的原因如下:

(1)专业化分工。这有利于生产效率的提高,但进行专业化分工必须具有一定的规模。如果观察一下各种类型的企业及非生产性的组织,就可以发现分工的深度与组织的规模成正相关的关系。

(2)投入要素的不可任意分割性。在实际生产过程中,许多生产要素的使用量不能够任意分割。例如,如果一个调度员可以同时管理三条生产线,那么,一条生产线也需要一个调度员,而不是 1/3 个。同样,如果一台联合收割机在一个收割季节的收割能力为 100 公顷,当你只种植 80 公顷时,也要使用一台联合收割机。因此,当规模扩大时,某些投入要素的增加比例将会低于产量的增加比例。

(3)大规模生产可以使用更加先进的专用设备,从而使生产效率得到提高。生产工具是影响生产效率的重要因素。而生产工具的选用又与生产的规模有关。以煤矿采掘为例,小煤窑多是采用简单的挖掘工具,大型煤矿则采用专用采掘机械进行开采。小煤窑受到其规模的限制,采用专用的开采机械在经济上效率较低。

(4)设备几何尺寸方面的原因。例如,当输油管道的直径增加一倍时,所使用的材料按平方的速度增加,而输油量却按立方的速度增加。因此,要素投入量的增加导致产量以更快的速度增加。

从生产函数的角度来看,假定生产函数的形式为齐次生产函数,可以根据生产函数的幂指数次数来判断。当 $n > 1$ 时,为规模收益递增;当 $n = 1$ 时,为规模收益不变;当 $n < 1$ 时,为规模收益递减。

例如,生产函数为 $Q = 15xy^{0.5} + 4.2x^{0.4}y^{0.9}z^{0.2} + 3.1y^{1.2}z^{0.3}$,因为 $n = 1.5$,所以该生产过程为规模收益递增。

规模对收益的关系对于企业管理层来说是十分重要的。随着企业的发展,生产规模的扩大是必然的。但是,企业的规模并非越大越好。从一般意义上来讲,随着企业规模的扩大,首先会遇到短暂的规模收益递增,然后是较大范围的规模收益不变。一旦规模超过一定的限度后,就会遇到规模收益递减。

企业生产规模扩大降低了生产效率的原因在于:

(1)规模扩大后,企业内部合理分工被破坏,生产难以协调;

(2)管理阶层的增加;

(3)产品销售规模庞大、环节加长;

(4)获得企业决策的各种信息更加困难。

为了推迟规模收益递减的出现,企业可以改变管理与技术条件。例如,企业规模扩大所必然带来的一个问题是需要处理的信息量迅速增加,这将有可能导致企业对外部环境的变化反应迟缓。如果采用电子计算机来进行辅助管理,或者通过适当的分权,就能够起到改善企业运营效率的目的。

案 例

【案例1】

经济学家马尔萨斯(1766—1834)的人口论的一个主要依据便是报酬递减定律。他认为,随着人口的膨胀,越来越多的劳动耕种土地,地球上有限的土地将无法提供足够的食物,最终劳动的边际产出与平均产出下降,但又有更多的人需要食物,因而会产生大的饥荒。幸运的是,人类的历史并没有按马尔萨斯的预言发展(尽管他正确地指出了"劳动边际报酬"递减)。

在 20 世纪,技术发展突飞猛进,改变了许多国家(包括发展中国家,如印度)的食物的生产方式,劳动的平均产出因而上升。这些进步包括高产抗病的良种、更高效的化肥、更先进的收割机械。在第二次世界大战结束后,世界上总的食物生产的增幅总是或多或少地高于同期人口的增长。粮食产量增长的源泉之一是农用土地的增加。例如,从 1961—1975 年,非洲农业用地所占的百分比从 32% 上升至 33.3%,拉丁美洲则从 19.6% 上升至 22.4%,在远东地区,该比值则从 21.9% 上升至 22.6%。但同时,北美的农业用地则从 26.1% 降至 25.5%,西欧由 46.3% 降至 43.7%。显然,粮食产量的增加更大程度上是由于技术的改进,而不是农业用地的增加。在一些地区,如非洲的撒哈拉,饥荒仍是个严重的问题。劳动生产率低下是原因之一。虽然其他一些国家存在着农业剩余,但由于食物从生产率高的地区向生产率低的地区的再分配的困难和生产率低地区收入也低的缘故,饥荒仍威胁着部分人群。

资料来源:平狄克,鲁宾费尔德.微观经济学.北京:经济科学出版社,2002

问题:

(1)什么是边际报酬递减规律?其发生作用的条件如何?

(2)人类历史为什么没有按照马尔萨斯的预言发展?

(3)既然马尔萨斯的预言失败,你认为边际报酬递减规律还起作用吗?

(4)请你谈谈"中国人口太多,将来需要世界来养活中国"或"谁来养活中国?"的观点。

【案例 2】

亚当·斯密在其名著《国民财富的性质和原因的研究》中,根据他对一个扣针厂的参观描述了一个例子。斯密所看到的工人之间的专业化和引起的规模经济给他留下了深刻的印象。他写道:"一个人抽铁丝,另一个人拉直,第三个人截断,第四个人削尖,第五个人磨光顶端以便安装圆头;做圆头要求有两三道不同的操作;装圆头是一项专门的业务,把针涂白是另一项;甚至将扣针装进纸盒中也是一门职业。"

斯密说,由于这种专业化,扣针厂每个工人每天生产几千枚针。他得出的结论是,如果工人选择分开工作,而不是作为一个专业工作者团队,那他们肯定不能每人每天制造出 20 枚扣针,或许连一枚也造不出来。换句话说,由于专业化,大扣针厂可以比小扣针厂实现更高人均产量和每枚扣针更低的平均成本。

斯密在扣针厂观察到的专业化在现在经济中普遍存在。例如,如果你想盖一个房子,你可以自己努力去做每一件事。但大多数人找建筑商,建筑商又雇佣木匠、瓦匠、电工、油漆工和许多其他类型工人。这些工人专门从事某种工作,而且这使他们比作为通用型工人时做得更好。实际上,运用专业化实现规模经济是现代社会能像现在一样繁荣的一个原因。

问题:

专业化为什么能提高生产效率,实现规模经济?

░░░ 习 题 ░░░

1. 已知某厂商的生产函数为 $Q=L^{3/8}K^{5/8}$,又设 $P_L=3$ 元,$P_K=5$ 元。求:

(1)产量 $Q=10$ 时的最低成本支出和使用的 L 和 K 的数量。

(2)产量 $Q=25$ 时的最低成本支出和使用的 L 和 K 的数量。

(3)总成本为 160 元时厂商均衡的 Q、L 和 K 的数量。

2. 已知某厂商的短期生产函数为:$Q=21L+9L^2-L^3$,求:

(1)总产量 TPL 的最大值;

(2)平均产量 APL 的最大值;

(3)边际产量 MPL 的最大值;

(4)证明 APL 达到最大值时,$APL=MPL$。

3. 已知生产函数 $Q=L^{2/3}K^{1/3}$,证明:

(1)该生产规模报酬不变;

(2)受报酬递减规律支配。

4. 用图说明短期生产函数 $Q=f(L,K)$ 的 TPL 曲线、APL 曲线和 MPL 曲线的特征及其相互之间的关系。

5. 利用图说明厂商在既定成本条件下是如何实现最大产量的最优要素组合的。

第五章　成本与收益理论

成本综合反映了企业的经济活动结果。在经济分析中,成本是一个比较复杂的概念,因为关于不同的成本概念非常多。本章将首先介绍一些重要的成本概念,然后分析成本变化规律及成本函数。在此基础上,结合收益与利润最大化的概念,讨论成本与收益理论在微观决策中的应用。

第一节　成本和成本函数

在微观决策过程中,成本是一个非常重要的概念。企业是否投资一个新的项目,是否应扩大现有生产规模,当产品价格较低时是否还应继续生产,这些决策问题的分析都必须把成本作为一个重要的影响因素予以考虑。从整个社会来看,由于资源的稀缺性,如何使有限的资源得到利用,也必须考虑成本因素。然而,在经济分析中,成本也是最复杂的概念之一。一种经济活动,从不同的目的和角度进行分析,其成本可能不同,我们将把讨论的重点集中在与企业决策相关的成本概念方面。

一、几种成本的概念

1. 机会成本与会计成本

经济学家与会计师对同一项经济活动可能给出不同的成本。例如,一台设备的年折旧额 1 万元,那么使用这台设备一年的成本是多少呢?会计师的回答是 1 万元,也就是设备的折旧额。而经济学家的回答可能是 1.5 万元,其依据是这台设备如果出租,可以得到租金1.5 万元。现在因自己使用而放弃了出租的机会,租金损失就应该是使用这台设备的成本。

会计成本是会计记录在公司账册上的客观的和有形的支出,包括生产、销售过程中发生的原料、动力、工资、租金、广告、利息等支出。按照我国财务制度,总成本费用由生产成本、管理费用、财务费用和销售费用组成。所谓机会成本,并不是实际发生的成本,而是有限的资源,当你将它用到某一项活动时,丧失掉的是将其用于其他活动的最高收益。由于一种资源通常有多种不同的用途,经济学家所关心的是资源是否得到有效利用。当把某种资源投入到某个特定的用途时,就意味着放弃了将该资源投入到其他用途的机会。例如,对于 2 个小时这段时间,可以有多种用途,你可以用这段时间去工作而挣 50 元的收入,也可以去看一部最新的电影。由于时间资源是有限的,如果你用这 2 个小时去看电影,就必须放弃其他活动,在所放弃的其他活动中能带来的最大价值就是你占用这段时间去看电影的机会成本。

在企业决策中,机会成本与会计成本不一定相等。例如当一个企业准备扩大生产规模时,如果所需要的投资是从银行贷款,那么在生产的成本中必然会有贷款利息这一项。但是,如果企业利用留存收益进行投资,则成本中就不会出现利息。这是否意味着企业利用自有资金进行投资的代价更小呢?其实不然,这种差异出现的原因在于会计师只记录实际发生的资金流动,而不考虑机会成本。从决策的角度来看,把自有资金用于某个项目的投资,就放弃了这笔资金可能投资于其他项目所获得的净收益,这一放弃的净收益就构成了投资的机会成本。

2. 增量成本与沉没成本

一项决策的结果会导致某些成本发生变化,而对另一些成本可能不产生影响。所谓增量成本,是指由决策的结果而引起的成本变化量。例如,当企业增加其产量时,由于原材料、燃料、人工费用的增加,使成本发生变化。增量成本概念含有这样一个原理:不受某项决策影响的任何成本都是该项决策的非相关成本。凡是这样的成本(不管有关决策的行动方案如何变化,其数额都固定不变),称为沉没成本,因为它们对企业决定最佳行动方案不起作用。例如,甲企业有一个仓库长期空闲着,如在那里储存某种新产品,其仓储费用将为零,那么,在决定是否生产这种新产品时所应考虑的仓储增量成本就是零了。

一般来讲,在决策过程中,应该使用增量成本而不应该使用沉没成本。因为决策是面向未来的,对决策的经济合理性的判断应比较由决策引起的收益与成本。沉没成本是过去的支出,已经成为历史。如果在决策中考虑沉没成本,就可能导致错误的选择。例如,你向一家企业定购一台设备,设备的价格为 100 万元,8 个月以后交货。设备制造商要求你先支付设备价款的 10%作为保证金,如果届时你不购买这台设备,保证金将不退还。假定 6 个月后市场中类似的设备只需 80 万元就可以买到,那么,你还会为了那笔保证金而购买所定购的设备吗?在此种情形下,10 万元的保证金已成为沉没成本,不管你做出何种选择,所需支付的代价都与保证金无关。因此,正确的决策应该是放弃那笔保证金,在市场中购买价格更便宜的设备。

3. 显性成本与隐性成本

显性成本是企业从事一项经济活动时所花费的实际货币支出。隐性成本是企业使用自有生产要素时的机会成本。如某人使用自己的资金投资、使用自己的房产以及企业所有者自己管理企业,在企业的成本项目中没有对于这些投入要素的报酬,但绝不意味着使用这些生产要素是没有代价的,只不过这些成本是以隐性的形式存在。换句话说,显性成本表现为资金的实际支出,而隐形成本与资金的实际流动没有直接的关系。从经济学的角度出发,对于一项经济活动,其全部成本应该是显性成本与隐性成本之和。

二、成本函数

成本理论主要分析成本函数。产品成本是投入要素价格及企业技术水平的综合反映。技术水平在一定时期内具有相对的稳定性,而企业对投入要素的价格一般难以控制,因此,成本函数就是在一定技术水平以及投入的要素价格一定的条件下,产品数量和相应的成本之间的依存关系：

$$C = C(Q)$$

其中，C 为成本，Q 为产量。

成本函数和成本方程不同，成本函数说的是成本和产量之间的关系，成本方程说的是成本等于投入要素价格的总和。如果投入的是劳动 L 和资本 K，其价格为 P_L 和 P_K，则成本方程是 $C = L \cdot P_L + K \cdot P_K$。成本方程考虑了技术水平及投入的要素价格的变化，而成本函数则是一个变量为产量的函数式。

成本理论之所以要讨论成本函数，是因为企业决定生产多少产量，必须比较收益和成本的关系以求利润极大化，而收益和成本都是会随产量变动的。因此，人们必须研究成本和产量的关系。

成本函数取决于两个因素：生产函数和投入要素的价格。生产函数所反映的是投入的生产要素与产出之间的物质技术关系，它揭示在各种形式下厂商为了得到一定数量产品至少要投入多少单位生产要素。生产函数结合投入要素的价格就决定了成本函数，我们可以根据生产函数推导出成本函数。

例如，已知某公司的生产函数为：$Q = 4\sqrt{K \cdot L}$。其中 Q 为产量，K 为使用的资本数量，L 为使用的劳动数量。该公司为每单位资本支付 2 元，为每单位劳动支付 8 元，则

$$C = 8L + 2K = \frac{Q^2}{2K} + 2K$$

$$\frac{\mathrm{d}C}{\mathrm{d}K} = -\frac{Q^2}{2K^2} + 2 = 0 \qquad （成本最小化）$$

$$K = \frac{Q}{2}$$

$$C = 2Q$$

第二节　短期成本

一、固定成本、变动成本与总成本

如前所述，短期内某些生产要素是固定不变的，可变的仅仅是一部分生产要素。与此相对应，厂商对固定要素的投入，其支付为固定成本或不变成本；对可变要素的投入，其支付为可变成本。由此，厂商在短期内的总成本由固定成本和可变成本两部分组成。

总成本（total cost，TC）是指厂商在生产规模不变条件下生产一定量产出所需的最低成本的总额，它由固定成本和可变成本两部分组成。

固定成本（fixed cost，FC）是指厂商在短期内对固定不变的生产要素进行的支付，它不随产量的变动而变动，属于既定生产规模下的固定费用。

可变成本（variable cost，VC）是指厂商在短期内为可变的生产要素进行的支付，它随着产量的变动而变动，是产量的函数。

$$TC = FC + VC$$

$$TC=\Phi(Q)+b$$

在上述的总成本函数中，b 表示固定成本，与产量无关；$\Phi(Q)$ 表示可变成本，是产量的函数。

二、平均成本和边际成本

与上述总成本相对应，在短期内存在着三种平均成本，即平均固定成本、平均可变成本和平均成本。

平均固定成本（average fixed cost，AFC）为每单位产品所摊付的总固定成本，其公式可表示为

$$AFC=FC/Q$$

平均变动成本（average variable cost，AVC）为每单位产品所摊付的变动成本，其公式可表示为

$$AVC=VC/Q$$

平均成本（average cost，AC）为每单位产品所摊付的总成本，其公式可表示为

$$AC=TC/Q=AFC+AVC$$

边际成本（marginal cost，MC）为增加一单位产品生产和销售所引起的总成本的变化量，其公式可表示为

$$MC=\mathrm{d}TC/\mathrm{d}Q$$

三、不同成本的形状及关系

为了说明上述成本之间的关系，我们举一个假设的例子。假设有一成本函数为

$$TC=Q^3-12Q^2+60Q+40$$

则

$$VC=Q^3-12Q^2+60Q$$

$$AC=Q^2-12Q+60+\frac{40}{Q}, FC=40$$

$$MC=3Q^2-24Q+60$$

当 Q 从 0 开始变化时，我们可以得到如表 5-1 所示的相关数据。

表 5-1　各项短期成本数据

Q	VC	FC	TC	MC=dTC/dQ	AFC=FC/Q	AVC=VC/Q	AC=TC/Q
0	0	40	40	0	—	—	—
1	49	40	89	39	40	49	89
2	80	40	120	24	20	40	60
3	99	40	139	15	13	33	46
4	112	40	152	12	10	28	38
5	125	40	165	15	8	25	33
6	144	40	184	24	7	24	31

续表

Q	VC	FC	TC	MC＝dTC/dQ	AFC＝FC/Q	AVC＝VC/Q	AC＝TC/Q
7	175	40	215	39	6	25	31
8	224	40	264	60	5	28	33
9	297	40	337	87	4	33	37

依据表 5-1 的各项短期成本数据,我们可以绘制出成本曲线,如图 5-1 所示。从中我们可以看出:

1.VC、FC、TC 的形状及关系

VC 曲线:从原点出发,先递减增长,到达拐点(B 点)之后转而递增增长。

FC 曲线:与产量无关,是平行于横轴的直线。

TC(VC＋FC)曲线:VC 上移 FC 的距离,先递减增长,再递增增长,拐点为 A 点,在 B 点垂直上方。

2.AVC、AC、MC、AFC 的由来

AVC 与 VC:原点与 VC 曲线上点的连线的斜率就是 AVC。

AC 与 TC:原点与 TC 曲线上点的连线的斜率就是 AC。

MC 与 TC(VC):TC(VC)曲线上点的切线的斜率就是 MC。

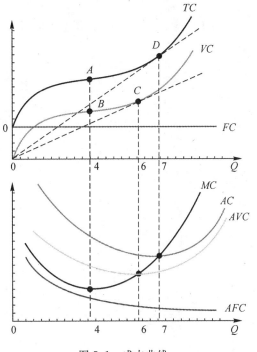

图 5-1　成本曲线

AFC 与 FC:固定不变的 FC 随产量的增加,其与产量的比值越来越小,即为 AFC。

3.AVC、AC、MC、AFC 的形状

AVC、AC、MC 都呈 U 形;AFC 向右下方倾斜,无穷趋近横轴。

4.AVC、AC、MC、AFC 的关系

MC 上升阶段先后与 AVC、AC 最低点相交;AC、AVC 随产量的增加而趋向接近;AC、AVC 间的垂直距离就是 AFC。

边际成本与平均变动成本之间的关系:当边际成本小于平均变动成本时,平均变动成本随产量的增加而减少;当边际成本大于平均变动成本时,平均变动成本随产量的增加而增加;当边际成本等于平均变动成本时,平均变动成本为最小值。

我们可以通过数学公式的推导对上述结论加以证明。

$$AVC=\frac{TVC}{Q}$$

$$\frac{\mathrm{d}AVC}{\mathrm{d}Q}=\frac{Q\dfrac{\mathrm{d}TVC}{\mathrm{d}Q}-TVC}{Q^2}=\frac{1}{Q}\left(\frac{\mathrm{d}TVC}{\mathrm{d}Q}-\frac{TVC}{Q}\right)=\frac{1}{Q}(MC-AVC)$$

附:成本函数与生产函数之间的关系

生产函数决定了成本函数曲线的形状;投入要素的价格决定了成本函数曲线的位置。以一种变动投入要素的生产系统为例:

$$AVC = \frac{TVC}{Q} = \frac{P_L \cdot L}{Q} = \frac{P_L}{Q/L} = \frac{P_L}{AP_L}$$

$$MC = \frac{\mathrm{d}TVC}{\mathrm{d}Q} = \frac{\mathrm{d}(P_L \cdot L)}{\mathrm{d}Q} = \frac{P_L \mathrm{d}L}{\mathrm{d}Q} = \frac{P_L}{\mathrm{d}Q/\mathrm{d}L} = \frac{P_L}{MP_L}$$

由于成本函数与生产函数之间存在以上的关系,所以产量曲线与成本曲线呈现一定的对偶性,如图 5-2 所示。

产量曲线与成本曲线的对偶

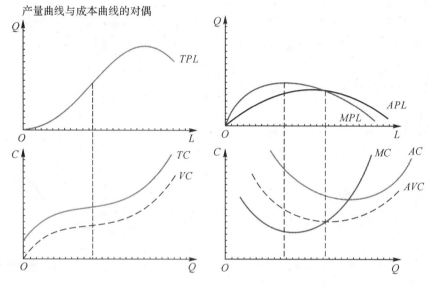

图 5-2　产量曲线与成本曲线的关系

(1)总产量曲线(TPL)与总成本曲线(TC)。TPL 先递增增长再递减增长,对应 TC 先递减增长再递增增长。

(2)劳动平均产量曲线(APL)与平均变动成本曲线(AVC)。APL 先增后减,对应 AVC 先减后增;APL 最高点对应 AVC 最低点。

(3)边际产量曲线(MPL)与边际成本曲线(MC)。MPL 先增后减,对应 MC 先减后增;MPL 最高点对应 MC 最低点。

第三节　长期成本

在了解了短期成本后,还要进一步考察长期成本,并讨论短期成本曲线与长期成本曲线的关系。

一、短期决策与长期决策

由于经济学中,短期与长期的含义不同,因此,企业短期决策与长期决策所面临的问题也不同。企业短期决策的目标是寻求最优产出率,即在既定的生产规模下(K 不变),确定可变要素(L)的投入数量或组合比例,以获得最低平均成本。而企业长期决策的目标则是在所有生产要素(K、L)都可变的条件下,寻求最佳生产规模来生产事先计划的产量。一旦规模选定,其产量决策又可转化为短期决策问题。因此,厂商的经营决策在短期,战略规划在长期;长期规划决定了所对应的特定短期中的运行状况。

二、长期总成本与长期平均成本

从长期来看,厂商可以改变所有的生产要素,因此,在长期内不存在固定成本,长期成本只有长期总成本(long-run total cost,LTC)、长期平均成本(long-run average cost,LAC)与长期边际成本三种形式。

LTC 是厂商在长期生产特定产量所花费的成本总量。它由产量水平和工厂规模决定。

LTC 与短期总成本(STC)存在一定的联系:LTC 是 STC 的包络线,两者形状相同;LTC 与 STC 相切但不相交。

LTC 与 STC 也存在一定的区别:LTC 从原点出发,而 STC 起始于原点之上;LTC 形状由规模报酬先递增后递减决定,而 STC 形状由可变要素边际收益率先递增后递减决定。

LAC 是每单位产品的长期成本,其计算公式为:

$$LAC = LTC/Q$$

LAC 与 SAC 密切相关,如图 5-3 所示即为 LAC 与 SAC 的联系:LAC 是 SAC 的包络线,都呈 U 形;LAC 与 SAC 相切但不相交,切点和对应的 LTC 与 STC 的切点处于同一垂线上;当且仅当 LAC 处于最低点,唯一对应的 SAC 也在最低点与其相切。

LAC 与 SAC 的区别:LAC 最低点为最佳工厂规模,而 SAC 最低点则为最优产出率;LAC 呈 U 形,由规模报酬决定,而 SAC 也呈 U 形,由可变要素边际收益率先递增后递减决定。

1. 规模经济问题

从图 5-3 中可以看出,随着生产规模的扩大,平均成本呈逐渐降低的趋势,经济学中把这种现象称为规模经济,或者大规模生产的经济性。形成规模经济的主要原因有两大类:一类是技术方面的原因,另一类是管理方面的原因。从技术方面来看,规模收益递增是形成规模经济的技术基础,大规模生产有利于专业化分工,有利于采用先进、高效的大容量专用设备,这些因素都促进了生产效率的提高。

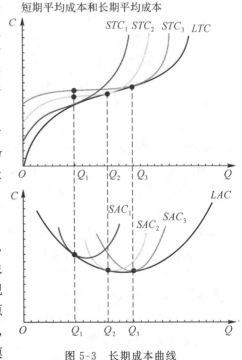

图 5-3　长期成本曲线

从企业经营方面来看,形成规模经济的主要原因包括:①大量采购与大量销售可以节约采购费用与流通费用;②大企业可以提高资源的综合利用水平;③大企业可以建立基础良好的研究机构,使用一流的研究;④大企业由于抵御风险的能力较强,因而可以在金融市场上以较低的代价筹措所需要的资金。

然而,企业的规模也并非越大越好。当生产规模超过一定水平后,产品的成本反而会随着规模的扩大而上升,此时,企业就进入了规模不经济阶段。造成规模不经济的主要原因在于管理能力的局限性。随着企业的规模扩大,管理层次及管理幅度必然扩大,从而造成信息传递及信息处理的复杂程度迅速提高,企业的运行效率下降;生产成本上升。

不同的行业由于具有不同的技术经济特征,其长期平均成本曲线会有较大的不同。规模报酬递增、规模报酬不变与规模报酬递减三种情况出现的区域并不一致,所以 LAC 曲线可能会有 U 形、L 形与锅底形三种情况,分别如图 5-4、图 5-5 和图 5-6 所示。

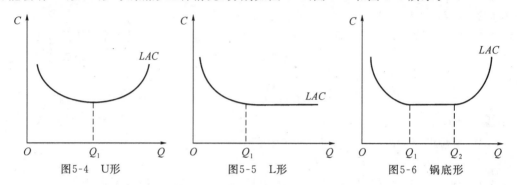

图5-4　U形　　　　　　　图5-5　L形　　　　　　　图5-6　锅底形

在图 5-4 中,LAC 曲线为 U 形。产量达到 Q_1 之前,存在规模报酬递增,而当产量超过 Q_1 后,又变为规模报酬递减,Q_1 为唯一的最佳工厂规模。

在图 5-5 中,LAC 曲线为 L 形。产量达到 Q_1 之前,存在规模报酬递增,产量达到 Q_1 之后,不论产量增加多少,规模报酬不变,LAC 曲线成为水平,产量 Q_1 之后,都是最佳工厂规模。

在图 5-6 中,LAC 曲线为锅底形。在产量达到 Q_1 之前,存在规模报酬递增,在产量 Q_1 至 Q_2 之间,一直是规模报酬不变,而当产量超过 Q_2 后,又变为规模报酬递减,所以 LAC 曲线反翘。在 Q_1 至 Q_2 之间,每一产量水平都可实现最佳工厂规模。

当 LAC 曲线为 L 形和锅底形时,最佳工厂规模都不是单一的,而当 LAC 曲线为 U 形时,最佳工厂规模是唯一的,即只有图 5-3 中的 Q 点才是最佳工厂规模。由于后两者具有一系列的最佳工厂规模,因而意味着在该行业中,产量水平不同的大中小企业可以并存,大企业无法利用规模经济的优势来降低长期平均成本,从而无法达到把中小企业排挤出该行业的目的;而在 U 形的 LAC 曲线中,产量水平不同,生产成本也不同,只有选择最佳工厂规模才能使长期平均成本最低。所以,对于具有 U 形 LAC 曲线的行业来说,只有处于最佳规模点的企业才能在市场竞争中处于有利地位。

2. 学习效应与范围经济

除规模经济会引起长期平均成本下降之外,还有两个因素也会对长期平均成本产生影响,这就是学习效应与范围经济。

(1)学习效应

长期以来,人们发现一种新产品随着累计产量的增加,其成本在不断地下降。经济学家把引起成本下降的原因归结于学习效应。所谓学习效应,是指人们在不断的实践中,通过对过去经验的总结,以更有效的方式进行生产活动。学习效应既存在于工人的操作过程中,又存在于管理人员的管理活动中。学习效应通常用"学习曲线"(或称进步函数)来表示,其一般方程式为

$$C=a+bN^{-\beta}$$

式中:C 为单位产品成本;N 为累积产量;a,b,β 为常数,$a,b>0,0<\beta<1$。

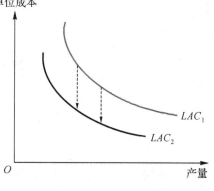

图 5-7 学习效应

在存在学习效应的情况下,即使生产规模不变,长期平均成本也会下降。但这种下降不是沿着原来的长期平均成本曲线向右下方移动,而是整条成本曲线向下移动,如图 5-7 所示。大量的实证研究表明,在许多行业中存在学习效应。例如,飞机制造业的学习曲线是一条"80%曲线",即随着累积产量每增加一倍,单架飞机的制造成本大约下降到原来水平的 80%。

(2)范围经济

$$TC(x,y)<TC(x,0)+TC(0,y)$$

当一家企业同时生产两种(或以上)产品的总成本低于这两种(或以上)产品分别生产时的总成本之和,则存在范围经济。

范围经济存在的原因在于,当一个企业从事多种产品的生产时,在产品设计、制造、营销等方面可以共享资源,从而获得附加收益。例如,一个电冰箱生产企业将其产品范围扩大到空调机领域,由于这两种产品在设计与制造方面有许多相似之处,可以共享多种资源,因而成本能够降低。

三、长期边际成本

长 期 边 际 成 本 (long-run marginal cost, LMC)是每增加一单位产量 LTC 的增量,即长期总成本对产量的:$LMC=dLTC/dQ$

LMC 曲线如图 5-8 所示,它从 LTC 曲线中推出:因为长期边际成本 LMC 是 LTC 曲线上同一产量时的斜率,LMC 曲线也是 U 形的。

LMC 曲线与 LAC 曲线的关系和 SMC 曲线与 SAC 曲线的关系一样,两者相交于 LAC 曲线的最低点即 E 点。在 E 点的左侧,是规模报酬递增的区域,在此区域中,每增加一单位产量所导致的长期总成本的增量(即 LMC)小于每单位产品的长期成本(即 LAC),因此 LMC 曲线位于 LAC 曲线的下方;而在 E 点右侧,是规模报酬递减的区域,在此区域中,每增加一单位产量所导致的长期总成本的增量大于每单位产品的长期成本,因此 LMC 曲线位于 LAC 曲线的上方。在 E 点,LAC、

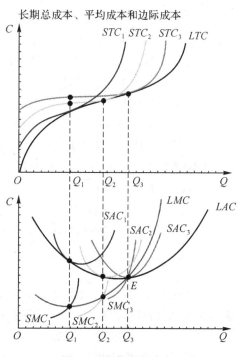

图 5-8 长期边际成本

LMC、SAC_2 和 SMC_2 四条曲线汇于一处。

第四节　厂商收益

一、总收益、平均收益和边际收益

总利润是总收益与总成本的差额，在对总成本进行了详细分析后，下面我们开始对总收益和总成本进行分析。

为了说明厂商在各种市场中如何决定产量和价格，需要首先介绍厂商收益和利润概念，以及实现利润极大化的条件。

厂商收益是指厂商销售其产品所取得的货币收入。有三个基本的收益概念应加以区分。

总收益（total revenue，TR），是指厂商出售一定数量产品后所得到的全部收入，它等于产品单价（P）乘以销售数量（Q），可用公式表示为

$$TR = P \cdot Q$$

平均收益（average revenue，AR），是指厂商销售每单位产品所得到的平均收入，它等于总收益除以总产销量，也就是单位产品的市场价格。平均收益可用公式表示为

$$AR = TR/Q = P$$

可见，$AR = P$ 在任何市场条件下均成立。

边际收益（marginal Revenue，MR），是指每增加或减少一单位产品的销售所引起的总收益的变动量。可用公式表示为

$$MR = \Delta TR/\Delta Q = \mathrm{d}TR/\mathrm{d}Q$$

当需求曲线为水平直线时，需求方程的一般形式为

$$P = P_0$$
$$TR = P_0 Q$$
$$MR = \mathrm{d}TR/\mathrm{d}Q = P_0$$

当需求曲线为向右下方倾斜的线性直线时，需求方程的一般形式为

$$P = a - bQ$$
$$TR = PQ = aQ - bQ^2$$
$$MR = \mathrm{d}TR/\mathrm{d}Q = a - 2bQ$$

二、利润及其极大化

利润是总收益与总成本的差额，当总收益超过总成本时，此超过额为厂商的利润；当总成本超过总收益时，此超过额为厂商的亏损。设利润为 π，则有

$$\pi = 总收益 - 总成本 = TR - TC$$

注意，这里所说的利润是指经济利润或者说超额利润。在此，有三个利润概念要区分。一是会计利润，它是指销售总收益与会计成本（显性成本）的差额。二是经济利润，它是指

销售总收益与企业经营的机会成本或经济成本的差额。经济成本不仅包含会计成本即显性成本，还包括隐性成本。由于人们在经济活动中，不但隐性成本要符合机会成本原则，显性成本也要符合机会成本原则，因此，通常把会计成本加隐含成本当成机会成本或经济成本。但我们还是应记住，经济成本是企业经营中所使用的各种要素(不管是否自有)的机会成本的总和。三是正常利润，它是指经济成本超过会计成本的部分，亦即厂商投入经营活动的各项资源的机会成本超过会计成本的部分之总额。

几个利润概念的区分(见图 5-9)：

会计利润：销售总收益－会计成本(显性成本)

经济利润(超额利润)：销售总收益－经济成本(经济成本＝显性成本＋隐含成本)

正常利润(隐含成本)：经济成本－会计成本

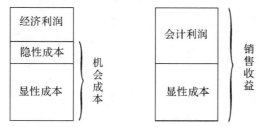

图 5-9　几个利润概念的区分

在正常情况下，机会成本大于零，所以会计利润大于经济利润。企业的利润最大化不是会计利润最大化，而是经济利润最大化。

厂商从事经济活动的目的，在于求得经济利润极大。因此，厂商在决定产量时，一方面要考虑增加产量能增加多少收益，即边际收益(MR)，另一方面要考虑增加产量会增加多少成本，即边际成本(MC)。一般来说，只要边际收益大于边际成本，厂商就会增加生产；如果边际成本大于边际收益，厂商就会缩减生产，直到边际收益和边际成本相等时为止。此时厂商的利润达到最大，或者亏损达到最小，于是，厂商的产量就确定在 $MR=MC$ 的产量点上，即不再有变化的趋势。因此，$MR=MC$ 可定义为利润极大化的必要条件，它适用于任何类型的厂商行为。在任何市场结构中求厂商获得利润最大时的均衡产量和均衡价格，就是求 MR 与 MC 相等时的产量和价格。对 $MR=MC$ 定理可用微分法证明如下：

$$\pi = TR(Q) - TC(Q)$$

$$\frac{\mathrm{d}\pi}{\mathrm{d}Q} = \frac{\mathrm{d}TR}{\mathrm{d}Q} - \frac{\mathrm{d}TC}{\mathrm{d}Q} = MR - MC$$

利润极大：　$\dfrac{\mathrm{d}\pi}{\mathrm{d}Q} = 0, \dfrac{\mathrm{d}^2\pi}{\mathrm{d}Q^2} < 0$

因此有：　$MR = MC, \dfrac{\mathrm{d}MR}{\mathrm{d}Q} < \dfrac{\mathrm{d}MC}{\mathrm{d}Q}$

▒▒▒ 案　例 ▒▒▒

【案例1】　　　　　　　　　　　上大学值吗？

　　最近看一报刊上报道，天津市投资教育的支出是全国第一，北京是私家车消费支出全国第一，上海是投资保险支出全国第一，广州是旅游支出全国第一。是否准确，我们暂且不论。我们用经济学的观点分析一下，为什么家长舍得把大把的钱花在子女教育上？

　　我们先简单地介绍经济学所说的成本。经济学所说的成本有两种：一是实际发生的成本，即会计成本；另一个是机会成本。会计成本是厂商在生产过程中按市场价格直接支付的一切费用，这些费用一般均可以通过会计账目反映出来。利用这个原理我们计算一个大学生上大学四年的会计成本是上大学的学费、书费和生活费，按照现行价格标准，一个普通家庭培养一个大学生，这三项费用之和是4万元。机会成本是某种东西的成本，是为了得到它而放弃的东西。大学生如果不上学，会找份工作，按照现行劳动力价格标准假如也是4万元，也就是说一个大学生上大学四年的机会成本也是4万元。大学生上大学经济学概念的成本是8万元。这还没算上在未进大学校门前，家长为了让孩子接受最好的教育从小学到中学的择校费用。

　　上大学成本如此之高，为什么家长还选择让孩子上大学？因为这种选择符合经济学理论，收益的最大化原则。我们算一下上大学与不上大学一生的成本与收益。不上大学18岁开始工作，直到60岁，共42年，平均每年收入是1万元，共42万元。上大学22岁开始工作，直到60岁，共38年，平均收入是2万元，共76万元，减去上大学的经济学成本8万元，剩下68万元。与不上大学收入比较，上大学多得到的收入是26万元。这还没考虑学历高所带来的名誉、地位等其他效应。所以家长舍得在子女教育上投入，就在情理之中了。

　　在这里顺便纠正一个错误的说法，有人说教育是消费行为，其实教育不是消费而是投资。消费与投资的区别是消费不会给你增值一分钱，比如你今年买一台电视，明年再卖，会大大的贬值不会增值；投资是有可能增值，培养一个大学生尽管投资8万元，但与不投资相比多得的收益是26万元。但投资是有风险的，如果一个家长不考虑孩子的实际情况，从小学到中学在教育上的高投入，如果考不上大学或考上大学毕不了业，其投入与产出之比是可想而知的。

　　但对一些特殊的人，情况就不是这样了。比如，一个有足球天才的青年，如果在高中毕业后去踢足球，每年可收入200万元人民币。这样，他上大学的机会成本就是800万人民币。这远远高于一个大学生一生的收入。因此，有这种天才的青年，即使学校提供全额奖学金也不去上大学。这就是把机会成本作为上大学的代价。不上大学的决策就是正确的。同样，有些具备当模特气质与条件的姑娘，放弃上大学也是因为当模特时收入高，上大学机会成本太大。当你了解机会成本后就知道为什么有些年轻人不上大学的原因了。可见，机会成本这个概念在我们日常生活决策中是十分重要的。

　　问题：(1)你上大学的机会成本包括哪些？
　　　　　(2)机会成本和会计成本的区别表现在哪里？

【案例2】　　　　　　大商场平时为什么不延长营业时间？

节假日期间天津劝业场和许多大型商场都延长营业时间,为什么平时不延长？现在我们用边际分析理论来解释这个问题。

从理论上说延长时间一小时,就要支付一小时所耗费的成本,这种成本既包括直接的物耗,如水、电等;也包括由于延时而需要支付的售货员的加班费,这种增加的成本就是我们这一章所学习的边际成本。假如延长一小时增加的成本是1万元(注意这里讲的成本是西方成本概念,包括成本和正常利润),而在延时的一小时里他们由于卖出商品而增加的收益大于1万元,作为一个精明的企业家他还应该将营业时间在此基础上再延长,因为这是他还有一部分该赚的钱还没赚到手。相反,如果他在延长一小时里增加的成本是1万元,增加的收益不足1万元,他在不考虑其他因素情况下就应该取消延时的经营决定,因为他延长一小时的成本大于收益。节假日期间,人们有更多的时间去旅游购物,使商场的收益增加,而平时紧张工作、繁忙家务的人们没有更多时间和精力去购物,就是延时服务也不会有更多的人光顾,增加的销售额不足以抵偿延时所增加的成本。这就能够解释在节假日期间延长营业时间而在平时不延长营业时间的经济学道理了。

无论是边际收益大于边际成本还是小于边际成本,厂商都要进行营业时间调整,说明这两种情况下都没有实现利润的最大化。只有在边际收益等于边际成本时,厂商才不调整营业时间,这表明已把该赚的利润都赚到了,即实现了利润的最大化。

问题:(1)什么样的商店适合于24小时营业？

(2)现实中的企业有用边际成本和边际收益来确定产量么？为什么？

【案例3】　　　　利润在经济学家与会计师眼中的是不同的

为了说明这个问题我们假设一例。假设王先生用自己的银行存款30万元收购了一个小企业,如果不支取这30万元,在市场利息为5%的情况下他每年可以赚到1.5万元的利息。王先生为了拥有自己的工厂,每年放弃了1.5万元的利息收入。这1.5万元就是王先生开办企业的机会成本之一。经济学家和会计师以不同的方法来看待成本。经济学家把王先生放弃的1.5万元也作为他企业的成本,尽管这是一种隐性成本。但是,会计师并不把这1.5万元作为成本表示,因为在会计的账面上并没有货币流出企业去进行支付。

为了进一步区分经济学家和会计师之间的差别,我们换一个角度,王先生没有买工厂的30万元,而是用自己的储蓄10万元,并以5%的利息从银行借了20万元。王先生的会计师只衡量显性成本,将把每年为银行贷款支付的1万元利息作为成本,因为这是从企业流出的货币量。与此相比,根据经济学家的看法,拥有的机会成本仍然是1.5万元。

现在我们再回到企业的目标——利润。由于经济学家和会计师用不同方法衡量企业的成本,他们也会用不同的方法衡量利润。经济学家衡量企业的经济利润,即企业总收益减去生产所销售物品与劳务的所有机会成本。会计师衡量企业的会计利润,即企业的总收益只减去企业的显性成本。

问题:(1)利润的源泉包括哪些？

(2)会计利润和经济利润区别究竟在哪里？

【案例4】　　　　　　　　　　**福特公司产量的安排**

对于许多企业来说,总成本分为固定成本和可变成本主要取决于某一时期内生产规模能否变化。例如,考虑一个全机车公司,比如福特汽车公司。在只有几个月的时期内,福特公司不能调整它汽车工厂的数量与规模。它可以生产额外一辆汽车的唯一方法是,在已有的工厂中多雇佣工人。因此,这些工厂的成本在短期中是固定成本。与此相比,在几年的时间中,福特公司可以扩大其工厂规模,建立新工厂和关闭旧工厂。因此,其工厂的成本在长期中是可变成本。

由于许多成本在短期中是固定的,但在长期中是可变的,所以,企业的长期成本曲线不同于其短期成本曲线。长期平均总成本曲线是比短期平均总成本曲线平坦得多的 U 形曲线。此外,所有短期曲线在长期成本曲线上及其以上。这些特点的产生,是因为企业在长期中有更大的灵活性。实际上在长期中,企业可以选择它想用的哪一条短期成本曲线。但在短期中,它不得不用它过去选择的任何一条短期曲线。

当福特公司想把每天的产量从 1000 辆汽车增加到 1200 辆时,在短期中除了在现有的中等规模工厂中多雇工人之外别无选择。由于边际产量递减,每辆汽车的平均总成本从 1 万美元增加到 1.2 万美元。但是,在长期中,福特公司可以扩大工厂和车间的规模,而平均总成本仍保持在 1 万美元的水平上。

对一个企业来说,进入长期要多长时间呢? 回答取决于企业。对于一个大型制造企业,例如汽车公司,这可能需要一年或更长。与此相比,一个人经营的柠檬水店可以在一小时甚至更短的时间内去买一个水罐。

问题:(1)经济学上长期和短期的区分标准是什么?

(2)长期平均成本线和短期平均成本线各是什么形状的? 导致它们形成这种形状的原因各是什么?

▓░░ 习　题 ░░▓

1.汤姆自己开了一家公司,一年结束时,他请了两位朋友给他算账,其中一位朋友是会计师,另一位朋友是经济学家,有关资料如下:

(1)汤姆没有从自己的公司中领薪水,但他如果不开公司,可以找到一份年薪 3 万元的工作;

(2)汤姆从租赁公司租了设备,每年租金 9000 元;

(3)汤姆自己有厂房,但如果出租每年得租金 3000 元;

(4)在经营中汤姆投入资金 4 万元,其中 3 万元是以 10% 的年利息借的,1 万元是自己的;

(5)汤姆雇了 2 人,年薪共 2 万元;

(6)原材料成本 4 万元;

(7)在年底,存货为 0;

(8)到年底总收益为 10 万元。

请列表说明两人所计算的成本和利润。

2.已知生产函数 $Q=10KL/(K+L)$，在短期，$P_L=1$，$P_K=4$，$K=4$，试推导短期总成本、平均成本、平均可变成本及边际成本函数。

3.产品单价为 10 元，固定成本为 5000 元，平均可变成本为 5 元，问企业产量为多少时收支相抵？

4.用长期成本曲线可以说明企业规模经济的效率，能否用它说明中小企业集群的效率呢？

5.已知 $STC=0.04Q^3-0.8Q^2+10Q+5$，求平均可变成本的最小值。

6.一个企业正在考虑建造两个工厂中的一个，工厂 A 的短期成本函数为 $TC_A=80+2Q_A+0.5Q_A^2$，工厂 B 的短期成本函数为 $TC_B=50+Q_B^2$。试问：

(1)如果产出为 8 个单位，应当建哪一个工厂？

(2)如果建造工厂 A，需要产出量为多少？

第六章　完全竞争和完全垄断市场的厂商均衡

　　前面学过的生产者行为分析了生产者在既定的技术条件和生产要素的价格下,如何获得用各种生产要素的最佳组合的问题,即在既定成本下取得最大产出量,或产出一定时产品所费的成本最小。成本理论表明了厂商为可能生产的各种产量所支付的最低成本的变化,并不能说明厂商将要确定什么样的产量水平。这是因为,厂商实现利润最大化的产量选择,不仅取决于它的成本条件,而且还取决于它的收益状况,或者说取决于它所面临的市场需求状况。但是厂商所面临的市场需求曲线依不同的市场类型而存在着一定的差别,同样,厂商的供给曲线不仅取决于生产函数和成本函数,也与厂商所处的市场环境相关。因此,市场条件不同,供需曲线也不同,从而均衡条件不同。本章和第七章,就是要具体分析在不同的市场条件下使厂商实现最大利润的均衡产量和均衡价格是如何决定的。厂商在各种市场结构中如何决定产品价格和产量的理论称为厂商均衡理论或市场结构理论。

第一节　有关厂商行为的几个概念

一、厂商、市场与行业

　　厂商(firm)是指根据一定目标(一般是追求利润极大化)为市场提供商品和劳务的独立经营单位,不管它采取独资经营、合伙经营,还是股份公司的形式,也不管它的经营范围或业务内容是从事生产制造,还是从事商品与劳务的推销。

　　市场(market),一般指一种货物或劳务买卖的场所,买卖双方在市场上决定商品交换的价格。每一种商品有一个市场,一个市场不一定是,甚至通常不是一个单一的地点,而是一个区域。它可能有固定场所,也可能通过电话、电传或 Internet 网买卖成交。例如,黄金、宝石及政府担保的金边证券具有世界范围的市场,而一些价值低、重量大的商品如砂、石、砖等,其市场往往缩小到地区或地方范围。所以,经济学中的市场是指一种商品的交易关系的总和。

　　行业或产业(industry)是指制造或提供同一或类似产品或劳务的厂商的集合,如纺织业、机器制造业、食品加工业等,而纺织业又可分为棉织业、针织业、丝织业等。

　　厂商与行业是成员与集体的关系,在经济分析中必须区分厂商与行业。例如分析需求曲线,就要弄清楚它是厂商需求曲线还是行业需求曲线,因为两者并不总是相通,"行业"(或产业)这个概念有时也常常和"部门"一词的含义基本相同。

二、市场结构

厂商面对的市场千差万别。一些市场是高度竞争的,很难获得利润。一些市场看来几乎没有竞争,而且有些厂商会赚到巨额利润。西方经济学家通常按照竞争程度这一标准,从厂商数目、产品差别程度、厂商对产量和价格的控制程度以及厂商进入市场的难易程度这些特点,将市场和市场中的厂商分为四类:完全竞争、垄断竞争、寡头和完全垄断。

完全竞争(perfect competition)市场是存在许多厂商,每家都出售相同产品,而且对新厂商进入没有限制的市场结构。许多厂商和买者对该行业每个厂商产品的价格有完全信息。玉米、大米和其他农产品的国际市场是完全竞争的例子。

垄断竞争(monopolistic competition)市场是大量厂商通过制造相似但略有差别的产品进行竞争的市场结构。制造与一种竞争厂商的产品略有不同的产品称为产品差别(product differentiation)。产品差别使垄断竞争厂商有某种垄断势力。厂商是所涉及的某种类型产品唯一的生产者。例如,在跑鞋市场上,耐克(Nike)、锐步(Reebok)、费拉(Fila)和阿世克斯(Asics)都生产了自己完美的鞋型。这些厂商都在某种品牌的鞋上有垄断地位。有差别产品不一定是不同产品,关键是消费者感到它们有差别。例如,各种品牌的阿司匹林在化学成分上是相同的,而差别仅仅在于它们的包装。

寡头垄断(oligopoly)市场是几个厂商竞争的市场结构。电脑软件、飞机制造和国际民航都是寡头行业的例子。寡头可以生产几乎相同的产品,例如可口可乐公司和百事可乐公司生产的可乐饮料。它们也可以生产有差别的产品,例如,雪夫莱的卢米娜汽车和福特的塔曼斯汽车。

完全垄断(monopoly)市场是生产一种没有接近替代品的物品或劳务的行业,而且在这个行业中只有一个供给者,它可以通过阻止新厂商进入而避免竞争的市场结构。在一些地方,电话、煤气、电力和水的供给者都是当地垄断者——局限于某个地方的垄断。创造了个人电脑的操作系统 Windows 软件的开发商微软公司是全球垄断的例子。

四种类型的市场特点如表 6-1 所示。

表 6-1　四种市场类型的基本特征比较

特　点	完全竞争	垄断竞争	寡　头	完全垄断
厂商数目	许多	许多	少数	1 家
产品差别程度	相同	有差别	相同或有差别	没有接近的替代品
个别厂商控制价格程度	无	一些	相当大	相当大,但常受政府管制
厂商进入产业的难易程度	完全自由	比较自由	适中	高
现实中接近的行业	农业	零售业、轻工业	汽车制造业	公用事业

第二节　完全竞争市场中价格和产量的决定

一、完全竞争市场的特点

完全竞争市场是指不包含有任何垄断因素且不受任何阻碍和干扰的市场结构。它需要具备以下四个特征：

(1)该产品在市场上有大量的买主和卖主，从而厂商价格既定。由于市场上有大量互相独立的买者和卖者，他们购买和出售的产量只占市场总额中极小的一部分，因而任何一个厂商或家庭只能按照既定的市场均衡价格销售和购买他们愿意买卖的任何数量，而不致对价格产生明显的影响。市场价格只能由全体买者的需求总量和全体卖者的供给总量共同决定，每一个厂商只是市场价格的接收者(price taker)，而不是价格的制定者。

(2)产品同质。所有厂商提供标准化产品，它们不仅在原料、加工、包装、服务等方面一样，完全可以互相替代，而且对买者来说，根本不在乎是哪家厂商的产品。如果一个厂商稍微提高其产品价格，所有的顾客将会转而购买其他厂商的产品。

(3)长期内生产要素是完全流动的。完全竞争的市场要求所有的资源都能在行业之间自由流动，该行业的工厂规模和厂商数目在长期内可以任意变动，不存在任何法律的、社会的或资金的障碍，以阻止厂商进入或退出该行业。

(4)厂商和消费者拥有完全信息。所有买卖者都具有充分的知识，完全掌握现在和将来的价格信息，因而不会有任何人以高于市场的价格进行购买，以低于市场的价格进行销售。

显然，完全竞争市场是一种理论上的理想市场，实际生活中并不存在，只有在某些市场，特别是农产品市场，近似的符合前面三个条件。但即使在上述条件中的一个或多个未被满足的情况下，经济学家也常常在许多场合利用完全竞争模型。这是因为，任何一般理论模型的用处，并不取决于其假定的准确性，而取决于其预测能力。大量的经验已经证明，完全竞争模型在说明和观测现实的经济行为方面是很有用的，它有助于对资源配置的效率做出比较准确的判断。尽管完全竞争模型所假定的条件非常严格，但从这一模型出发，我们可以对原来的假定不断做出修改补充，使之更接近于现实，从而对更复杂的市场结构中产品价格和产量的决定做出更具体的描述。因此，完全竞争的市场理论必须首先加以研究。

二、完全竞争市场的需求曲线和收益曲线

根据前面对完全竞争市场的假定，单个厂商都是市场价格的接受者。例如 A 厂商是1000 家类似的企业中的一家，产品市场的需求与供给决定了价格，即每单位产品 20。A 厂商必须接受这个价格，他改变销售量不会引起市场价格的变动，也就是说，在既定的市场价格下 A 厂商可以改变销售量，可以出售任何数量的产品；由于产品同质，他既没有必要降价，也不能提价。如果 A 厂商把自己的销售价格抬至比市场价格略高一点儿，他的销售量

便降为零。所以,单个厂商面对的是一条具有完全价格弹性的水平需求曲线。在图 6-1(b)中,当既定的市场价格为 20 时,产销量从 0 到 50 甚至更多都可以卖掉,故厂商的需求曲线与横轴平行,其需求的价格弹性为无穷大。前面提到,$AR=P$ 在任何市场条件下均成立,但是 $MR=P=AR$ 只有在完全竞争的市场中才能成立。所以这条线既是需求曲线,又是平均收益曲线和边际收益曲线,三条线重合在一起。

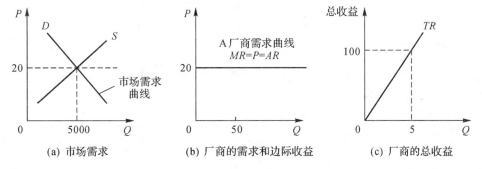

图 6-1　完全竞争市场的需求和收益曲线

但是,完全竞争厂商的价格既定,面临水平的需求曲线,这并不意味着价格不改变,它仅仅意味着单个厂商自身的行为不会影响现行价格。如果完全竞争行业的均衡点发生移动,市场价格就会发生变动,厂商将面临新的需求曲线。但每一次变动后的市场价格对单个厂商来说,仍表现为一种既定价格。

由于完全竞争厂商面临的是由市场供求情况决定的均衡价格,厂商的总收益曲线才为从原点出发的一条向右上方倾斜的直线,如图 6-1(c)所示,$TR=P \times Q$,P 为 TR 曲线的不变斜率。

三、完全竞争市场的瞬时均衡

瞬时,又称交易或市场时期,它指时间极短,短到每个厂商和全行业都无法调整自己的产销量,因而厂商和行业的供给量是固定的(见图 6-2,厂商供给量 q_1,行业供给量 Q_1)。供给曲线是一条垂直于横轴的直线。例如,已经收获后的农产品数量在新的季节到来之前,是固定不变的;商店里某种商品的现货也是既定的,要从生产厂家得到更多的该产品,则需要一段时间。

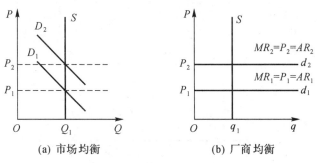

图 6-2　完全竞争市场的瞬时均衡

四、完全竞争市场的短期均衡

假设产品价格 $P=28$，某厂商的成本函数为 $TC=Q^3-3Q^2+4Q+26$，可求得下列函数：

$$TVC=Q^3-3Q^2+4Q, \quad AVC=Q^2-3Q+4$$

$$AC=Q^2-3Q+4+\frac{26}{Q}, \quad SMC=\frac{dTC}{dQ}=3Q^2-6Q+4$$

$$TR=P\times Q=28Q, \quad MR=28$$

$$\pi=TR-TC=-Q^3+3Q^2+24Q-26$$

由表 6-2 和图 6-3 可知，在价格既定的情况下，随着产量增加，MC、AC 和 AVC 先减少后增加；利润先增加后减少。

表 6-2　某厂商收益成本表　　　　　　　　　　　　　　　　　　单位：元

Q	P	TR	TC	TVC	AC	AVC	MR	SMC	边际利润 $MR-SMC$	总利润 $\pi=TR-TC$
0	28	0	26	0	—	—	—	4	—	—26
1	28	28	28	2	28	2	28	1	27	0
2	28	56	30	4	15	2	28	4	24	26
3	28	84	38	12	12.7	4	28	13	15	46
4	28	112	58	32	14.5	8	28	28	0	54
5	28	140	96	70	19.2	14	28	49	—21	44
6	28	168	158	132	26.3	22	28	76	—48	10
7	28	196	250	224	35.7	32	28	109	—81	—54

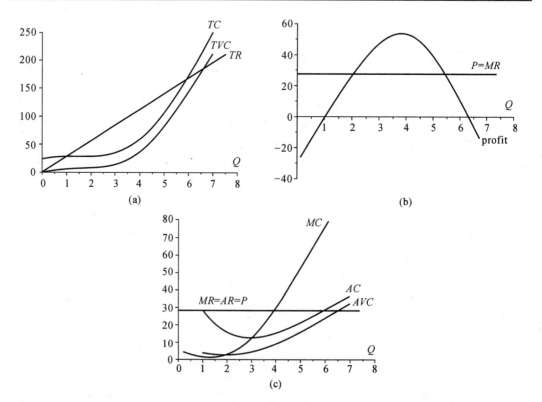

图 6-3　厂商收益成本曲线

当 $MR>SMC$ 时,表明厂商增加产量是有益的。此时,厂商会不断地增加产量,直到 $MR=SMC$ 为止。

当 $MR<SMC$ 时,表明厂商增加产量是无益的。此时,厂商会不断地减少产量,直到 $MR=SMC$ 为止。

所以,在完全竞争厂商的短期生产中,$MR=SMC$ 是厂商实现利润最大化的均衡条件(必要条件)。

厂商实现利润最大化,但并不意味着厂商一定盈利。若厂商都按其均衡条件进行生产,设产品价格为 P_0,E 点表示实现 $MR=SMC$ 的均衡点,Q_0 为其对应的均衡产量,此时是否盈利要分三种情况(如图 6-4):

(1)图(a)中,当 $P_0>SAC_{min}$ 时,厂商把产量定为 Q_0 将获得超额利润,即矩形 P_0ABE 的面积;

(2)图(b)中,当 $P_0=SAC_{min}$ 时,厂商把产量定为 Q_0,获得的超额利润为零;

(3)图(c)中,当 $AVC_{min}\leqslant P_0<SAC_{min}$ 时,厂商把产量定为 Q_0 亏损最小。如果厂商产量 $Q<Q_0$,$MR>MC$,这意味着每增加一单位产量还可以带来一点净收益,从而使亏损总额减少;反之,当 $Q>Q_0$,$MR<MC$,这意味着每增加一单位产量只会使亏损总额扩大。

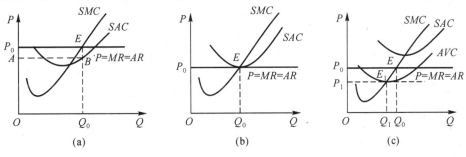

图 6-4 短期均衡产量点

若产品价格非常低,为 P_1,此时的均衡产量为 Q_1。这时平均收益等于平均可变成本,表示产品的销售收入恰好能收回全部可变成本,固定成本则得不到任何补偿。因此,这样的卖价是厂商开工生产的最低价格。当价格再降低时,如果厂商仍进行生产,不仅固定成本得不到补偿,新支出的可变成本也无法全部收回,因此厂商将会停止生产和营销。所以产品价格等于 AVC_{min} 时的均衡点 E_1 称为停止营业点。

完全竞争行业的短期供给曲线为所有厂商的短期供给曲线之叠加,即由所有厂商的停止营业点以上部分的 MC 线段在水平方向相加而成。如图 6-5 所示。

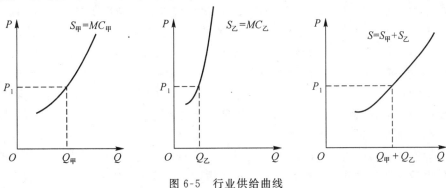

图 6-5 行业供给曲线

五、完全竞争市场的长期均衡

在一个完全竞争的市场上,行业在长期中可通过两种方式进行调整,即 行业中厂商数量的变动和原有厂商经营规模的变动。

根据实现均衡条件 $P=LMC=LAC$,长期均衡就是既无经济利润又无亏损的状态。

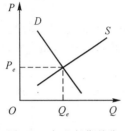

图 6-6　行业长期均衡

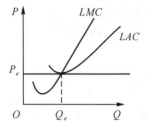

图 6-7　厂商长期均衡

在完全竞争市场中,长期行业竞争曲线可能有三种形状:向上倾斜、向下倾斜和水平线。形状由任一完全竞争行业中产量增加时,产品的长期平均成本究竟是上升、下降还是不变决定。

1. 成本递增的行业

成本递增的原因:该行业对要素的需求相对较大,足以影响生产要素的市场价格,或者这种投入要素是专用的,没有替代品。所以当产品供给量增加时,对要素的需求量增加,进而生产要素的价格上升和产品的成本上升,在长期均衡时,LAC 的最低点也不断上升,因而其产品价格也不断上升,所以,此时行业的长期供给曲线 LS 将向右上方倾斜。如图 6-8 所示。

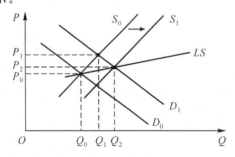

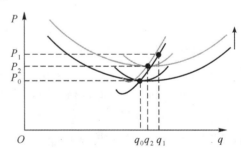

图 6-8　成本递增行业

也可能当行业产量扩大时,价格没有发生变化,但发生了外部不经济。外部性是指某一经济单位的经济活动对其他经济单位所施加的非市场性影响。非市场性是指一种活动所产生的成本或利益未能通过市场价格反映出来,而是无意识强加于他人的。外部性有正的外部性,有些称之为外部经济,是指一个经济主体对其他经济主体产生积极影响,无偿为其他人带来利益。相反,产生负向外部影响的经济活动(外部不经济),会给其他经济单位带来消极影响,对他人施加了成本。外部性的例子很多,如一个养蜂的人和栽种果树的农场主之间相互施加了正的影响,他们的行为为典型的外部经济,农场主为蜜蜂提供了蜂源,提高了养蜂生产者的产量。同时,蜜蜂采蜜过程中加速了果树的授粉,提高了水果的产量,双方互相无意识地为对方带来好处。企业排放污染源的例子是典型的外部不经济。

2. 成本递减的行业

成本递减的原因：外部经济，规模经济，技术进步。具体的成本递减行业如图 6-9 所示。

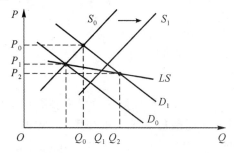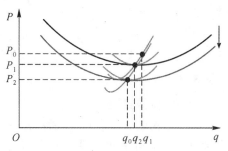

图 6-9　成本递减行业

3. 成本不变的行业

如果行业产量扩大对生产要素增加并不会引起要素价格上涨，或者要素需求增加引起了要素价格上涨，正好被产量扩大时取得的规模经济和外部经济影响所抵销，则产品的平均成本不会随着产量扩大而上升。如图 6-10 所示。

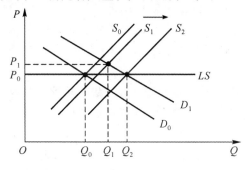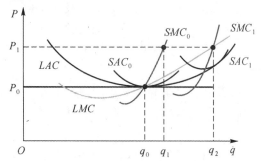

图 6-10　成本不变行业

成本不变的原因：一个行业对生产要素的需求相对太少，不足以影响生产要素的价格。所以，在长期均衡时，厂商的最低生产成本没有变化，故产品的价格也就不会变化，从而其供给曲线为一水平线。

第三节　完全垄断市场中价格和产量的决定

一、完全垄断的特点和来源

1. 完全垄断

没有替代品的某种产品的生产，由唯一的厂商生产。

2. 完全垄断的特点

(1) 行业中只有一个厂商,企业就是行业;

(2) 不存在可替代的商品;

(3) 新厂商不能进入该行业;

(4) 商品价格和数量完全由厂商决定,并也因此使自己利润最大化;

(5) 在不同的销售条件下,实行不同的价格,即实行差别定价。

3. 完全垄断的来源

(1)对重要投入要素的独控。例如 deBeers 钻石公司几乎控制了全世界钻石原料的供应。虽然现在人造钻石的品质有时甚至可以骗过有经验的珠宝商的眼睛,但对很多人来说,对一颗天地自然孕育的石头的偏爱并不简单意味着更大的硬度和折光度,他们就想要天然钻石,而 deBeers 公司能满足他们的需求。

对于关键投入要素的独控并不能永远保证垄断力量。对天然钻石的偏好很大程度上是由于一直以来天然钻石总是比人造钻石品质上乘,假如有一天两者之间的差距消失了,这种偏好的基础也就不再存在,那么控制天然钻石供应的 deBeers 公司也就不会再拥有垄断力量。创新总是不断进行的,今天能够形成垄断的关键要素,到了明天也许就过时了。

(2)规模经济。当长期成本曲线向下倾斜时(要素价格不变),满足市场需求最廉价的方式便是将生产集中于一家企业进行。也就是说,一种产品的市场需求由一家企业来满足时,成本最低,把这种情况叫作自然垄断。如当地电信服务的提供,常被看成自然垄断的例子。

(3)专利权。世界上多数国家都通过专利制度保护发明创新,一项专利赋予其拥有者独占所有相关交易受益的权利,因此形成的垄断往往导致高价,但同时专利权又促进了发明与创新。

(4)网络经济(network economy)。在许多市场的需求一方,当一种产品的使用者越来越多的时候,它会自我增值[1]。微软的视窗操作系统正是靠强有力的网络经济的作用才获得了今天独占鳌头的市场地位。微软最初的销售优势使得软件开发商倾向于编写视窗格式的软件,现在,视窗格式的软件总量要大大高于其他操作系统格式的软件。虽然很多苹果电脑的用户认为他们的系统更优越,但这种软件鸿沟的确让人们在更多的情况下选择视窗。目前,全世界超过 90% 的个人电脑使用的是微软的视窗操作系统。这也许还算不上纯粹的垄断,但是已经非常接近了。

(5)政府特许经营。在许多市场上,一个国家的法律只允许一家企业进行经营活动。

五大因素中最能解释长期存在的垄断的还是规模经济。生产工艺会不断创新,这使得对重要投入要素的独控只能保证暂时的垄断,专利权本身就是有时限的,网络经济一旦确立起来,就可以向规模经济一样,形成自然垄断。严格地说,网络经济是通过影响消费者的购买行为而作用于市场需求方面的,但它也可以理解为产品的一种特性而作用于供给方。产品的销售规模越大,这一特性的影响力越大,即在任一给定的产品质量水平下,受益于网

① Joseph Farrell and Garth Saloner. Standardization,Compatibility,and Innovation. *Ran Journal of Economics*, 1985(16):70-83; M. L. Katz and Carl Shapiro. *Systems Competition and Network Effects*. Journal of Economic Perspectives,Spring,1994:93-115.

络经济的产品的生产成本都会随着销售量的增加而降低。这样看来,网络经济仅仅是规模经济的另一种形式而已。政府颁发的许可证也许有效期长一些,但很多许可证本身就是规模经济的体现,而规模经济在任何时候都会导致垄断。

二、完全垄断市场的需求曲线和收益曲线

完全垄断行业只有一个供给者。因此,完全垄断行业的需求曲线就是完全垄断企业的需求曲线。这是一条向下倾斜的曲线,垄断者只能通过降低价格来增加销售量。

表 6-3 所示是一个假设的完全垄断企业的价格和收益表。设企业的需求曲线为 $P=12-Q$,P 是价格,Q 是产销量。垄断企业的价格是其产量的一个递减函数。这不同于竞争企业,垄断者每多出售一单位的产品都将导致其价格有所下降。如产量从 3 单位增加到 4 单位时,价格从 9 美元下降到了 8 美元。总收益 TR 是价格与产量的乘积,从表中可以看出,它随着产量的扩大先增加后减少,在产量为 6 单位时达到最大为 36 美元。企业的平均收益 AR 即每单位产出的收益等于价格:$AR=P \cdot Q/Q=P$,也就是说,企业的需求曲线就是它的平均收益曲线。对垄断者而言,随着产出的增加,它的平均收益在递减。边际收益 MR 是追加销售 1 单位的商品所增加的总收益。当出售 2 个单位的商品时,每个单位商品的售价是 10 美元,总收益为 20 美元,再增加 1 单位的商品销售,即出售 3 单位的商品时,每个单位的商品售价下降为 9 美元,总收益为 27 美元,边际收益(在增加第 3 单位商品出售时)为 $27-20=7$ 美元。与完全竞争企业不同,它小于单价 9 美元。这是因为,当垄断者要使产量从 2 单位增加到 3 单位时,价格水平从 10 美元下降到 9 美元;这样虽然追加出售一单位的商品可获得 9 美元的收益,但原来 2 单位的商品都需按 9 美元出售,而不是原来的 10 美元。这就使垄断者在这 2 单位的商品上每单位损失 1 美元,其总收益的增量,或边际收益为 $9-1×2=7$ 美元。

表 6-3　某厂商的价格和产量

价格 (P)	产量 (Q)	总收益 (TR)	边际收益(MR)	
			MR_1	MR_2
12	0	0	—	12
11	1	11	11	10
10	2	20	9	8
9	3	27	7	6
8	4	32	5	4
7	5	35	3	2
6	6	36	1	0
5	7	35	-1	-2
4	8	32	-3	-4
3	9	27	-5	-6
2	10	20	-7	-8
1	11	11	-9	-10
0	12	0	-11	-24

注:表中的边际收益给出两种近似:MR_1 是较差近似,它用"$TR_{Q+1}-TR_Q$"之差作为"产量$=Q+1$"时的边际收益;边际收益较好近似是 MR_2 的数值,它是在需求函数为"$P=12-Q$"时,根据边际收益函数"$MR=12-2Q$"求出的。图 6-11 是根据 MR_2 的数据画出的。

在表 6-3 中,为什么产量在 6 单位时总收益为最大呢?这是因为,总收益是产品价格与产量的乘积,在产量扩大过程中,价格在下降,因而总收益是增是减,取决于产量增加幅度(比率)是大于还是小于价格的减幅,即 $\Delta Q/Q$ 的绝对值是大于还是小于 $\Delta P/P$ 的绝对值,若 $|\Delta Q/Q| > |\Delta P/P|$,则总收益增加,否则,总收益减少。从绝对值看,若 $|\Delta Q/Q| > |\Delta P/P|$,即 $|E| = \left|\dfrac{\Delta Q}{Q} \Big/ \dfrac{\Delta P}{P}\right|$。可见,$|E| > 1$ 时,销售总收益随价格下降而增加,随价格上升而减少;$|E| < 1$ 时,情况则相反;$|E| = 1$ 时,总收益与价格变动无关,这种关系可用图 6-11 表示。

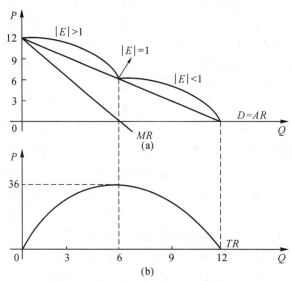

图 6-11　边际收益、总收入与需求弹性

价格变动时,总收益是增是减,实际上是边际收益大于零,还是小于零的问题,$|E| > 1$ 时,总收益随价格下降而增加,即边际收益大于零;$|E| < 1$ 时,总收益随价格下降而减少,即边际收益小于零。可见,边际收益和需求的价格弹性是有关系的。这种关系可以写成:

$$MR = P(1 - 1/|E|)$$

价格、边际收益和需求弹性两者的关系,可以用几何图形方法证明,也可以用数学推导来证明。如何证明,留给读者自己解决。

从总收益、边际收益、价格、产量及需求弹性这些变量的相互关系中可以看出,尽管垄断厂商可以决定价格,但并不是说它可以任意把产品价格抬高。当价格定得过高时,销售量可能会变得很小,从而使总收益很小。而且,即使垄断厂商的产品与别的厂商的产品有很大差别,如果定价过高,消费者依然会寻找替代品,这不利于垄断产品销售。还有,政府也会加强对垄断产品生产和定价的管理,这在下面还要讲到。

三、垄断企业的利润最大化行为

1. 价格和产量的决定

在短期,垄断企业和完全竞争企业一样,为了谋求最大利润,必须遵循边际收益等于边际成本的原则来确定产量和价格。

如果垄断企业的成本状况与其他企业一致,如图 6-12 所示,随着产量的增加,它的边际成本逐渐增加,而边际收益逐渐变小。当边际成本曲线与边际收益曲线相交时,垄断企业的均衡产量就决定在 Q_1 的水平。我们可以对此进行考证,在 Q_1 的左侧如 Q_2 的产量上 $MR>MC$,即增加单位产出的边际收益大于其边际成本,那么增加单位产量的总收益的上升幅度就大于总成本的上升幅度,企业利润就会增加,企业将继续扩大其产量。如果在 Q_3 的产量上,$MR<MC$,即多生产一单位的产品企业利润

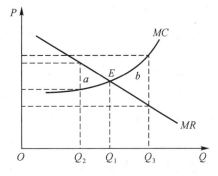

图 6-12 完全垄断厂商的 MR 和 MC 线

就会下降,企业必定选择减少其产量。因此,均衡产量就在 $MR=MC$ 处决定。

与竞争企业不同,垄断企业价格水平并不是按 $MR=MC=P$ 来确定的。对于垄断企业,如图6-13(a)所示,它将按需求曲线上对应于产量 Q_1 的价格水平 P_1 来确定其销售价格。这时价格不仅超过了边际成本 MC,即 E 点,而且还超过了平均成本,即 H 点,平均成本为 G,价格为 P_1。长方形 P_1GHF 即 $(P_1-AC)Q$ 就表示垄断者的垄断利润,或称超额利润。因为企业经营的正常利润已包含在平均成本之中,超过平均成本的部分即为超额利润。

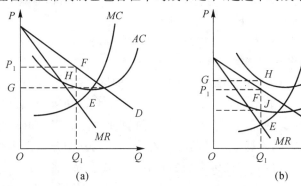

图 6-13 垄断厂商短期均衡盈利和亏损的两种情况

垄断企业有三个方面不同于其他企业:

第一,垄断产量按边际收益等于边际成本,或称由边际原则来决定。由于边际成本为正值,故均衡产量处的边际收益也为正值,$MR=MC>0$。依据前面的分析就可得出,垄断企业总在需求弹性大于 1 处生产。换句话说,垄断企业不会在需求弹性不足之处生产,因为需求弹性不足时,边际收益为负值。

第二,在短期,垄断企业能否盈利,取决于其销售价格与平均成本的大小。如果无利可图,垄断企业就可能停业。如图 6-13 所示,表示了垄断企业短期盈利和亏损的两种情况。图(a)是盈利的情况,垄断者获得超额利润;图(b)是亏损的情况,垄断价格 P_1 低于其平均成本 G。在这种情况一下,垄断企业是否还会继续生产? 这就要看价格水平是否超过它的平均可变成本 AVC。当然,这是一种理论上的分析。事实上,由于垄断厂商控制了市场和价格,因此,即使短期内会出现亏损,但长期内厂商总会设法把价格提高到平均可变成本之上。能获得垄断利润是一种通常情况,也是厂商之所以要维持垄断地位的基本动力。

第三,垄断势力(monopoly power)可以用价格超出其边际收益(或边际成本)的大小来

衡度。它也是垄断企业对其价格的控制程度的一种指标。价格高出其边际成本越多,表明垄断势力就越大。垄断势力可用 $P-MC$ 来测量,也可用 P/MC 来测量,可推导出:

$$P-MC=P/|E| \quad 或 \quad P/MC=|E|/(|E|-1)$$

这样,需求弹性越大时,垄断势力就越小。对于完全竞争的企业,它是价格的接受者,它的需求弹性无限大,价格等于它的边际成本,因而市场不存在垄断势力。反过来说,需求弹性越小的市场,垄断势力就越大。

2. 价格歧视

垄断企业是价格的制定者。在以上分析中,我们都假定垄断者对所有购买者制定一个单一价格。但在现实生活中,垄断者为获得更大利润,它会对不同的市场和不同的消费者实行价格歧视(price discrimination)或称差别定价。所谓价格歧视,是指垄断者在同一时间内对有相同成本的产品向不同的购买者收取不同的价格;或是对不同成本的产品向不同的购买者收取相同的价格。具体有三种表现:一是垄断者可以对市场进行分割(market segmentation),对不同团体的顾客收取不同的价格,如根据顾客的类别定价,对军人、妇女、儿童实行优惠等;二是对给定的消费者,依据其购买数量的多少来确定价格水平,这称为多重价格(multi-part pricing),如根据产品销量定价,对成批购买者实行优惠;三是一种极端的例子,即垄断者对每一个消费者所购买的每一单位的产品分别定价,这称为完全差别定价(perfect discrimination pricing)。下面对前两种情况说明。

市场分割的价格歧视,又称为三级价格歧视(third-degree price discrimination)。它指垄断者把不同类型的购买者分割开来,形成各子市场,然后把总销量分配到各个子市场出售,根据各子市场的需求价格弹性分别制定不同的销售价格。例如,我们可以假定,垄断者可以把消费者分为两类,正如航空公司可以在一条飞机航线上,把它的乘客划分为公务乘客和旅游休假乘客,然后对这两类乘客分别制定不同的价格。要实现市场分割,需有两个条件:第一,垄断者能够把不同市场或市场的各个部分有效地分割开来。否则,不仅全部顾客会集中于低价市场进行采购,而且低价市场的顾客很可能会将低价购得的产品转向高价市场进行出售。第二,各子市场或消费团体,必须具有不同的需求价格弹性。如果两个市场的需求弹性相同,价格歧视就不会存在。只有需求弹性不同时,垄断者才能在需求弹性较大的市场制定较低的价格(因为定价过高,消费者就不买了)。在需求弹性较小的市场制定较高的价格(因为即使价格高些,消费者也不得不购买)。在飞机航线的例子中,对公务乘客(需求弹性不足)就可收费高一些,而对休假的乘客收费可以低一些,因为对这部分需求弹性充足的乘客索取高价会使需求量较大幅度地下降。

依据不同需求弹性来定价的机制,可参看下面的例子。假定两个独立的市场,其平均收益函数或需求函数分别为 $AR_1(Q_1)$、$AR_2(Q_2)$;边际收益函数分别为 $MR_1(Q_1)$、$MR_2(Q_2)$。Q_1、Q_2 是两个市场的销售量,垄断企业的垄断产销量即为 $Q_1=Q_1+Q_2$,其边际成本函数为 $MC(Q)$。

在 Q 的产量水平,如果两个市场的边际收益不相同的话,即 $MR_1 \neq MR_2$,那么垄断者就会把产品从边际收益较低的市场转移到边际收益较高的市场出售,以实现利润最大化,最终结果将会使两个市场的边际收益均等。另外,企业根据利润最大化原则,又要求边际成本等于边际收益。这样,对于市场分割的垄断者,它的均衡条件为

$$MC(Q)=MR_1(Q_1)=MR_2(Q_2)$$

其中,$Q=Q_1+Q_2$。把边际收益与需求弹性之间的关系式 $MR=P(1-1/|E|)$ 代入以求均衡条件,得到:

$$P_1\left(1-\frac{1}{|E_1|}\right)=P_2\left(1-\frac{1}{|E_2|}\right)$$

其中,P_1、P_2 分别是两个市场的销售价;E_1、E_2 分别是两个市场的需求价格弹性。这样,我们就可以清楚地看到,如果一个市场的需求弹性大于另一个市场的需求弹性,如 $|E_1|>|E_2|$,具有较高需求弹性的市场会有较低的价格;反之,需求弹性较低的市场会有较高的价格。这就是垄断者可以在不同市场分别定价的原因。

垄断者通过分割市场以获取更多的利润,也可通过一个简单的例子来说明。假定在没有进行市场分割以前,某个垄断企业所面临的需求函数和成本函数分别为

$$P=100-4Q,\quad C=50+20Q$$

按照边际收益等于边际成本的原则,决定垄断企业的均衡产量 Q:

$$MR=100-8Q=MC=20$$

得到 $Q=10$。在需求曲线上对应于这个产量的价格水平 $P=60$。

计算垄断者的利润:

$$\pi=PQ-C=60\times10-(50+20\times10)=350$$

这就是说,在未进行市场分割前,垄断者可以获得 350 美元的利润。它以 60 美元的价格出售 10 单位的产品。

如果垄断者可以把市场分为两个独立的市场,并假定在两个市场,它所面临的需求曲线分别为

$$P_1=80-5q_1$$
$$P_2=180-20q_2$$

成本函数为

$$C=50+20(q_1+q_2)$$

按照市场分割的均衡条件:

$$MC=MR_1=MR_2$$
$$20=80-10q_1=180-40q_2$$

计算后可得两个市场的价格、产量及弹性:

$$Q_1=6,p_1=50,\quad|E_1|=1.67$$
$$Q_2=4,p_2=100,\quad|E_2|=1.25$$

垄断企业的利润 π' 为:

$$\pi'=p_1q_1+p_2q_2-c=50\times6+100\times4-[50+20\times(6+4)]=450$$

这样,我们就可以清楚地看到,第一,垄断者在进行市场分割后,10 单位的产量分配到两个市场出售,在具有较高弹性的市场,制定较低的价格;在具有较低弹性的市场,制定较高的价格。与市场未分割之前比较,垄断者在市场分割后,可以以高于 60 美元的价格按 100 美元在市场 II 中出售 4 单位的产品;同时以低于 60 美元的价格按 50 美元在市场 I 中出售 6 单位的产品。这种产量与价格重新规定的结果就会增加其总收益 $P_1Q_1+P_2Q_2=700>60\times10=600$。第二,在成本相同的情况下,垄断者分割市场后利润就提高了 100 美元($\pi'-\pi=450-350$)。进一步对市场的分割,如分为 4 个或 8 个,垄断者的利润还会进一步

提高。这就是垄断者分割市场的目的。

3. 二级价格歧视

二级价格歧视（second-degree price discrimination）即上述的多重定价。它是指垄断者对某一特定的消费者，按其购买商品数的不同制定不同的价格，以此获利的一种方法。如图 6-14 所示，垄断企业为了鼓励顾客多消费，它规定购买量为 Q_1 时，每单位产品价格为 P_1；购买量扩大为 Q_2 时，单位价格可降到 P_2；购买量增加到 Q_3 时，价格还可降到 P_3。这种定价方式与在 Q_3 处实行单一价格 P_3 相比，垄断者的利润会因此而增加。因为在实行单一价格 P_3 时，总收益为 P_3Q_3。实行差别价格后，销售 Q_1 单位的产品，收益为 P_1Q_1，扩大销售 (Q_2-Q_1)，收益为 $P_2(Q_2-Q_1)$，继续增加销售 (Q_3-Q_2)，收益为 $P_3(Q_3-Q_2)$，这样实行差别定价

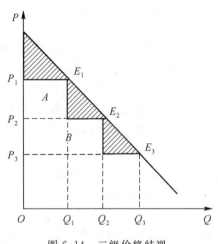

图 6-14　二级价格歧视

后的总收益即这三部分收益之和：$P_3Q_3+(P_2-P_3)Q_2+(P_1-P_2)Q_1$。如图 6-14 所示，它的总收益就增加了面积 A 加面积 B 的部分。很显然，这部分收益的增加是由于消费者在低产量时面临高价格而带来的，这也是垄断者对消费者的剥削。

四、竞争和垄断的利弊分析

通常认为，竞争与垄断相比，有更高的经济效率。完全竞争可以实现资源的有效配置。这一论断是基于在长期均衡下，谁也没有可能从交易中赚得额外收益。最后 1 单位产出对消费者的价值刚好等于生产这种产品所需资源的价值。从纯粹效率的角度看，完全价格歧视的垄断厂商与完全竞争厂商所形成的结果是相同的，区别就在于前者的收益全都以生产者剩余的形式存在，而后者的收益则都以消费者剩余的形式存在，垄断所导致的效率损失就在于不可能做到完全价格歧视，这种损失（如图 6-15 所示的 $\triangle ABC$ 的部分）叫作垄断的无谓损失（deadweight loss from monopoly）。

于是垄断使消费者受到了损失，在现实生活中，确实也存在这种现象。例如，一条街上如果只有一家餐馆，其饭菜价格由它说了算，服务差些，消费者都无可奈何。如果这条街上新开了几家餐馆，相互竞争，饭菜质量定会提高，偏高的价格也一定会降下来。因此，竞争会导致高效率，直到实现资源配置的帕累托最优境界。

然而，如果就此认为垄断就绝对不如完全竞争，那就错了。

首先，大企业垄断市场的局面有利于发挥规模经济的优势，可以使产品价格下降而不是提高。大批量生产的企业与小批量生产的企业相比，成本更低，质量更稳定，这是众所周知的。

其次，技术进步的需要也许是垄断存在的一个更重要的理由。正如美国经济学家约瑟夫·熊彼得所说，经济发展的本质在于创新，而垄断实际上是资本主义经济技术创新的源泉。这是因为，投资于开发和研究常常有很大风险，只有大企业才能承担这种风险，才有能力筹措投资所需巨额资金。当然，它们必须有权力在一段时间内独享技术创新的成果，这就是专利权之所以成为导致垄断存在的一个重要因素。在熊彼得看来，垄断的缺陷——产量不足，完全可以通过用垄断利润来进行的研究与开发所带来的好处得到弥补。

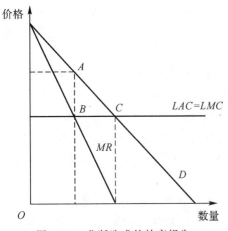

图 6-15　垄断造成的效率损失

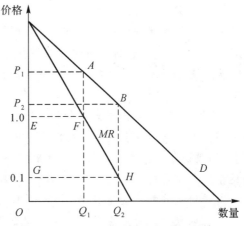

图 6-16　灯泡厂商的需求和边际收益曲线

例如,假设目前的灯泡寿命是 1000 小时,现在生产灯泡的垄断厂商有了新的技术,可以在单位成本不变的情况下生产出寿命 10000 小时的灯泡,垄断厂商会投产新的灯泡吗?

假设用一灯泡所能发光的小时数来衡量垄断厂商的产量,那么,如果生产目前产品的成本是发光 1 小时 1.0 元,新产品的成本就只有 0.1 元。在图 6-16 中,D 代表了灯泡的市场需求曲线,MR 代表了相应的边际收益曲线。

边际成本为每发光小时 1.0 元的原有灯泡的利润最大化的价格与产量分别是 P_1 和 Q_1,对于边际成本为每发光小时 0.1 元的新产品来说,利润最大化的价格与产量分别为 P_2 和 Q_2,生产原有产品垄断厂商可以获得的利润是矩形 P_1AFE 的面积,生产新产品相应的利润是矩形 P_2BHG 如图 6-16 所示,由于垄断厂商的利润水平变高了,所以存在生产新产品的激励。

可见,对垄断和竞争的利弊得失及功过是非问题,不能作过分简单的结论,具体问题还得具体分析。

▦▦▦ 案　例 ▦▦▦

【案例 1】　　　　　　　　　西南航空公司的崛起

1992 年,美国航空业亏损达 20 亿美元,完全可以与令人沮丧的 1991 年相提并论。这也使得美国航空公司进入 20 世纪 90 年代以来,赤字总额累计达到 80 亿美元。三家航空公司——TWA、大陆、美国西方已经破产。

然而,就在美国航空业一片萧条气氛之中,一家名叫西南航空公司的小企业却异军突起,它仿佛在漫天乌云中找到了一丝云缝,一举钻出黑暗飞向朗朗青天。在 1992 年,西南航空公司令人难以置信地取得了营业收入猛涨 25% 的佳绩。率领西南航空公司创造神话的传奇人物是赫伯特·克莱尔,是他找到了云缝(管理学家称之为"市场的战略性窗口"),使得名不见经传的西南航空公司一飞冲天。

对西南航空公司的最初构想诞生在餐桌上。在 1967 年的一次聚餐会上,克莱尔律师的一位客户——罗林·金,在餐桌上随手画了一个三角形,3 个顶点分别代表达拉斯、休斯敦和圣安东尼奥。金的想法是：目前大型航空公司都热衷于长途飞行，对短途飞行不屑一顾。如果我们能够组建一家航空公司，专门在餐桌上所标明的这类大城市间经营短途空运业务，这个市场应当是有利可图的。克莱尔当即表示赞同。

当西南航空公司从金发现的战略性机会窗口挤进美国航空市场后，它立即遭到了其他大型航空公司的激烈反击。直到1975年，已成立8年之久的西南航空公司仍只拥有4架飞机，只飞达拉斯、休斯敦和圣安东尼奥3个城市，在巨人如林的美国航空界应是一位小矮人。但西南航空公司的经营成本远远低于其他大型航空公司，因而它的票价也大大低于市场平均价格，吸引了大批乘客。面对西南航空公司发动的价格战，大型航空公司不肯示弱，它们与这个闯入市场的不速之客展开了降价大战。

对于绝大多数小企业而言，如果试图在价格上与实力雄厚的大企业进行价格竞争，那无异于自取灭亡。大企业可以凭借充足的财力为后盾，把价格压到比小企业还低的水平，与小企业拼消耗。小企业有限的资源很快会被耗干，从而自然出局。

没有退路的克莱尔绞尽脑汁压缩公司的成本，最后，西南航空公司不仅打赢了这场由它挑起的价格战，而且做到了任何一家大型航空公司都无法做到的低成本运营。大型航空公司之所以在这场价格战中落败，根本原因在于它们的优势无法在这个狭小的战略机会窗口中发挥出来。

在20世纪70年代，西南航空公司只将精力集中于得克萨斯州之内的短途航班上。它提供的航班不仅票价低廉，而且班次频率高，乘客几乎每个小时都可以搭上一架西南航空公司的班机。这使得西南航空公司在得克萨斯航空市场上占据了主导地位。

进入20世纪80年代，西南航空公司开始以得克萨斯州为基地向外扩张，它先是开通了与得州毗邻的4个州的短途航班，继而又在这4个州的基础上开通了进一步向外辐射的新航班。不论如何扩展业务范围，西南航空公司都坚守两条标准：短航线、低价格。1987年，西南航空公司在休斯敦—达拉斯航线上的单程票价为57美元，而其他航空公司的票价为79美元。80年代是西南航空公司大发展的时期，其客运量每年增长300%，但它的每英里运营成本却持续下降。到1989年12月，西南航空公司的每英里运营成本不足10美分，比美国航空业的平均水平低了近5美分。

到1993年，西南航空公司的航线已涉及15个州的34座城市。它已拥有141架客机，这些客机全部是节油的波音737，每架飞机每天要飞11个起落。由于飞机起落频率高、精心选择的航线客流量大，所以西南航空公司的经营成本和票价依然是美国最低的，其航班的平均票价仅为58美元。低价位的西南航空公司航班成为美国乘客心目中的"黄金航班"。1992年2月，西南航空公司开通了前往俄亥俄州克利夫兰市的航线。到年底，克利夫兰霍普金斯机场的客流量比1991年上升了9.74%。该机场的一位经理说："今年机场客流量突破了历史最高纪录，这些新增的乘客几乎全是西南航空公司送来或接走的。"

面对咄咄逼人的西南航空公司的扩张势头，许多竞争对手不得不调整航线，有的甚至望风而逃。例如，当西南航空公司的航班扩展到亚利桑那州凤凰城时，面临破产危险的美国西方航空公司索性放弃了这一市场；而当西南航空公司进入加利福尼亚州后，几家大型航空公司不约而同地退出了洛杉矶—旧金山航线，因为它们无法与西南航空公司59美元的单程机票价格展开竞争。在西南航空公司到来之前，这条航线的票价高达186美元。

一些西南航空公司尚未开通航线的城市主动找上门来，请求克莱尔尽快在自己的城市开设新线。例如,斯卡拉蒙托市就派遣了两名代表前来西南航空公司总部游说,这两人一位是该市商会主席,另一位是该市机场经理,克莱尔答应了他们的请求,在几个月后开通了这条新航线。在 1991 年,西南航空公司一共收到了 51 个类似的申请。

西南航空公司的低价格战略战无不胜,到 1991 年,克莱尔发现已找不到什么竞争对手了。克莱尔说:"我们已经不再与航空公司竞争,我们的新对手是公路交通,我们要与行驶在公路上的福特车、克莱斯勒车、丰田车、尼桑车展开价格战。我们要把高速公路上的客流搬到天上来。"

问题:(1)根据案例,小企业与大企业进行竞争,应当采取什么样的策略?

(2)航空业与高速公路之间是什么关系?企业的竞争可能来自于哪些方面?

【案例 2】 一家独大不是好事

"富士"胶卷以色彩鲜艳受到很多消费者的喜爱,但是当你满心欢喜地拍完照,想去冲洗,却会发现原来遍布街头的"富士"冲洗店如今已是踪迹难见。今天的国内胶卷冲洗市场早已是"柯达"的天下。

据了解,"柯达"在全国的彩扩连锁店已有近 9000 家,而"富士"彩扩店已萎缩到 2000 家左右。论胶卷质量,两者可以说难分伯仲,只是特点不一,"柯达"色彩还原好,"富士"色彩艳丽,专业摄影者偏爱"柯达",年轻人更喜欢"富士",可以说是"萝卜青菜,各有所爱";论冲印技术,"柯达"没有设备自主开发能力,用的大多是"诺日士"的冲印设备,甚至包括"富士"的设备;"富士"开发的冲印设备全球领先;论全球市场占有份额,"柯达"数码冲印占 1/4,"富士"占全球 2/3;论全球销售额和纯利润,"柯达"是 133.17 亿美元和 2.65 亿美元,而"富士"超过它一倍。

既然"柯达"与"富士"没有本质上的优劣之差,为什么"柯达"会在中国市场上一家独大呢?7 年前,国内有 7 家胶卷和相纸生产厂家,但由于国外产品大举进入,市场大半落入人家之手,单"富士"胶卷就占据了中国胶片市场的半壁江山,国内感光材料企业举步维艰。国内舆论普遍认为这是外商低价倾销造成的结果。后经有关专家调查,情况并非如此,于是,国家转而支持国内感光材料行业对外开放合资。这时刚刚成为"柯达"公司全球副总裁的美国外交界级别最高的亚裔女强人叶莺坐在了与中国政府的谈判桌前,使柯达与中国谈了 3 年陷入僵局的合资谈判达成了"98 协议",其主要内容是:"柯达"与中国 7 家感光企业中的 6 家进行合资合作("乐凯"除外),共投资 12 亿美元。与厦门福达、汕头公元、无锡阿尔梅 3 家企业合资,上海、天津、辽宁的另外 3 家企业得到的是经济补偿。中方则承诺,在协议签订的 3 年时间内,不批准另外一家外资进入中国的感光材料行业。至此,"柯达"在中国感光材料市场上形成了垄断,其在中国影像市场的业务以每年 8%~10% 的速度增长,占有了市场份额的 70% 以上,而"富士"、"柯尼卡"、"爱克发"等品牌共占不到 25%。

置身于事外的"乐凯"经营日衰,主动向"富士"寻求合作,双方就合作条件的谈判长达 6 年,但"柯达"又横刀夺爱,于 2003 年 10 月以更优越的条件与乐凯达成合作,双方合作期为 20 年,"柯达"以 1 亿美元现金和提供一套用于彩色产品的乳剂生产线,换取中国乐凯胶片集团公司持有的乐凯胶片股份有限公司 20% 的股份,并承诺不吸纳市场流通股;同时,柯达向乐凯提供资金和技术支持,用于改造乐凯现有的片基和涂布生产线,还赠送一条新的生产线;柯达承诺向乐凯持续转让生产技术,以生产世界级的彩色产品,乐凯将为使用柯达的某些技术向柯达支付费用;双方合作后,乐凯将继续生产和销售乐凯品牌的产品。

几个回合下来,2001 年在上海成立的富士胶片(中国)投资有限公司在感光材料领域一筹莫展。其在中国投资建立的生产数码影像产品、医疗图像诊断产品、制版印刷产品的 5 家企业的产品也因耗材大多与感光材料有关而无法实现在中国市场大展拳脚的目标。

虽然国内感光材料领域对"柯达"早已开放,但对其他外资企业却依然是投资限制类项目。对彩色胶卷的进口征收的是高额从量关税,2004 年 4 月 1 日起,每平方米征税 120 元,以前是 170 元。这意味着本土化生产的"柯达"感光材料的市场竞争条件要大大优于其他纯进口的感光材料。有专家感言:一家独大的市场是无法使中国消费者享受到多样化的产品、良好的服务以及日新月异的高技术带来的变化。

如果说,"柯达"在传统胶片技术上领先,那么它在数码技术上已落后于"富士"。"富士"新近开发的激光数码冲印设备可以兼容传统胶卷、数码照相、光盘等所有图像源,冲洗打印出高清晰的图片。如果冲印店装备这样的设备,将使经营者和消费者得到更好的服务。

就拿传统的胶卷说,现在美国的年人均消费量是 3.8 卷;日本是 3.7 卷;欧洲国家在 1.7 卷左右;中国才 0.15 卷。传统相机和胶卷在中国的市场上还将维系很多年,它会与飞速普及的数码产品共同存在和发展,如果仅让消费者用一种产品,那对消费者是不公平的。

一家独大就没有竞争,没有竞争就不是市场。

问题:(1)竞争有哪些优点和缺点?为什么?

(2)垄断有哪些优点和缺点?为什么?

【案例 3】　　　　　　　麦当劳连锁店的折扣券

麦当劳连锁店一直采取向消费者发放折扣券的促销策略。他们对来麦当劳就餐顾客发放麦当劳产品的宣传品,并在宣传品上印制折扣券。为什么麦当劳不直接将产品的价格降低?

答案是:折扣券使麦当劳公司实行了三级差别价格。麦当劳公司知道并不是所有的顾客都愿意花时间将折扣券剪下来保存,并在下次就餐时带来。此外,剪折扣券意愿与顾客对物品支付意愿和他们对价格的敏感相关。富裕而繁忙的高收入阶层到麦当劳用餐弹性低,对折扣券的价格优惠不敏感,不可能花时间剪下折扣券保存并随时带在身上,以备下次就餐时用。而且折扣券所省下的钱他也不在乎。但低收入的家庭到麦当劳用餐弹性高,他们更可能剪下折扣券,因为他的支付意愿低,对折扣券的价格优惠比较敏感。

麦当劳连锁店通过只对这些剪下折扣券的顾客收取较低价格,吸引了一部分低收入家庭到麦当劳用餐,成功地实行了价格歧视,采取了三级差别价格,并从中多赚了钱。如果直接将产品价格降低,不带折扣券的高收入阶层的高意愿消费而多得的收入就会流失。

问题:(1)消费者使用折扣券说明了消费者有什么特征?

(2)厂商进行差别定价需要满足什么条件?用折扣券方式进行促销有哪些优点?

:::: 习　题 ::::

1. 利润最大、亏损最小的原则为什么是边际收益等于边际成本定理？为什么在完全竞争条件下，该定理可以表述为 $MC=P$？

2. 为什么完全竞争厂商的需求曲线为一条水平线，且有 $P=AR=MR$？

3. 厂商的 MC 曲线在产量增加时常可以画成向下倾斜然后向上延伸。市场供给曲线是在单个厂商的 MC 曲线基础上做出的，为什么当产量增加时，市场供给曲线从不画成向下倾斜然后再向上延伸？

4. 为什么企业在短期内亏本还会继续经营？企业短期内在什么情况下应当关门？企业能否长期亏本经营？

5. 为什么垄断企业总在需求曲线上弹性充足的地方进行生产？

6. 试说明垄断企业的边际收益与价格之间的差距会随着产量增大而增大。

7. 为什么垄断企业不能把产品价格任意抬高？

8. 与产品销售相比，劳务的销售中价格歧视的现象更普遍，如医疗服务可按人们收入的不同收取不同的费用；交通运输服务可按年龄不同分别进行定价。试解释这种现象。

9. 完全竞争厂商的短期成本函数为 $STC=0.1Q^3-2Q^2+15Q+10$。试求厂商的短期供给函数。

10. 某成本不变的完全竞争行业的代表性厂商的长期总成本函数为 $LTC=Q^3-60Q^2+1500Q$，产品价格 $P=975$ 美元，市场需求函数为 $P=9600-2Q$。试求：

(1) 利润极大时的产量、平均成本和利润。

(2) 该行业长期均衡时的价格和厂商的产量。

(3) 用图形表示上述(1)和(2)。

(4) 若市场需求曲线是 $P=9600-2Q$，试问长期均衡中留存于该行业的厂商数是多少？

11. 假定一个垄断者的产品需求曲线为 $P=50-3Q$，成本函数为 $TC=2Q$。求垄断企业利润最大时的产量、价格和利润。

12. 某垄断者的需求与成本函数分别为 $P=100-3Q+4\sqrt{A}$，$C=4Q^2+10Q+A$，这里 A 为垄断者的广告费用支出。求利润最大时的产量 Q、价格 P 和广告费用 A 值（提示：π 为利润，利润最大时满足 $\dfrac{\partial \pi}{\partial A}=0$）。

13. 已知垄断者成本函数为 $TC=6Q+0.05Q^2$，产品需求函数为 $Q=360-20P$。求：

(1) 利润最大的销售价格、产量和利润。

(2) 如果政府试图对该垄断企业采取规定产量的措施使其达到完全竞争行业所能达到的产量水平，求这个产量水平和此时的价格以及垄断者的利润。

(3) 如果政府试图对垄断企业采取限价措施使其只能获得生产经营的正常利润，求这个限价水平以及垄断企业的产量。

14. 假设某垄断者的一家工厂所生产的产品在一个分割的市场出售，产品的成本函数和两个市场的需求函数分别为：$TC=Q^2+10Q$，$Q_1=32-0.4P_1$，$Q_2=18-0.1P_2$。试问：

(1) 若两个市场能实行差别定价，求解利润极大时两个市场的售价、销售量和利润；并比较两个市场的价格与需求弹性之间的关系。

(2)计算没有市场分割时垄断者的最大利润的产量、价格和利润；并与(1)比较。

15. 一个垄断企业生产某产品的总成本函数为 $TC=\frac{1}{3}Q^3-30Q^2+1000Q$，产品在实行差别定价的两个市场上出售，在利润极大时产量为 48。第一个市场的需求函数为 $P_1=1100-13Q_1$，在第二个市场需求曲线上，当价格为均衡价格时的弹性为 -3。试问该企业的纯利润为多少？

16. 某完全竞争产品市场的需求函数为 $Q_d=3400-20P$，由 100 个相同的企业从事生产，每个企业的成本函数为 $STC=30Q+Q^2+300$。求：

(1)企业供给函数；

(2)市场供给函数；

(3)局部均衡的市场价格和供求量；

(4)企业的最大利润(或最小亏损)。

第七章　垄断竞争市场与寡头垄断市场的厂商均衡

完全竞争和完全垄断是市场结构的两种极端情况。比较现实的市场是既存在竞争因素又存在垄断因素，介于完全竞争和完全垄断之间，竞争和垄断混合在一起的市场。根据竞争因素和垄断因素所起的作用，这种市场又可区分为垄断竞争市场和寡头垄断市场。前者竞争的因素多一些，是比较接近于完全竞争市场的市场结构，而后者垄断的因素多一些，是比较接近于完全垄断市场的市场结构。本章将在考察完全竞争和完全垄断市场的基础上，进一步考察在垄断竞争市场和寡头垄断市场条件下，厂商均衡价格和产量的决定。

第一节　垄断竞争市场的厂商均衡

一、垄断竞争市场的特点

垄断竞争(monopolistic competition)的基本特点如下：

(1)存在产品差别(product differentiation)，即同一类产品有不同之处。不同种类的产品固然存在差别，但这里的产品差别主要是指同一类产品之间的差别。这种差别的产生主要有以下原因：一是产品之间的内在品质不同，如由于技术或原材料等不同而功效不同；二是产品的外观形象不同，如由于包装、商标等不同而功效不同；三是产品的经济空间不同，如产品的产地和销售地的地理位置及产品市场距消费者的远近不同；四是产品的推销方式不同，如广告、售后服务、服务态度等方面的不同。另外，还有消费者对客观上完全相同的产品存在的主观评价不同等。总之，产品差别可来自产品有形的或虚构的差别。

既然存在产品差别，产品之间难以完全替代，那么垄断竞争市场必然具有一定的垄断性，垄断程度与产品差异程度有同方向变动关系。既然这里的产品差别是同类产品之间的差别，产品之间必然存在一定的替代关系，那么垄断竞争市场也必然具有一定的竞争性，竞争程度与产品的替代程度有同方向变动。因此，产品差别是垄断竞争市场形成和存在的重要因素。

(2)厂商进出行业较容易，从而厂商数目也较多。在垄断竞争行业内，产品的性质决定了厂商规模一般不是很大，投资建厂所需资金也不是太多。建设一个生产皮鞋的工厂与建设一个生产汽车的工厂相比，所需投资和建设规模是大不一样的，因而前者处于垄断竞争行业而后者处于寡头垄断行业。

应当说,行业内厂商数目和产品差别程度一样是决定市场竞争程度的因素。厂商越易进入行业,行业内厂商越多,市场的竞争性就越强。

(3)厂商对产品价格略有影响力。垄断性使厂商能够有一些定价自主权,竞争性又使厂商的定价权很有限。当他提高产品价格时,他会失去一部分但不是全部原有的顾客;当他降低产品价格时,他会得到更多,但远远不是全部的顾客。

垄断竞争厂商一般存在于日用品工业、食品工业、零售商业、手工业等行业中。

二、垄断竞争厂商利润最大化的行为

如上所说,垄断竞争是一种既非完全竞争又非完全垄断的市场结构。垄断竞争厂商的产品与其他厂商产品既有一定差别,又有很大替代性。同时,由于厂商进出行业比较容易,因此,一个垄断竞争厂商面临的需求曲线很可能比一个完全竞争厂商(其产品与同行业内其他厂商产品完全相同)的需求曲线弹性要小。同时,它又很可能比垄断者(其产品与其他厂商产品完全不同)面临的需求曲线弹性要大,即垄断竞争厂商面临着一条向右下倾斜但斜率比垄断厂商需求曲线要平坦得多的需求曲线。

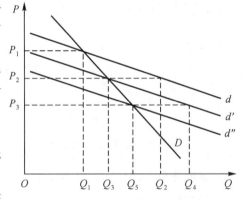

垄断性的主观需求曲线(d):体现行业的垄断性、产品的差别性,表示个别厂商单独行为时所面对的需求状况,其斜率较小。

竞争性的客观需求曲线(D):体现行业的竞争性、产品的替代性,表示许多厂商共同行为时所面对的需求状况,其斜率较大。

如图 7-1 所示,其可解释为:

某家企业 A 降价,$P_1 \rightarrow P_2$,沿需求曲线 d 移动,则相应的 $Q_1 \rightarrow Q_2$,由于其他厂商也会降低,由需求曲线 D,$Q_2 \rightarrow Q_3$ 达到暂时的均衡,企业 A 的需求曲线也相应的 $d \rightarrow d'$。

图 7-1 垄断竞争市场的需求曲线

若企业 A 继续降价,$P_2 \rightarrow P_3$,则相应的 $Q_3 \rightarrow Q_4$,全行业 $Q_4 \rightarrow Q_5$ 达到暂时的均衡,企业 A 的需求曲线也相应的 $d' \rightarrow d''$。

垄断竞争厂商也谋求利润最大化,其产量和价格决策的基本原则同样是使边际收益等于边际成本。在短期,均衡的图形与垄断厂商的均衡十分相似,若价格高于平均成本,有超额利润;若低于平均成本,则会亏损。如图 7-2 和图 7-3 所示。

在长期内,垄断竞争厂商进出行业较自由。若获利,新厂商进入行业,提供相互替代的产品与原来的厂商竞争,使原厂商市场份额缩小,产品价格下降,直到超额利润消失;反之,若亏损,行业内一些厂商逐渐退出,未退出的厂商的市场份额增加,产品价格上升,直到不亏损为止。因此,垄断竞争厂商达到长期均衡时,其产品价格和平均成本相等,如图 7-4 所示。

从图 7-4 可见,垄断竞争厂商均衡时,不但要求 $MR = LMC$,而且要求 $P = LAC$,而对于垄断厂商来说,完全有可能在 $P > AC$ 的情况下实现长期均衡,因为它独占了市场。

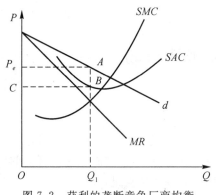

图 7-2　获利的垄断竞争厂商均衡

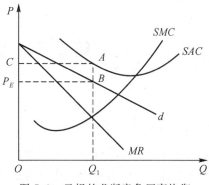

图 7-3　亏损的垄断竞争厂商均衡

从图 7-4 还可看到,垄断竞争厂商长期均衡必然处于平均成本曲线最低点的左边,即 A 点处于 B 点左边。而完全竞争厂商长期均衡时 $P=AC$,就是说,如果该厂商要按完全竞争厂商均衡条件那样行动,则均衡点在 C 点而不是 A 点,即价格应是 P_2 而不是 P_1,产量应是 Q_2 而不是 Q_1。从 Q_1 到 Q_2 这段距离,表现出垄断竞争厂商没有被利用的"超额生产力",它是价格超过边际成本而造成的效率损失。看起来这是垄断竞争市场结构的一个缺陷,然而,这种缺陷或者说损失,可以由垄断竞争市场上产品差别给广大消费者带来的多样化满足所抵销或弥补。

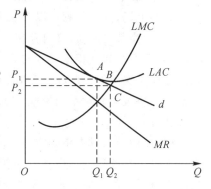

图 7-4　垄断竞争厂商的长期均衡

三、非价格竞争

由于垄断竞争厂商的产品间有一定替代性,垄断竞争厂商控制价格的能力就受到一定限制,需求曲线较平坦,厂商自由斟酌定价的幅度较小,因而价格竞争利益不大,这使垄断竞争厂商更着重于产品质量、服务竞争及广告竞争等非价格竞争。

产品变异就是非价格竞争的重要手段之一。产品变异是指变换产品的颜色、款式、质地、做工和附带的服务等来改变原有的产品,以形成产品差别,影响市场均衡。产品变异会影响产品成本和产量,但关键是要看经过变异,能否形成较大的需求,从而给垄断竞争的厂商带来更大的超额利润。如果经过变异之后,在新的均衡条件下超额利润高于原来均衡时的超额利润,这种变异是优化的变异。

推销活动的竞争是又一种非价格竞争的重要手段。推销活动会引起销售成本的变化。销售成本(selling costs)是用来增加产品需求的成本,包括广告开支、各种形式的推销活动,如送货上门、陈列样品、举办展销、散发订单之类的开支。其中以广告最为重要。

与完全竞争和完全垄断市场不同,广告对垄断竞争厂商具有十分重要的作用。它是垄断竞争厂商扩大产品销路的重要手段。广告一方面会增加产品的销量,但另一方面会增加销售成本,因此是否做广告以及花费多少费用做广告是垄断竞争厂商必须充分考虑的事情。

第二节　寡头垄断市场

一、寡头垄断市场的特点

寡头垄断(oligopoly)是指少数厂商垄断了某一行业的市场,控制了这一行业的供给,其产品在该行业总供给中占有很大比重的市场结构。其基本特点是:

(1)厂商数极少,新的厂商加入该行业比较困难。势均力敌的少数厂商,已经控制了这一行业的市场,其他厂商难以介入并与之抗衡。

(2)产品既可同质,又可存在差别,厂商之间同样存在激烈竞争。

(3)厂商之间互相依存。与完全竞争、垄断竞争和完全垄断的厂商不同,寡头垄断厂商之间存在着实际的、可以觉察到的互相依赖关系,以致每个厂商在做出决策时都必须特别注意这一决策对其对手的影响。每一个厂商的价格和产量的变动都会影响其对手的销售量和利润水平。

(4)厂商行为具有不确定性。由于厂商之间相互依存,因而厂商不能像完全竞争、垄断竞争和完全垄断厂商那样独立决策。任何一个厂商做出决策,其结果自己不能左右,而取决于竞争对手的反应。这种反应是厂商无法预测的,这就产生了厂商行为的不确定性。厂商行为的不确定性,使厂商的决策面临着很大的困难,也给寡头理论分析出了一个难题,致使寡头垄断厂商的均衡产量和价格难以有一确定的解。

寡头垄断市场需求状况——拐折的需求曲线,如图7-5、图7-6所示。

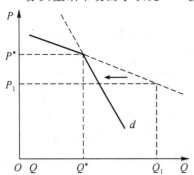

图7-5　寡头垄断市场的需求曲线

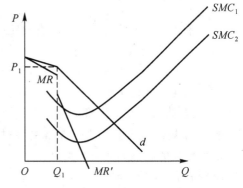

图7-6　拐折的需求曲线

虚线部分的解释:(d 上有折点)在寡头垄断市场,$P^* \rightarrow P_1$ 时,市场反应较快,市场马上就会收缩到 d 线上。比如说,某企业降价,其他企业马上跟进;某企业涨价,其他企业不会跟进。那么 MR 出现断裂,价格比较稳定。

下面根据寡头厂商是独立行动还是相互勾结来介绍几种重要的寡头理论模型。

二、古诺模型

首先来看一种独立行动模型,是法国数理经济学家古诺在1838年出版的《财富理论的数学原理研究》一书中首次提出的寡头垄断模型。古诺分析了两个生产成本为零的出售同质矿泉水的厂商。这两个厂商产品的边际成本都为零。他们面临相同的线性需求曲线,采用同样的市场价格出售产品,并且都认为不管自己的产量如何变化,对方的产量都保持不变。在此假设下古诺认为,两个厂商都会根据利润最大化原则不断地调整产量,直到各自的产销量正好等于市场为完全竞争市场时矿泉水产销量的 1/3。

古诺模型可用反应函数加以说明。

假定 A、B 两厂商面临的共同需求函数和成本函数分别为

$$P = 12 - \frac{1}{100}(Q_A + Q_B); \quad C = 0$$

因此,厂商 A、B 的利润函数分别为:

$$\begin{aligned}
\pi_A &= PQ_A - CQ_A \\
&= \left[12 - \frac{1}{100}(Q_A + Q_B)\right]Q_A - 0 \\
&= 12Q_A - \frac{1}{100}Q_A^2 - \frac{1}{100}Q_A Q_B
\end{aligned}$$

$$\begin{aligned}
\pi_B &= PQ_B - CQ_B \\
&= \left[12 - \frac{1}{100}(Q_A + Q_B)\right]Q_B - 0 \\
&= 12Q_B - \frac{1}{100}Q_B^2 - \frac{1}{100}Q_A Q_B
\end{aligned}$$

为使利润极大,利润函数的一阶偏导数应为零,即

$$\frac{\partial \pi_A}{\partial Q_A} = 12 - \frac{1}{50}Q_A - \frac{1}{100}Q_B = 0$$

得到: $Q_A = 600 - \frac{1}{2}Q_B$

$$\frac{\partial \pi_B}{\partial Q_B} = 12 - \frac{1}{50}Q_B - \frac{1}{100}Q_A = 0$$

得到: $Q_B = 600 - \frac{1}{2}Q_A$

在这两个式子中,$Q_A = 600 - \frac{1}{2}Q_B$ 和 $Q_B = 600 - \frac{1}{2}Q_A$ 分别称为厂商 A 和厂商 B 的反应函数。

反应函数(reaction function)表明每个厂商的产量都是其竞争对手的产量的函数。一个厂商产量的增加会导致另一个厂商最优产量的下降。上述厂商 A 的反应函数表明对应于 Q_B 的任何特定值,Q_A 是 π_A 最大化的产量;厂商 B 的反应函数表明对应于 Q_A 的任何特定值,Q_B 是使 π_B 最大化的产量。利润最大化的 Q_A 和 Q_B 的值,必须同时满足两个反应函数。

如果在直角坐标系中画出两个反应函数的曲线,则如图 7-7 所示,其中 AB 为 A 厂商的反应函数曲线,CD

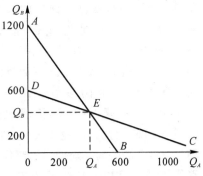

图 7-7　反应曲线与古诺均衡点

为 B 厂商的反应函数曲线,两条反应函数曲线的交点 E 对应于 Q_A 和 Q_B 的值,则两个厂商的均衡产量:

$$Q_A = 400, Q_B = 400$$

代入需求函数:

$$P = 12 - \frac{1}{100}(Q_A + Q_B)$$

$$= 12 - \frac{1}{100}(400 + 400) = 4$$

代入利润函数:

$$\pi_A = 12Q_A - \frac{1}{100}Q_A^2 - \frac{1}{100}Q_A Q_B$$

$$= 12 \times 400 - \frac{1}{100} \times 400^2 - \frac{1}{100} \times 400 \times 400 = 1600$$

$$\pi_B = 12Q_B - \frac{1}{100}Q_B^2 - \frac{1}{100}Q_A Q_B$$

$$= 12 \times 400 - \frac{1}{100} \times 400^2 - \frac{1}{100} \times 400 \times 400 = 1600$$

要注意的是,古诺模型的厂商的边际成本不一定要假设为零。这时,仍可根据上述方法求得两家厂商的产量、价格和利润。假定上例中两个厂商的边际成本和平均成本都是 6,则用上述同样方法可得两厂商的反应函数为

$$Q_A = 300 - \frac{1}{2}Q_B, \quad Q_B = 300 - \frac{1}{2}Q_A$$

可得产量 $Q_A = Q_B = 200$,价格都是 8。

三、斯威齐模型 *

斯威齐模型是美国经济学家保罗·斯威齐于 1939 年提出的用以说明寡头垄断市场价格刚性的寡头垄断模型。寡头厂商的价格在相当长时期不变称为价格是刚性(rigidity)的。价格刚性表明当需求或成本发生适度变动时,或两者都发生适度变动时,价格却保持不变。对此,斯威齐从一个价格已经确定的寡头垄断市场出发,用拐折线需求曲线(kinked demand curve)加以说明。

斯威齐断言,寡头垄断厂商推测其他厂商对自己价格的态度是:跟跌不跟涨,即预期自己降价时,其他厂商也会采取同样的降价行为,以免丧失自己的市场。而自己涨价时,其他厂商却不跟着涨价,以夺取客户。因此,寡头垄断厂商的需求曲线是折线需求曲线。如图 7-8

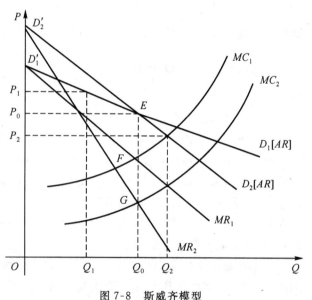

图 7-8　斯威齐模型

所示，P_0 是已经确定的价格，Q_0 是与之对应的产量。D_1ED_2' 为折线需求曲线，它由两条需求曲线 D_1D_1' 和 D_2D_2' 各一部分组成。D_1E 是需求曲线 D_1D_1' 的一部分，表示当某厂商涨价时，其他厂商不予理会，该厂商的销售量会大幅度地减少。例如，当该厂商把价格从 P_0 上升到 P_1 时，其需求量从 Q_0 减少到 Q_1。ED_2' 是需求曲线 D_2D_2' 的一部分，表示当厂商降价时，其他厂商也跟着降价，该厂商的销售量不会大幅度地增加。例如，当该厂商把价格从 P_0 降到 P_2 时，其需求量只从 Q_0 增加到 Q_2。MR_1 和 MR_2 是根据 D_1D_1' 和 D_2D_2' 分别得出的边际收益曲线。由于需求曲线 D_1ED_2' 在 E 点弯折，因而与 E 点相对应，边际收益曲线间断，MR_1 和 MR_2 间出现空隙。MC_1 和 MC_2 是两条边际成本曲线，它们在 MR_1 和 MR_2 的间断处与边际收益曲线相交。实际上，可以设想在 MC_1 和 MC_2 之间存在许多条边际成本曲线，它们都可以与 MR 部分相交。这表明 MR_1 和 MR_2 的空隙区间内，边际成本有较大的变动范围，在这一范围内的厂商可保持价格不变，因而价格是具有刚性的。

斯威齐模型对寡头垄断市场的价格刚性作了一定的解释，但由于其他厂商价格"不跟涨"的假设在现实中难以成立，也由于其对如何确定已定的价格没有做出解释，因此受到了一些经济学家的批评。斯威齐模型只能是关于寡头定价行为的未完成的模型。

四、卡特尔

上面简要介绍了几种寡头独立行动的竞争模型，下面再介绍一些公开和不公开勾结的行为模型。先说卡特尔。寡头垄断市场厂商数很少，并且它们之间相互依存，这就足以使厂商意识到，如果相互之间展开竞争，势必两败俱伤，同归于尽，因此厂商之间就会互相勾结。

卡特尔（cartel）就是寡头垄断厂商用公开或正式的方式进行勾结的一种形式。它是一个行业的独立厂商之间通过就有关价格、产量和市场划分等事项达到明确的协议而建立的垄断组织。卡特尔的主要任务：一是为各成员厂商的产品规定统一价格；二是在各成员厂商之间分配总产量。

卡特尔制定统一价格的原则是使整个卡特尔的利润最大化，因此，必须使边际收益等于边际成本，即 $MR=MC$。为此，卡特尔要根据有关资料确定在每一可能的价格水平上对该行业产品的需求量，以确定卡特尔的需求曲线，从中计算出边际收益曲线；同时，将各厂商的边际成本曲线水平加总就形成了卡特尔边际成本曲线，MR 和 MC 曲线的交点所确定的产量水平和价格，MR、MC 分别是从各个厂商的边际收益曲线和边际成本曲线求出的卡特尔的边际收益曲线和边际成本曲线。MR 与 MC 的交点确定了卡特尔的总产量 Q_0 统一价格 P_0。

卡特尔的价格和产量的决定（见图7-9）同完全垄断厂商的价格和产量的决定是一样的。其实，在这里可以把卡特尔看成一个完全垄断厂商。

卡特尔在统一了产品价格以后，通常要规定生产限额，以支付该价格。卡特尔分配产量定额的原则是使各个厂商的边际成本相等，并且与卡特尔均衡产量水平的边际成本相等。上述的产量分配方式，往往被认为是一种理想的分配方式，现实中很难实现。因为卡特尔内部

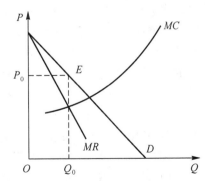

图 7-9　卡特尔的价格和产量的决定

成员厂商之间产量的分配受到各厂商的地位、争议能力、厂商已有的生产能力和销售规模以及地区划分的影响。同时,卡特尔的各成员厂商还可以通过广告、信用、服务等非价格竞争手段拓宽销路,增加产量。因此,卡特尔是不稳固的。各个厂商为了追求最大化的利润,往往会避开卡特尔的规定而另做手脚。

五、价格领导

公开勾结和协议在有些国家常常被认为是非法的,因此寡头垄断厂商更多的是采取暗中默契的非公开方式互相勾结。价格领导是其主要形式之一。

价格领导(price leadership)是指行业中的一个或极少数几个大厂商开始变动价格,其他厂商均随之变动。

价格领导的厂商一般是根据其地位和实力或市场行情来确定或变动价格,其他厂商则随之采取同样的行动。其所以如此,并不是因为它们之间存在合谋,而是出于各自追求最大利润的需要。如果价格领导厂商推出降价措施,其他厂商不进行降价,就会失去顾客;如果价格领导厂商推出涨价措施,其他厂商不进行涨价,实际上就等于减价。因此,一些竞争能力弱或预测能力差的较小厂商,为了自身的利益,会自觉不自觉地接受价格领导厂商确定或变动的价格。

根据价格领导厂商的具体情况,价格领导可分为晴雨表型的价格领导和支配型的价格领导。

晴雨表型的价格领导是指晴雨表型厂商(barometric firm)根据市场行情首先宣布能够合理而准确反映整个行业成本和需求情况变化的价格,其他厂商则按这一价格对自己的价格进行调整。晴雨表型厂商并不一定是行业中规模最大、效率最高的厂商,但它熟悉市场行情,能代表其他厂商的愿望,所以能够成为其他厂商的追随者。

支配型的价格领导是指销售占市场容量较大比重、地位稳固、具有支配力量的大厂商根据自己利润最大化的需要和其他厂商希望销售的全部产量确定和变动价格,其他中小厂商则以这一价格做出它们的需求曲线,并按照边际成本等于价格的原则确定均衡产量。在这种情况下,中小厂商可以出售他们所能提供的一切产量,市场需求量与小厂产量的差额全由支配型厂商提供。

六、成本加成定价法

成本加成定价(cost-plus pricing)是在估计的平均成本的基础上,加上一个赚头,据以确定价格的定价方法。它是寡头垄断厂商不按照 $MR=MC$ 原则追求利润最大化的一种常见的定价形式。其基本方法是,先根据厂商生产能力的某一百分比确定一个"正常的"或标准的产量数字,然后根据这个产量计算出相应的包含固定成本与可变成本的平均成本 AC,并加上一个按平均成本的一定百分比 r 计算的赚头 $AC·r$,就得出销售价格 P,即 $P=AC(1+r)$。当同行业的全部厂商都采用统一的会计制度,他们的投入要素的价格和生产函数都相同,并用相同的百分比加成,这些厂商产品的价格就是一致的;否则,它们的价格就会不一致。但不管各厂商的价格是否一致,成本加成定价法会使它们的价格变动方向一致。

成本加成定价法,尽管不是 $MR=MC$ 原则追求利润最大化的定价形式,但它可以避免价格随产量变动而频繁变动,从而使价格比较稳定,这就减少了寡头垄断厂商因价格竞争可能带来的不利后果,巩固了寡头垄断厂商的地位。

第三节　博弈论简介

寡头垄断厂商间存在着实际的相互依赖关系,因此,每个厂商决策时必须考虑自己的决策会给对手造成什么影响,对手会做出什么反应,自己又如何对付,好像棋手每下一步棋都必须考虑对方可能做出什么反应一样。于是,经济学家用博弈论(又称对策论)的方法来研究相互依存的厂商的决策行为。

博弈论(game theory)与传统微观经济学中的决策理论有重大区别。在传统理论中,经济主体(个人或机构)做出决策时并不考虑自己的选择(决策)对别人的影响,也不考虑别人的选择对自己的影响。博弈论研究的情况则不同。下面用博弈论中的纳什均衡来说明这一点。

纳什均衡是美国数学家纳什于1951年总结出来的一种均衡理论。这种均衡是指参与博弈的每个人在给定其他人战略的条件下选择自己的最优战略所构成的一个战略组合。举例说,假定有甲、乙两个作案的嫌疑犯分别被审讯。如两人都坦白,各判3年,两人都抵赖,各判1年,1人坦白1人抵赖,抵赖者判6年,坦白者释放。这些结果可写成一个矩阵,如表7-1所示。

表 7-1　囚犯的困境

囚犯甲 ＼ 囚犯乙	坦白	抵赖
坦白	−3,−3	0,−6
抵赖	−6,0	−1,−1

在表7-1中,每个囚犯都有两种战略:坦白或抵赖。表中每一格的两个数字代表对应战略组合下两个囚犯的结局,第一个数字属甲,第二个数字属乙。显然,在此例中,纳什均衡是(坦白,坦白)。这是因为,不管乙是坦白还是不坦白,甲的最好战略都是坦白;同样,不管甲坦白不坦白,乙方最好的战略也是坦白。结果,两人都选择坦白,各判3年。这样的结局,称为优势策略均衡,也称占优策略均衡。所谓优势策略均衡,是指不管其他人采取什么策略,每个博弈者都会找到对自己最有利的策略所构成的一个策略组合。

通过这个例子,也可说明博弈论中几个基本概念:①参与人或局中人,这里就是囚犯甲和囚犯乙,他们是博弈当事人,总要选择最佳策略以实现自己效用或收益最大化;②策略集合,指参与人可能采取的全部策略,如上例中的坦白和抵赖两种策略;③收益或支付,指参与人采取一定策略后会得到的报酬,它是参与人采取的策略的函数,如甲坦白而乙抵赖时,甲的收益为0,而乙为−6;④均衡,指所有参与人最优策略的组合,如上例中的(甲坦白,乙坦白)就是一种均衡,并且是一个优势策略均衡。

需要指出的是,优势策略均衡一定是纳什均衡,但纳什均衡不一定是优势策略均衡。举例说,假定甲乙两人在博弈中有如表7-2所示的报酬矩阵。

表 7-2　报酬矩阵

甲 ＼ 乙	策略 1	策略 2
策略 1	2,1	0,0
策略 2	0,0	1,2

　　显然,该博弈没有优势策略均衡,因为乙方采取策略 1 时,甲方应采取策略 1(2＞0);而乙方采取策略 2 时,甲也应采取策略 2(l＞0),不存在不管乙方采取策略 1 或策略 2,甲总应采取某种策略的情况。对于乙来说,同样如此。总之,并不是不管对方采取何种策略,甲或乙方都采取某一策略,而是给定对方某种策略时,甲或乙方才能有一个正确的策略,这种策略组合构成纳什均衡。在本例中,(2,1)和(1,2)是纳什均衡,但并非优势策略均衡。

　　寡头垄断厂商也会遇到类似情况。如 A、B 两厂商组成一个卡特尔,如果大家都遵守价格和产量的协议,也许大家都可得到最大利润,假定是(1800,1800),但双方都想欺骗对方以获取更大利润(比方说,欺骗方可得 2000,合作方可得 1000),结果是卡特尔瓦解,大家都只能得到较低利润(比方说 1500),列成矩阵如表 7-3 所示。

表 7-3　卡特尔的困境

A 厂商 ＼ B 厂商	合作	不合作
合作	1800,1800	1000,2000
不合作	2000,1000	1500,1500

　　显然,双方选择不合作并各得 1500 利润不仅是纳什均衡,还是优势策略均衡,这是因为,不管对方选择合作还是不合作战略,自己选择不合作(欺骗)都是最优战略。本章第二节中讲的古诺模型,实际上也是一种不合作均衡。

　　当然,上面囚犯困境和卡特尔例子中的博弈是一次博弈。如果博弈重复多次,情况会有所不同。若一方欺骗了另一方,会受到另一方的报复和"惩罚"。例如,在卡特尔例子中,为了长期利益,博弈各方可能会选择合作以免受惩罚。但他们一旦知道了博弈的次数,就很可能在最后一次博弈中采取欺骗即不合作的战略,因为他们认为反正对方再没有机会惩罚自己了。但大家都这样做时,卡特尔最终只会瓦解。

　　上述重复多次的博弈是动态博弈的一种特殊情况。动态博弈是相对于静态博弈而言的。所谓静态博弈,是指参与人同时决策,或虽非同时决策,但后决策者不知道先决策者采取什么决策。上面几例都属静态决策。动态博弈是指参与人决策有先有后,后者能观察到先决策者的决策。例如,重复博弈中,双方都知道对手欺骗了自己。下面再举例说明什么是重复博弈。某市场先为甲垄断且有丰厚利润,乙想进入。这时甲可能有两种策略:斗争或容忍。斗争可能两败俱伤,容忍可能使大家都得到一点好处。但对甲来说,最好是乙不进入。问题是能否阻止乙进入。甲在乙想进入时可能威胁说,你若进入,我会采取断然措施(如大削价)使你血本无归。这里,关键在于乙会不会相信这种威胁。甲要使乙方相信上述威胁并不是恐吓他,就必须做出承诺。承诺就是甲使自己的威胁策略变成可以置信的行动。例如,甲可公开申明,一旦乙进入后,甲就大幅度降价,甚至先采取一系列大幅降价的准备性措施,使乙方感到进入实在不值得。这时,乙可能不进入,当然也可能仍然进入。一旦进入,甲再采取斗争或容忍策略。这样的博弈就是动态博弈,在经济生活和其他领域都广泛存在。

案 例

【案例】 汽车高利润让厂家有钱赚

中国车市的价格战打到这个分儿上,在世界汽车史上恐怕前所未有。不久前,一个关于"2005年家用轿车价格崩盘预言"的神秘邮件,更是把车市闹了个昏天黑地,以致不少人(据新浪网调查统计,完全或部分相信该邮件内容的比例高达85.7%)竟然忘记了崩盘最基本的特点——价格无序地、恶性地下跌。而比照一下"崩盘预言"给出的井然有序的价格表及其精确到百位数字的价格,人们不难发现,眼下价格战已混乱到了这种地步,消费者完全可以袖手旁观到厂家和经销商们"掐"出个所以然之后再出手,这种现状本身远比"崩盘预言"的结果更接近于崩盘。

1. 降价:亏损也还没到头

当然,恶性(亏本)降价还没有大面积出现。中国汽车工业协会最新统计显示,2004年前10个月整车制造业利润跌幅继续扩大,同比下降了11.74%,与此同时,15家重点企业(集团)中已有3家出现亏损,6家利润出现负增长。另据全国乘用车市场信息联席会估计,2004年汽车行业的平均利润将由2003年的8.6%降到5%左右;全国处于亏损状态的汽车企业有10多家,其中中外合资企业占了相当数量。不久前,国家统计局又宣布,2004年11月份汽车整车业利润继续显著下降,已处于全行业亏损边缘。

但即使全行业出现亏损,也并不意味着价格已降到头了。

首先,全球汽车厂家目前3%~5%的平均利润是多年大浪淘沙的结果,相对均衡和稳定(2003年利润率最高的丰田和日产不过7%,只生产高档品牌的宝马也只有4.7%),而中国汽车厂家平均利润的结构则严重畸形——贫富悬殊。

以2003年为例,利润率排行前3名的厂家利润率都在20%以上,其中,北京现代23.99%,是现代全球平均利润率(3.81%)的近6倍;上海通用22.71%,是通用全球平均利润率(1.96%)的11.5倍;广州风神20.54%,是日产全球平均利润率(6.78%)的3倍。紧随其后的3个厂家利润率也在12%以上,其中,广州本田17.3%,上海大众14%,一汽一大众12.5%。

计算下来,在整个汽车市场上占有25%份额、在轿车市场上占有54%份额的这6家企业,在2003年共获取了298.85亿元的利润,占所有129家整车企业利润总额的近40%;6家企业的平均利润率达17%,远远超过了全行业8.6%的平均水平,更大大超过了其他123个厂家6.1%的平均利润率。

也就是说,在成本不变和供过于求的情况下,如果这6个盈利大户的平均利润因持续降价而缩减至5%左右的世界平均水平,那么其他所有轿车厂家(包括丰田系企业在内的一些可能利润率很高,但因利润总额小而没有上榜的轿车企业,那些其主打产品在细分市场上没有或少有竞争对手的企业以及那些为逃税而瞒报利润的企业除外)都可能陷入严重亏损。

这还不算完,如果利润在20%以上的三家企业有足够的产能和适当的产品,而且铆足了劲降价,将平均利润缩减至 5％,那么紧随其后的 3 家企业也可能陷入亏损。更何况前 3 名中的北京现代和广州风神的超额利润是在 5.1 万辆和 6.5 万辆的小规模基础上赚取的,如果两者能够实现与大众、通用、本田的合资企业相近的规模经济,并能推出宽系列?在性能、品质和质量上具有同等竞争力的产品,那将比后者更具盈利能力,更具扮演终极价格杀手角色的资格。

当然,现在还不能断定谁将是终极价格杀手。如果中国消费者逐渐改变了对韩系、日系和德系车的价值判断,向欧美消费者的价值标准靠拢,导致这三类车型的价格趋向于其在国际市场上的相应位置(在欧美市场上,级别同等、排量相近的条件下,韩国车与日本车价格接近,但比德国车便宜 20％～30％),或者,德国厂家不仅通过国产化避免了汇率风险,而且为适应中国消费者需求而"屈就"于韩系、日系车的技术和设计标准,开发出了低成本车型,那么日、韩系车就不可能长期保持相对如此高的利润。

理论上讲,任何具有超额利润的厂家都本能地要在有限的市场上扩大自己的份额,只要有足够的产能和适当的产品,就必然要以降价作为主要手段;什么时候自己的利润率减到不能再少了,什么时候就会歇会儿,价格就会稳定。其间,必然要有一大批亏损、倒闭者出现。

因此,对消费者来说,如果你看中了一款车型,那就最好查一下其厂家的盈亏状况及背景,并判定一下其可持续发展的能力。否则,如果它在一两年内消失了,你的爱车将可能成为一堆废铁。

2. 企业:亏了也要挺下去

汽车厂家做好迎接亏损时代的准备了吗?

对跨国巨头来说,现代经济学关于垄断竞争结论并不陌生——垄断竞争(许多企业出售相似但不完全相同的产品)的结果是:众多垄断竞争者的自由进入消除了利润,利润率可能很低或者为零。具体到一个市场上,跨国巨头即便出现亏损,也不会轻易退出。在欧美市场上,日本汽车企业也是在熬了多年后才扭亏为盈的。

不同的是,在中国市场上,一些跨国巨头是在享受了多年的高利润大餐之后猛然面临亏损时代的,而另一些跨国巨头则刚刚尝到一点甜头,或者根本没有赶上。这或许会打击他们的情绪,降低其希望值,但不会动摇其扎根中国的意志,毕竟,中国市场的潜力太大了,所以亏了也要利用其全球资源在这个市场上竞争。

特别值得注意的是,现代经济学阐述的垄断竞争模型不足以表明中国市场极为特殊的状况。比如,垄断竞争的前提是企业自由进入和退出,而中国汽车市场的实际情况是,大企业固然可以相对自由地进入,却不能"自由"地退出。作为跨国巨头合资伙伴的中方都是国有企业,都是政府的心头肉,肩负着发展经济(产值)、保证就业和稳定社会的重任,并与官员们有着千丝万缕的利益关系,即使是那些中小汽车企业,也大都具有地方政府背景。这就决定了这些企业即便亏损,也要输血再战,结果将使价格战异常惨烈,直至无血可输。不同的是,对跨国巨头来说,这只是其雄厚全球资源的一次再调整,而对中方来说,这很可能是政府有限资源的一次大损耗。

所以,在已经到来的汽车行业亏损时代,如果政府未能把握好干预的尺度,习惯性地以向企业输血作为己任,不能容忍企业减产、裁员乃至关停并转,那么不仅将导致汽车行业真正的恶性竞争或价格"崩盘",还会使以资金密集为主要特征之一的汽车生产行业,在已经积重难返的国有银行账目上再挖出一个无底的黑洞。

3. 政府：仍在影响市场

如果说，与亏损和资金相连的政府问题还只是一种制约因素的话，那么营销中的"政治"已经将市场规则、市场信心彻底颠覆。

在某个截止日期到来之前，大规模向经销商压车已经成为众多汽车厂家一个公开的秘密。据全国乘用车市场信息联合会统计，2004年11月，12家主要汽车厂商在最后两天的销售中，完成了全月40％的销量；60％以上的厂家迫使经销商大量吃库存，个别企业月销量60％以上是在最后两天实现的。

大量汽车积压在经销商手里，占用其资金，迫使其"擅自"竞相降价销售，使厂家"提前纳入2005"、"一次到位"等调价誓言成为彻头彻尾的谎言，没有什么比这更能使消费者无所适从、信心全无，进而持币待购的了。

讽刺的是，在改革开放多年后的今天，厂家们竟然使用20世纪50年代大跃进时期代盛行的浮夸作为汽车营销的手段，把销量统计变成了数字游戏、仕途赌注，其威力之大，足以使所有伴随其间实施的现代营销手段要么适得其反，要么短命，最终成了一场骗局的装潢。

厂家出此下策的原因并不难以理解："道理很简单啊，汽车企业都是国有大厂，销售目标对老总来说都是必须完成的任务，完不成怎么得了（某经销商语）。"有什么不得了的？有，那就是2004年不断出现的关于某些企业老总仕途升迁的传言。

尽管在中国汽车降价是一个大趋势，而且由于零部件采购成本占汽车生产总成本的70％～80％，国内汽车零部件生产迟早将实现规模经济，从而使廉价劳动力的竞争优势得以充分显现，进而使汽车生产成本和价格逐渐降至全球最低，并实现批量出口。但如果在这一过程中，厂家们在重大问题上并非完全按照市场的游戏规则办事，那将使降价变成一种代价高昂的血腥赌博——谁具有更深的政府背景，能在厮杀中补充到更多的血液，或者以民族汽车工业的名义而得到更多的特殊关照，谁就能将价格战进行到底。

资料来源：何仑.经济观察报，2005-01-17

问题：(1)汽车市场是一个什么类型的市场？为什么？

(2)指出汽车市场企业竞争的主要方式，并与相应的市场类型相联系，说明其原因。

(3)通过对本案例的分析，指出现实中像汽车市场这种类型的市场，与书本原理比较，有哪些不同？为什么？

▓▓▓ 习　题 ▓▓▓

1. 假定一个卡特尔由三家厂商组成，其总成本函数如表1所示：

表1　三家厂商总成本

	总成本		
产品单位	A厂商	B厂商	C厂商
0	20	25	15
1	25	35	22

续表

产品单位	总成本		
	A 厂商	B 厂商	C 厂商
2	35	50	32
3	50	80	47
4	80	120	77
5	120	160	117

如果卡特尔决定生产 11 单位产量,产量如何在三个厂商之间分配才能使成本最低?

2. 在垄断竞争市场结构中的长期(集团)均衡价格 P^*,是代表性厂商的需求曲线与其长期平均成本(LAC)曲线相切之点,因而 $P^* = LAC$。已知代表性厂商的长期成本函数和需求曲线分别为

$$LTC = 0.0025Q^3 - 0.5Q^2 + 384Q$$

$$P = A - 0.1Q$$

其中,A 是集团内厂商人数的函数。求解长期均衡条件下代表厂商的均衡价格和产量;A 的数值。

3. 假设有两个寡头厂商行为遵循古诺模型,其成本函数分别为

$$TC_1 = 0.1Q_1^3 + 20Q_1 + 100000$$

$$TC_2 = 0.4Q_2^2 + 32Q_2 + 20000$$

这两个厂商生产同一质量产品,其市场需求函数为

$$Q = 4000 - 10P$$

根据古诺模型,试求:①厂商 1 和厂商 2 的反应函数;②均衡价格以及厂商 1 和厂商 2 的均衡产量;③厂商 1 和厂商 2 的利润。

4. 假定上题中这两个厂商同意建立一个卡特尔,以求他们总利润极大,并同意将增加的总利润在两个厂商中平均分配。试问:①总产量、价格及两厂商产量各为多少?②总利润增加多少?③一方给另一方多少利润?

5. 某公司面对两段需求曲线:

$$P = 25 - 0.25Q(当产量为 0～20 时)$$

$$P = 35 - 0.75Q(当产量超过 20 时)$$

公司成本函数为

$$TC_1 = 200 + 5Q + 0.25Q^2$$

试问:①说明该公司属何种市场结构的行业?②公司最优价格和产量是多少?这时利(亏损)有多少?③如果成本函数改成 $TC_2 = 200 + 8Q + 0.25Q^2$,最优价格和产量是多少?

6. 一个实行支配型价格领导的寡头垄断行业中,行业的需求曲线为 $P = 300 - Q$,其中 P 是支配型厂商制定的能为其他厂接受的产品价格(按单位美元计),Q 是总需求量,其他厂商的总供给量为 Q_r,$Q_r = 49P$。支配型厂商的边际成本是 $2.96Q_b$,Q_b 是该厂商的产量。若该厂商想达到最大利润,应生产多少?产品价格应为多少?在这一价格上整个行业的产量将是多少?(Q、Q_b、Q_r 都以百万单位表示)

7. 表 2 是两个厂商选择的策略所依据的支付矩阵。

表 2　两个厂商的策略

A 的策略 ＼ B 的策略	遵守协议	不遵守协议
遵守协议	500,500	−200,800
不遵守协议	800,−200	200,200

试问：

(1)哪一种策略使 A 的最大可能损失为最小？B 的是哪一种？

(2)如果你是 A,你会选择哪一种策略？为什么？如果 A 采取欺骗手段,B 会做什么？如果 B 采取欺骗手段,A 会做什么？

(3)这一对策最可能出现的结果是什么？为什么？

第八章　生产要素价格和收入分配

前面各章讨论了市场上商品价格和数量的决定问题,但均假定一个前提条件,就是生产要素的价格不变。本章将放松这一假定条件,分析生产要素市场,探讨各类生产要素的价格决定问题。由于要素的价格和数量决定了各要素在国民收入分配中的相对重要性,因此要素价格决定理论又往往被称为收入分配理论。

第一节　生产要素的价格与收入分配理论

一、生产要素价格决定与收入分配的关系

所谓生产要素,也称生产性资源,或简称要素,是指为社会总产品的创造作出了贡献的资源。19 世纪早期的西方经济学家把生产要素划分为土地、劳动和资本三类,它们的价格则分别称为地租、工资和利润(包括利息)。到了 19 世纪晚期,增加了第四个要素——企业家才能。于是,利润成为企业家的报酬,利息则成为资本所有者的收入;地主、工资收入者则作为土地、劳动的所有者,获得地租和工资。从生产者角度看,地租、工资、利息和利润是生产要素的价格,或生产成本;而从要素所有者角度看,则分别是各所有者的收入。因此,要素价格的决定问题,也就是收入分配问题。收入分配理论,就是分析地租、工资、利息和利润是如何被决定的。

西方微观经济学中的分配理论,一种是由 20 世纪初美国经济学家克拉克(J. B. Clark)提出的边际生产力理论;另一种是由马歇尔提出的以均衡价格论为基础的分配理论。前者主要考虑了生产要素的需求,而后者综合考虑了生产要素的需求与供给两个方面。

二、生产要素的需求

在生产要素市场上,市场主体的地位发生了变化。生产要素的需求来自厂商,厂商购买生产要素不是为了满足自己的消费需要,而是满足生产需要,即要将生产要素投入到生产过程中,通过生产要素生产出满足消费者需要的产品和劳务,由此获取利润。正因如此,最终消费需求也就决定了生产要素的需求。或者说,厂商对生产要素的需求是消费者对相关产品和劳务的需求派生出来的,因而是一种"派生需求(derived demand)",如果消费者对

某种产品需求增加,则厂商对生产该产品的生产要素的需求也会增加;反之则减少。同时,假定其他因素不变,生产要素的需求弹性也取决于用这种要素所生产的商品的需求弹性。如果所生产的商品需求弹性较大,则用来生产此商品的生产要素的需求弹性也较大;反之则较小。总而言之,企业的投入需求由消费者对其最终产品的需求间接地派生而来。

要素需求不仅是一种派生需求,也是一种"联合需求(joint demand)"。试想,要锯倒一棵树,只有一把锯子是没有用的,而两手空空的工人也同样不能生产价值。只有将锯子交给工人使用才能很容易地将树锯倒。换句话说,某种要素的生产率,如劳动生产率,取决于能够与之相匹配的要素的数量。假定在一定的技术范围内,生产一种产品需要至少两种以上要素,那么,各种生产要素之间就存在互相替代或补充的关系。例如,生产某种产品可以采用劳动要素多一些而资本要素少一些的方式进行,也可以采用资本要素多一些而劳动要素少一些的形式,具体采取何种组合方式,则不仅取决于该要素的价格,同时也取决于其他要素价格的影响,或者说取决于几种要素的相对成本的高低。这表明,由于生产要素联合需求的特点,使得厂商必须权衡使用哪种要素组合能够带来较高的利润。

正是由于土地、劳动和资本在生产中是相互依赖的,才使得收入的分配成为一个非常复杂的问题。设想你负责分配一个国家的所有产出,如果我们能够判定"土地"独立生产这么多,"劳动"独立生产那么多,而"机器"又单独生产了其余部分,那么,分配就会非常容易。在供给需求分析框架中,如果每种要素可以独自生产一定数量的产品,那么它当然就能够独享自己的劳动果实。但上述设想在现实中是不存在的。为了寻求答案,我们需要考察要素的边际生产力和要素的供给之间的相互作用关系,这两者决定要素的市场价格和交易数量。

三、边际生产力理论

"边际生产力"这一术语是由 19 世纪末美国经济学家克拉克首创,并进一步用于其分配论分析的。在其他条件不变的前提下,每增加一个单位要素投入所增加的产量,即边际物质产品(marginal physical product,也简称为边际产品 MP)。而增加一个单位要素投入带来的产量所增加的货币收益,叫作边际收益产品(marginal revenue product,MRP),也称为要素的边际生产力。边际收益产品等于要素的边际物质产品和边际收益的乘积,即

$$MRP = MP \times MR$$

由此可见,可变要素的边际收益产品 MRP 取决于两个因素:①增加一单位要素投入带来的边际物质产品(MP)的变化;②增加一单位产品所增加的收益(MR)的变化。

在完全竞争的要素市场上,当边际产品乘以产出价格等于投入价格时,厂商就得到了利润最大化的要素组合:

劳动的边际产品×产出价格=劳动的价格=工资

土地的边际产品×产出价格=土地的价格=地租

其他情况依此类推。

我们可以通过以下推理来进一步理解这一规则:假定每种投入都被打包成价值 1 元的单位,即投入 1 元的劳动,1 元的土地,等等。为了追求最大利润,企业将购买各种要素投入,直至每一个"1 元投入组合"的产出都恰好价值 1 元。换句话说,就是每一个"1 元投入包"都将生产 MP 单位的玉米,使得 $MP \times P$ 恰好等于 1 元。那么,在利润最大化时,这些 1

元的要素单位 MRP 都恰好是 1 元。

　　将以上推理的前提推而广之,使它既可以适用于完全竞争的产品市场的情况,又可以适应不完全竞争的市场(只要要素市场是竞争的)。这样就可以得到最低成本法则:当 1 元投入的边际产品都相等时,成本就达到最小。这对于完全竞争和不完全竞争条件下的产品市场上的厂商都是同样适用的。

　　下面我们来分析边际生产力的变化特征。

　　假定其他要素投入量不变,只有一种可变要素。那么,随着可变要素的不断增加,其边际生产力最初上升,超过某一点后,开始下降。

　　以劳动作为可变要素为例,劳动投入量和劳动的边际生产力之间的关系,可用图 8-1 中的边际生产力曲线表示。

　　同样的,如果假定资本是可变要素,也可用图 8-1 来大致表示资本的边际生产力曲线,即资本的边际生产力最初上升,达到某一点后,出现下降。

　　要素边际生产力曲线之所以呈现先上升后下降的原因,实质上就是前面章节中讲过的边际报酬递减规律作用的结果。只不过后者仅仅指边际产量递减,而前者既可以指边际产量递减,又可以

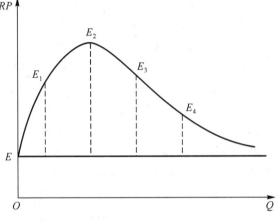

图 8-1　要素的边际生产力曲线

指边际收益产品递减。因此,"边际生产力递减规律"只不过是"边际报酬递减规律"的表现形式。

第二节　生产要素的需求函数

　　厂商对某一可变生产要素的需求函数,反映的是在其他条件不变时,厂商对该要素的需求量与该要素价格之间的关系。为此,本节假定要素市场是完全竞争的,即厂商面临的是既定的要素价格。

一、完全竞争厂商使用生产要素的原则

　　对某一生产要素的需求是由什么来决定的?为了理解这个问题,需要先讨论旨在追求利润最大化的厂商如何选择其最优的投入组合。前面讲到,厂商实现利润最大化的一般原则是边际收益等于边际成本,这一原则同样可以用于厂商对生产要素的使用:厂商在决定是否增加 1 单位某种生产要素的使用量时,要考虑增加这一单位要素所带来的收益与增加的成本之间的关系。当增加要素投入带来的收益大于所增加的成本时,厂商就会增加要素的使用量;反之,厂商就会减少要素投入。通过这种推理,要达到利润最大化,企业应当增加投入,直到投入的边际收益产品与投入的边际成本或价格相等。

下面我们来具体比较厂商使用要素的边际收益产品与生产的产品边际收益的区别。根据假定,要素市场是完全竞争的,因而要素的边际成本也即要素的价格,不随着数量变化而变化。而且,产品市场完全竞争,厂商面临不变的产品价格。这样,厂商生产产品的边际收益也不变。因此,要素的边际收益产品仅随着要素使用的数量变化而变化。

在前面介绍的产品市场理论中提到,厂商的收益函数等于产品产量与产品价格的乘积,可用公式表示为

$$R(Q) = Q \cdot P$$

其中,R、Q 和 P 分别为厂商的总收益、产量和产品价格。

在完全竞争条件下,产品价格 P 为常数,因此,产品的边际收益 MR,也就是收益对产量的一阶导数,它等于产品价格,即 $MR = P$。

但从产品市场转向要素市场后,情况有所不同。在要素市场上,收益是产量的函数,而产量又是生产要素的函数,因此,收益是要素的复合函数。假设厂商使用的生产要素为劳动 L,则收益函数可写成:

$$R(L) = Q(L) \cdot P$$

现在,自变量是劳动 L,劳动的边际收益产品是收益的一阶导数,可以写成:

$$MRP(L) = dQ(L)/dL \cdot P = MP(L) \cdot P$$

其中,$dQ(L)/dL$ 或 MP 是单位劳动的边际产品,而乘以价格 P 后,就是要素劳动 L 的"边际产品价值"。

由此可见,产品的边际收益是对产量而言,是增加单位产量的收益;要素的边际收益产品是对要素而言,是增加单位要素的收益。

现在,让我们进一步假定厂商只使用一种生产要素——劳动 L,工资为 W,那么,厂商利润最大化原则要求使用要素的边际收益产品等于要素的边际成本,即

$$MRP(L) = W$$

也可写成 $P \cdot MP(L) = W$

由边际生产力递减规律可知,要素的边际产品 $MP(L)$ 曲线向右下方倾斜。也就是说,随着要素使用量的增加,其边际产品将不断下降。又由于完全竞争条件下产品价格不变,因此,要素的边际收益产品曲线也向右下方倾斜。

二、产品市场完全竞争条件下厂商对生产要素的需求

根据 $P \cdot MP(L) = W$,我们确定了厂商对生产要素的一个需求函数,也就可以得到生产要素需求曲线的形状特征。仍假定厂商只使用一种生产要素——劳动 L。刚开始时,上式是满足的,即厂商使用要素的数量是最优的。现在假定 W 上升。厂商为了重新均衡,必须调整要素使用量 L,使得 $P \cdot MP(L)$ 亦上升。根据边际生产力递减规律,必须减少要素使用量 L;反之,假定 W 下降,则必须增加要素使用量 L。于是我们得到结论:产品市场完全竞争条件下厂商的要素需求曲线与其边际收益产品曲线一样向右下方倾斜。

还可以进一步证明,在产品市场、要素市场完全竞争条件下,厂商对单一要素的需求曲线将与其边际收益产品曲线完全重合。这是因为,在完全竞争的要素市场上,厂商面临的要素供给曲线是一条水平线。这样,给定一个要素价格如 W_0 时,就确定了一条水平的要素供给曲线;要素使用原则 $MRP(L) = W$ 在几何图形上就会存在一个 $MRP(L)$ 曲线与 W_0 曲

线的交点 A（见图 8-2）。A 点表明，当要素价格为 W_0 时，要素需求量为 L_0。这就是说，边际收益产品曲线 MRP 上的 A 点，也是要素需求曲线上的一点。

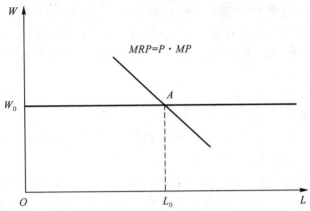

图 8-2　产品市场完全竞争条件下单个厂商的要素需求曲线

　　同样的，如果给定另外一个要素价格，就会有另外一条水平的要素供给曲线与 MRP 相交，这一交点确定了一个最优的要素使用量，因而也是需求曲线上的一个点。于是得到如下结论：在使用一种生产要素，并且产品市场和要素市场均满足完全竞争条件的情况下，厂商对要素的需求曲线与要素的边际收益产品曲线恰好重合。

　　当然，假定厂商只使用一种生产要素——资本 K，也能得到厂商使用要素的最优原则：

$$MRP(K) = P \cdot MP(K) = r$$

式中：$MRP(K)$ 是资本的边际收益产品；$MP(K)$ 是资本的边际产品；r 为资本的价格（利息率）。上式亦表明，厂商对资本的要素需求曲线不仅向右下倾斜，而且与资本的边际收益产品曲线重合。

　　现在考虑厂商同时使用劳动 L 和资本 K 两种生产要素。假定厂商的生产函数为 $Q = f(L, K)$，劳动 L 和资本 K 的价格分别为 W 和 r，π 表示利润。那么，厂商的利润函数为

$$\pi(L, K) = P \cdot f(L, K) - (WL + rK)$$

令一阶条件为 0，得到：

$$\frac{\partial \pi}{\partial L} = P \cdot \frac{\partial f(L, K)}{\partial L} - W = 0$$

$$\frac{\partial \pi}{\partial K} = P \cdot \frac{\partial f(L, K)}{\partial K} - r = 0$$

于是得到：

$$P \cdot MP(L) = W$$

$$P \cdot MP(K) = r$$

即

$$\frac{MP(L)}{W} = \frac{MP(K)}{r}$$

　　前两式，即前面分析过的要素需求函数；第三式表明，厂商在选择最优要素组合时，要求在每一要素上的每一元花费得到的边际产品相等。

　　现在我们从厂商的要素需求曲线推导出市场需求曲线。需要特别注意的是，要素市场的需求曲线不能像商品市场的需求曲线那样进行简单加总而成，而是要经过一些调整，这

便是替代原则：当一种投入要素价格上升而其他投入要素价格不变时，更多地使用其他要素以替代那个价格上升的要素，企业将会从中获利。例如，当劳动的价格 P_L 上升时，会导致 MP_L/P_L 的下降。这时，企业将会减少雇佣劳动的数量，而增加土地要素的数量，直到每1元的两种要素投入的边际产品再次相等为止。这样，就降低了对劳动的需求而提高了对土地的需求。同样，土地价格的上升也会使得企业更多地使用劳动来替代土地。与最小成本法则一样，替代原则和对要素的派生需求对于完全竞争和不完全竞争的产品市场均适用。

还是考虑只有一种生产要素 L 的情形。假定开始时，一家厂商 F 对 L 的需求曲线为 $MRP(L_0)$，均衡点为 E_0，要素需求量为 L_0。如图 8-3 所示，当 W_0 下降为 W_1 时，均衡点应为 E_1，需求量增加到 L_1。但是，考虑到 W_0 下降到 W_1，将影响其他因素的变动，就需适当调整。因为当 $W \rightarrow W_1$ 时，所有厂商都会增加对 L 的需求量，从而该产品的市场供给曲线将向右下方移动。如果该商品的市场需求无变化，则该产品的价格就要下降。这时，即使要素的边际产品 MP 不变，边际收益产品 MRP 也会减少。从而，厂商 F 的 $MRP(L_0)$ 曲线向左下方移动到 $MRP(L_1)$，交 W_1 于 E_2，从而对 L 的需求量不是 L_1，而是 L_2。因此，连接 E_0、E_2 的曲线 d_F，就是厂商 F 对 L 的需求曲线。

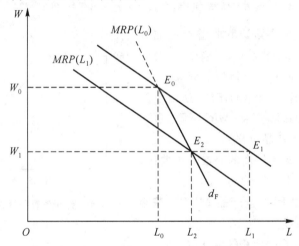

图 8-3　多个厂商调整时厂商 F 的要素需求曲线

由于厂商 F 的这一需求曲线考虑到了市场上其他厂商同时调整的因素，因而可称为厂商 F 的"实际"需求曲线，它的形状仍然向右下方倾斜，只是更陡峭一些。然后，我们将多个厂商经过调整了的要素需求曲线（$d_i, i=1,2,3\cdots$）进行水平加总，就能得到市场的要素需求曲线 D，它也是一条向右下方倾斜的曲线。

三、产品市场非完全竞争条件下厂商对生产要素的需求

从前述章节可知，产品市场非完全竞争的情形，基本上包括垄断、寡头和垄断竞争三种。在非完全竞争条件下，由于厂商面临的产品需求曲线不是水平的，产品价格随着商品数量的变化而变化，因而，厂商对要素的需求曲线也将不同于产品市场完全竞争下的情形。

为了简单起见，这里我们主要分析一种卖方垄断厂商的情形。所谓卖方垄断厂商，是指厂商在产品市场上（作为产品的卖方）是垄断者，而在要素市场上（作为要素的买方）是完

全竞争者。这样,在要素市场上,厂商使用要素的边际成本仍等于要素价格,但在产品市场上,产品价格则取决于产量,而产量又取决于要素数量,从而厂商使用要素的边际收益不再等于产品价格。表 8-1 可以说明。

表 8-1　要素的边际收益产品

要素数量 L	边际产品 MP	总产量	产品价格 P	总收益	边际收益 MR	边际收益产品 $MRP = MP \cdot MR$
3	10	33	20.00	660.00	20.00	—
4	9	42	19.50	819.00	17.70	159.00
5	8	50	19.00	950.00	16.40	131.00
6	7	57	18.50	1054.50	14.90	104.50
7	6	63	18.00	1134.00	13.30	79.50
8	5	68	17.50	1190.00	11.20	56.00
9	4	72	17.00	1224.00	8.50	34.00

注:本表主要引自高鸿业. 西方经济学. 北京:中国人民大学出版社,2007:276.

由表 8-1 可以作出要素边际收益产品曲线图,如图 8-4 所示。从形状看,卖方垄断厂商的边际收益产品曲线也向右下方倾斜。究其原因,除了边际产品(MP)递减规律的作用,还由于产品价格下降而导致的边际收益(MR)下降(事实上,边际收益总是小于产品价格)。

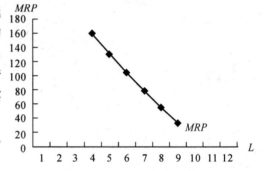

图 8-4　卖方垄断厂商的边际收益产品曲线

现在来推导卖方垄断厂商的要素需求曲线。仍然假定只有一种要素——劳动 L。

首先,求要素的边际收益产品 MRP。垄断厂商的收益函数可写成:

$$R = P \cdot Q = P[Q(L)] \cdot Q(L)$$

式中:$P[Q(L)]$ 表示产品价格是要素数量的复合函数。

要素的边际收益产品也即要素的"边际收益",它是收益对要素的导数,即

$$MRP = \frac{dR}{dL} = \frac{dP}{dQ} \cdot \frac{dQ}{dL} \cdot Q + P \cdot \frac{dQ}{dL} = \left(Q \cdot \frac{dP}{dQ} + P \right) \cdot \frac{dQ}{dL}$$

括号中的项就是产品的边际收益,也即

$$Q \cdot \frac{dP}{dQ} + P = MR$$

如果我们将厂商的收益写成产品(而不是要素)的函数:

$$R = PQ = P(Q) \cdot Q$$

那么,产品的边际收益就等于收益对产品(而不是要素)的导数,即

$$MR = Q \cdot \frac{dP}{dQ} + P$$

由于$\dfrac{\mathrm{d}P}{\mathrm{d}Q}<0$,所以 $MR<P$。其原因在于,边际产品 MP 引起了整个产品价格的下降。于是就有:

$$MRP=MR\cdot MP$$

其次,再考虑到完全竞争的要素市场,卖方垄断厂商按照要素边际收益等于要素边际成本的原则,必须满足:

$$MRP=W \text{ 或 } MR(L)\cdot MP(L)=W$$

上式确定了从要素价格 W 到要素使用量 L 的一个函数关系:给定一个要素价格 W,则有唯一一个满足要素使用原则的最优要素数量与之对应,即上式确定了卖方垄断厂商的要素需求函数。

那么,卖方垄断厂商的要素需求曲线具有什么特征呢? 假定开始时要素使用满足 $MR(L)\cdot MP(L)=W$。现在让 W 下降,那么为了维持等式成立,$MR(L)\cdot MP(L)$ 也必须随之下降,因而要素需求量 L 必然增加。这就是说,随着要素价格的下降,要素需求量将上升,因此,要素需求曲线向右下方倾斜。

与产品市场完全竞争条件下一样,卖方垄断厂商的要素需求曲线与其边际收益产品曲线完全重合。但要注意的是:产品市场完全竞争条件下厂商的要素需求曲线之所以向右下方倾斜,只是边际生产力(MP)递减一个因素所致,而卖方垄断厂商的要素需求曲线之所以向右下倾斜,是由于边际生产力(MP)递减和产品的边际收益(MR)递减两个原因所致。由此可知,卖方垄断厂商的要素需求曲线如图 8-5 所示。

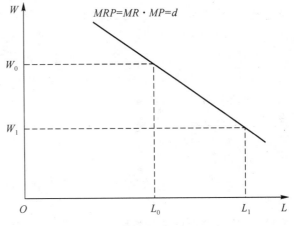

图 8-5　卖方垄断厂商的要素需求曲线

下面分析存在卖方垄断厂商条件下的要素市场需求曲线。

首先,考虑多个厂商的共同调整是否会改变厂商 F 的要素需求曲线。假定要素价格下降,那么要素市场上所有厂商的要素需求量和产量均将扩大。但是,卖方垄断厂商 F 自己产量的扩大不会改变它的产品需求曲线;其他厂商的产品因与厂商 F 的产品不具有相关性,也不会改变厂商 F 的产品需求曲线。这样,尽管考虑多个厂商的调整,厂商 F 的产品需求曲线从而它的边际收益产品曲线不会改变,也就是说,厂商 F 的要素需求曲线不发生变化。

其次,再来考察卖方垄断厂商条件下的要素市场需求曲线。假定要素市场包括 n 个不同的卖方垄断厂商,那么,市场的要素需求曲线就是 n 个卖方垄断厂商的要素需求曲线的水平加总,向右下方倾斜。

第三节　生产要素的供给与要素价格的决定

本章第二节在分析要素需求的过程中,实际上假定厂商面临的是一个完全竞争的要素市场,或者说假定要素价格既定。本节将放松这一假定,考察要素市场的供给特征并最终决定要素价格。

一、要素市场完全竞争条件下要素的供给与价格决定

所有的生产要素,都可以被划分为原始要素和非原始要素两大类。前者如不可再生的自然资源,它们的供给从总量上说往往是固定不变的,因此,它们的供给曲线是一条垂直于价格轴的垂线。非原始要素如中间产品、劳动力、资本等,其要素所有者可能是厂商和个人。作为提供中间产品的厂商,追求的是利润最大化,因此,中间产品的供给曲线,已于前面分析过,是随着生产的边际成本递增而向右上方倾斜。

下面以个人提供劳动这一要素为例说明劳动的供给行为。

劳动力的所有者是个人或消费者,追求的是效用最大化。必须注意的是,个人拥有的要素数量在一定时期内总是既定不变的。例如,个人一天提供的劳动不可能超过 24 个小时,个人拥有的收入或财富也是受到约束的,不可能满足无限的当期消费与投资,等等。因此,对于个人或消费者而言,所谓要素供给问题的实质,可以看成个人(或消费者)在一定的要素价格水平下,将其全部既定资源在"要素供给"和"保留自用"两种用途上进行分配以获得最大效用。

消费者对劳动供给的决策是要考虑自己的时间如何有效地分配。消费者的时间可以分为两部分:一部分时间用于劳动,通过从事生产活动获取收入,同时,劳动需要耗费体力和脑力,给消费者带来负效用。另一部分时间用于闲暇,用于恢复体力、娱乐、消费或从事其他个人感兴趣的活动。由于消费者每天的时间是固定的,当用于劳动的时间增加时,闲暇时间就会减少,反之,闲暇时间就会增加。消费者关于劳动供给的决策实际上就是要解决如何安排劳动时间和闲暇时间的问题。

假定个人在某一时期(如一天)内的时间总量为 $\bar{L}$,他将其分为"劳动供给"与"闲暇"时间两部分,劳动的价格为 W,劳动供给量为 L,"闲暇"时间为 l。劳动的供给可以获得收入 $y(L)=WL$,"闲暇"减少了劳动供给,因而会减少收入,但也有效用,因此,效用函数可用 $U(y,l)$ 表示。

这样,个人的选择就是在劳动价格 W 既定条件下,选择最优的 l(或 L),使得效用最大化。其预算约束条件为 $L+l=\bar{L}$,即

$$L=-l+\bar{L}$$

两边同乘以 W,上式可改写为

$$y=-Wl+W\bar{L}$$

我们现在采用无差异曲线分析个人(或消费者)的劳动供给行为。以横轴 l 表示"闲暇"时间,纵轴 y 表示要素供给所带来的收入,表明个人的效用满足实际上是在"收入"与"闲暇"

之间进行选择，因而可做出无差异曲线 U_1、U_2、U_3 等。如图 8-6 所示，其中 $U_1 < U_2 < U_3$。

再假设个人在开始时拥有 $\bar{L}$ 单位的时间和 $\bar{y}$ 单位的固定非要素收入（如不变的财产收入，即图中的 $\bar{y}A$）。如果 l 为 0，即全部时间用于劳动的供给，将得到的要素收入则为 $\bar{L} \cdot W$，从而全部收入为 $K = \bar{L} \cdot W + \bar{y}$；同样，如果 $l = \bar{L}$，那么，全部收入为 $\bar{y}$，即点 A。因此，连接点 K、A 的直线，就是该消费者的预算线。

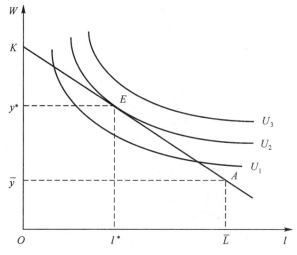

图 8-6　个人的要素（劳动）供给分析

显然，最优的收入 y 与 l 的组合点是 E，即无差异曲线与预算线 KA 的切点。在这一点，无差异曲线的斜率等于预算线的斜率。

预算线的斜率为

$$-(K - \bar{Y})/\bar{L} = -\bar{L} \cdot (W/\bar{L}) = -W$$

故有 $\dfrac{\mathrm{d}y}{\mathrm{d}l} = -W$。由于 $l = \bar{L} - L$，可将上式改写成：

$$\frac{\mathrm{d}y(L)}{\mathrm{d}(\bar{L} - L)} = W$$

上式即是一个关于 W 与 L 的关系式，表明两者存在一一对应的关系，这正是我们要寻找的要素供给函数。注意，式中 $\dfrac{\mathrm{d}y(L)}{\mathrm{d}(\bar{L} - L)}$ 或 $\dfrac{\mathrm{d}y}{\mathrm{d}l}$ 总为负。

假定开始时，上式是满足的，即个人处于最优状态。现在假定 W 上升，那么为了继续满足上式，$\dfrac{\mathrm{d}y(L)}{\mathrm{d}(\bar{L} - L)}$ 或 $\dfrac{\mathrm{d}y}{\mathrm{d}l}$ 的绝对值必须上升；根据边际替代率递减规律，l 必须下降，也即 L 必须上升；反之则下降。这样，就得到了劳动供给曲线向右上方倾斜的结果[1]，如图 8-7 所示。

下面考虑生产要素的价格决定。前面的分析表明，在完全竞争的要素市场上，要素供给曲线向右上方倾斜。

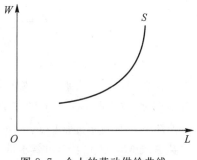

图 8-7　个人的劳动供给曲线

---

① 此处没有具体考虑个人对"闲暇"的特殊需求，有关分析见本章第四节。

从第二节我们得出了要素需求曲线向右下方倾斜的结论。因此,生产要素的均衡价格及均衡数量,决定于要素市场需求曲线和供给曲线的交点,如图 8-8 所示。

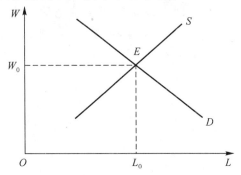

图 8-8   要素市场的价格决定

二、要素市场非完全竞争条件下的要素供给与价格决定

我们知道,产品市场上的销售者常常具有某种垄断势力。同样,要素市场的供应者也可以拥有某种卖方垄断势力。一般来说,要素市场上的垄断因素要远远小于产品市场。

下面来分析具有卖方垄断势力的要素市场均衡。

西方经济学往往选用的一个例子是工会具有卖方垄断特征如图 8-9 所示为一个没有买方垄断的要素 L 市场,需求曲线 D_L——它是各厂商的边际收益产品曲线的加总;要素供给曲线 S_L 描述了竞争性劳动力市场下工人的劳动提供量。在完全竞争条件下,均衡点为 A,L^* 的工人将在 W^* 的工资下被雇佣。

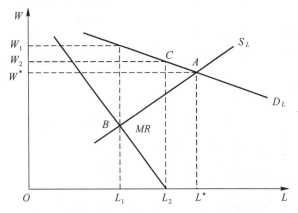

图 8-9   卖方垄断下的要素(劳动力)供给分析

现在假定工会具有卖方垄断势力,它可以任意选择工资率和劳动供给数量。在前述章节中讲过,作为产品市场上的卖方垄断者,其边际收益一定小于产品价格,或者说,边际收益曲线一定在需求曲线的左下方。同样,工会作为要素的卖方垄断者,出卖劳动力的边际收益曲线 MR 也位于劳动需求曲线 D_L 的左下方,并假定交横轴于 L_2。

现在假定工会的目标是雇佣工人数目最大化,它将选择 A 点的竞争性结果。

如果工会也像一个厂商一样追求"利润"最大化,那么它将选择边际收益等于边际成本的点,即图 8-9 中边际收益曲线 MR 与供给曲线的交点 B,此时的均衡点为 (L_1,W_1)。这时,$W_1 > W^*$,而 $L_1 < L^*$。由于工人不能像完全竞争条件下一样全部被雇佣,工会往往采取限制入会的方式,只保证工会会员被雇佣。

如果工会追求的目标是所有工人的工资总额最大化,那么它将选择 L_2 点,此时出卖劳动的边际收益 MR 为 0,均衡点为 (L_2, W_2),仍然有 $W_2 > W^*$,$L_2 < L^*$,工会仍需限制会员入会人数。

以上分析表明,在不完全竞争要素市场上,要素的均衡价格往往高于竞争性价格,而要素提供量则小于竞争性数量。

第四节　工资、地租、利息和利润理论

一、工资理论

劳动供给与其他生产要素供给间存在一个重要的差别,即劳动是一种最重要的生产要素,同时也是消费者收入的最大来源。消费者行为理论中研究了在收入水平给定的条件下,消费者如何在不同产品和劳务中分配自己的收入以寻求效用最大化。当我们考察了劳动市场后,认识到消费者的收入是一个变动的量,受其劳动供给量和工资水平的影响,即一方面取决于消费者向要素市场提供的劳动数量,另一方面取决于单位劳动时间的工资率。

1.以边际生产力论为基础的工资理论

工资或工资率是劳动的价格。根据美国经济学家克拉克的边际生产力论,工资决定于劳动的边际生产力,也即厂商雇佣的最后那个工人所增加的产量。因为,在静态条件下资本数量不变,劳动力的使用将呈现边际生产力递减规律,因此,最后雇佣的那个工人的边际生产力就不仅决定他自己的工资,而且决定所有工人的工资。如图 8-10 所示。

图 8-10 中,最后一个工人(第 4 个工人)的边际生产力为 WL_4,从而决定了工人的工资率

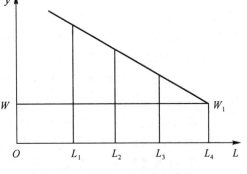

图 8-10　劳动边际生产力曲线

为 WW_1。边际生产力论实质上只考虑了厂商对劳动的需求,这一理论能够对于劳动力供给具有无穷弹性的情形进行较好的理论解释。

2.以均衡价格论为基础的工资理论

马歇尔认为,可以以均衡价格论为基础,从需求与供给两个方面来说明工资的决定。

厂商对劳动的需求取决于劳动的边际生产力。将所有厂商对劳动的需求曲线水平加总,即得到一条向右下方倾斜的劳动市场需求曲线。

工资率变化产生的效应在工资率较低和较高情形下的不同关系,反映了劳动供给曲线的特殊性,即在一定的工资率水平以下,劳动供给曲线向右上方倾斜,而工资率提高到该水

平以上时,劳动的供给曲线向右下方倾斜,一般称为"向后弯曲的劳动供给曲线"。如图8-11所示。在点(W_1,L_1)之前,劳动供给曲线向右上方倾斜,但在此点之后,随着工资的增加,劳动提供量反而减少,供给曲线"弯"向左边。

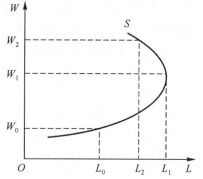

图 8-11　向后弯曲的劳动供给曲线

西方经济学用劳动者在"劳动"与"闲暇"之间进行选择来解释其中原因。劳动可以带来收入,但"闲暇"也是个人所需要的一种"消费品",两者具有替代关系,也都给个人带来效用满足。工资率的提高对劳动供给具有替代效应和收入效应。所谓替代效应,是指工资愈高,也就意味着"闲暇"的机会成本高,或者说"闲暇"作为一种消费品的价格上涨,个人将选择提供更多的劳动量;所谓收入效应,是指工资愈高,个人的实际收入和购买力上升,因而能够"购买"更多的"闲暇",从而减少劳动供给量。替代效应与收入效应对劳动供给具有相反的影响,其综合净效应取决于两种效应的相对强度。一般的,在劳动提供量不大时,替代效应大于收入效应,劳动供给将会随着工资上升而上升,劳动供给曲线向右上方倾斜;而当个人提供的劳动量已经较高时,收入效应往往占了上风,这时,随着工资的继续上升,个人反而减少劳动提供量,于是,劳动供给曲线"弯"向左边。符合劳动力供给"向后弯曲"假说的一个基本事实是,从历史统计看,20世纪初到现在,个人真实收入逐渐增加,而周劳动小时却在逐渐减少,由50~60小时下降到35~40小时。

尽管个人的劳动供给曲线可能因收入效应和替代效应而向后弯曲,不过,通常情况下,由于劳动是一个经济社会大多数人的主要收入来源,并且由于高工资可以吸引新的工人加入,所以劳动供给曲线向右上方倾斜更为普遍。这样,综合前节关于要素市场需求曲线向右下方倾斜的分析,劳动供求曲线的交点将决定一个均衡的工资 W_0 和劳动数量 L_0。如图 8-12 所示。

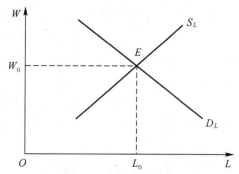

图 8-12　均衡工资的决定

在现实经济生活中工资水平会出现较大的差异,具体来看主要体现在以下几个方面:

(1)劳动者素质的差异。这种因素造成的工资差异称为补偿性工资差异。这是因为劳动者接受的教育、习得的技能、生活阅历、职业经历等方面存在差异,造成劳动者的劳动效率不同,即在单位时间内提供的产品和劳务的数量和质量不同,由此工资水平出现差异,较高质量的劳动获得较高的工资。

(2)劳动环境的差异。不同的工作岗位在安全度、舒适度、心理压力、社会地位、承担责任等方面存在较大的差异。对于社会中普通不愿意接受的工作岗位,如果工资水平不提高到足够高的水平,就不会吸引人去从事这些工作,这类工资差异实际上是对从业者的一种补偿。

(3)劳动市场进入壁垒。由于某些行政性规章、垄断、地域等造成劳动力无法进入某些行业或者某些地区时,限制进入行业和地区的工资水平一般要高一些。这主要是因为这些限制降低了劳动市场的竞争性,同时使这些行业和地区能够凭借其垄断地位获取较高的利润,从而抬高了工资水平。

二、地租理论

地租是土地使用的服务价格,或者说是土地这一生产要素的收益或价格。地租理论就是要分析地租的决定问题。

1. 以边际生产力论为基础的地租理论

按照边际生产力理论,地租取决于土地的边际生产力。如果其他要素的投入不变,土地的边际生产力同样具有递减特征,最后一个单位土地的服务产出,就决定了地租的大小。如图 8-13 所示,AE'是土地的边际生产力曲线,全部产量为 $OAE'M$,地租为 $OEE'M$,AEE' 则分配给其他生产要素。

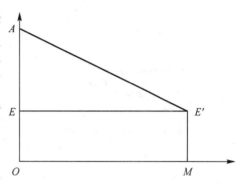

2. 以均衡价格论为基础的地租理论

按照均衡价格理论,地租是由土地市场上的土地供给曲线和土地需求曲线的交点决定的。

图 8-13　地租决定于边际生产力

土地的需求取决于土地的边际生产力。对土地的需求曲线,如同其他要素的需求曲线那样,具有向右下方倾斜的特征。

作为一种自然资源,土地既不能流动,又不能再生,因此,就一个整体经济而言,供给量是固定的,其市场供给曲线为一条垂直线,如图 8-14(a)所示的 S 线。也就是说,不管地租怎样变化,土地总供给量始终为 Q_0。

将土地的市场需求曲线与供给曲线综合在一个坐标系中,供求曲线的交点就是均衡点,如图 8-14(b)所示的 E 点。

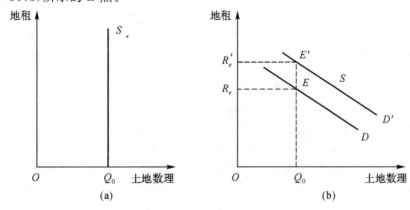

图 8-14　土地的供给与价格决定

从图 8-14(b)可以看出,由于土地数量固定,地租的大小完全取决于需求。如果土地需求曲线移动,土地的均衡数量不变,仅地租发生变化。

3. 准租和经济租

土地之所以能获得地租,因为无论从短期或长期来看,土地资源是固定不变的,或者说,是一种完全缺乏供给价格弹性的生产要素。现实中有些生产要素尽管在长期中是可变的,但在短期中却是固定的,如厂房、机器设备等。这些要素的价格在一定程度上也与"租金"类似,故称为"准租"。所谓"准租",就是对短期内供给量暂时固定的生产要素的支付,或固定要素的支付。如图 8-15 所示,MC、AC、AVC 分别表示厂商的短期边际成本、平均成本和平均可变成本曲线。假定产品价格为 P_0,均衡产量为 Q_0。那么,总收入为 OP_0CQ_0,总可变成本为 $OGEQ_0$。GP_0CE 就是固定要素的收入,也就是准租金。

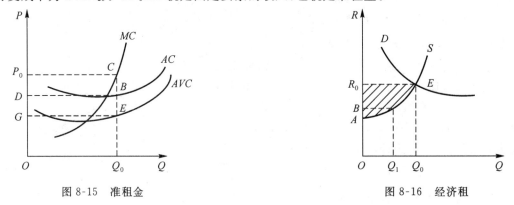

图 8-15　准租金　　　　　　　　　　　　图 8-16　经济租

如果从准租金 GP_0CE 中减去固定总成本 $GDEB$,就得到经济利润 DP_0CB。因此,准租金为固定总成本与经济利润之和。

那么,经济租又是什么呢? 图 8-16 是要素供求曲线的均衡图,均衡时的要素价格为 OR_0,数量为 Q_0。假定开始时要素价格为 $OB(OB<OR_0)$,这时的要素提供量为 Q_1。也就是说,即使要素价格小于均衡价格,仍有 OQ_1 的要素提供。因此,如果厂商最后按 OR_0 的价格支付给要素所有者,那么 OQ_1 的要素就获得了比它要求更多的收益。由于 Q_1 点可以选在 OQ_0 之间任意一点,图中阴影部分就是要素提供者获得超过它所要求的总收益的部分,这部分收益即为经济租。因此,经济租的含义是:生产要素供给者获得的超过他要求得到的那部分收入,经济租的几何解释也被称为"生产者剩余"。

三、利息理论

1. 以边际生产力论为基础的利息理论

按照西方经济学家的说法,资本作为生产要素中的一种,也应该获得收益,利息就是资本的报酬,或者说资本的价格。边际生产力论认为,利息取决于资本的边际生产力。具体来说,假定劳动量不变,那么,继续追加资本的边际产出递减,最后追加一单位资本的边际产出,称为资本的边际生产力,它决定利息的高低(见图 8-17)。

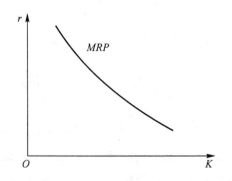

图 8-17　资本使用的边际收益产品(边际生产力)

以边际生产力为基础的利息理论,仅仅考虑了资本的需求,而未考虑资本的供给。

2.以均衡价格论为基础的利息理论

谈到资本,既可以讲实物资本,如机器设备,也可以指货币资本。但是,实物资本与货币资本之间存在明显的差异。比如,实物资本往往以"存量"形式出现,不是一次耗尽;实物资本比货币资本具有更少的流动性,从而增加了风险。然而为了简化分析,在西方经济学中,资本的利息均可以指两者。因此,将实物资本与货币资本的利息统一起来,存在两个重要的假定:第一,资本市场是均衡的;第二,假定不同资本市场的市场风险相同,不同资本的流动性相同。这样,实物资本与货币资本的收益在市场均衡时就一定相等,因为资本所有者可以及时转换自己的资本形态。于是,我们就可以将实物资本也当成货币资本一样看待。

厂商对资本的需求决定于资本的边际生产力。由于资本的边际生产力递减,因而厂商的资本需求曲线向右下方倾斜。将所有厂商对资本的需求曲线加总,即得到资本的市场需求曲线,它向右下方倾斜。

资本的供给,就是资本的所有者在各个不同利率水平下愿意提供的数量。西方经济理论假定资本的供给主要来自于个人储蓄。

个人追求的是效用最大化。在静态分析时,个人将所有的收入全部用于消费,以便将收入在各种商品的购买中最优分配。但如果考虑到个人并不只是为了当前消费,而是还要考虑未来的消费,就必须进行个人的跨时期最优决策分析。

假定个人的一生包括两个时期,或者更加简化为今年和明年两个时期,而且假定个人在第一期挣得较高的收入,个人的目标函数为两期总消费最大化。如图 8-18 所示,横轴 C_0 代表今年消费量,纵轴 C_1 代表明年消费量。U_1、U_2 和 U_3 是消费者的三条无差异曲线。假定个人今年的收入可购买到 C_0 的商品量,明年的收入可购买到 C_1 的商品量,那么,初始状态为图中点 $A(C_0', C_1')$,点 A 一定是消费预算线上的一点。

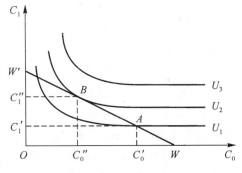

图 8-18　个人长期消费决策

我们现在需要确定预算线的位置。处于 A 点的个人可以将自己的收入用于现在消费或储蓄。假定他面临的市场利率为 r,那么他减少今年一单位商品消费就可以增加 $(1+r)$ 个单位商品的明年消费。这也就是说,预算线的斜率必为 $-(1+r)$,它完全取决于利率变化:上升,预算线斜率的绝对值越大,预算线越陡,反之则越平缓;同时,预算线总是经过点 A。另外,预算线在横轴上的截距度量将所有收入集中在今年消费的量,即 $W = C_0 + \dfrac{C_1}{1+r}$。

个人的均衡位置在预算线与无差异曲线 U_2 的切点 B,也即长期最优消费决策是:今年消费 C_0'',明年消费 C_1''。在图 8-18 中个人没有全部消费完今年的收入,而是储蓄了 $C_0'' C_0'$ 部分,因为储蓄可以获得利息收入,增加明年的消费,或者说平衡整个一生的消费。

总结以上分析,我们得到结论:给定一个市场利率 r,个人就存在一个最优储蓄量。假定利率 r 上升,预算线的斜率就越陡,从而与横轴的截距越小,今年消费将减少,储蓄量将增加,或者从另一个意义说,是"今年消费"的机会成本增大。将不同利率水平下个人的最优储蓄量描绘出来,就得到一条向右上方倾斜的资本供给曲线①,如图 8-19 所示。将所有个人的资本供给曲线加总,就得到资本市场供给曲线。

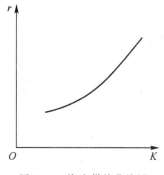

图 8-19　资本供给曲线图

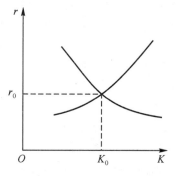

图 8-20　资本市场的均衡

资本市场的均衡点出现在市场需求曲线与供给曲线的交点,如图 8-20 所示的(r_0,K_0)。这就是说,利息决定于资本市场的供求均衡。

四、利润理论

西方经济学家认为,利润是在总收入扣除厂商的实际成本和隐含成本以后给予企业家的一项剩余。英国经济学家马歇尔第一个认为,企业家才能也是一种生产要素,应该得到这项剩余。在微观经济学中,利润是指经济利润(economic profit),与会计利润(accounting profit)有着显著的差异。会计利润是指厂商的总收益减去所有的显性成本或者会计成本以后的余额;显性成本是指厂商为获得生产所需要的各种生产要素而发生的实际支出,主要包括支付给员工的工资,生产中购买的各种原材料、零部件和燃料等。在经济分析中提到利润时,是指厂商获得的所有收益中扣除土地、劳动、资本等所有生产要素的全部机会成本之后的剩余。机会成本是指厂商生产某种产品或提供某种服务时,所放弃掉的其他可以获得的最大收益的产品或服务的代价。在会计利润的计算中没有考虑隐性成本,也就是厂商使用的早已占有的并非购买亦非租用的要素进行生产而导致的机会成本,在会计记录中体现不出来,但经济分析中必须考虑这部分成本。除了经济利润,经济学中讲到利润时,还有一种称为正常利润(normal profit),它是企业家才能这种生产要素的报酬,微观经济学中正常利润被归入经济成本(隐性成本)之中。

正常利润的决定类似于工资决定,它是由企业家才能这种生产要素的供给和需求决定的。前面生产理论中指出,企业家才能是指企业家在一个厂商中发现市场机会,并安排生产要素进行生产以获利的才能。由于企业对于企业家才能这种要素的需求水平较高,而这种特殊才能的供给缺乏弹性,因此,其价格或正常利润水平高于一般工资水平。

由于企业家的功能是多方面的,因此关于利润的来源,有以下几种说法:

第一,利润是协调生产的报酬。企业家按照最优生产要素组合原则组织生产,才能获得最大利润。因此,组织协调工作的好坏,对利润大小有重要影响,"企业家才能"理应获得利润。

第二,承担风险的报酬。企业家的工作常常具有风险和不确定性结果,如新项目的投

---

① 此处忽略了利率变化的收入效应。若同时考虑收入效应,利率上升增加了个人的收入,从而可能增加当期消费甚至减少储蓄和投资。

产、新市场的开拓等。风险活动意味着存在失败的可能,如果没有相应的补偿机制,就没有人敢冒风险。因此,利润就是一种风险报酬。

第三,利润是创新的报酬。按照熊彼特的观点,创新是企业家对生产要素的重新组合,包括新产品、新技术、新市场、新材料、新工艺或发明的开发与应用。企业家的创新活动打破了旧的经济均衡,使厂商获得了超出正常收益之上的收益,因此,这部分剩余就是企业家才能的报酬。

第四,利润是垄断收益。在不完全竞争条件下,厂商的产品具有一定的垄断性,超出完全竞争条件下正常收益以上的部分,就是垄断收益或垄断利润。

以上分析了利润的来源,但是,利润的产生也有一个市场均衡过程。市场均衡时的利润,称为正常利润,它是厂商长期均衡时企业家所希望得到的报酬,因而可以看成是生产成本的一部分。假定所有企业家的能力相同,要他们留在一个行业中,就必须都获得正常利润,否则,企业家将转移到其他行业中去。同时,如果一个行业出现超过正常利润的利润,新厂商和企业家必然进入,直到超额利润消失为止。

案 例

【案例 1】 漂亮的收益

美国经济学家丹尼尔·哈莫米斯与杰文·比德尔在 1994 年第 4 期《美国经济评论》上发表了一份调查报告。根据这份调查报告,长相漂亮的人的收入比长相一般的人高 5% 左右,长相一般的人又比丑陋一点的人收入高 5%~10%。为什么漂亮的人收入高?

经济学家认为,人的收入差别取决于人的个体差异,即能力、勤奋程度和机遇的不同。漂亮程度正是这种差别的表现。

个人能力包括先天的禀赋和后天培养的能力,长相与人在体育、文艺、科学方面的天才一样是一种先天的禀赋。漂亮属于天生能力的一个方面,它可以使漂亮的人从事其他人难以从事的职业(如当演员或模特)。漂亮的人少,供给有限,自然市场价格高,收入高。

漂亮不仅仅是脸蛋和身材,还包括一个人的气质。在调查中,漂亮由调查者打分,实际是包括外形与内在气质的一种综合。这种气质是人内在修养与文化的表现。因此,在漂亮程度上得分高的人实际往往是文化高、受教育高的人。两个长相接近的人,也会由于受教育不同表现出来的漂亮程度不同。所以,漂亮是反映人受教育水平的标志之一,而受教育是个人能力的来源,受教育多,文化高,收入水平高就是正常的。

漂亮也可以反映人的勤奋和努力程度。一个工作勤奋、勇于上进的人,自然会打扮得体,举止文雅,有一种朝气。这些都会提高一个人的漂亮得分。漂亮在某种程度上反映了人的勤奋,与收入相关也就不奇怪了。

最后,漂亮的人机遇更多。有些工作,只有漂亮的人才能从事,漂亮往往是许多高收入工作的条件之一。就是在所有的人都能从事的工作中,漂亮的人也更有利。漂亮的人从事推销更易于被客户接受,当老师会更受到学生喜爱,当医生会使病人觉得可亲,所以,在劳动市场上,漂亮的人机遇更多,雇主总爱优先雇用漂亮的人。有些人把漂亮的人机遇更多,更易于受雇称为一种歧视,这也不无道理。但有哪一条法律能禁止这种歧视?这是一种无法克服的社会习俗。

　　漂亮的人的收入高于一般人。两个各方面条件大致相同的人,由于漂亮程度不同而得到的收入不同。这种由漂亮引起的收入差别,即漂亮的人比长相一般的人多得到的收入称为"漂亮贴水"。

　　收入分配不平等是合理的,但有一定限度,如果收入分配差距过大,甚至出现贫富两极分化,既有损于社会公正的目的,又会成为社会动乱的隐患。因此,各国政府都在一定程度上采用收入再分配政策以纠正收入分配中较为严重的不平等问题。

　　　　　　摘自:梁小民.微观经济学纵横谈.北京:生活·读书·新知三联书店,2005
　　问题:(1)贫富差距形成的原因有哪些?
　　　　　(2)有人说"市场经济中收入差距的出现是必然的,但它也不一定是坏事情"。你认为这个话对吗?为什么?

【案例2】　　　　　　　中国的基尼系数已超警戒线

　　基尼系数是国际上用来综合考察居民内部收入分配差异状况的一个重要分析指标,由意大利经济学家于1922年提出。其经济含义是:在全部居民收入中,用于进行不平均分配的那部分收入占总收入的百分比。基尼系数最大为"1",最小等于"0"。前者表示居民之间的收入分配绝对不平均,即100%的收入被一个单位的人全部占有了;而后者则表示居民之间的收入分配绝对平均,即人与人之间收入完全平等,没有任何差异。但这两种情况只是在理论上的绝对化形式,在实际生活中一般不会出现。因此,基尼系数的实际数值只能介于0~1。

　　按照国际惯例,基尼系数在0.2以下,表示居民之间收入分配"高度平均",0.2~0.3表示"相对平均",在0.3~0.4为"比较合理",同时,国际上通常把0.4作为收入分配贫富差距的"警戒线",认为0.4~0.6为"差距偏大",0.6以上为"高度不平均"。

　　2005年6月,国家统计局城市社会经济调查总队对全国5.4万户城镇居民家庭抽样调查显示,2005年一季度收入和消费支出均呈现增长趋缓的态势。一季度人均可支配收入为2938元,同比增长11.3%,扣除价格因素,实际增长8.6%,增幅较上年同期回落1.2个百分点。人均消费性支出2020元,同比增长9.9%,实际增长7.2%,增幅回落0.7个百分点。同时,数据显示,高低收入组的收入差距有所扩大。最高10%收入组人均可支配收入8880元,同比增长15.7%;最低10%收入组人均可支配收入755元,同比增长7.6%。高低收入组之比为11.8:1,比2004年同季(10.9:1)有所扩大。

　　中国社科院研究收入分配的专家指出,目前中国的基尼系数2005年迅速逼近0.47,已经超过了警戒线0.4,收入差距已经处于高水平,形势严峻。

　　　　　　摘自:梁小民.微观经济学纵横谈.北京:生活·读书·新知三联书店,2005
　　问题:(1)收入分配差距扩大的主要原因是什么?
　　　　　(2)有哪些方法可以缩小居民收入分配差距的扩大?

::: 习　题 :::

1.为什么下列说法是错误的？请给出正确的说法。

(1)边际收益产品即为每个工人挣得的全部收入。

(2)分配理论很简单,你只要算出每一个要素生产了多少,然后将其在产出中所占份额分配给它即可。

(3)在竞争条件下,工人的工资是其生产的全部产出减去原材料的成本。

2.工会领导人过去常说:"没有劳动就没有产品,所以劳动应取得全部产品。"为资本辩护的人会说:"拿走全部资本品,劳动只能从土地上得到一点糊口的东西,实际上所有产品都属于资本。"

分析上述论点的错误之处。克拉克的边际生产率理论是如何解决这个难题的?

3.请画出石油市场的供给和需求曲线。现在假设有一种可行的电动汽车,使需求从石油处转移,请画出新的需求曲线和新的均衡。以石油的价格、消费的数量和石油生产者的全部收入来说明其结果。

第九章　一般均衡与福利经济学

在微观经济学的前面几章里,我们讨论了消费者行为理论、厂商行为理论、要素供应者的行为理论等。迄今为止,我们已经完成了单一产品市场和单一要素市场的讨论。在讨论单一商品市场时,假定商品的供给函数和需求函数仅仅决定于该商品本身的价格,而不考虑其他商品价格的影响。换言之,到目前为止,我们的讨论事实上忽略了其他商品价格对市场均衡的影响。仅仅探讨需求和供给是如何受我们所考察的特定商品的价格的影响,这种分析我们称之为局部均衡分析。本章将讨论几个市场的需求和供给条件是如何相互影响及多个商品价格是如何决定的,即一般均衡问题。在一般均衡分析的基础上,还简要地介绍福利经济学的基本定理。

第一节　一般均衡

一、瓦尔拉斯与一般均衡理论的提出

一般均衡理论(general equilibrium theory)是洛桑学派创始人、著名经济学家瓦尔拉斯在他的《纯粹经济学要义》中系统创立的。瓦尔拉斯认为,整个经济体系处于均衡状态时,所有消费品和生产要素的价格将有一个确定的均衡值,它们的产出和供给,将有一个确定的均衡数量。他还认为,在"完全竞争"的均衡条件下,出售一切生产要素的总收入和出售一切消费品的总收入必将相等。一般均衡理论的实质是说明市场经济可以处于稳定的均衡状态。在整个市场经济体系中,消费者可以获得最大效用,企业家可以获得最大利润,生产要素的所有者可以得到最大报酬。

瓦尔拉斯还是边际效用学派的奠基人之一。他的价格理论以边际效用价值论为基础。他认为价格或价值达成均衡的过程是一致的,因此,价格决定和价值决定是一回事。他用"稀少性"说明价格决定的最终原因,认为各种商品和劳务的供求数量和价格是相互联系的,一种商品价格和数量的变化可引起其他商品的数量和价格的变化。所以,不能仅研究一种商品、一个市场上的供求变化,必须同时研究全部商品、全部市场供求的变化。只有当一切市场都处于均衡状态,个别市场才能处于均衡状态。

二、瓦尔拉斯一般均衡思想的表达方式

瓦尔拉斯的一般均衡价格决定思想,是通过数学公式阐述的。他假定社会上有若干种资源生产若干种商品。社会上每个人都持有一定数量的资源或生产要素,即他的分析以既定的收入分配方式为前提。在这样的经济社会中,消费者力图取得最大效用,企业家力图获得最大利润,资源所有者力图获取最多的报酬。通过对方程求解,瓦尔拉斯证明了在市场上存在着一系列的市场价格和交易数量(这些价格和数量即为均衡价格和数量),能使每个消费者、企业家和资源所有者达到各自的目的,从而社会可以和谐而稳定地存在下去。

瓦尔拉斯还认为,方程所决定的均衡是稳定的均衡,即一旦经济制度处于非均衡状态时,市场的力量会自动地使经济制度调整到一个新的均衡状态。

瓦尔拉斯一般均衡体系的核心是四组代数方程式①。第一组表示消费者需求的每种商品的数量,第二组描述决定家庭购买各种商品的价格因素,第三组表示提供给商品生产的投入或要素的数量(土地、资本和劳动),最后一组方程则表述厂商希望购买的投入或生产要素的数量。至此我们可以得到四组方程:一组表示商品需求量,一组把价格与生产成本联系起来,一组揭示了投入要素的供给数量,一组显示投入要素的需求量。根据四组方程要求出四组未知数:①每种商品的价格;②每种最终产品的购销数量;③每种生产要素的价格;④供给和购买每种生产要素的数量。

瓦尔拉斯的一般均衡体系是按照从简单到复杂的路线一步步建立起来的。他首先撇开生产、资本积累和货币流通等复杂因素,集中考察所谓交换的一般均衡。在解决了交换的一般均衡之后,他加入更现实的一些假定——商品是生产出来的,从而讨论了生产以及交换的一般均衡。但是,生产的一般均衡仍然不够"一般",它只考虑了消费品的生产而忽略了资本品的生产和再生产。因此,瓦尔拉斯进一步提出其关于"资本积累"的第三个一般均衡。他的最后一个模型是"货币和流通理论",考虑了货币交换和货币窖藏的作用,从而把一般均衡理论从实物经济推广到了货币经济。另外,瓦尔拉斯还大胆地假设,只要系统中代表均衡的联立方程组中独立方程式的个数等于未知数的个数,则此联立方程式系统就可解。因此,各个市场可以出清,且市场可同时达到均衡。事实证明,他当初的论断是错误的。经济学家亚伯拉罕·沃德(Abraham Wald)曾经举出一个反例,证明瓦尔拉斯的假设是不成立的。该反例是:

$$x^2 + y^2 = 0$$
$$x^2 - y^2 = 0$$

以上两个独立方程组成的方程组无解。

三、瓦尔拉斯一般均衡理论的应用和发展

一般均衡理论在 20 世纪曾经有过两次伟大的应用。第一次是 20 世纪 60 年代,经济学家试图将整个经济体系中各个部门、各种生产活动之间相互联系的思想应用到经济计划中去,由此便产生了"投入—产出"模型。投入—产出分析,是研究经济系统各个部分间表现为投入与产出的相互依存关系的经济数量方法。投入是进行一项活动的消耗。如生产过

---

① [美]史蒂文·普雷斯曼. 思想者的足迹:五十位重要的西方经济学家. 南京:江苏人民出版社,2001:112~115.

程的消耗包括本系统内各部门产品的消耗(中间投入)和初始投入要素的消耗(最初投入)。产出是指进行一项活动的结果。如生产活动的结果是为本系统各部分生产的产品(物质产品和劳务)。瓦西里·列昂剔夫(Wassily W. Leontief,1906—1999)是投入—产出账户的创始人。1936年,列昂剔夫发表了《美国经济体系中的投入产出的数量关系》一文,接着在1941年又出版了《美国经济结构 1919—1929》一书,1953年,又出版了《美国经济结构研究》一书。在这些著作中,列昂剔夫提出了投入—产出方法。列昂剔夫的投入—产出思想的渊源可以追溯到重农学派魁奈(Francois Quesnay,1694—1774)著名的《经济表》。列昂剔夫把他编的第一张投入—产出表称为"美国的经济表"。数理经济学派瓦尔拉斯(Walras,1834—1910)和帕累托(Vilfredo Pareto,1848—1923)的一般均衡理论和数学方法在经济学中的应用构成了列昂剔夫体系的基础。列昂剔夫认为,"投入—产出分析是全部相互依存这一古典经济理论的具体延伸"。投入—产出分析表的创立一定程度上改进了经济计划的编制,但由于信息不完全以及编制周期太长等缺陷的存在,到20世纪70年代,投入—产出分析就停滞不前了。一般均衡理论的第二次重大应用是20世纪70年代以来,经济学家开始把一般均衡的思想运用到金融活动分析,推动了现代金融理论的发展。在这次应用中,经济活动的规模无论是从空间上还是从时间上对被假设为无限远或无穷维,这与金融市场交易的特点一致。目前,该理论仍然处在发展之中。

瓦尔拉斯的一般均衡理论后来由帕累托、希克斯、诺伊曼、萨缪尔森、阿罗、德步鲁及麦肯齐等人加以改进和发展。经济学家利用集合论、拓扑学等数学方法,在相当严格的假定条件之下证明:一般均衡体系存在着均衡解,而且,这种均衡可以处于稳定状态,并同时满足经济效率的要求。这些假设条件有:

(1)任何厂商都不存在规模报酬递增;

(2)每一种商品的生产至少必须使用一种原始生产要素;

(3)任何消费者所提供的原始生产要素都不得大于它的初始存量;

(4)每个消费者都可以提供所有的原始生产要素;

(5)每个消费者的序数效用函数都是连续的;

(6)消费者的欲望是无限的;无差异曲线凸向原点,等等。

总之,在一定的假设条件全部得到满足的情况下,一般均衡体系就有均衡解存在。

第二节　实现帕累托效率的边际条件

一、帕累托效率

本章第一节概要介绍了一般均衡理论体系。本节重点讨论在一般均衡体系中,资源配置的效率问题。

所谓资源配置效率,是指资源的配置已经达到这样的一种境地,即无论如何改变都不可能同时使一部分人受益而其余的人不受损失。换言之,要想一部分人福利增加必然以另一部分人的福利减少为代价。这种资源配置效率定义最早由数理经济学之父、意大利经济学家帕累托提出,因此,经济学教科书通常把资源配置效率称为帕累托效率或者帕累托最优。生产可能性曲线所描述的状态就是一种帕累托最优状态。

如图 9-1 所示,B、C、D 等点连起来得到的线即生产可能性曲线,或称生产可能性边界 (production possibility frontier),也可称为转换线。生产可能性曲线是用来描述在一定的资源与技术条件下可能达到的最大的产量组合曲线,它可以用来进行各种生产组合的选择。

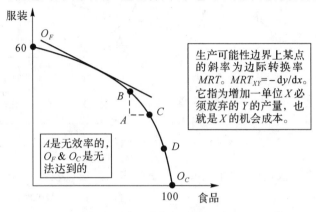

图 9-1　生产可能性曲线

与帕累托效率相反的资源配置状态被称作帕累托无效率,即通过改变资源的配置方式,至少可以使一部分人的福利水平得到提高,而且又不使其他人的福利水平降低。当资源配置状况变化时没有人福利减少,却有人福利增加,这个过程叫作帕累托改进(或帕累托更优)。单一垄断定价的资源配置属于帕累托无效率,如果允许垄断厂商实行歧视性定价,则这种定价机制下的资源配置就实现了帕累托改进。

二、交换的一般均衡及其效率条件

英国经济学家埃奇沃思绘制了一张盒状图,以表达只有两个消费者、两种商品的经济中实现一般均衡的效率条件。

假设经济中只有食品和服装两种商品,A、B 两个消费者。如图 9-2 所示,横轴代表食品数量,纵轴代表服装数量。两条无差异曲线分别代表 A、B 两个消费者的消费偏好。

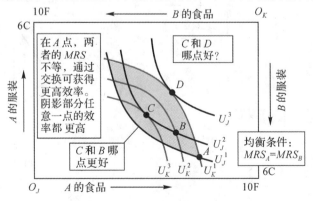

图 9-2　交换经济中帕累托效率改进

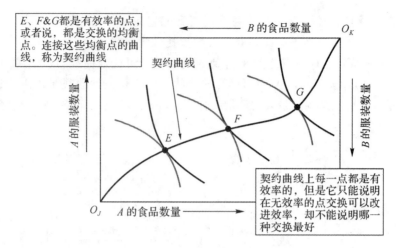

图 9-3　交换经济中的契约曲线

如图 9-3 所示的 E 点,它是两条无差异曲线的切点。该点表示,给定其中一个人的无差异曲线,另外一个人在既定的资源约束下可以达到的最高无差异曲线(最大效用水平),因此,E 点是一个帕累托最优点。由此,可以得到交换经济中达到一般均衡时的效率条件:

$$MRS_A = MRS_B$$

即交换经济中达到一般均衡状态时要满足两个消费者消费的边际替代率相等。

将图 9-3 中与 E 点雷同的两条无差异曲线的切点连起来,得到的线被称为交换的契约曲线。在这个线上的任意一点上,两个消费者关于两种商品的边际替代率都相等。沿着这条线,要增加一个消费者的效用必须减少另一个消费者效用,因而是有效率的一般均衡点。线外的其他任何点,都不满足这个特征。

三、生产的一般均衡及其效率条件

如图 9-4 所示,横轴代表生产中使用的劳动数量,纵轴代表使用的资本数量。假设经济中只有食品和服装两种商品。

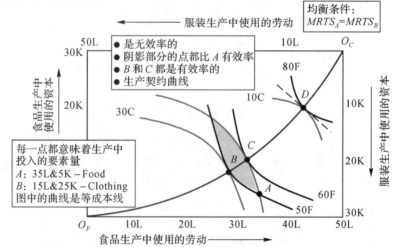

图 9-4　生产的一般均衡及帕累托效率改进

与交换经济的分析思路类似,经济中两种生产要素分配到两种商品的生产中去,那么,有效率的生产选择将由两条等产量线的切点决定,如图 9-4 所示的 B、C 等点。这些点的基本含义是,在资源既定的前提下,要想增加其中一种商品的产量,必须减少另外一种商品的产量。因而,这些点代表了帕累托最优点。除此之外的点都是无效率点,它们都有帕累托改进的余地。将 B、C 等类似的点连成线就得到生产的契约曲线。

显然,由图 9-4,可以清楚地看到,在帕累托最优点上,两个等产量线必定相切,则一般均衡的必要条件就是两种商品的要素边际技术替代率相等。

$$MRTS_A = MTRS_B$$

四、生产与交换的一般均衡及其效率条件

现在来考虑同时有交换和生产的一般均衡问题。假设生产要素的分配确定在如图 9-5 所示的 C 点上,由此确定了经济中可以交换的食品和服装的数量。根据交换经济的一般均衡理论,最优点一定分布在图中的契约曲线上面。但是,究竟契约曲线上的哪个点才是同时满足生产最优和交易最优的一般均衡点呢?

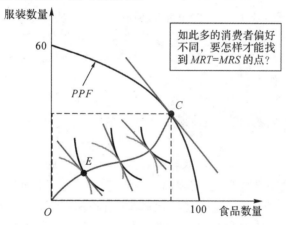

图 9-5　生产与交换的一般均衡

可以证明,当交易契约曲线上某点的边际替代率正好等于边际转换率时,可以实现帕累托有效的一般均衡,即

$$MRS_{XY} = MRT_{XY}$$

第三节　福利经济学定理

一、福利经济学发展脉络

福利经济学是现代经济学的一个分支学科,它基于福利观点或最大化原则,对经济体系的运行效率进行价值评判。作为一个经济学的分支体系,福利经济学最早出现于 20 世纪初期的英国。1920 年,庇古的《福利经济学》一书的出版是福利经济学产生的标志。

福利经济学的主要特点是:以一定的价值判断为出发点,也就是根据已确定的社会目标,建立理论体系;以边际效用基数论或边际效用序数论为基础,建立福利概念;以社会目标和福利理论为依据,制订经济政策方案。

庇古是资产阶级福利经济学体系的创立者。他把福利经济学的对象规定为对增进世界或一个国家经济福利的研究。庇古认为,福利是对享受或满足的心理反应,福利有社会福利和经济福利之分,社会福利中只有能够用货币衡量的部分才是经济福利。庇古根据边际效用基数论提出两个基本的福利命题:国民收入总量愈大,社会经济福利就愈大;国民收入分配愈是均等化,社会经济福利就愈大。他认为,经济福利在相当大的程度上取决于国民收入的数量和国民收入在社会成员之间的分配情况。因此,要增加经济福利,在生产方面必须增大国民收入总量,在分配方面必须消除国民收入分配的不均等。以庇古为代表的经济学家提出的福利经济学理论被称为旧福利经济学。

20 世纪 30 年代,庇古的旧福利经济学受到罗宾斯等经济学家的严厉批判,新福利经济学就此产生。新福利经济学主张效用序数论,认为边际效用不能衡量,个人间效用无法比较,不能用基数数词表示效用数值的大小,只能用序数数词表示效用水平的高低。新福利经济学根据效用序数论反对旧福利经济学的福利命题,特别是第二个命题,反对将高收入阶层的货币收入转移一部分给穷人的主张。新福利经济学根据帕累托最优状态和效用序数论提出了自己的福利命题:个人是他本人的福利的最好判断者;社会福利取决于组成社会的所有个人的福利;如果至少有一个人的境况好起来,而没有使一个人的境况坏下去,那么整个社会的境况就算好了起来。前两个命题是为了回避效用的计算和个人间福利的比较,从而回避收入分配问题,后一个命题则公然把垄断资产阶级福利的增进说成是社会福利的增进。

20 世纪下半叶以来,西方经济学家着重对福利经济学中的外部经济理论、次优理论、相对福利学说、公平和效率交替学说、宏观福利理论等领域进行了讨论。这些"新"理论一方面企图说明,现代西方国家可以通过政府干预调节价格和产量,实现资源的合理配置;另一方面企图说明,现代西方国家的分配制度虽不合理,但是如果加以改变,则可能更不合理,一切人为的改善分配状况和增进福利的措施都是无效的。

二、福利经济学的基本定理[①]

福利经济学第一定理是说任何一个竞争性均衡都是帕累托有效的。这条定理几乎不存在什么明显的假设条件,完全是由定义本身引申出来的。但该定理却隐含一些重要的假设条件。

第一个主要假设是,交易者只关心其本人的商品消费而不考虑他人的消费。如果说一个消费者关心其他人的消费,这便说明存在着消费的外部效应。在存在消费外部性的条件下,竞争均衡不一定是帕累托有效。例如,假定消费者 A 关心 B 的香烟消费,那就没有特殊理由说明每个交易者按照市场价格各自选择其个人消费以后一定会得到一个帕累托最优配置。因为,这种情况下,存在一个改进的空间——A 为了让 B 少抽烟可以付钱给 B,以补

---

① 福利经济学有两个基本定理,即福利经济学第一定理和第二定理。此处仅介绍福利经济学第一定理。参考范里安.微观经济学:现代观点.上海:生活·读书·新知三联书店,上海人民出版社,2006:456—459.

偿 B 的效用损失。显然,当初的竞争性市场均衡并非是帕累托有效的。

第二个隐含假设是,每个交易者确实都在竞争。如果像埃奇沃思方框图假设的那样只有两个市场交易者,则他们不会接受市场价格;相反,他们会影响价格。显然,这种情况下不可能是竞争性市场。因此,满足竞争性条件的前提是有足够多的交易者参与市场竞争。这时,竞争性均衡的概念才有意义。

第三个暗含的假设是,只有竞争均衡确实存在时,福利经济学第一定理才有意义。如前所述,只有在交易者足够多,每个交易者需求数量占市场总需求量的比例很小时,才会出现竞争性均衡。

福利经济学第一定理的价值在于,它表达了一种可以用来实现帕累托有效配置的普遍机制——竞争市场。因为,竞争市场的特定结构具有自动实现帕累托有效资源配置的合乎需要的特性。

▩▩ 案 例 ▩▩

【案例1】 经济学家的赌博

经济学家都爱认死理儿。争论中双方各自坚持自己的观点,针尖对麦芒,各不相让,谁也无法说服谁,于是就打赌,正确者赢,错误者输。

这次打赌的两位美国经济学家,一位是马里兰州立大学的朱利安·西蒙(Julian Simon),另一位是斯坦福大学的保罗·埃尔里奇(Pawl Ehrltch)。在关于人类前途问题上,埃尔里奇是悲观派,认为由于人口爆炸、食物短缺、不可再生性资源的消耗、环境污染等原因,人类前途不妙。西蒙是乐观派,认为人类社会的技术进步和价格机制会解决人类发展中出现的各种问题,人类前途光明。他们两人的这些观点代表了学术界对人类未来两种根本对立的观点。这个争论事关人类的未来,也格外受世人关注。

他们谁也说服不了谁,于是决定赌一把。他们争论涉及的问题太多,赌什么呢?他们决定赌不可再生性资源是否会消耗完的问题。不可再生性资源是消耗完就无法再有的资源,如石油、煤及各种矿石等。这种资源在地球上的储藏量是有限的,越用越少,总有一天这种资源会用完。悲观派埃尔里奇的观点是,这种资源迟早会用完,这时人类的末日就快到了。这种不可再生性资源的消耗与危机,表现为其价格大幅度上升。乐观派西蒙的观点是,这种资源不会枯竭,价格不但不会大幅度上升,还会下降。

他们选定了5种金属:铬、铜、镍、锡、钨。各自以假想的方式买入1000美元的等量金属,每种金属各200美元。以1980年9月29日的各种金属价格为准,假如到1990年9月29日,这5种金属的价格在剔除通货膨胀的因素后果然上升了,西蒙就要把总差价支付给埃尔里奇;若下降了,则埃尔里奇就要把总差价支付给西蒙。

这场赌博需要的时间真长。到1990年,这5种金属无一例外地跌了价,埃尔里奇输了,教授还是守信的,埃尔里奇把自己输的57607美元交给了西蒙。

资料来源:梁小民.经济学家的赌博.万象,2003(1)

问题:从分析方法来看,这两位经济学家各自运用了什么分析方法?这两种方法有什么差异?

【案例2】　　　　　　　　　　汽油价格与小型汽车的需求

如果市场对某几种产品的需求相互影响,可能出现什么情况呢? 其中一种情形就是,导致一种产品价格发生变化的因素,将同时影响对另一种产品的需求。举例而言,在20世纪70年代,美国的汽油价格上升,这一变化马上对小型汽车的需求产生了影响。

回顾20世纪70年代,美国市场的汽油价格两次上升,第一次发生在1973年,当时石油输出国组织切断了对美国的石油输出;第二次是在1979年,由于伊朗国王被推翻而导致该国石油供应瘫痪。经过这两次事件,美国的汽油价格从1973年的每加仑1.27美元猛增至1981年的每加仑1.40美元。作为"轮子上的国家",石油价格急剧上升当然不是一件小事,美国人面临一个严峻的节省汽油的问题。

既然公司和住宅的距离不可能缩短,人们只好继续奔波于两地之间。美国司机找到的解决办法之一就是,他们需要放弃自己的旧车、购置新车的时候,选择较小型的汽车,这样每加仑汽油就可以多跑一段距离。

分析家们根据汽车的大小来分类确定其销售额。就在第一次汽油价格上升之后,每年大约出售250万辆大型汽车、280万辆中型汽车以及230万辆小型汽车。到了1985年,这三种汽车的销售比例出现明显变化,当年售出150万辆大型汽车、220万辆中型汽车以及370万辆小型汽车。由此可见,大型汽车的销售自20世纪70年代以来迅速下降;反过来,小型汽车的销售却持续攀升,只有中型汽车勉强维持了原有水平。

对于任何产品的需求曲线均假设其互补产品的价格保持不变。以汽车为例,它的互补产品之一就是汽油。汽油价格上升导致小型汽车的需求曲线向右移动,与此同时大型汽车的需求曲线向左移动。

造成这种变化的理由是显而易见的。假设你每年需要驾驶15000英里,每加仑汽油可供一辆大型汽车行驶15英里,如果是一辆小型汽车就可以行驶30英里。这就是说,如果你坚持选择大型汽车,每年你必须购买1000加仑汽油,如果你满足于小型汽车,你只需购买一半的汽油,也就是500加仑就够了。当汽油价格处于1981年的最高点,即每加仑1.40美元的时候,选择小型汽车意味着每年可以节省700美元。即便你曾经是大型汽车的拥护者,在这种情况下,在每年700美元的数字面前,难道你就不觉得有必要重新考虑一下小型汽车的好处吗?

【案例3】　　　　　　　　帕累托最优标准——满意即最优

帕累托是29世纪初的意大利经济学家,他是新福利经济学家代表人物。以他的名字命名的"帕累托最优"是现代经济学中的一个重要概念,也是经济学的一个美好的理想境界。

这一命题是判断福利优劣的新标准,其含义是:在其他条件不变的情况下,如果某一经济变动改善了一些人的状况,同时又不使一些人蒙受损失,这个变动就增进了社会福利,称为帕累托改进;在其他条件不变的情况下,如果不减少一些人的经济福利,就不能改善另一些人的经济福利,就标志着社会经济福利达到了最大化的状态,实现了帕累托最优状态。

这个概念非常的费解,举一个例子来说明。假如原来甲有一个苹果,乙有一个梨,他们是否就是帕累托最优呢? 取决于甲乙两人对苹果和梨的喜欢程度,如果甲喜欢苹果大于梨,乙喜欢梨大于苹果,这样就已经达到了最满意的结果,也就已经是"帕累托最优"了。如果是甲喜欢梨大于苹果,乙喜欢苹果大于梨,甲乙之间可以进行交换,交换后的甲乙的效用都有所增加,这就是帕累托改进。我国经济学家盛洪在他著的《满意即最佳》里说过一句话:"一个简单的标准就是,看这项交易是否双方同意,双方是否对交易结果感到满意。"若真是谁也不愿意改变的状态,就已经是"帕累托最优"了。

通俗地讲,"帕累托改进"是在不损害他人福利的前提下进一步改善自己福利,用老百姓的俗话说就是"利己不能损人"。同样,只有在不损害生产者和经营者权利的前提下维护消费者的权益,才能在市场经济的各个主体之间达到"帕累托最优"的均衡状态。

市场经济有两个最本质的特征,其一是提高资源配置效率;其二是实现充分竞争。所谓的帕累托最优,通俗的解释就是在资源配置过程中,经济活动的各个方面,不但没有任何一方受到损害,而且社会福利要尽可能实现最大化,社会发展要达到最佳状态。西方经济学中的帕累托最优,实际上就是要求不断提高资源的配置效率。

以上两个案例摘自:梁小民.微观经济学纵横谈.北京:生活·读书·新知三联书店,2005

习 题

1. 评价瓦尔拉斯一般均衡理论的贡献与缺陷。
2. 讨论实现帕累托效率的边际条件。
3. 什么是福利经济学第一定理? 其隐含的假设条件有哪些?

第十章　市场失灵和微观经济政策

市场机制具有诸多神奇的功能，它可以调节产品的供给和需求，可以调节生产要素的供给和需求并决定要素的收入分配，能使资源达到有效配置。正是市场机制这种无可替代的作用使得重视资源有效配置与经济发展的国家不断建立和扩大市场，以便充分发挥市场机制的功能。但是，在经济运行过程中，市场机制的调节作用在有些情况下是行不通的，在很多场合不能导致资源的有效配置，这种情况被称为市场失灵。市场失灵需要政府运用微观经济政策加以弥补。

市场失灵的表现是多方面的，本章主要讨论导致市场失灵的四种情况，即垄断、外部影响、公共物品、信息不完全，并阐述政府在经济活动中的角色、作用与限制。

第一节　市场效率及市场失灵

一、市场效率

在市场经济中，生产什么、如何生产和为谁生产的问题主要是由一种竞争的价格机制来决定的。消费者、生产者和要素所有者拥有充分的自由选择权，他们从各自的经济利益出发，分散地、个别地进行经济决策，并通过市场交换和竞争达到他们各自的目的、调整他们的行为。

与资源配置的其他方法相比，市场配置资源的效率主要表现在：第一，得到法律确认和国家保护的私有财产权极大地刺激了人们为积累财富而从事社会经济活动的热情，这种热情在限制或剥夺个人财产权利的传统社会中几乎是不存在的。第二，以交换和盈利为目的的市场经济活动打破了传统社会的世袭分工制度，促进了社会的专业化分工和劳动生产率的提高，推动了社会的进步和文明的发展。第三，市场经济中的价格机制用一种简单而又清楚的信号指导人们的行为，使十分复杂的经济关系简单化，降低了信息处理成本，提高了资源配置的效率。第四，无数个分散决策的经济人之间相互竞争使创新活动源源不断，造就了一种十分灵活的制度体系，从而使得市场经济可以在很短的时间内创造出远远超过以往一切社会总和的生产力。

配置资源的市场机制通常与亚当·斯密提出的"看不见的手"相联系。在市场经济中，没有人命令谁该生产什么、如何生产和为谁生产,人人追求的只是自身的经济利益,每个人只是根据市场上的价格信号决定自己的行为。然而,市场机制却像一只"看不见的手",协调着千千万万人们的生产和消费。亚当·斯密生动地描绘说:"我们能享用可口的晚餐,并非由于肉摊主、酒贩子或面包师的仁慈善意,而是由于这些人对自身利益的关心。我们求助他们的不是良心,而是他们的自利之心,我们从来不必去对他们诉说我们的生活需要,而只需讲交易对他们带来的好处。"因此,亚当·斯密认为,最能满足人类生活需求的经济体制,就是让人们自由劳动、自由交换的市场体制。在市场体制下,分工能够发展,消费能够最有效地得到满足,生产效率能最快地得到提高。人们只要追求个人的经济利益,就可以在市场机制这只"看不见的手"的引导下,增进整个社会的福利。

二、市场失灵

市场配置资源是有效率的,但要达到资源最优配置还有赖于若干重要的市场条件,如完全信息、完全竞争、规模报酬不变、生产和消费没有外部影响、交易费用忽略不计和经济人完全理性等。这些条件在现实中是难以成立的,因此,市场机制本身并不是万能的,而是存在市场失灵的情况。市场失灵主要有下面几种表现形式。

1.市场垄断

只有在完全竞争的条件下,"看不见的手"才能充分发挥作用,然而有一些现实因素使某些行业无法达到完全竞争的市场结构。市场垄断是企业规模不断扩大的必然结果。企业规模扩大是由以下因素促成的:①技术进步;②市场扩大;③企业为获得内部规模经济与外部规模经济而进行横向与纵向的合并。由此看来,垄断似乎具有经济上的必然性。在纯粹垄断的情况下,单一卖主可以选择较高的价格、较低的产量从而获得垄断利润。虽然垄断具有经济上的必然性,但就其抑制竞争与降低社会经济福利而言,它同时又具有经济上的不合理性。这种矛盾迫使人们寻求国家干预,以防止市场经济中出现的(垄断)最终破坏市场经济这种具有较高效率的资源配置方式。

2.公共产品问题

自20世纪60年代起,越来越多的经济学家发现,市场之所以会失灵,还在于它不能有效地提供社会正常活动所必不可少的公共产品。公共产品过于缺乏会损害经济运行的效率,甚至使整个社会经济无法正常运行。因此,向社会提供公共产品的任务只能由政府来承担,这已成为第二次世界大战后政府干预经济活动的一个极为重要的理由。近年来,以布坎南(Buhcanan)为代表的新一代制度经济学家甚至认为那些能够保证社会经济正常而有效运行的法律、公共安全以及自然秩序都是公共产品。这些公共产品能够使市场有效运转,但却不能由市场本身提供,因而也只有通过公共选择由政府来生产诸如此类的公共产品。

3."外部性"问题

"外部性"问题最早是由英国著名的福利经济学家庇古发现并提出的。根据他的观察分析,引起"外部性"问题的原因在于边际社会成本或边际社会收益与边际私人成本或边际私人收益的背离。在个别领域,这种背离程度可以很大。此时,自由市场均衡使产生外部成本的产品的产量过高,而产生外部收益的产品的产量过低。这种背离之所以会发生,是因为社会相互影响的经济活动得不到相应的补偿。所以社会需要政府通过罚款、征税、补贴、数量管制等方法来矫正这种背离。

4. 市场不完全

市场不完全指的是即使消费者对有些产品或劳务愿意支付的价格高于生产成本,私人市场仍无法提供这种产品或劳务。例如,私人保险公司一般不愿意承担风险很大的保险业务,私人银行也不太愿意提供金额大、周期长的贷款。于是,政府承担起了相应的义务。如许多国家政府为银行提供了存款保险,并成立了政策银行开展私人银行不愿意涉足的业务。

市场不完全的另一表现为互补性市场。例如,假定在某个城市里,许多人爱喝加糖的咖啡,并且糖和咖啡除了放在一起外别无他用,那么在咖啡厂建立起来之前,没有人愿意投资糖厂;而没有糖厂又导致没有人愿意投资咖啡厂。如果私人之间协调的成本很高的话,在自由市场均衡下,该城市的人们就享受不到加糖的咖啡了。类似的情况常常出现在发展中地区或新开发地区,基础设施(如电、水、煤气等)部门与制造业部门之间就存在着这样的互补关系,要使这个地区发展起来,常常需要政府的规划和协调。

5. 信息不完全

自由竞争市场经济中通行的是消费者主权,市场在分配资源方面的效率完全取决于消费者的决策是否正确与理性。可以说,市场经济是消费者主权至上的经济,然而,消费者要真正做出效用极大化的正确决策,需要掌握全面、正确、充足的信息。信息就像其他经济物品一样,也是一种稀缺的、有价值的资源,要想获取足够的信息就必须支付足够的费用。由于搜寻信息的成本有时候会十分昂贵,迫使消费者在信息不完全的情况下做出决策,从而导致决策失误及市场配置效率的下降。为了避免这种现象的发生,政府要承担起向消费者免费提供信息的职能,并代替消费者做出某些决策。一个最典型的例子就是各地的天气预报都是由政府部门提供。政府还经常通过提供信息来保护消费者主权或代替消费者进行部分决策,例如许多国家的食品、化妆品、药品等都需要经过政府有关部门的抽查或检验。

第二节　垄断及政府管制

一、垄断与低效率

垄断定义有狭义和广义之分,狭义的垄断是一家厂商控制一个行业的全部供给,即只存在唯一卖者的市场结构。广义的垄断是,一个或几个厂商控制一个行业的全部或大部分供给的情况。一些西方经济学家赞成垄断,认为大企业的联合比单个厂商更能展开有效竞争,更能从事大规模生产,更能进行研究和开发。但是,更多的学者在理论上反对垄断,认为垄断有许多坏处。这些坏处主要是:垄断厂商通过控制产量、提高价格的办法获取高额利润,使资源配置和收入分配不合理;垄断造成经济和技术停滞;垄断产生的产业和政治的结合只有利于大企业而不利于社会。因此,他们认为必须反对垄断,推动竞争,让"看不见的手"发挥作用。

完全竞争条件下有效率的资源配置原则是每一种产品的价格等于其边际成本,即 $P=MC$。在市场经济中,如果价格等于边际成本,意味着消费者以最有效率的方式使用自己的货币 P 不但实现他自己的最大满足,而且也自然而然地以最有效率的方式使用社会资源。只要 $P=MC$,市场机制就自动地满足了有效率地进行生产选择的原则,即实现了完全竞争的理想状态。但是,在现实经济中,大部分市场是不完全竞争的垄断或寡头垄断的市场。垄断和寡头厂商能够阻碍市场机制的作用,从而导致财富的集中、资源配置的失当和效率的损失,破坏了完全竞争的理想状态。

由于垄断破坏了完全竞争的理想状态,带来效率损失和资源浪费,因此经济学家认为必须反对垄断,推动竞争,让"看不见的手"发挥作用。

二、反托拉斯法

对垄断的反应是反托拉斯法的制定。西方不少国家都不同程度地制定了反托拉斯法,其中最为突出的是美国。在这里,我们以美国为例。

19 世纪末 20 世纪初,美国出现了第一次大兼并,形成了一大批经济实力雄厚的大企业。这些大企业被叫作垄断厂商或托拉斯。垄断的形成和发展,深刻地影响到美国社会各个阶级和阶层的利益。

从 1890 年到 1950 年,美国国会通过一系列法案和修正案,反对垄断。其中包括谢尔曼法(1890 年)、克莱顿法(1914 年)、联邦贸易委员会法(1914 年)、罗宾逊—帕特曼法(1936年)、惠特—李法(1938 年)和塞勒—凯弗维尔法(1950 年),统称反托拉斯法。在其他西方国家中也先后出现了类似的法律规定。

美国的这些反托拉斯法规定,限制贸易的协议或共谋、垄断或企图垄断市场、兼并、排他性规定、价格歧视、不正当的竞争或欺诈行为等,都是非法的。例如,谢尔曼法规定:任何以托拉斯或其他形式进行的兼并或共谋,任何限制州际或国际的贸易或商业活动的合同,均属非法;任何人垄断或企图垄断,或向其他个人或客人联合或共谋垄断州际或国际的一部分商业和贸易的活动,均应认为是犯罪。违法者要受到罚款或判刑。克莱顿法修正和加强了谢尔曼法。禁止不公平竞争,宣布导致削弱竞争或造成垄断的不正当做法为非法。这些不正当的做法包括价格歧视、排他性或限制性契约、公司相互持有股票和董事会成员相互兼任。联邦贸易委员会法规定:建立联邦贸易委员会作为独立的管制机构,授权防止不公平竞争以及商业欺骗行为,包括禁止假伪广告和商标等。罗宾逊·帕特曼法宣布卖主为消除竞争而实行的各种形式的不公平的价格歧视为非法,以保护独立的零售商和批发商。惠特—李法修正和扩充了联邦贸易委员会法,宣布损害消费者利益的不公平交易为非法,以保护消费者。塞勒—凯弗维尔法补充了克莱顿法,宣布任何公司购买竞争者的股票或资产从而实质上减少竞争或企图造成垄断的做法为非法。塞勒—凯弗维尔法禁止一切形式的兼并,包括横向兼并、纵向兼并和混合兼并。这类兼并是指大公司之间的兼并和大公司对小公司的兼并,并不包括小公司之间的兼并。

美国反托拉斯法的执行机构是联邦贸易委员会和司法部反托拉斯局。前者主要反对不正当的贸易行为,后者主要反对垄断活动。对犯法者可以由法院提出警告、罚款、赔偿损失、改组公司直至判刑。

反托拉斯的条款是十分严厉的。1974年,根据谢尔曼法,对私人和公司判罚的最高金额分别增加到10万美元和100万美元,罪犯的最高刑期为3年。从总体上说,反托拉斯法在限制垄断、推动竞争上发挥了一定的作用。但是,目前对反托拉斯法本身产生了一些怀疑。反托拉斯法的实施不仅遇到垄断厂商的抵制,而且受到部分经济学家的反对。他们认为,大企业的联合比单个厂商具有更大的竞争优势,更能促进研究与开发的深入进行,这在国际竞争中尤其如此。不过,大多数西方学者都站在反垄断的立场上。

三、公共管制

公共管制是西方国家的管制机关对公用事业的价格和产量的管制。公共管制分两类:一类是对所谓自然垄断的行业的管制,另一类是对所谓非自然垄断行业的管制。前者如对电话、电力、煤气等公用事业的管制。后者如对航空、铁路及公路运输等行业的管制。公共管制对价格和利润可以起一定的限制作用。

电话、电报、电力、煤气等企业的规模大,单位成本低,利润高。这些行业通常属于自然垄断的行业。公用事业委员会对这些企业进行管理,一般采取的是"价格管制",即规定这些产品的"最高限价"。价格管制通常有两种形式:边际成本定价和充分成本定价。前者是以厂商的边际成本曲线和市场需求曲线的交点作为定价依据;后者是以厂商的长期平均成本曲线与市场需求曲线的交点作为定价的依据。

如图10-1(a)所示。用边际成本定价法,最高限价 P_1 低于厂商按 $MR=MC$ 原则确定的价格 P_2,却高于厂商的长期平均成本,因此,厂商仍可获垄断利润。在图10-1(b)中,若按边际成本定价法,厂商将会亏损,因此,此时只能采用充分成本定价法。图10-1(b)中,长期平均成本曲线 LAC 与需求曲线 D 交于 E 点,E 点对应的价格 P_2 作为最高限价。由于按 P_2 出售商品,厂商可收回全部成本,故称做充分成本定价法。

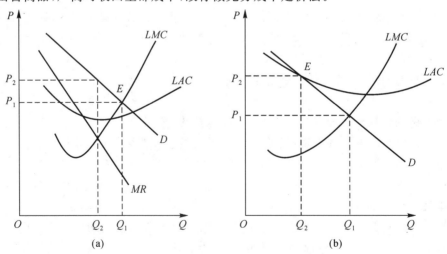

图 10-1 公共管制

价格究竟应该等于边际成本,还是应该等于平均成本,这是公共管制中一直有争议的问题,这实际上就是只让企业获得正常利润,还是要让企业获得一部分超额利润的问题。空中运输、铁路运输、公路运输和出租汽车等行业的公共管制被认为是非自然垄断行业的公共管制,是公共管制从自然垄断行业扩大到了非自然垄断行业。微观经济学认为,在这些行业实行公共管制的结果使成本和价格提高,保护现有厂商而反对新的竞争者。因此,应该取消这些行业的公共管制。事实上,美国现在已经取消了对空中运输、公路运输等的管制。

第三节　外部效应

一、外部效应及其分类

外部效应(externality)又称外部经济、外部性、外部影响或外溢作用,是指经济主体(包括生产者与消费者)行为对他人造成了影响而又未将这些影响计入经济活动的成本与价格之中(即企业或个人向市场之外的他人强加的成本或收益)。它可分为正外部效应和负外部效应。正外部效应是指某个经济主体的活动(如种花、养蜂等活动)使他人或社会获益,而他自己却不能由此得到补偿,即从相应行为中得到的私人利益小于该行为所带来的社会利益,包括生产的外部经济(正外部效应)和消费的外部经济。负外部效应是指某个经济主体的活动(如吸烟、排污等活动)使他人或社会受损,但他自己却并不为此而支付补偿这种损害的社会成本,包括生产的外部不经济和消费的外部不经济。

例如,某企业对在职职工进行培训,而这些职工可能转到其他企业工作,在这种情况下,该企业并不能向其他企业索回培训费用或其他形式的补偿,因此该企业从培训工人中得到的私人利益就小于该活动的社会利益。这就是生产的外部经济的例子,还有基础研究和先进技术等也有此特点。生产的外部不经济的例子有企业排放废物污染河流、空气等。某个人对自己的房屋和草坪进行保养使邻居得到好处、居民个人种花为养蜂的邻居提供更多的蜜源、居民对自己的孩子进行教育使社会稳定等,这些都是消费者的行为为他人或社会带来好处却未得到补偿的消费的外部经济的例子。吸烟、随地吐痰、随意丢弃果皮纸屑、不节约用水、捕杀珍稀动物等,都可以看作是消费的外部不经济性的例子。上述各种外部效应可以说是普遍存在的。尽管就单个生产者或消费者来说,其造成的外部经济或外部不经济也许微不足道,但是将其加总起来所造成的总效果将是巨大的,其后果将是严重的。

二、外部效应的影响和资源配置失当

各种形式的外部效应都将造成不利的后果,即市场机制不能充分发挥作用,资源配置偏离帕累托最优的状态。因为,无论是正的外部效应还是负的外部效应,它们的存在都会引起私人成本(利益)与社会成本(利益)的差异,因而外部经济总是供给或消费不足,而外部不经济总是供给或消费过度。所以,一旦存在外部效应,价格体系就不能有效运转,经济运行结果也将不是最优的,资源配置效率受到损失,从而导致市场失灵。

首先来具体分析一下外部经济的情况。假定某个人采取某项行动的私人利益 R_P,该行为所产生的社会利益为 R_S。由于存在外部经济,则 $R_P < R_S$。如果这个人采取该行动所遭受的私人成本 C_P 大于私人利益 R_P 而小于社会利益 R_S,即 $R_P < C_P < R_S$,那么这个人根本不会采取这项行动,即从社会的角度来看,该行动十分有利。在这种情况下,帕累托最优状

态没有得到实现,还存在帕累托改进的余地。如果这个人采取这项行动,则所受损失为 (C_P-R_P),社会上其他人由此而得到的好处为 (R_S-R_P),由于 $(R_S-R_P)>(C_P-R_P)$,可以从社会上其他人所得到的好处 (R_S-R_P) 中拿出一部分来补偿行动者的损失 (C_P-R_P)。结果是使社会上的某些人的状况变好而没有任何人的状况变坏。但是,在实际操作中,潜在的帕累托改进机会却不能得到实现,原因很多,如法律不完善,受益者与受害者之间能否达成协议等都会使资源仍不能处于最优配置。

一般来说,在存在外部经济时,私人活动的水平常常要低于社会所要求的最优水平。如教育消费具有典型的外部经济,受过更高教育的人不仅会以较高的收入和更多的精神享受自己带来的利益,而且也会有利于民族素质的提高和通过社会交往给别人带来好处,但在现实中教育消费总是不足,其水平要低于社会所要求的最优水平。

再来考察外部不经济的情况。假定某个人采取某项活动的私人成本和社会成本分别为 C_P 和 C_S。由于存在外部不经济,因此私人成本 C_P 小于社会成本 C_S。如果这个人采取该行动所得到的利益 R_P 大于其私人成本 C_P,小于社会成本 C_S,即 $C_P<R_P<C_S$,那么这个人就会采取行动,尽管从社会的角度看,该行动是不利的。因此,在这种情况下,帕累托最优状态也没有得到实现,仍存在改进的余地。如果这个人放弃该行动,其放弃的好处即损失为 (R_P-C_P),其他人由此而避免的损失为 $(C_S-C_P)>(R_P-C_P)$。所以,如果以某些方式重新分配损失的话,这样会使每个人的"福利"增大。但是,在实际操作中,潜在的帕累托改进机会仍然不能得到实现,原因同外部经济的情况相似,资源配置仍处于低效率状态。一般而言,在存在外部不经济的情况下,私人活动的水平常常要高于社会所要求的最优水平。

为什么在存在外部效应的情况下,潜在的帕累托改进机会不能得到实现?以上述生产的外部不经济如污染问题为例,污染者和受害者可能在如何分配"重新安排生产计划"所得到的好处问题上不能达成协议;如果污染涉及面较大,即污染的受害者众多,则此时污染者和受害者以及受害者之间要达成协议就更加困难。特别的,很难避免这种情况下的"免费搭车者"。此外,在很多情况下,有关污染问题的法律也不好明确,例如,污染者是否有权污染,有权进行多大污染? 受害者是否有权要求赔偿? 等等。最后,即使污染者与受害者有可能达成协议,但由于通常是一个污染者面对众多受害者,因而污染者在改变污染水平上的行为就像一个垄断者。这种情况也会破坏资源的最优配置。

既然外部效应的存在会导致资源配置失当即低效率,那么应如何对它进行控制以避免或降低这种低效率配置的发生呢? 下面将着重以负外部效应为例来说明其主要的解决方法。

三、解决外部效应的方法

1. 政府干预

外部效应有多种多样,解决外部效应问题的方法也多种多样,比较传统的办法是政府干预法,特别是当外部效应影响了很多人的利益时,需要政府出面干预。对于负的外部效应,政府干预的方法主要有两种:一种是颁布污染排放标准;另一种是对排放污染的企业征收清污费。对于颁布排污标准,需要考虑最优的污染程度问题。显然,应当在污染所造成的边际社会成本与降低污染所导致的边际社会成本相等时决定最优污染程度。政府可据此制定政策,超出这一标准可予以收取罚金。对于征收清污费,即对厂商排放的每单位污染物征收适当费用,使厂商自觉选择社会意义上的最佳排污水平。这种清污费被称作庇古税。庇古(Arthur C. Pigou)提出了这样一个法则:如果要使社会总福利达到极大化,必须使得任何经济活动的社会边际收益与社会边际成本相等。例如,对外部不经济的产生者征收相当于外部不经济性价值的消费税,这相当于增加了其成本,他的私人成本就会与社会成本相等。利润最大化原则就会迫使生产者能以较低的成本取得同样的排污减少量;原因之二是收费法能使一个企业产生安装新设备的强烈动力。

对于外部经济,政府可通过补贴使生产者或消费者的边际个人收益等于边际社会收益,从而克服其均衡产量过低的市场资源配置低效率,其分析与外部不经济情况下的政府征税分析类似。对于新技术研究等,政府可以采取专利制度的办法,或者对企业投入研究开发的资金免征所得税。另外,对于共有财产,如空气、河流、湖泊、海洋、公共土地等因为使用权为社会所共同持有,都是污染的对象。如果私人不能提供,且无法界定财产权,则必须通过法律或行政手段进行严格控制,才能使共有财产免遭滥用。

有一种政府干预外部不经济的方法就是通过立法限制,即政府直接管制的方式,它仅适用于产生外部成本的对象。这种方法要求违反法律的公司就其违法行为支付实际成本。如清洁空气法案对工厂排放的氮氧化物、粉尘及其他物质的水平施加了限制。还有清洁水法案和有毒废物法案等,对于污染也作了相应的规定,违反这些法律意味着罚款,在某些情况下,甚至可能会坐牢。但是直接控制不仅会产生政府干预成本,而且会影响到效率。

2. 企业合并

企业合并是私人解决办法(包括道德和社会约束、订立契约等)中的一种最常用的办法,它既可能是产生于外部效应制造者与受外部效应影响者之间的资源交易,又可能是产生于政府的干预。它是解决外部效应问题而使资源配置符合帕累托效率的另一种办法。例如,一个企业的生产影响到另外一个企业。如果影响是正的(外部经济),则第一个企业的生产就会低于社会最优水平;反之,如果把这两个企业合并为一个企业,则此时的外部效应就"消失了",即被"内部化"了。合并后的单个企业为了自己的利益将使自己的生产确定在其边际成本等于边际收益的水平上。而由于此时不存在外部效应,故合并企业的成本与收益等于社会的成本与收益。于是,资源配置达到帕累托最优状态。

3. 产权界定与科斯定理

可以通过形式不同的政府管制来缓和外部效应带来的无效率,但是政府管制并不是唯一对付外部效应的方法,更不是在任何情况下都可行或者最佳的方法。在某些情况下,由外部效应所涉及的各方通过私下讨价还价、建立污染权市场等来消除外部效应带来的无效率,成本可能更低,效果可能更好。而私人的经济行为通常以产权为基础。产权是一种界定财产的所有者以及他们可以如何利用这些财产的法律规则。例如,当一个人拥有某一片土地时,他可以将它用于种植或开发房地产,其他人不得干扰。产权界定明确才能保证交易的顺利进行,清晰的产权是私人讨价还价的前提。当外部效应涉及的相关者较少,并且产权界定成本较低时,可以在没有政府的干预下实现资源的有效配置。科斯定理说明的就是这一点。

科斯在《社会成本问题》一文中提出了著名的"科斯定理",它打破了20世纪60年代之前西方经济理论界的主流学派认为的在处理外部性问题过程中应该引入政府干预力量,对外部性的制造者给予课税或补贴,从而最终实现福利最大化的传统办法。科斯定理的出发点是为了解决所谓的外部性问题。我们已经知道由政府通过庇古税的方式干预市场,可以解决外部性问题,但科斯不赞成庇古的这种对外部性问题的解决方法。认为 A 对 B 造成外部损害时,不能只是单纯地采取制止 A 的办法,而应当使当事人受到的损失都尽可能的小。科斯是通过一些案例来阐明自己的理论的。其中最典型的就是牧场主的牛损害附近农夫的谷物的例子。科斯一反这种传统,从自愿协商的角度,按照权利界定的原则,分析了两种不同产权界定情况下的资源配置效率问题。第一种产权界定:牧场主无权让牛吃农夫的谷物,此时,牧场主会向农夫进行补偿,以获得一定的让牛吃谷物的权利。第二种产权界定:牧场主有权让牛吃农夫的谷物,此时,农夫会向牧场主"贿赂",以换取不让牧场主的牛吃谷物的权利。科斯通过这两种相反的产权界定分析,得到了一个相同的解决结果。因此科斯证明了:只要交易费用为零,无论初始产权如何界定,交易双方都可能通过市场交易(产权调整)来消除有害的外部影响而达到资源的最佳配置。

根据科斯定理,可推导出解决外部性问题的重要方法,即界定产权。科斯定理说明:外部性问题从根本上讲是给予下游用水者拥有水源的产权,则上游的污染者将因把下游水质降到特定质量之下而必须受罚。此时,上游污染者便会同下游用水者协商,将这种权利从他们那里买过来,然后再让河流受到一定程度的污染。同时,遭到损害的下游用水者也会使用他出售污染权而得到的收入来治理河水。总之,由于污染者为其产生的负外部效应付出了代价,故其私人成本与社会成本之间不存在差别。这种界定产权的办法可以看成是更加一般化的所谓科斯定理的特例。建立污染权(出售或拍卖污染权,以可交易排污许可证等形式出现)转让等可以看作是科斯定理的一个运用。它是指由一个恰当的污染控制机构来确定某一地区每年可排放的污染物,确定使水源、空气等质量保持在某一可接受水平的污染排放量。买卖污染权的方法较直接管制等有许多优点,其中最重要的是它通过允许污染权的买卖降低了社会成本。由于行政和政治上的原因,政府一时难以全用污染权市场取代现代的制定统一排放标准的直接控制方法。但是,空气污染权市场现实中已经出现。而且,污染权制度或"可交易排放许可"已成为治理燃煤所排放二氧化硫(酸雨的直接起因)计划的重要组成部分。在可交易排污许可证下,在可接受的排污总量限度内,只有拥有许可证才可排放。这种制度吸收了排放标准制度能够有效控制排放水平的优点,又吸收了排污收费制度减污成本低的优点,而且不用政府干预。

运用科斯定理解决外部效应问题在实际中并不一定真的有效,主要有以下几个难题:首先,财产权是否总是能够明确地加以规定?有的资源,如空气,在历史上就是大家均可使用的共同财产,很难将其财产权具体分派给谁;有的资源的财产权即使在原则上可以明确,但由于不公平问题、法律程序的成本问题等也变得难以界定。其次,已经明确的财产权是否总是能够转让?这涉及信息充不充分以及买卖双方能不能达成一致意见等各种原因,例如谈判的人数太多、交易成本过高,谈判的双方都能使用策略性行为等。最后,不同的产权分配方式将导致不同的收入分配结果。不公平的收入分配会引起社会动荡、生产下降等一系列社会问题。在社会动乱的情况下,就谈不上解决外部效应的问题了。

科斯定理存在上述诸多方面的局限性,但是,总的说来,它主张利用明确的产权关系来提高经济效率,在解决外部效应给资源配置造成的困难等方面具有不可低估的重要作用。它启发了一代经济学家,使外部性理论的研究有了长足的发展。它也启发我们:外部效应问题并不是一定要由政府来进行干预,相反,应尽量考虑用市场的方法(如产权)解决,只有在市场确实无法解决的时候政府才应出现。

第四节 公共物品

一、公共物品及其分类

公共物品(Public goods)是与私人物品相对的一个概念。私人物品是指在使用价值上具有排他性和竞争性特征的商品,包括衣服、食品、住房、交通工具等各种供个人消费的商品和劳务。而公共物品通常是指不具备消费或使用的竞争性的商品,即具有非竞争性,也就是那些能够同时供许多人享用,并且其边际供给成本(为零)及享用效果不因消费它的人数规模的变化而变化的物品。例如,国防、灯塔、道路、电视广播等。任何人增加对这些商品的消费都不会引起该物品供给成本的增加,也不会减少其他人所可能得到的消费水平和消费效用。例如,新生人口一样享受国防提供的安全服务,但原有人口对国防的"消费"水平不会因此而降低;多一个人收听无线广播并不会影响你的收听,多一些人接收也不会增加电台的供给成本。又如街道上的路灯,并不因为同时照亮了其他行人而影响你的照明;在达到一定点之前,道路上多一辆汽车不会妨碍原有汽车的行驶。

如果公共物品同时还不具备排他性,无法排除一些"免费搭车者",即具有消费的非排他性,则称之为纯公共物品。其特点是:一个人对某公共物品的消费,并不排斥他人对它的同时消费。最为经典的例子有国防、灯塔,此外还有外交、法律、公安、交通安全、中央情报局、基础科学研究等。例如,国防是一种公共物品,政府通过税收建立起强大的国防力量,有效地防止了外国的侵略,使该国每一位国民都受到保护,没有人能不让其他人享受国防的保护。即使是没有为国防建设纳税的人,政府也无法将他们排除在国防保护之外。但是,生活中纯公共物品毕竟是极端的例子。

另一类是准公共物品,是纯公共物品之外的公共物品,即具有如下特征:①在一定范围内无竞争性,即增加消费者无须增加供给成本,但消费量达到一定程度后,消费则具有竞争性;②可以有效地做到排他。如道路、电视广播、医疗、教育、交通、邮电和其他基础设施等。随着技术或其他条件的改变,物品的竞争性与排他性也会发生改变,例如,电视信号原来具有非竞争性和非排他性,但现在,在技术上能够通过加密变成排他的,由此变成了可以收费的准公共物品。准公共物品在现实生活中较多。准公共物品通常分为两类:一类是与规模经济相联系的物品,称之为自然垄断型公共物品。如下水道系统、城市供水系统、交通运输系统、电讯电话系统等,这类准公共物品多属社会基础设施。另一类为"美德"物品,即那些具有浓厚社会福利色彩的公共物品。这类"美德"物品的典型例子包括社会卫生保健、义务教育、传染病免疫、群众娱乐设施、必要的社会安全保障、禁止吸毒等。

公共物品常常还具有如下特征:①消费中的不可分性。即公共物品的消费只有在保持其完整性的前提下,由众多的消费者共同享受,而不能将其分割为可以计价的单位供市场销售,主要是针对纯公共物品而言。例如无线电台无法将其提供的电磁信号服务分成一段或一块出售;路灯照明也无法分割成某种单位量进行出售。②消费中的外部经济性。公共物品的最大特点之一就是它在客观上时时刻刻给人们带来积极的正效应。例如美丽的公园、流行病免疫、图书馆免费开放等。③生产中的规模性或自然垄断性等。

二、公共物品的市场失灵

在实际工作经济生活中很难确定它的最优数量,因为公共物品的市场需求曲线是假定的,原因有二:一是消费者不能准确地陈述他对公共物品的需求与价格的关系;二是消费者为了少支付价格或不支付价格,会低报或隐瞒自己的偏好,都想不支付成本而得到利益,即想当"免费搭车者"。正因为如此,我们无法得到每个消费者对公共物品的需求曲线,更说不上把它们加总得到公共物品的市场需求曲线了。另外,即使能够得到公共物品的市场需求曲线,但在实际工作中,市场本身提供的公共物品通常低于最优数量,也就是说通过市场机制来配置公共物品生产的资源常常会不足。因为,在竞争的市场中,如果是私人物品,则市场均衡配置是最优的。生产者之间的竞争将保证消费者面对的是等于商品的边际成本的同样价格,消费者则在既定的商品产出量上展开竞争。某个消费者消费一单位商品的机会成本就是在市场价格上卖给其他消费者的同样一单位商品,故没有哪一个消费者会得到低于市场价格而买到商品的好处。但是,如果是公共物品,即使它是可排他的,情况也将完全不同。任何一个消费者消费一单位商品的机会成本总为零,也就是说,没有任何消费者要为他所消费的公共物品去与他人竞争,因此,市场不再是竞争的,如果消费者认为他自己消费的机会成本为零,他就会尽量少支付给生产者以换取消费公共物品的权利。如果所有消费者都这样行事,则消费者支付的数量就将不足以弥补公共物品的生产成本,结果便是低于最优数量的产出,甚至是零产出。对于纯公共物品来说一般无排斥可言;而对于准公共物品,一般来说排斥是可行的,但却常常是低效率的,因为排他的公共物品如果只供付费的人享用,常因使用率偏低,造成浪费,从而影响经济效率。最明显的例子是公园与博物馆,如果把票价定得太高,只能供少数有钱人享用,这样就会造成浪费,从而影响经济效率;又如,一条并不太拥挤的公路实行收费,从而排斥一部分人的使用是可行的,但却是无效率的,因为使用公路增加的边际成本很低,而排斥成本却很高。对于一条十分拥挤的公路,由于竞争性的存在,收费是必要的,但由于收费的成本代价太高而使收费不可行,因为收费将可能使得公路更为拥挤。所以说,对于公共物品,市场机制调节资源配置的作用完全失灵,市场机制无能为力,这必然要求由政府介入提供公共物品,否则免费搭车问题会越来越严重。

第五节　信息不对称

一、信息不对称的含义

完全竞争模型假定消费者和厂商对于市场销售的商品具有完全的信息。例如,厂商应当具有的信息包括:他们知道最合适的生产技术、雇员的生产率;每一种可能的投入要素的价格以及所有投入品的特征、产品的市场价格及消费者对产品需求的信息；不仅知道现在的价格，而且也知道将来在每种可能条件下的价格等。消费者需要具有的信息包括：市场上所有产品的价格和质量，产品的性能和用途；他们不仅知道自己的偏好，而且还知道怎样达到效用最大化等。这些条件对于完全竞争市场是不可缺少的。

然而，在现实经济中信息往往是不完全的，作为一种有价值的资源，获取信息需要付出一定的成本，有时获取完全信息的成本可能十分高昂。因此，人们在许多情况下并不具备完全信息。例如，厂商无法准确预测市场上各种产品需求和要素供给变动的情况，消费者也无法了解所有商品市场上待售商品的质量和价格情况；求职者并不知道所有空缺职位的信息，而雇主也无法了解每一位雇员的才能和潜力。信息的不完全往往表现为信息不对称。当市场交易的一方无法观察到另一方的行为时，就说是不对称的。

在交易中，如果一方了解自己的一些特征（如商品的质量、身体的好坏），而另一方不了解，这种信息不对称结构叫作隐藏特征；由于交易一方的行为会影响对方，而对方不能直接辨别，这种信息不对称结构叫作隐藏行为。例如，保险公司不可能每时每刻都监督每个购买车辆保险的人的行为；买了医疗保险的人病已痊愈而迟迟不肯出院，保险公司也无法看见。

这种信息的不对称会给市场的有效运转带来很大的问题。下面将考察信息不对称所导致的逆向选择、道德风险、委托—代理问题等，并探讨解决这些问题的方法。

二、逆向选择与发送信号

逆向选择（adverse selection）是指买卖双方信息不对称的情况下，信息多的一方倾向于与对方签订协议进行交易使自己受益而使对方受损。

我们先来看双方信息不对称的旧车市场的例子。设想这样一种情形：在一个市场上有100个人想卖出他们用过的旧车，在这100辆旧车中，50辆是质量较好的，50辆是质量较差的。恰好有100人想要购买旧车。假定购买者对质量较好的车愿意出8000元的价格购买，对质量较差的车愿意出4000元的价格购买；车辆的出售者对质量较好的车愿意以9000元的价格卖出去，对质量较差的车愿意接受的价格是5000元。

如果卖方和买方都知道哪一辆车是质量较好的，哪一种是质量较差的，即他们对于旧车市场的信息是对称的，则市场达到供求相等的有效均衡是没有问题的。旧车市场就会形成两个均衡价格，即质量较好的车将在8000～9000元的价格之间成交。质量较差的车将在4000～5000元的价格之间成交，市场既不存在过剩的供给，也不存在过剩的需求。

但是，实际上买卖双方关于旧车质量的信息是不对称的。旧车的卖方对车的质量比买方要知道得多，车主可以隐瞒实际的行驶里程。买方无法凭观察来判断旧车的质量，而只能猜测旧车的实际价值。因此，一辆旧车的未来买主总是对车的质量充满疑虑。买者只知道100辆旧车中有一半质量是较好的，另一半质量是较差的。因此，每一个旧车购买者买到好车与差车的概率各为50%。在这种情况下，买方将只愿意支付车的预期价值：50%×8000+50%×4000=6000（元）。哪一个卖者愿意以6000元的价格出售旧车？毫无疑问，只有那些拥有较差质量旧车的人愿意按6000元的价格出售旧车。由于具有较好质量旧车的出售者愿意接受的价格是9000元，因此在6000元价格水平，不会有一辆质量较好的旧车成交。但是，如果旧车的购买者知道，在6000元的价格水平不会有一个出售者出售质量较好的旧车,他就会不再愿意对它支付 6000 元。这个市场的均衡价格将位于 4000～5000 元的某个地方。对于这个范围内的价格来说,只有质量较差的车主才出售汽车,从而质量较差的车将充斥整个旧车市场,没有一辆较高质量的车能够完成交易,试图出售质量较好的旧车的人将受到严重损害,因为没有人会相信他。在这里,买方对卖方进行了逆向选择,即信息少的一方选择信息多的一方进行交易时,价格越低,购买数量越少。旧车价格也因为逆向选择而下降。因此,在有低档品存在的市场,逆向选择会产生严重后果,容易造成低档品驱逐优质品的后果。旧车市场出现"劣品驱逐良品"的原因是信息不对称而导致买方对卖方进行了逆向选择。

还有其他市场存在逆向选择,最典型的是人寿保险市场。保险的买卖双方所掌握的信息是不对称的。每一个希望购买医疗保险的人最了解自己的健康状况,而保险公司并不了解每个投保人的健康状况,只知道他们的平均健康状况,保险公司只能根据每个人的平均健康状况或者说平均的患病率收取保险费。在保险公司按照平均健康状况收取保险费的情况下,谁会购买保险? 当然是那些身体不太健康的人。对那些身体健康的人来说,保费太高,他不会去购买保险。为了减少保险公司的支出而增加保险公司的收入,保险公司将提高保险费,按照这些不太健康人的平均健康状况收取保险费。保险费上涨后,只有那些患病率较高的人仍然愿意购买保险,这将导致保险公司进一步提高保险费,这又赶走了一批较健康的人,最终只有那些患有严重疾病或绝症的人才购买保险,而他们正是保险公司所最不想要的顾客。这样就是保险公司对买主进行逆向选择。其结果是,通过提高价格来进行逆向选择将赶走健康状况好的顾客。

因此,如果交易双方的信息是不对称的,当信息多的一方进行自我选择往往会损害信息少的一方时,信息少的一方就会进行逆向选择。

信息不对称问题在许多领域都存在,但是并不一定都导致逆向选择问题,通过某些有效的制度安排或有效的措施实施可以消除因非对称信息而产生的逆向选择问题。如果市场上信息多的一方通过某种方式将信号传递给信息少的一方,就可以消除因信息不对称而产生的逆向选择问题。向市场发送信号,就可以解决因信息不对称而产生的逆向选择问题。

以上述的旧车市场为例,劣品充斥市场是因为购买者并不确知旧车的质量,因而只愿出较低的价格购买旧车,从而导致卖者只愿拿劣品出售。如果出售者能够向购买者发送某些有关产品质量的信号,使购买者能够确知其旧车的质量,则不会产生旧车市场的逆向选择问题。例如向旧车购买者提供有关旧车的质量证明书,一旦买者在某一期间使用的旧车出现问题,卖者将负责赔偿或保修,这种措施将有助于消除旧车市场的逆向选择问题。市场上信息多的一方向信息少的一方发送信号并不仅仅限于旧车市场,在其他具有隐藏特征的市场上也存在。像电视机、空调、小轿车和冰箱这样的耐用品市场上,有许多厂商在进行生产,品牌众多。如果消费者不知道哪些品牌更为可靠,较好的品牌就不可能以较高的价格出售。因此,生产质量较高、较可靠的产品的厂商就会愿意让消费者意识到这一点,通过提供质量保证书的方法来使消费者明白他们出售的产品是可靠的。保证书里一般都保证产品在相当长一段时间内的修理服务由生产者来提供,有些产品甚至可以调换。出于自身的利益,低质量产品的生产者就不会提供内容广泛的保证书,因为一项内容广泛的保证书对低质量产品的生产者来说要比高质量产品的生产者成本更高,伪劣品与优品相比在成本上已不再具有任何优势。因此,消费者就能把一项内容广泛的保证书看作是高质量的信号,并为提供保证书的产品支付更高的价格。

一些著名商品的牌号本身也是一种信号,因为名牌是靠长期稳定且过硬的质量建立起来的,在消费者心里名牌代表优质,为此他们愿意支付一定的溢价来取得质量的保证。

虽然伪劣品的生产者难以创造出这种信号,但是模仿这些信号的成本却并不高。因此,市场上充斥大量的、假冒的名牌产品会使真正名牌产品生产者的信号成为一种"负信号"——尽量避免购买这种品牌产品,甚至导致真正优质产品的厂商退出市场。在这种情况下,名牌厂商的一种有效对策是传送"二次信号"以证明自己的产品是真正名牌的信号。这种信号既可以在产品上增加某种很难仿制的防伪标志,又可以是名牌厂商与名牌商店的结合。销售商的名望对消费者来说也是一种信号,消费者相信有名望的商店是不会轻易让伪劣产品上柜台销售的。名牌产品的厂商会努力让自己的产品出现在名牌商店的柜台上,两种优质信号的结合能使消费者放心地购买。当然,名牌商店会将售价定在比一般商店高的水平,但消费者愿意支付一定的溢价来取得质量的保证。假冒、伪劣产品充斥的市场也可以由中间商或经纪人来重建秩序。中间商或经纪人利用自己的专长来鉴别优质产品和劣质产品,他们的信誉可以通过以合理的价格出售商品而建立起来。只要他们能赢得消费者的信赖,由于信息不对称而失灵的市场能够重新运转起来。经纪人得到的报酬称为佣金或介绍费,卖主愿意支付佣金是因为它比优质产品在不对称信息市场上直接出售所遭受的价值损失要小;消费者愿意支付佣金是因为它比消费者直接在不对称信息市场上搜寻优质产品的成本要低。一个具有比较全面信息的中间人的介入使市场运转的效率大大提高了。在某些情况下,这些中间人的角色是由某个机构来承担的,比如,同业商会、政府机构或民间组织可以对某类产品进行等级评定,使之成为传送给消费者的信号。

如果信息不对称所产生的问题很严重,以至于破坏市场的运作时,政府有必要进行干预,或通过法律解决问题。例如,在老年人健康保险领域出现的市场失灵通常需要政府干预,由政府、企业和个人共同出资对个人实行集体保险。由于这种保险对于每一个员工都是强制性的,保险公司要赔付的就是平均风险,集体收费较单个人低得多,所以就没有逆向选择问题。药品市场因信息不对称而产生的假药充斥市场的问题更需要政府出面干预,或者将假药生产者或出售者绳之以法。

三、道德风险

道德风险(moral hazard)是指交易双方在交易协议签订后,其中的一方利用多于另一方的信息,有目的地损害另一方的利益而增加自己的利益的行为。

我们仍以保险市场为例说明道德风险问题。在个人没有购买家庭财产保险的情况下,个人会采取多种防范措施,如安装防盗门以防止家庭财产失窃,家庭财产失窃的概率较小,假定家庭财产损失的概率为1%。但是,在购买了全额保险之后,人们的行为可能会变得不合情理。由于家庭财产失窃后由保险公司负责赔偿,个人有可能不再采取防范性措施,如购买了家庭财产盗窃险的人不愿花钱加固门锁;买了汽车偷盗保险的车主不再愿意安装先进的防盗装置等。所有这些行为都是保险市场上的道德风险。

道德风险是在承保人无法觉察或监督投保人行为的情况下所发生的。解决的办法只能是通过某些制度设计使投保人自己约束自己的行动。例如,在家庭财产保险中,保险公司并不对投保人实行全额保险,而规定某些最低数量的免赔额。一旦投保人的财产发生损失,投保人自己也将负担一部分损失。医疗保险公司根据参加医疗保险的人实际就医的情况,经常调整医疗保险费用,以便消除投保人的道德风险。即使由政府统筹解决个人的医疗保险问题,也要让个人承担相应的份额,否则个人的道德风险将会使任何形式的政府医疗保险方案都难以维持。

▦ 案 例 ▦

【案例1】

著名经济学家科斯(R. H. Coase)在 1974 年发表的《经济学上的灯塔》一文中,研究了英国早期的灯塔制度。17 世纪以前,灯塔在英国是名不见经传的,17 世纪初,由领港工会造了两个灯塔并由政府授权专门管理航海事务。科斯注意到,虽然领港工会有特权建造灯塔,向船只收取费用,但是该工会却不愿投资于灯塔。1610-1675 年间,领港工会没有建造一个新灯塔,但同期,私人的投资建造了至少 10 个灯塔。但在当时的灯塔制度下,私人的投资要避开领港工会的特权而营造灯塔,他们必须向政府申请许可证,希望政府同意授权船只收费。该申请还必须由许多船主签名,说明灯塔的建造对他们有益,同时要表示愿意支付过路费,其多少是由船的大小及航程经过的灯塔多少而确定的。久而久之,不同航程的不同灯塔费,就干脆印成册,统一收费。私营的灯塔是向政府租地而建造的,租期满后,再由政府收回让领港工会经营。到 1820 年,英国当时的公营灯塔有 24 个,而私营灯塔有 22 个。在总共 46 个灯塔中,有 34 个是私人投资建造的。后来,政府开始收回私营灯塔。到 1834 年,在总共 56 个灯塔中,公营的占 42 个。到 1836 年,政府通过法规将剩余的私营灯塔全部收回,在 1842 年以后,英国的灯塔全部由工会经营了。

灯塔是经济学家探讨公共物品理论时最喜欢用的一个例子。从穆勒到萨缪尔森,都认为灯塔收费困难而只能由政府经营。科斯的论文却提出了一个命题:公共物品必须由政府提供吗?

科斯的挑战有没有成功呢?关于收购私营灯塔的理由,英国当局的解释并不在于私人收费的困难,而在于私人收费过高。科斯自己说,他调查英国灯塔制度的根本目的在于证明灯塔的私人收费是可能的,从而表明从穆勒到萨缪尔森关于把灯塔看作必须由政府经营的观点是在枉费心思。

但是,正如张五常教授所言,问题并非这么简单。"我们要问,假若政府不许以特权,私营收费能否办到?"科斯似乎没有提及这个问题。例如,有人准备在适宜建造灯塔的地方购买或租借一块土地,并在公布其计划之后,就跑到船主那里要他们签约并支付过路费。签约的船主得到灯塔的服务,当然就要按约交费,否则就会惹起官司。这样一来,收费问题似乎就解决了。但是更根本的问题是,有多少船主肯签约?科斯在文中提到了船主联合申请的步骤,但究竟有多少船主会在申请上签名?船主的签名只是帮助灯塔建造者向政府申请特许权,而特许权被批准之后,不签字的船主也要交费,在这种情况下,又会遇到收费的困难。因此张五常教授指出,在灯塔的例子中,收费困难有两种。第一种就是船主否认从灯塔中受益,从而不愿付费。这类收费的困难不太大,因为船只进入港口或在航线上显然是要经过灯塔的,否认是不容易办到的。第二种困难是"搭便车",就是承认从灯塔中受益,但不肯付费。对于这一困难,科斯没有提供解决的办法。张五常教授的主要证据就是政府给予私营灯塔一个专卖权,这意味着每一艘船只要使用灯塔都必须交付费用。这种专卖权就好像向发明者授予专利权一样,本质上是一回事。用"专卖权"来压制"搭便车"的行为,是解决公共物品收费困难的可行途径。

必须指出,无论何种收费办法都难以彻底解决收费问题。因为灯塔的自然属性决定了使用上的非排他性,要真正设计或发明一套排他的装置和制度将公共物品"私有化",必须考虑制度设计的成本以及执行和监督的费用。在一般情况下,这些成本是昂贵的。这就是为什么公共物品的供给缺乏刺激和效率的根本原因。可见,科斯的分析是在政府许以特权的前提下进行的,而政府许以特权事实上就是由政府提供公共物品。

问题:(1)如何对公共物品进行定价?

(2)公共物品必须由政府提供吗?

【案例 2】

欧盟委员会 2008 年 4 月 14 日宣布,对全球软件业巨头美国微软公司发起两项新的反垄断调查。欧盟委员会在一份新闻公报中说,两项调查均涉及微软公司可能滥用了其在软件市场上的优势地位,一项针对的是微软公司 Office 办公软件等产品的兼容信息披露问题,另一项针对的是微软公司在其视窗操作系统中"捆绑"自己的 IE 浏览器。

类似的案件已经不是第一次发生。2001 年,在美国通用电气对欧洲 Honeywell 公司的并购案上,欧盟以两家公司合并会垄断飞机发动机和飞机电子零件市场为由,阻挠了通用的收购,而该次收购在美国是获得同意的。

追踪欧盟委员会近年来反垄断的轨迹,从 2001 年对 8 家参与非法卡特尔的维生素生产企业罚款 8.85 亿欧元,到 2004 年对微软处以当年创纪录 4.97 亿欧元的罚款,再到 2005 年 2 月对 5 家结成非法卡特尔的大型电梯公司处以 9.92 亿欧元罚款,欧盟委员会对企业处以的反垄断罚款金额纪录屡屡被改写。

问题:(1)垄断的非效率表现在哪些方面?

(2)欧盟为什么要对非成员国企业并购成员国企业进行反垄断审查?

(3)竞争性行业与自然垄断行业中的垄断行为应该如何区别对待?

【案例 3】

我国农业中普遍、独特的外部性现象形成了农业发展的障碍,因此,对其发生规律进行分析研究可以为相应的制度规范提供参考,促使农业外部性问题内部化,从而更好地促进农业发展。我国农业外部性的主要表现如下。

(1)收益的流失。作为一个特殊的行业,农业本身具有很明显的"收益外部化"。农业的发展在整个国民经济发展中起着基础和决定性的作用,但这种好处却难以计量,也就无法提出相应的补偿,于是,收益就发生了"外溢"。在我国,这种收益"外溢"现象突出表现在工农产品价格"剪刀差"上。据统计,1952—1986 年,国家通过"剪刀差"从农业中抽走 5823.74 亿元,是农业税收的 5 倍多,约占农业新创造价值的 15.7%。此外,国家对农业的投资很少,1952—1983年国家通过财政和信贷渠道对农业的直接投资以及农村社会救济计为2326.09亿元,只占国家从农业中抽取资本积累的1/3强,仅相当于农业新创造价值的6.1%。如果扣除国家对农业的资本注入,则在工业化资本原始积累过程中,我国农业平均每年要把新创造价值的9.4%无偿贡献给工业(冯海发、李微,1989)。也就是说,农业被迫成了收益外部化的供体。

(2)生态环境及景观功能的无偿提供。生态环境及景观功能也是一种公共物品,农业则在对这类公共物品提供的过程中扮演了重要的角色。草原、林地、森林、绿洲、湖泊、耕地等景观的无偿提供就是农业外部经济的典型例子,它们对净化空气、保护植被、防止水土流失等都起到了积极作用,社会公众也因此而无偿获益。比如,生态农业建设促进了农业资源持续高效利用,改善了生态环境,还推动了无公害农产品、绿色食品的发展,对提高农产品质量安全发挥了积极作用。

(3)对其他行业成本外部化的接受。和工业、交通运输业等其他非农产业相比,农业更容易成为成本外部化的受体。例如,我国工业"三废"对农业环境的污染正在由局部向整体蔓延。2000年全国因固体废弃物堆存而被占用和毁损的农田面积已达13.3万公顷以上,533.3万公顷以上耕地遭受不同程度的大气污染,仅淮河流域农田因大气污染造成的损失就达1.7亿元。全国利用污水灌溉的面积占总灌溉面积的7.3%,比20世纪80年代增长了1.6倍。此外,工业、交通、能源、通信、商业中的尾气污染、噪声污染、"白色污染"、电磁污染等,都会影响农业生态环境。农业的发展环境由于接受了工业等非农产业转嫁的成本而趋于恶劣,为了克服这些不良影响,农业生产经营者不得不付出额外的成本,而这些成本本来是应当由污染者——工业等非农产业来承担的。

(4)对生态环境的成本外部化。这主要体现在农业使用物污染和农业废弃物污染两个方面。农业耕作时需要利用的许多介质,如农药、农用塑料等,都会造成环境污染。以农药污染为例,许多高效农药的高残留性和毒害性对生态环境造成了破坏,相当于将处理残留农药污染的成本转嫁给了社会。据2000年对23个省市的不完全统计,农业环境污染事件达891次,污染农田4万公顷,损失达到2.2亿元。这些损失本应由农业承担,却被转嫁给了其他经济主体。在农业废弃物方面,不恰当地处理农业废弃物也会对生态环境造成破坏。例如,目前我国每年禽畜养殖场排放的粪便及粪水总量超过17亿吨,如果投入部分资金进行妥善处理,它们可以成为优质的有机肥料。但是,人们却将其集中排放,不仅浪费了资源,而且还污染了养殖场周围的环境。此外,部分农村有在农田中随意焚烧秸秆的习惯,造成了严重的空气污染,有时还引起交通事故和飞机航班延误,给人民生活和经济建设带来不良影响。这些只顾眼前利益而漠视环境效益的行为,相当于把保护环境的责任转嫁给了社会。

我国农业外部性的产生原因首先是产业优势地位(市场地位)不明显,所以容易成为收益外部化的供体;其次是农业生产经营特点使农业在生产经营过程中容易接受外部成本或流失外部收益,在一定程度上成就了外部性的实现;第三是农业技术大多具有公共物品或准公共物品的性质,在应用上不具备完全的排他性,大多数可以被模仿,这使得技术难以被有效控制,从而弱化了农业技术创新,无法形成现代农业,导致农业在面对工业等非农产业的成本转嫁时显得无能为力。

资料来源:宏观经济研究,2004(1)

问题:(1)负面的外部效应有哪些方法可以克服?

(2)我国农业的外部性问题如何解决?

习　题

1. 简述市场失灵的原因。

2. 垄断是如何造成市场失灵的?

3. 公共物品是如何导致市场失灵的?

4. 公共物品和私人物品相比有什么特点?

5. 能否说政府提供的物品都是公共物品?

6. 为什么像公路、桥梁及广播电视等不能称为纯公共物品?

7. 外部影响的存在是如何干扰市场对资源的配置的?

第十一章 国民收入核算

宏观经济学研究的是整个社会经济活动,国内生产总值(GDP)是衡量整个社会经济的基本尺度。研究宏观层次经济资源利用方面,如失业、通货膨胀等问题都离不开 GDP 这个概念。对 GDP 及其相关经济总量的分析不仅是国民收入核算的主要内容,也是进行宏观经济研究的前提。正如美国经济学家詹姆斯·托宾所说,如果没有国民收入核算方法和近60 年来其他方面统计的革新和改进,当前宏观经济学的发展是不可想象的。

第一节 国民经济的收入流量循环模型

从理论上分析,国民经济可以分为由居民户和厂商所组成的两部门经济;由居民户、厂商和政府所组成的三部门经济以及再加上国外部门的四部门经济。四部门经济又称作开放经济,它是现实中的经济。但为了分析简单起见,我们的分析要从两部门开始。

为了说明两部门经济中国民收入如何决定,有必要弄清楚产出、收入和支出之间的关系。

一、产出等于收入

一般地,国民经济中产出总量等于收入总量。这是因为产出是通过各种生产要素在一定的条件下通过某种方式组合而形成的,而要素的所有者在提供生产要素过程中需要获取相应的要素报酬,即要素所有者的收入。于是,用一定量的生产要素所生产的产出最终都将以要素报酬的形式分配给要素所有者,从而形成收入。

如一个纺纱企业,假定棉农生产 150 万元的棉花,并假定这 150 万元就是新增价值,那么,这 150 万元实际就是生产棉花所投入的生产要素(土地、资本、劳动等)共同创造的价值。假定这 150 万元棉花卖给纺纱厂,纺纱厂经加工后以 200 万元卖出,新增价值 50 万元,这50 万元是纺纱厂所投入的生产要素创造的。由于生产厂家要取得报酬,使用工人要支付工资,使用土地要付出地租,使用资本要支付利息。这些要素报酬就等于这些要素在生产中的贡献,因而 50 万元的新增价值转化为要素提供者的收入。假定工资是 20 万元,利息 15万元,地租 5 万元,利润显然是 10 万元。把上述情况列成表,如表 11-1 所示。

表 11-1　某纺纱厂年产出和收入报表　　　　　单位:元

收入(支)	产出(收)
工资:200000	
利息:150000	生产出产品(纱):2000000
地租:50000	减:购买棉花:1500000
利润:100000	
总计:50,0000	产出:500000

　　纺纱厂情况是这样,织布厂、制衣厂商等其他厂商情况均如此。他们生产的价值,都要转化为生产要素报酬和企业利润,即转化为要素提供者和企业所有者的收入。由于把利润看成是产品卖价扣除工资、利息、地租等成本支出后的余额,而且是销售收入的一部分,因此产出(生产价值)总是等于收入。根据会计记账原则,上述例子中 10 万元的利润,即企业所有者的收入可看成是销售收入的一部分。从这个例子中可以看出,企业所有的销售所得都支付出去而形成了各种要素收入报酬,产出和收入是相等的。如果任何一个企业的产出总等于收入,那么一个国家的总产出也等于总收入,即

　　　　总产出＝总收入

二、产出等于支出

　　产出与支出相等也是根据记账原则。例如,生产一件衬衣卖 50 元,这就意味着消费者购买时需支付 50 元。同时,这 50 元就是许多与此有关的生产者(棉农、纺纱厂、织布厂、制衣厂、商店)创造的价值,即产出。社会上所有的最终产品都是这样。因而,就全社会来看,总产出就等于购买最终产品的总支出,即

　　　　总产出＝总支出

　　如果社会在某年生产 1 万亿元的最终产品,只卖掉 8000 亿元,总产出还会等于总收入么? 为了记账方便,在国民收入核算中,这未卖掉的 2000 亿元产品被看作是本企业在存货方面的投资支出,称为存货投资,它是总投资的一个组成部分。因此,上例中的总支出就不是 8000 亿元,而是 1 万亿元。国民经济犹如企业经济,产出和支出相等是把存货投资作为支出组成部分的结果。

三、收入流量循环模型

　　要弄清楚如何核算国民收入,应当从分析国民收入流量循环模型开始。

1. 两部门经济的收入流量循环模型

　　两部门经济的收入流量循环模型是最简单的收入流量循环模型。它假定一个社会只有两种经济单位或者说两个经济部门:厂商和居民户。居民户向厂商提供各种生产要素,厂商向居民户支付要素报酬(即收入)。厂商用这些生产要素进行生产,向居民提供产品与劳务。居民户为购买这些产品与劳务而进行支付(即消费支出)。这时,收入流量循环模型如图 11-1 所示。

　　图 11-1 所示的箭头为货币和物流的流向。从该图中可以看出,只要居民户把所得的收

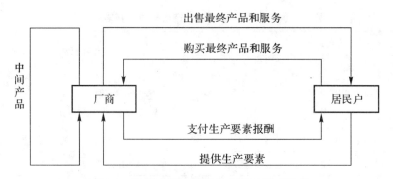

图 11-1　无漏出和注入的收入流量循环模型

入用于购买厂商生产的产品与劳务,这个循环就可以以原有的规模一直保持下去。如果居民户把一部分收入用来向厂商购买产品和劳务,把另一部分收入储蓄(savings,用 S 表示)起来;同时,厂商在居民户购买支付之外又获得了其他资本的投资(investment,用 I 表示),那么流量循环模型就是图 11-2 所示。

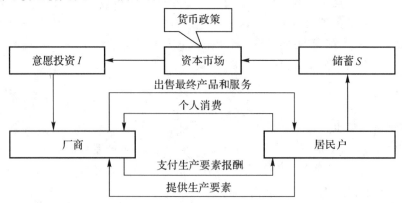

图 11-2　有漏出和注入的两部门经济收入流量循环模型

图 11-2 表明,居民户把收入中的一部分以储蓄形式存入金融机构,而厂商则从金融机构获得投资资金。如果通过金融机构把居民户的全部储蓄都转化为厂商的投资(即储蓄＝投资,S＝I),那么这个循环仍然可以以原有规模维持下去。在经济学上,储蓄是这一循环的漏出(leakage),投资是对这一循环的注入(injection)。因而也可以说,只要漏出等于注入,国民收入的流量循环就可以正常进行下去。

2.三部门经济的收入流量循环模型

三部门经济是包括居民户、厂商和政府的经济。政府为经济活动提供服务,并为此向社会征收税收进行支出。所以,政府在经济中的作用主要是通过税收(taxation,用 T 表示)与政府支出(government expenditure,用 G 表示)来实现的。

税收是政府收入的重要来源。税收分为直接税和间接税两类。直接税是直接向个人或厂商所征收的税,其特点是税收负担由纳税人直接承受,无法转嫁,如所得税、财产税、遗产税等。间接税是指向商品和劳务所征收的税,其特点是税收负担不由纳税人直接承担,可以转嫁出去。转嫁方式分为向前转嫁和向后转嫁。向前转嫁,把税负转嫁给消费者;向后转嫁,即把税收转嫁给生产要素的供给者,如消费税、货物税等,即在此之列。这里为了便于说明,假设政府部门的税收来自于对居民部门的征税。实际上,现实中税收征收还包括对厂商部门的征税,但是这种简化,对于说明国民收入的流量循环过程是没有影响的。

政府支出分为两类,即用于购买各种产品与劳务的政府购买以及不以换取产品与劳务为目的转移支付(transfer payments),如福利补助开支、救灾资金等。

三部门经济的收入流量循环模型如图 11-3 所示。在三部门经济中增加了政府,要使收入流量的循环正常进行下去,除了储蓄等于投资($S=I$)之外,还要求政府税收等于政府购买($G=T$)。如果从漏出和注入角度来看,这里仍然有漏出($S+T$)等于注入($I+G$)的。

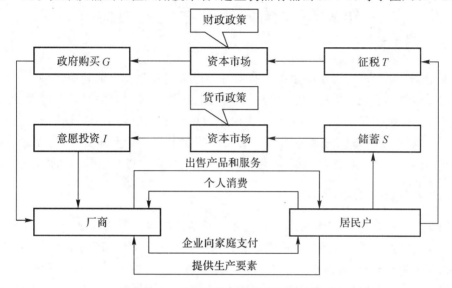

图 11-3　三部门经济的收入流量循环模型

3.四部门经济的收入流量循环模型

四部门经济是指在居民户、厂商、政府之外又加上国外部门。国内厂商和政府通过贸易、资本流动与国外部门发生经济联系。为了便于说明,我们假设一国对外经济联系中只有贸易,这种情况下,国外部门对国内经济的影响是:向本国提供商品与劳务,这就是进口(import,简称 M),作为商品与劳务的需求者,向本国购买产品,这就是出口(export,简称 X)。于是,四部门经济的收入流量循环模型如图 11-4 所示。

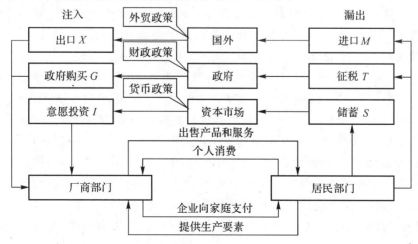

图 11-4　四部门经济的收入流量循环模型

在图 11-4 中假设居民部门与国外部门只有贸易联系。于是在四部门经济中,国民收入流量循环正常进行下去的条件还要求进口等于出口($X=M$)。

如果把以上三种情况的收入流量循环模型总结起来,可以看出:储蓄(S)、税收(T)、进口(M)都是国民经济流量模型中的漏出,而投资(I)、政府购买(G)、出口(X)都是注入。只要总注入等于总漏出,收入流量循环就会处于均衡状态,这是宏观经济学的一个重要原则。

第二节　国内生产总值的概念

诺贝尔经济学奖获得者萨缪尔森把 GDP 称为"20 世纪最伟大的发明之一"。它可以衡量经济增长的总体表现,是一国经济及其景气周期、经济健康与否的最重要依据,因而它至今都是国际上用来衡量国家与地区经济表现的通用标准。如果没有 GDP 这一总量指标,决策者制定政策、采取措施时就会陷入杂乱无章的数字海洋而不知所措,更无法确定一国承担怎样的国际义务,享受哪些优惠待遇。在这一节中,我们将介绍 GDP 的相关概念。

一、国内生产总值的定义

在国民收入核算中,最主要是计算国内生产总值。国内生产总值(gross domestic product,GDP),是指一个国家或地区在一定时期内(通常为一年),所生产的全部最终产品(包括最终产品与劳务)的市场价值总和。这一定义实际上至少包括了六方面的意思:第一,国内生产总值是一个市场价值概念;第二,国内生产总值测度的是最终产品而不是中间产品的价值;第三,国内生产总值指的仅仅是一个时期内生产的最终产品的价值,而不是一定时期内所出售的最终产品的价值;第四,国内生产总值仅指一定时期内生产的价值,故包含时间的因素;第五,国内生产总值是指一个国家地域范围内拥有的生产要素所生产的产品价值,是在国内进行的;第六,除少数例外,国内生产总值仅仅是指为市场而生产的物品和劳务的价值,非市场活动不包括在内。

这里至少有两点特别值得注意:

第一,国内生产总值是一个流量,因为它表示的是从一段时期内(通常情况下是一年)整个经济社会所新生产出来的最终产品或劳务的市场价值是多少,因而它是一定时期内发生变动的数值,所以称为流量。存量是指一定时点上存在的变量的数值。例如,国民财富表示的是某一时点上(如 2008 年 12 月 31 日)国民财富是多少。

第二,国内生产总值始终强调的是生产的概念,生产就是劳动者利用劳动手段转换或消耗货物和服务的投入以及创造货物和服务产出的过程。但是,日常经济活动中也涉及许多非生产性交易,即与当期生产无关的转移支付,这些都不应计入当期的国内生产总值。例如:

(1)买卖股票。当你在证券交易所购买上市的股票时,必须有人按照当时的价格卖给你,这实质上是股票所有权的转移。这和股份公司的生产活动没有关系,因而这项股票交易所涉及的货币金额不计算在国内生产总值中。至于证券交易所收取的交易手续费则作为服务性收入而计入服务业增加值中,这不包括股票交易金额的本身。

(2)政府的转移支付。政府的转移支付是无偿的,它是作为国家再分配的一种形式。

例如失业救济金、离退休养老金补助、学生助学金等。这些纯属政府的支出,都是无偿的单向的转移,与当期的生产活动无关,因而也不计入国内生产总值。

(3)私人之间的转移支付。子女给父母的赡养费、亲戚朋友之间的馈赠支出等个人之间的货币资金的无偿转移,不属于生产行为,因而也不包括在 GDP 中。

二、国民收入核算中五个总量的关系

国民收入是衡量社会经济活动成就的一个广泛概念,它实际上包括以下五个总量:国内生产总值(GDP)、国内生产净值(NDP)、国民收入(national income,NI)、个人收入(personal income,PI)和个人可支配收入(personal disposal income,PDI)。

国内生产净值是指一个国家一定时期内(通常为一年)所生产的最终产品按市场价格计算的净值,即国内生产总值中扣除了折旧以后新增加的价值。

国民收入(指狭义的国民收入),是一国生产要素在一定时期内提供服务所获得的报酬总和,即工资、利润、利息和租金等的总和。从国内生产净值扣除企业间接税和企业转移支付,加政府补助金就得到狭义的国民收入。企业间接税和企业转移支付是列入产品价格的,并不代表生产要素创造的价值或者说收入,因此计算狭义的国民收入必须扣除。相反,政府给企业的补助金不列入产品的价格,但成为生产要素收入,因此应当加上。

个人收入是指一个国家一定时期内(通常为一年)个人从各种来源所得到的收入总和。国民收入不等于个人收入,一方面国民收入中有三个主要项目不会成为个人收入,包括公司未分配利润、公司所得税和社会保险税;另一方面政府转移支付(包括公债利息)虽然不属于国民收入(要素报酬)却会成为个人收入。因此,从国民收入中减去公司未分配利润、公司所得税和社会保险税,加上政府转移支付,就得到个人收入。

个人可支配收入,是指一个国家在一定时期内(如一年)可以由个人实际使用的全部收入,即个人消费支出和储蓄的总和。也就是个人收入减去个人所得税以后的剩余部分。

这四个总量与国内生产总值存在密切关系,可以根据国内生产总值来计算。下面我们用某年 A 国的国民收入统计(见表 11-2)为例来说明国内生产总值与其他四个总量之间的关系。

表 11-2　A 国某年国内生产总值、国内生产净值、国民收入、个人收入和个人可支配收入

单位:10 亿元

国内生产总值(GDP)	4864.3
减:折旧	506.4
等于:国内生产净值(NDP)	4357.9
减:企业间接税	389.0
其他	0.5
等于:国民收入(NI)	3968.4
减:公司利润	323.4
社会保险税	444.7
加:政府和个人转移支付	586.1
利息调整	184.4
红利	96.3
等于:个人收入(PI)	4062.1
减:个人所得税	590.3
等于:个人可支配收入(PDI)	3471.8

资料来源:多恩布什、费雪.宏观经济学(第七版).北京:中国人民大学出版社,2000(有修改).

三、名义国内生产总值和实际国内生产总值

名义国内生产总值(nominal GDP)是按当年价格所计算的国内生产总值。名义国内生产总值的变动可以有两种原因:一种是实际产量的变动,另一种是价格的变动。也就是说,名义国内生产总值的变动既反映了实际产量变动的情况,又反映了价格变动的情况。

实际国内生产总值(actual GDP)是按不变价格所计算的国内生产总值。如果把 1990 年作为基准年,2008 年的实际国内生产总值是指 2008 年生产出来的全部最终产品用 1990 年的价格计算出来的市场价值,实际国内生产总值仅仅反映了实际产量变动的情况。

由于核算国内生产总值时所使用的价格水平不一样,所以名义国内生产总值与实际国内生产总值是有差异的。为了准确反映一国实际经济水平的变化,也即产量的变化,使各年的国内生产总值换算成实际国内生产总值。在这样换算时,首先要把某一年确定为基年,以该年的价格为不变价格,然后用这一不变价格来计算其他各年份国内生产总值。

如果以 $P_{i,0}$ 表示某种产品 i 在基础的价格,为不变价格;$P_{i,t}$ 表示某种产品 i 在 t 期的价格,为某年的当年价格;$Q_{i,t}$ 表示某种产品 i 在 t 时的产量,为某年的最终产品数量;下标 i 表示某种最终产品或劳务,则有:

$$某年名义国内生产总值 = \sum_{i=1}^{n} P_{i,t} \cdot Q_{i,t}$$

$$某年实际国内生产总值 = \sum_{i=1}^{n} P_{i,0} \cdot Q_{i,t}$$

名义国内生产总值与实际国内生产总值之比为国内生产总值折算指数,又称作国内生产总值价格指数,即

$$国内生产总值价格指数 = \frac{名义国内生产总值}{实际国内生产总值}$$

四、国内生产总值与人均国内生产总值

国内生产总值的概念有助于了解一个国家的经济实力与市场规模,而人均国内生产总值有助于了解一国的平均生产能力。世界银行一般是根据人均国内生产总值来衡量一国的发达程度的。所以,人均国内生产总值也是一个很重要的概念。

该年度的国内生产总值去除以同一年的人口数量,就可以得出当年的人均国内生产总值,即

$$人均国内生产总值 = \frac{国内生产总值}{一国人口数}$$

该公式中所用的人口数量是指当年年初与年终人口数的平均数,或是某年的年中人口数字(7 月 1 日)。

五、国民生产总值和国内生产总值

国民生产总值是指本国居民所生产的最终产品的市场价值的总和。它以人口为统计标准。本国居民一般包括:第一,常年居住在本国领土内的本国公民;第二,暂居外国的本国公民。因此,国民生产总值包括居住在本国的常住居民所生产的最终产品的市场价值与本国公民在国外的资本和劳务所创造的全部产值与收入。

国内生产总值是指一年内在本国领土范围内所生产的最终产品的市场价值的总和。它以地理上的国境为统计标准。因此,国内生产总值包括居住在本国的常住居民所生产的最终产品的市场价值与外国公民在本国的资本和劳务所创造的全部产值与收入。

国民生产总值与国内生产总值的关系是:

国民生产总值＝国内生产总值＋本国公民在国外的资本和劳务所创造的全部产值与
收入－外国公民在本国的资本和劳务所创造的全部产值与收入

本国公民在国外的资本和劳务所创造的全部产值与收入减去外国公民在本国的资本和劳务所创造的全部产值与收入等于本国国外净要素收入。因此:

国民生产总值＝国内生产总值＋本国国外净要素收入

如果本国公民在国外的资本和劳务所创造的全部产值与收入大于外国公民在本国的资本和劳务所创造的全部产值与收入,则本国国外净要素收入为正数,国民生产总值大于国内生产总值。反之,如果本国公民在国外的资本和劳务所创造的全部产值与收入小于外国公民在本国的资本和劳务所创造的全部产值与收入,则本国国外净要素收入是负数,国民生产总值小于国内生产总值。

六、最终产品与中间产品

国民生产总值的核算要准确,只能计算最终产品和劳务的价值,而不能计算中间产品的价值。这是因为我们计算的国民生产总值是某一时期所生产出来的物品和劳务的价值,因此该时期所生产出来的物品和劳务只应当计算一次,而不应重复计算。

例如,作为最终使用的衣服经历了四个生产阶段:种棉—纺纱—织布—制衣。假定棉花价值为 100 元(假定 100 元为全部当年新生产的价值,从而形成当年种棉花投入的生产要素的收入,工资、利息、利润和地租,至于生产棉花所用的种子等生产资料价格已被扣除在外,因此,100 元不包括中间产品价值)。纺纱厂买进棉花纺成纱的售价为 180 元,于是纱的新增价值为 80 元;再假定织布厂买进纱织出布的售价为 240 元,则布的新增价值为 60 元,最后假定制衣厂买进布制成衣服的售价为 310 元,则衣服新增价值为 70 元,这样衣服这一最终产品的价值恰好等于服装生产所经历的四个阶段所增加的价值。这可以从表 11-3 中看出。

表 11-3　服装生产过程中的价值增值

单位:元

项　目	棉　花	棉　纱	棉　布	服　装
投入中间产品价值	0	100	180	240
新增价值	100	80	60	70
产品销售价	100	180	240	310

表 11-3 中反映出,新增价值总和是 310(即 100＋80＋60＋70),即新增价值总和等于最终产品服装的价值。因此,如果要计算这一时期的价值,可采用两种方法,两者相等。

一是计算所生产出的最终产品的价值;

二是计算这一最终产品生产过程中新增加的价值。

如果我们把投入的中间产品的价值也计算进去,就会出现重复计算的问题。如上例,把棉花、纱和布的价值都作为这一时期生产的价值,则共总额为 830(即 100＋180＋240＋310)。

结果,棉花的价值被重复计算 3 次。要避免重复计算,只要从这一时期所出售的全部产品中减去所有中间产品的价值,就能得到这一时期所生产的最终产品的价值。

在上例中就是 830－(100＋180＋240)＝310。

由上例可以看出,一个国家一定时期所生产的国内生产总值等于该时期所生产的全部产品和劳务的市场价值减去所有中间产品的价值。这一市场价值总额等于这个国家在这一时期的生产中新创造的价值,它形成该国在这一时期所有工资、利息、利润和地租等的总和。

明白了以上的道理以后,就很容易理解什么是中间产品和最终产品概念。最终产品是指在计算期间内生产的但不重复出售而是最终使用的产品。上例中的衣服就是最终使用的产品。中间产品是指用于再出售,而供生产别种物品用的产品。由此可见,中间产品和最终产品不是从产品本身的物质属性来区分,而是从它在再生产的循环流转中的功能来区分。一块布卖给服装厂作原料,是中间产品,卖给家庭主妇直接制衣就是最终产品了。根据不重复出售这一标准,一般把用作个人消费、投资、政府购买和出口的产品称作最终产品。作投资用的产品如一台机器出售给某企业用作设备,表面上是用作生产别种产品的中间产品,但由于它不再出售,因而仍还是最终产品,这和用作原料的中间产品不同。另外,企业年终盘存时的库存货物也被当作最终产品,它可以看作是企业自己卖给自己的最终产品,因此,计算国内生产总值时也应把库存的价值计算在内。

七、国内生产总值考核指标的局限性

国内生产总值核算指标的局限性最主要表现在以下两个方面。

1. 国内生产总值估算中的缺陷

无论用哪种方法来核算国内生产总值都很难得出完全准确的数值。首先,因为有些经济活动无法计入国内生产总值。比如在发展中国家存在着大量的非市场经济活动,这些活动不通过市场交易,没有市场价格,因而无法计入国民生产总值。再如,在许多国家都存在非法经济活动(制毒、贩毒等)和地下经济(地下工厂的生产以及为了偷、漏税不向政府申报的经济活动等)。这些活动中的产品尽管也有价格,但并不公开交易,无法计入国内生产总值。这样的话,由于许多经济活动无法计入,统计值一般就会低估一国一定时期内国内生产总值的实际数值。其次,由于国内生产总值核算体系中所计算的国内生产总值中包括了劳务活动,所以也会造成一定的重复计算。比如,如果一个人把他的收入中的 500 元付给家庭教师,家庭教师把这 500 元支付给医生,医生再把这 500 元支付给家庭保姆。如根据收入法来核算国内生产总值时这 500 元就被重复计算三次,即在国民生产总值中多计算了 1500元。而且,收入再分配的次数越多,重复计算就越大。

2. 国内生产总值无法反映福利状况

国内生产总值只是我们社会生产的物品和劳务总价值的测度,它还远远不是人们福利的完全测度。国内生产总值的增加并不完全等于经济福利的增进。这是因为国内生产总值反映不出人们精神上的满足与不满足,反映不出闲暇所带来的福利,反映不出社会上产品分配的情况及其对社会福利的影响,同时也反映不出产品质量的进步与产品类别的变动对人们福利的影响。

总之,国内生产总值反映不出许多与经济福利相关的问题。考虑到这样一种情况,尽管一个国家的国内生产总值增加了,但如果增加的是与人民生活无关系的物品(如军火);或者国内生产总值的增加是以严重环境污染为代价的;或由于工作的繁重,人们精神更加紧张,收入分配更加不平等,那么,经济福利就不会有所增加,可能还会减少。对此西方许多经济学家曾提出了许多新标准来对国内生产总值进行校正,以便反映经济福利状况。

八、绿色 GDP

随着经济的不断增长,物质财富被大量地生产出来。当物质财富越来越多的时候,从另一个角度,人们看到的是环境的污染和资源的浪费。GDP 指标只考虑经济总量的增长,而没有将经济发展对资源的使用状况考虑在内,更没有剔除对环境和生态破坏这一因素。因此,世界银行 1997 年推出了"绿色 GDP 国民经济核算体系"。

绿色 GDP 通常是指在 GDP 的基础上,扣除经济发展所引起的资源成本(主要包括土地、森林、矿产、水等资源耗减成本)和环境成本(包括生态环境、自然环境破坏等损失)后的余额。自然资源损失和环境成本估算涉及价值判断,难有统一的标准来进行衡量和价值化。目前,国内外在如何采集数据,如何确定资源耗减成本和环境损失的价格,如何计算绿色 GDP 等问题上尚未取得一致意见。但在经济增长之外,关注环境问题,表明我们的观念在进步,我国采取的一系列保护环境、发展循环经济、建设节约型社会的措施,使 GDP 的增长具有更多的绿色因素,具备更长的持久性。

九、潜在的国内生产总值

潜在国内生产总值是指利用社会上一切可以利用的资源(劳动力、土地、资本)所能够生产的产品和劳务的最大数量。当社会在某一时期拥有的资源数量和质量一定,且技术水平也一定时总对应着一个能够生产的最大产出。这个最大产出就是潜在的国内生产总值。

潜在国内生产总值是能生产的最终产品和劳务的最大产出量而不是实际产出量。在一定时期中实际国内生产总值不一定等于这一潜在产出量,尤其在经济衰退时,工人被解雇,工人工作时间减少,实际产出量会低于潜在产出量。潜在国内生产总值决定于社会所拥有的全部资源的数量、质量和技术水平。

潜在国内生产总值也称为充分就业时的国内生产总值。实际国内生产总值和潜在国内生产总值之间的距离称为国内生产总值缺口。图 11-5 所示描述了 A 国 1976—2007 年中的这种缺口。图中,从 1976 年以来,不少年份 A 国实际国内生产总值低于潜在的国内生产总值。从缺口可以反映出许多本可以创造出来的产品和劳务,都没有生产出来。因此,缺口表现出经济萧条及资源浪费情况,表现出劳动力失业情况。

实际国内生产总值越是接近于潜在国内生产总值,则失业率越接近于自然失业率。但是,实际国内生产总值和失业率之间的关系不是直截了当地看出来的。由于生产资源的数量和质量的不断增加和提高,潜在国内生产总值总趋于提高。所以,如果要使失业率保持在充分就业的水平,实际国内生产总值增长必须快于潜在国内生产总值的增长。如果每周工作时间不变,潜在国内生产总值的增长则是劳动生产率和劳动力共同增长的结果(特别

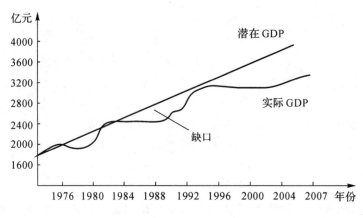

图 11-5　国内生产总值缺口

是劳动生产率）。如果实际国内生产总值增长不快于潜在国内生产总值增长就不可能保证社会的失业率不变。

实际国内生产总值和失业率之间的关系变动有没有规律可循呢？美国经济学家奥肯·阿瑟（Arthur M. Okun, 1928—1980）提出了自己的研究结果。这个结果被称作"奥肯定律"，其定律可概述如下：

（1）假定潜在国内生产总值每年增长 $x\%$；

（2）如果实际国内生产总值每年增长超过潜在国内生产总值增长的 3％，则失业率下降 1％。

在实际经济发展中，该定律可以帮助研究经济如何增长才能达到充分就业的问题。假定自然失业率为 6％，实际失业率为 8％，再假定潜在国内生产总值每年增长 3％，而实际国内生产总值每年增长 6％，则充分就业将在 2 年内实现。如果实际国内生产总值每年增长 4.5％，则充分就业将在 4 年内实现。

由上述也可以看出，这一定律只是经验定律，它只能以某一种经验来说明实际增长对降低失业率的内在含义。这条定律提出的经验数字，只是一种约略估计。尽管并不很确切，但毕竟为增长与失业之间提供了一种可以捉摸的关系，为政府调节经济发展提供了一种政策依据。

第三节　国民收入核算的两种基本方法

从国民收入流量循环模型中可见，核算国内生产总值可以有两种基本方法，一种方法是从最终产品出售的角度看，也就是从居民户、政府和国外购买最终产品的支出角度看社会在一定时期内创造了多少最终产品的市场价值。这种方法称为支出法，又称最终产品法。另一种方法是从居民户向企业出售生产要素获得的收入角度看，从企业来说就是从生产成本的角度看社会在一定时期内创造了多少收入。这种方法称为收入法，又称为成本法。下面将详细论述。

一、收入法

收入法又称要素收入法。这种方法是从收入的角度来计算国内生产总值。从居民户向企业出售生产要素获得收入的角度,也就是从企业生产成本角度看社会在一定时期内生产了多少最终产品的市场价值。但产品市场价值中除了生产要素收入构成的生产成本外,还有间接税、折旧、公司未分配利润等内容,所以用收入法核算国内生产总值,应当包括以下一些项目。

首先,是工资、利息和租金等这些生产要素的报酬。工资从广义上说应包括所有工作的酬金、补助和福利费,其中包括工资收入者必须缴纳的所得税及社会保险税。利息在这里是指人们储蓄所提供的货币资金在本期的净利息收入,但政府公债利息及消费信贷利息不计入国内生产总值,而只被当作转移支付。租金包括个人出租土地、房屋等租赁收入。

其次,是非公司型企业收入,它指各种类别的非公司型企业的纯收入,如医生、律师、农民和店铺主等的收入。他们是自己雇佣自己,使用自有资金经营,因此他们的工资、利息、利润和租金等是混合在一起作为非公司型企业收入的。

第三,是公司税前利润,包括公司利润税、股东红利及公司未分配利润等。

第四,是企业转移支付和企业间接税。前者指公司对非营利组织的社会慈善捐款等。后者指企业缴纳的货物税或销售税、周转税。这些税收虽然不是生产要素创造的收入,但要通过产品加价转嫁给购买者,故也应看作是成本。这和直接税不同,直接税(公司所得税、社会保险税等)都已包括在工资、利润及租金中,故不能重复计入国内生产总值中。

第五,资本折旧,这是资本的耗费,不是生产要素的收入,但由于包括在支出法中的总投资中,故也应计入国内生产总值中。

这样,按收入法核算所得的国内生产总值＝工资＋利息＋利润＋租金＋间接税和企业转移支付＋折旧。在国内生产总值中,只有工资、利润和租金为要素收入。

以 A 国某年的国民收入统计为例,以收入法来计算的国内生产总值所包括项目如表11-4 所示。

表 11-4　某年 A 国国内收入统计(收入法)　　单位:亿元

国内生产总值	3661.3
国民收入	2959.4
雇员收入	2172.7
财产所有者收入	154.7
个人租金收入	62.5
公司利润	284.5
净利息	285.0
加:折旧	402.9
营业税和国内货物税	304.3
企业转移支付	17.3
对政府企业净补贴	14.4
统计误差	−8.2

资料来源:转引自罗伯特霍尔和约翰泰勒. 宏观经济学. 北京:中国经济出版社,2000(有修改).

二、支出法

支出法从最终产品的使用出发,把一定时期内社会购买的各项最终产品和劳务的支出加总,计算出该时期内生产出来的产品与劳务的市场价值,即把购买的各种最终产品所支出的货币加在一起,得出最终产品货币价值的总和。

如果用 $Q_1, Q_2, Q_3, \cdots, Q_n$ 来代表各种最终产品的数量,用 $P_1, P_2, P_3, \cdots, P_n$ 来代表各种最终产品的价格,那么,该方法的公式就是:

$$\sum P_i \cdot Q_i = P_1 \cdot Q_1 + P_2 \cdot Q_2 + P_3 \cdot Q_3 + \cdots = \text{GDP}$$

以 A 国某年的国民收入统计为例,以支出法计算的国内生产总值所包括项目如表 11-5 所示。

表 11-5　某年 A 国国内收入统计(支出法)　　　　　　　　单位:10 亿元

国内生产总值	3661.3
消费	2342.3
耐用品	318.4
非耐用品	858.3
劳务	1165.7
投资	637.7
固定投资	580.4
非住宅	420.0
住宅	154.4
存货投资	56.8
政府购买	748.0
净出口	−66.3
出口	363.7
进口	429.9
最终销货	3604.4

资料来源同表 11-4。

对国内生产总值中所包括的项目应作如下说明。

消费(consume,用字母 C 表示),是指居民户的支出,包括耐用品支出(汽车、彩电、空调等支出),非耐用品支出(食物与衣服等支出),劳务支出(教育、医疗、旅游等支出)。但住宅建筑的支出并不包括在消费之中,而包括在固定投资中。此外,从数字中可以看出,消费是国内生产总值中最大的一部分,约占 2/3,而在消费中劳务又是最大的部分,约占 1/2。

企业投资(investment,用字母 I 表示),是指增加或更新资本资产(包括厂房、机器设备、住宅及存货)的支出。投资包括固定资产投资和存货投资两大类。固定资产投资是指新造厂房、购买新设备、建筑新住宅的投资。固定的含义是指这种类型的投资品可以长期存在并使用。为什么住宅建筑属于投资而不属于消费呢? 因为住宅像别的固定资产一样是长期使用、慢慢地被消耗的。存货投资是企业掌握的存货价值的增加(或减少)。如果年初全国企业存货为 2000 亿美元而年末为 2200 亿美元,则存货投资为 200 亿美元。存货投资可能是正值,也可能是负值,因为年末存货价值可能大于也可能小于年初存货。企业存货之所以被视为投资,是因为它能产生收入。计入 GDP 中的投资是指总投资,即重置投资与净投资之和,重置投资也就是折旧。

政府购买(government purchases,用字母 G 表示),是指各级政府购买物品和劳务的支出,包括政府购买军火、军队和警察的服务、政府机关办公用品与办公设施、举办诸如道路等公共工程、开办学校等方面的支出。政府支付给政府雇员的工资也属于政府购买。政府购买是一种实质性的支出,表现出商品、劳务与货币的双向运动,直接形成社会需求,成为国内生产总值的组成部分。

政府购买只是政府支出的一部分,政府支出的另一部分如政府转移支付(transfer payment,用 TR 表示)、公债利息等都不计入 GDP。政府转移支付是政府不以取得本年生产出来的商品与劳务作为报偿的支出,包括政府在社会福利、社会保险、失业救济、贫困补助、老年保障、卫生保健、对农业的补贴等方面的支出。政府转移支付是政府通过其职能将收入在不同的社会成员间进行转移和重新分配,将一部分人的收入转移到另一部分人手中,其实质是一种财富的再分配。有政府转移支付发生时,即政府付出这些支出时,并不相应得到什么商品与劳务,政府转移支付是一种货币性支出,整个社会的总收入并没有发生改变。因此,政府转移支付不计入国内生产总值中。

净出口(net export,用字母 NX 表示),是指进口和出口差额方面的支出。用 X 表示出口,M 表示进口,则净出口 $=X-M$。由于开放经济条件下各国都存在对外贸易,这就可能使得一个国家的居民户、企业和政府在购买最终产品方面的支出和这个国家的总产出不相等。本国购买的有些产品是别的国家生产的,这些进口品应从总购买中减去。相反国内有些产品要卖到国外去,这些出口产品应当加到总购买中去。这样,在核算国内生产总值时,净出口$(X-M)$就应当加到总支出中去,这时净出口可能是正数,也可能是负数。

把上述四项加总,用支出法计算国内生产总值的公式可以写成:

$$GDP=C+I+G+(X-M)$$

下面我们把两种方法的各项列在一起,可以更清楚地了解两种方法的账户结构(见表 11-6)。

表 11-6　国民账户概览

支出法	收入法
国内总产值的组成部分:	作为国内生产总值来源的所得或成本:
消费	工资
国内总投资	利息或其他财产收入
政府	间接税
净出口	折旧
	利润
等于:国民生产总值减去折旧	等于:国民生产总值减去折旧
等于:国民生产净值	等于:国民生产净值

第四节　国民收入核算中的恒等关系

根据核算国内生产总值的方法可以看出,无论是从支出的角度,还是从收入的角度来核算国内生产总值,总额总相等。如果用总支出代表对国内生产总值的总需求,总收入代表对国内生产总值的总供给,我们可以根据国民收入核算方法来分析总供给与总需求之间的恒等关系,据此导出储蓄等于投资的恒等式。

一、两部门经济中总需求与总供给的恒等式

假如我们不考虑国内生产总值与国民收入之间的差别,采用广义的国民收入概念,这样就可以从总需求与总供给两个角度分析国民收入的构成。实际上在这里可以将折旧等看作等于零。

从总需求的角度来看,对国民收入的总需求可以分为消费需求和投资需求。消费需求与投资需求可以分别用消费支出和投资支出来代表。消费支出即为消费,投资支出即为投资,所以

$$国民收入=消费需求+投资需求$$
$$=消费支出+投资支出$$
$$=消费+投资$$

以 Y 表示国民收入,C 表示消费,I 代表投资,上式可以写成

$$Y=C+I$$

从总供给的角度看,国民收入的总供给即产量的总和,这些产量是由各种生产要素生产出来的。也可以说是各种生产要素供给的总和,即劳动、资本、土地、企业家才能的供给的总和。这种总和可以用各种生产要素得到的相应收入的总和,即工资、利息、地租、利润的总和来表示。这些收入最后又分为消费和储蓄两部分。所以

$$国民收入=产量的总和$$
$$=各种生产要素供给的总和$$
$$=各种生产要素所得到的收入的总和$$
$$=工资+利息+利润+地租$$
$$=消费+储蓄$$

以 S 表示储蓄,上式可以写成

$$Y=C+S$$

在国民收入核算中,总需求就是所购买的或所销售的总产量,总供给就是所生产出来的总产量,两者是恒等的,这样就有下列的恒等式:

$$C+S=Y=C+I$$
$$C+S=C+I$$

则 $S=I$

这一恒等式的含义是:根据国民收入的定义,未用于购买消费品的收入(储蓄)等于未归于消费者之手的产品(投资)。

上述 $S=I$ 恒等式是根据储蓄和投资的定义得出的。这种恒等关系就是两部门经济的总供给($C+S$)和总需求($C+I$)的恒等关系。只要按照储蓄和投资的这些定义,储蓄和投资的统计结果一定相等,不管经济是否处于均衡状态。但这一恒等关系并不意味着人们意愿的或者说事前计划的储蓄总会等于企业想要的投资。还应当注意,恒等式中所讲的储蓄总等于投资,是从整个经济核算而言的。至于个人、企业或某个部门,完全可以通过信贷,使

投资大于储蓄或小于储蓄。

二、三部门经济中总需求与总供给的恒等式

在三部门经济中,总需求与总供给中还要考虑政府的支出和政府的收入。

从总需求的角度看,在消费需求与投资需求之外,又增加了政府的需求。政府的需求可以用政府购买来代表,因此有:

$$国民收入=消费需求+投资需求+政府需求$$
$$=消费支出+投资支出+政府支出$$
$$=消费+投资+政府购买$$

如以 G 代表政府购买,则上式可以写成:

$$Y=C+I+G$$

从总供给的角度来看,在各种生产的供给之外又增加了政府的供给,政府供给取自政府税收,所以

$$国民收入=各种生产要素的供给+政府的供给$$
$$=工资+利息+地租+利润+税收$$
$$=消费+储蓄+税收$$

如以 T 代表政府税收,则上式可写成

$$Y=C+S+T$$

于是有

$$C+I+G=C+S+T$$
$$I+G=S+T$$

如写成 $I=S+(T-G)$。这里 $(T-G)$ 可以看成是政府的储蓄。它可以为正值,也可以为负值。因而 $I=S+(T-G)$ 的等式,也就表示储蓄(私人储蓄和政府储蓄之和)和投资恒等。

同时,将 $I+G=S+T$ 改写成

$$S-I=G-T$$

式中:如果 $G-T>0$ 为政府预算赤字,如果 $G-T<0$ 则为政府预算盈余。

三、四部门经济中总需求与总供给的恒等式

在四部门经济中,由于有了对外贸易,还要考虑到国外的需求和供给。

从总需求的角度看,在消费需求、投资需求、政府需求之外又增加了国外需求,国外需求就是本国的出口,因此,

$$国民收入=消费需求+投资需求+政府需求+国外需求$$
$$=消费支出+投资支出+政府支出+国外支出$$
$$=消费+投资+政府购买+出口$$

如果以 X 表示出口,则上式可写成

$$Y=C+I+G+X$$

从总供给的角度看,在各种生产要素和政府的供给之外,又增加了国外的供给。国外的供给对本国来说就是进口。所以

国民收入＝各种生产要素的供给＋政府的供给＋国外的供给

＝工资＋利息＋地租＋利润＋税收＋进口

＝消费＋储蓄＋税收＋进口

以 M 表示进口,上式可写成:

$$Y=C+S+T+M$$

所以有:

$$C+I+G+X=C+S+T+M$$

$$I+G+X=S+T+M$$

整理得:

$$I=S+(T-G)+(M-X)$$

式中:S 表示本国居民和个人储蓄$(T-G)$表示政府储蓄,$(M-X)$可表示外国对本国的储蓄。从本国看,M 代表其他国家出口商品获得的收入,而 X 代表其他国家从本国购买商品和劳务,需要支出,如果 $M>X$ 时,外国对本国的收入大于支出,于是有了储蓄;反之,则为负储蓄,这样的话:$I=S+(T-G)+(M-X)$ 的恒等式就表示四部门经济中总储蓄(私人、政府、外国)和投资的关系。同样,如用 N_x 表示净出口,则有:

$$N_x=X-M$$

如果 $N_x>0$ 即为贸易盈余,如果 $N_x<0$,即为贸易赤字。

以上分析的国民收入核算中的总需求与总供给的恒等关系是一种事后的、静态的均衡关系。这种关系为分析国民收入的决定与变动提供了一个基本框架,成为国民收入决定理论的出发点。

:::案 例:::

【案例1】   **20 世纪最伟大的发现之一**

美国著名的经济学家保罗·萨缪尔森说:"GDP 是 20 世纪最伟大的发现之一。"没有 GDP 这个发明,我们就无法进行国与国之间经济实力的比较以及贫穷与富裕的比较;我们就无法知道我国的 GDP 总量排在全世界的第 3 位(2008),美国是我们的 4 倍,日本是我们的 1.6 倍;没有 GDP 我们也无法知道我国人均 GDP 在 2008 年已超过 2500 美元,美国和日本是我们的 16 倍多。没有 GDP 这个总量指标我们无法了解我国的经济增长速度是快还是慢,是需要刺激还是需要控制。因此 GDP 就像一把尺子、一面镜子,是衡量一国经济发展和生活富裕程度的重要指标。

GDP 如此重要,所以我们必须首先搞清楚到底什么是 GDP,美国经济学家曼昆在他的风靡世界的《经济学原理》一书中指出,国内生产总值(GDP)是在某一既定时期一个国家内生产的所有最终物品和劳务的市场价值。曼昆认为,准确理解 GDP 的要点是:①GDP 是按照现行的市场价格计算的;②GDP 包括在市场上合法出售的一切物品和劳务,例如你购买了音乐会的票,票价就是 GDP 的一部分;③只算最终产品,不包括中间环节;④是一个国家之内的,例如外国人暂时在中国工作,外国人在中国开办企业。他们生产的价值也是中国 GDP 的一部分。

如果你要判断一个人在经济上是否成功,你首先要看他的收入。高收入的人享有较高的生活水平。同样的逻辑也适用于一国的整体经济。当判断经济富裕还是贫穷时,要看人们口袋里有多少钱。这正是国内生产总值(GDP)的作用。

GDP 同时衡量两件事:经济中所有人的总收入和用于经济中物品与劳务产量的总支出。GDP 既衡量总收入又衡量总支出的秘诀在于这两件事实际上是相同的。对于一个整体经济而言,收入必定等于支出。这是为什么呢? 一个经济的收入和支出相同的原因就是一次交易都有两方:买者和卖者。如你雇一个小时工为你做卫生,每小时 10 元,在这种情况下小时工是劳务的卖者,而你是劳务的买者。小时工赚了 10 元,而你支出了 10 元。因此,这种交易对经济的收入和支出做出了相同的贡献。无论是用总收入来衡量还是用总支出来衡量,GDP 都增加了 10 元。由此可见,在经济中,每生产一元钱,就会产生一元钱的收入。

摘自 http://www.zyrtvu.com

问题:(1)为什么 GDP 在宏观经济学中如此重要?

　　　(2)GDP 指标有哪些局限性?

【案例 2】　　　经济的收入流量循环模型——家庭、企业、政府和进出口

两部门经济的收入模型中第一个部门是家庭,第二个部门是企业。家庭出卖劳动,到企业去做工挣来的钱去购买企业生产的产品;企业生产出来产品,再卖给家庭,收回来的钱继续生产。一国经济要想平衡,条件是:家庭挣的钱全花了,企业生产的产品全卖了,这样宏观经济就能够正常运转了。但在现实中没有一个家庭会把挣来的钱全部花光,总是有点积蓄;作为企业来说,也不可能总是简单的再生产,他想扩大再生产就需要资本。家庭不花的钱存进银行,有了储蓄;企业扩大再生产找银行借钱,有了投资。宏观经济中出现了储蓄和投资,只要企业的投资等于家庭的储蓄,宏观经济也能正常运转。这时宏观经济平衡的一个重要条件是:储蓄等于投资。我们现在储蓄等于投资吗? 结论是储蓄大于投资。我国现在银行储蓄超过了 11 万亿元。为什么企业不用来投资? 因为企业还有大量的商品卖不出去。2002 年国家经贸委的调查数据显示,我国 86% 的商品供过于求,企业找不到赚钱的投资项目。11 万亿元银行储蓄说明了家庭挣来的钱没花出去,企业当然就有大量的商品没有卖出去。这样经济就不能正常地循环了,为了保证经济的正常循环,国家想了很多办法来刺激消费和投资。

任何一个国家经济,都不能没有政府,否则社会将会陷入混乱状态。所以在上述模型中,再加入一个政府部门。政府怎样才能生存呢,它也需要收入。收入的来源是税收。有了收入,政府才能用它去维持政府的生存,支付公务员的工资、支付国防、公共教育、社会福利等。这时,宏观经济要想正常运行的平衡的条件是:财政收入等于财政支出。如果政府是财政收入等于财政支出叫财政平衡;财政收入大于财政支出叫财政盈余;财政收入小于财政支出叫财政赤字。现在我国政府为了保障经济的平衡,扩大了财政支出,由此出现了财政赤字。

现在,没有一个国家经济可以封闭起来,既不出口,又不进口。所以在上述模型中又加入了一个国外部门。这时宏观经济平衡的一个条件是:出口等于进口。

如果出口等于进口,就是国际收支平衡;如果出口大于进口,就会出现一个贸易顺差;

出口小于进口,就会出现一个贸易逆差。我国现在是出口大于进口,出现了贸易顺差,美国是贸易逆差。在一般情况下各国追求的是出口等于进口。

问题:(1)构成国民总产出的这几块支出之间有联系吗?举例说明。

(2)如果一国总是出现贸易顺差,它是好事情吗?为什么?

▦ 习 题 ▦

1.已知某一经济社会的如下数据:

工资 100 亿元　　　　利息 10 亿元　　　　租金 30 亿元

消费支出 90 亿元　　利润 30 亿元　　　　投资支出 30 亿元

出口额 90 亿元　　　进口额 70 亿元　　　政府用于商品的支出 30 亿元

要求:(1)用收入法计算 GDP;(2)用支出法计算 GDP;(3)计算净出口。

2.假设某国某年的国民收入统计资料如表 1 所示。

表 1　某国某年的国民收入　　　　　　　　单位:亿元

项　目	余额	项　目	余额
资本消耗补偿	256.4	红利	55.5
雇员佣金	2856.3	社会保险税	242
企业支付的利息	274.9	个人所得税	422.2
间接税	365.3	消费者支付的利息	43.2
个人租金收入	43.2	政府支付的利息	111.4
公司利润	184.5	政府转移支付	245.6
非公司企业主收入	98.3	个人消费支出	2334.6

请计算国民收入、国民生产净值、个人收入、个人可支配收入、个人储蓄。

3.假定国民生产总值是 5000,个人可支配收入是 4100,政府预算赤字是 200,消费是 3800,贸易赤字是 100(单位:亿元)。

试计算:(1)个人储蓄;(2)投资;(3)政府支出。

4.国民生产总值与国内生产总值的区别有哪些?它们之间的关系是怎样的?

5.国民生产总值和国内生产总值的缺陷有哪些?

6.怎样理解产出等于收入和产出等于支出?

7.为什么人们购买债券和股票从个人来说可以算是投资,但在经济学上不能称为投资?

8.为什么住宅建筑支出不被看作是耐用品消费支出而看作是投资支出的一部分?

第十二章　国民收入决定理论:简单 凯恩斯宏观经济模型

国民收入决定理论要说明的是总需求如何决定国民收入,即经济社会的生产或收入水平是如何决定的。其主要内容包括宏观均衡的概念、乘数理论、财政政策的初步分析以及四部门国民收入决定等问题。

第一节　两部门经济中的均衡产出

一、理论的出发点

国民收入决定理论研究采用的是总需求分析方法。总需求分析方法是凯恩斯宏观经济学的核心。在假定企业组织形式、设备和技术不变,也就是假设总供给不变的条件下,凯恩斯采用短期分析法说明总需求是如何决定均衡的国民收入水平及其变动的。

在进行总需求分析时,必须作以下基本的假定:

第一,潜在的国民收入不变,也就是说,经济中的生产能力是不变的,所拥有的资源不变,技术水平也不变,不涉及长期增长问题。

第二,各种生产资源没有得到充分利用,因此,总供给可以适应总需求而无限扩大,也就是说,总供给不能成为决定与影响国民收入的因素。这在短期中是确实存在的。

第三,认为价格水平不变,即不考虑价格水平的决定及其对国民收入水平的影响。

以上三个假设适用于整个国民经济总需求分析。总需求分析包括两个模型:一是简单的国民收入决定模型;二是"IS—LM 模型"。本章首先分析的是简单的国民收入决定模型。它不仅是分析"IS—LM 模型"的基础,同时也是从简单到复杂循序渐进逐步深入的需要,因而简单的两部门经济成了分析国民收入决定问题的出发点。

二、两部门经济中的均衡产出

在以上假定下,国民收入水平就决定于社会的总需求。和总需求相等的产出称为均衡产出。当产出水平等于总需求水平时,企业生产就能稳定下来。若生产超过需求,企业就要增加不希望有的过多存货,也就是非计划的存货投资;若生产低于需求,企业存货投资减少,生产就要增加。总之,企业根据市场需求变动来安排生产,一定要把产出定在和产品需求相一致的水平上。

两部门经济是不包括政府和对外贸易的经济,对产品的需求就只由居民消费和企业投资构成。于是均衡产出可用下面的公式表示:

$$Y=C+I$$

需要指出的是,上式中的 C 和 I,代表的是居民和企业意愿的消费和投资,而不是实际发生的消费和投资。例如,假定由于企业对市场信息掌握的不完全,生产了 1300 万元的产品,但市场实际需求仅是 1000 万元的产品,于是就有 300 万元的产品变成企业的非意愿存货投资或称非计划存货投资。这部分存货投资在国民收入核算中是投资支出的一部分,但不构成计划投资。因此,在国民收入核算中,实际产出就等于计划产出加非计划存货投资。但由于均衡产出是指和计划需求相一致的产出,因此在均衡产出水平上,非意愿存货投资等于零。

均衡产出是和总需求相一致的产出,也就是社会的总收入正好等于全体居民和企业想要有的支出。假定厂商生产了 2000 亿元的产品和劳务,居民和厂商购买产品和劳务的支出也是 2000 亿元,那么这 2000 亿元的生产就是均衡产出或者说均衡收入。也就是说,社会经济要处于均衡收入水平中,就有必要使实际收入水平引起一个相等的计划支出量。

若用 E 代表支出(expenditure),Y 代表收入(yield),那么经济的均衡条件是:$E=Y$。这和上式是一个意思,因为上式中的 E 表示支出,两部门经济中 $E=C+I$。

下面我们用图 12-1 来说明这种关系。

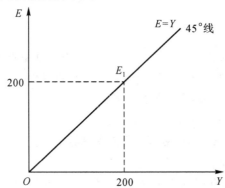

图 12-1　支出等于收入的 45°线(单位:10 亿元)

图 12-1 中,横轴表示收入,纵轴表示需求(也就是支出),45°线表示,在该线上任何一点生产出来的产量等于社会需要的产量。例如,E_1 点表示支出和收入都是 2000 亿元。

均衡产出是指与总需求相等的产出这一点,可用图来说明。

在图 12-2 中,假定总支出量(总需求)为 2000 亿元,则总支出(总收入)为 2000 亿元。E_1 点为均衡点,与 E 点相对应的支出和收入都是 2000 亿元,说明生产数额正好等于需要支出(消费加投资)的数额,这 2000 亿元的产量也就是均衡产量。若产出大于 2000 亿元,非意愿存货投资(U_1)就大于零,厂商就要减少生产。反之,非意愿存货投资(U_1)就小于零,厂商就要增加生产。因此,经济总是趋于 2000 亿元的产出水平。

均衡产出或收入的条件 $E=Y$,同样可以用 $I=S$ 表示,因为这里的计划支出等于计划

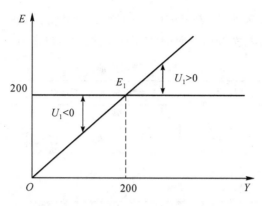

图 12-2　支出决定收入(单位:10 亿元)

消费加投资,即 $E=C+I$,而生产创造的收入等于计划消费加计划储蓄,即 $Y=C+S$。因此,$E=Y$ 就是 $C+I=C+S$,等式两边消去 C,可得

$$S=I$$

需要说明的是,这里的投资等于储蓄,是指经济达到均衡,计划投资必须等于计划储蓄,而国民收入核算中的 $I=S$,则是指实际发生的投资始终等于储蓄。

第二节　消费函数与储蓄函数

我们知道,总需求包括消费、投资、政府购买与净出口。在两部门经济中,我们只分析消费与投资,而在简单的凯恩斯主义国民收入决定模型中,又假定投资不变,这样在两部门经济中就仅需分析消费及与此相关的储蓄问题。

一、消费函数

消费函数是指消费与收入之间的依存关系。在研究国民收入决定时,假定消费仅受收入的影响,那么就可以说消费是收入的函数。以 Y 代表收入,C 代表消费,则可以把消费函数写成:

$$C=f(Y)$$

消费与收入的关系可以用平均消费倾向(APC)与边际消费倾向(MPC)来说明。

平均消费倾向是指任一收入水平上消费在收入中的比率,公式表示如下:

$$APC=C/Y$$

边际消费倾向是指每增加一个单位的收入中消费的增加量与收入增量之比,公式表示如下:

$$MPC=\Delta C/\Delta Y \quad 或 \quad b=\Delta C/\Delta Y$$

若收入增量和消费增量为极小时,上述公式也可以写成

$$MPC=dC/dY$$

假定某家庭的消费和收入之间有表 12-1 所示的关系。

表 12-1 所示的数字表明,随着家庭收入的增加,消费的总量也不断增加,但增加的相对量却不断减少,即边际消费倾向不断降低,平均消费倾向也在不断降低。

表 12-1 某家庭消费表

	收入(元)	消费(元)	边际消费倾向(MPC)	平均消费倾向(APC)
A	9000	9110	0.89	1.01
B	10000	10000	0.85	1.00
C	11000	10850	0.75	0.99
D	12000	11600	0.64	0.97
E	13000	12240	0.59	0.94
F	14000	12830	0.53	0.92
G	15000	13360		0.89

根据表 12-1 可绘制消费曲线,如图 12-3 所示。

图 12-3 上,横轴表示收入(Y),纵轴表示消费(C),45°线上任一点到纵轴和横轴的垂直距离都相等,表示全部收入都用于消费。$C=f(Y)$ 曲线为消费曲线,表示消费和收入之间的函数关系。

消费曲线和 45°线相交于 B 点,表明家庭全部收入都用于消费。B 点左方,如 A 点,表示消费大于收入,B 点右方,表示消费小于收入。随着消费曲线向右延伸,这条曲线和 45°线的距离越来越大,这表明随着收入的增加,消费也在不断增加,但消费增加幅度越来越小于收入增加的幅度。

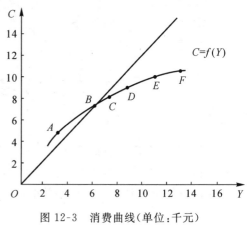

图 12-3 消费曲线(单位:千元)

消费曲线上任何一点切线的斜率,就是与这一点相对应的边际消费倾向。而消费曲线上任一点与原点相连而成的射线的斜率,则是与这一点相对应的平均消费倾向。从图 12-3 上的消费曲线的形态可以联想到,随着这条曲线向右延伸,曲线上各点的斜率也越来越小,这表明边际消费倾向递减。同时,曲线上各点与原点的连线的斜率也越来越小,说明平均消费倾向也递减。但平均消费倾向始终大于边际消费倾向。

由边际消费倾向的定义可知,由于消费增量只是收入增量的一部分,因此边际消费倾向总大于零而小于 1。但平均消费倾向则可能大于、等于或小于 1,因为消费可能大于、等于或小于收入。

如图 12-3 所示的是边际消费倾向递减的情况。如果消费和收入之间存在线性关系,则边际消费倾向为一常数。这时消费函数可表示为

$$C=a+bY$$

式中:a 为自发性消费,即收入为零时举债也必须保障的消费部分,即基本生活消费。b 表示边际消费倾向,bY 表示引致消费。引致消费是指随收入的变动而变动的那部分消费。因

此,$C=a+bY$ 的含义是:消费等于自发性消费与引致消费之和。

例如,若已知 $a=300,b=0.8$,则

$$C=300+0.8Y$$

就是说,若收入增加 1 单位,其中就有 80% 用于增加消费。只要 Y 为已知,就可计算出全部消费量。

根据 $C=a+bY$ 作图,可知消费函数是一条向右上方倾斜的直线。消费函数曲线上每一点的斜率都相等,(即边际消费倾向 $b=0.8$)并且大于零而小于 1。如图 12-4 所示。

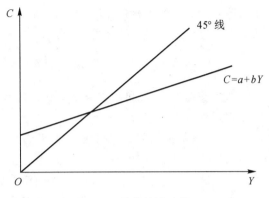

当消费函数为线性时,$APC>MPC$ 这一点更易看清,因为消费函数上任一点与原点相连所成射线的斜率都大于消费曲线。这可以用公式证明:

$$APC=C/Y=(a+bY)/Y=a/Y+b$$

图 12-4 线性消费函数

而 $b=MPC,a,b$ 均为正数,则

$$a/Y+b>MPC \quad 即$$

$$APC>MPC$$

随着收入的增加,a/Y 之值越来越小,因此,APC 逐渐趋近于 MPC。

二、储蓄函数

储蓄是指收入中未消费的部分。因此,储蓄函数是储蓄与收入之间的依存关系。其形式为:

$$S=f(Y)$$

由于收入中不用于消费的部分为储蓄,所以

$$S=Y-C$$

由于　　$C=a+bY$

所以　　$S=Y-a-bY=-a+(1-b)Y$

这是储蓄函数的另一表达式,即线性表达式收入之间呈线性关系。

储蓄与收入的关系也可以用平均储蓄倾向(APS)与边际储蓄倾向(MPS)来说明:

平均储蓄倾向是指储蓄在收入中所占的比例,用公式表示则是:

$$APS=S/Y$$

边际储蓄倾向是指收入每增加一个单位所引起的储蓄的增加量与收入增加量之比。其公式是:

$$MPS=\Delta S/\Delta Y$$

如果收入与储蓄增量极小时,上述公式也可以写成:

$$MPS=dS/dY$$

此即储蓄曲线上任一点切线的斜率。在储蓄函数线性表达式 $S=-a+(1-b)Y$ 中,$(1-b)$ 为边际储蓄倾向,它的大小取决于边际消费倾向 b。由于边际消费倾向递减,因而随着收入的增加,边际储蓄倾向递增。

根据线性储蓄函数 $S=-a+(1-b)Y$ 可以做出图 12-5 中的储蓄曲线。其截距为 $-a$，表示收入为零时，为了满足自发消费，储蓄为 $-a$（负储蓄）。

$(1-b)$ 即为边际储蓄倾向。在 E 点，储蓄为零，即收入全部用于消费，E 点以左表示负储蓄；E 点之右，表示正储蓄。

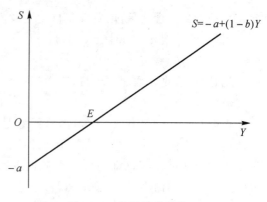

图 12-5　线性储蓄函数

三、消费函数与储蓄函数的关系

由于储蓄是收入和消费之差，因此两者关系表现为以下三点：

第一，消费函数和储蓄函数互补，两者之和等于总收入，公式上看：

$$C=a+bY, \quad S=-a+(1-b)Y$$

因此　　$C+S=a+bY-a+(1-b)Y=Y$

下面用坐标图来说明这一点，我们把 $C=f(Y)$ 和 $S=f(Y)$ 曲线画在同一坐标中（见图 12-6）。

在图中，当收入为 Y_0 时，收支相等，储蓄为 0。当收入为 Y_1 时，消费为 $a+bY$，储蓄为 BC 的长度，它等于储蓄曲线和横轴在收入为 Y_1 时的距离 DY_1。在 A 点左方，消费曲线位于 45°线之上，表明消费大于收入。所以储蓄曲线位于横轴下方，为负储蓄。在 A 点右方，消费曲线位于 45°线之下，表明消费小于收入，所以储蓄曲线位于横轴上方，为正储蓄。

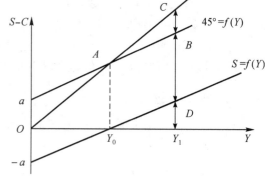

图 12-6　消费曲线和储蓄曲线的关系

第二，若 APC 和 MPC 随收入增加而递减，但由于 $APC>MPC$，则 APS 和 MPS 随收入增加而递增，但 $APS<MPS$。表现在图上为，储蓄曲线上任一点与原点连成的射线的斜率总小于储蓄曲线上该点切线斜率。

第三，APS 和 APC 以及 MPS 和 MPC 之和恒等于 1。

根据该性质，消费函数和储蓄函数只要有一个确定，另一个随之确定。也就是说，当消费函数为已知时，就得到储蓄函数；而储蓄函数为已知时，即可求得消费函数。

四、长期消费曲线与短期消费曲线

上面所分析的消费函数是凯恩斯的短期消费函数，社会经济中还存在长期消费函数。经济学家经过研究发现，长期消费曲线和短期消费曲线是不同的。它们主要有以下两点区别：

（1）短期消费曲线是一条与纵坐标相交的曲线，而长期消费曲线则是一条从原点向右上方延伸的曲线。如图 12-7 所示。

图中有三条短期消费曲线 C_1、C_2 和 C_3，而 C_L 则是长期消费曲线。长期消费曲线表示

从长期看消费与收入之间存在着相互依存关系,其函数公式为

$$C_L = b \cdot Y$$

在长期内,收入为零,消费也为零。这是因为消费者从长期看,没有收入就不会有消费。从图 12-7 可以看出长期消费曲线的来历。据短期消费曲线 C,当收入水平为 Y_1 时,消费为 A;当可支配收入为 Y_2 时,按原消费函数,消费应在 B' 点,但由于收入提高,整条消费曲线也提高,所以消费为 B 点;当可支配收入为 Y_3 时,同样道理,消费提高到 D 点,把 A、B、D 三点连接起来,便得到了长期消费曲线。

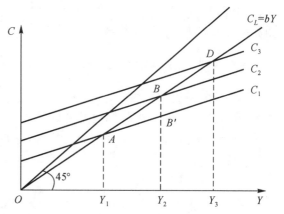

图 12-7 长期消费曲线和短期消费曲线

根据上述长期消费曲线和短期消费曲线的差别,可以得出结论:短期消费曲线的平均消费倾向递减,而长期消费曲线的平均消费倾向不变。这点可用短期消费函数证明。

由于短期消费函数为

$$C = a + bY$$

两边同除以 Y,得平均消费函数公式:

$$C/Y = a/Y + b$$

由于 a 为常数,可知 C/Y(平均消费倾向)随着 Y 增加而递减。

长期消费函数为

$$C = bY$$

两边同除以 Y,得到长期平均消费倾向:

$$C/Y = b$$

可以得出长期中,随着 Y 的增加,长期平均消费倾向不变。

(2)长期消费曲线的斜率和短期消费曲线的斜率不同。由于长期边际消费倾向比短期边际消费倾向高,所以长期消费曲线的斜率比短期消费曲线的斜率大。对此,弗里德曼的解释是:在短期情况下,当消费者可支配收入增加时,他们会认为这种收入的增加是暂时的,他们并不能肯定长期中仍会获得这种收入的增加,因此不会对这种增加的收入支出过多。如果消费者预料到这种收入的增加是长期性的,他们便会消费的更多。因此,短期消费曲线的边际消费倾向必低,而长期消费曲线的边际消费倾向必高。

第三节　两部门经济国民收入的决定

国民收入是由总供给与总需求共同决定的。如果总需求小于总供给,社会需求不足,产品卖不出去,价格必然下降,生产势必收缩,从而总供给减少,国民收入也减少。如果总需求大于总供给,社会上供给不足,产品供不应求,价格必然上升,生产势必扩大,从而总供

给增加,国民收入也增加。这就意味着,无论总供给大于还是小于总需求,都有自动走向均
衡的趋势。如果总需求等于总供给,则生产既不增加也不减少,从而国民收入处于均衡状
态,国民收入水平就确定了。因此,国民收入达到均衡的条件是:总供给等于总需求。下面
用两种函数来说明以上的结论。

一、消费函数决定的均衡收入

本章第一节讲的均衡收入是指与计划总支出相等的收入。计划支出由消费和投资构
成,即 $Y=C+I$。由于在两部门经济国民收入决定模型中总假定计划投资是一个固定的
量,不随国民收入水平变化,根据这一假定,只要把收入恒等式和消费函数联系起来便可求
得均衡收入:

$$\begin{cases} Y=C+I \\ C=a+bY \end{cases}$$

解这个方程,得到均衡收入为

$$Y=(a+I)/(1-b)$$

由此可知,如果知道了消费函数和投资量,就可求得均衡的国民收入。

例如,假定 $C=1000+0.8Y$,自发的计划投资始终为 600 亿元,则均衡收入:

$$Y=(a+I)/(1-b)=8000(亿元)$$

下面我们再用列表和作图形式说明均衡国民收入的决定。

表 12-2 所示为消费函数 $C=1000+0.8Y$ 及自发投资为 600 亿元时均衡收入决定的情况。

表 12-2   均衡收入的决定   单位:10 亿元

收入(1)	消费(2)	储蓄(3)	投资(4)
300	340	−40	60
400	420	−20	60
500	500	0	60
600	580	20	60
700	660	40	60
800	740	60	60
900	820	80	60
1000	900	100	60

表 12-2 的数据说明,当 $Y=8000$ 亿元,$C=7400$ 亿元,$I=600$ 亿元,因此 $Y=C+I=$
8000 亿元,说明 8000 亿元是均衡的收入。如果收入小于 8000 亿元,比方说为 6000 亿元
时,$C=5800$ 亿元,加上投资 600 亿元,总支出为 6400 亿元,超过了总供给 6000 亿元,这意
味着企业销售出去的产量大于它生产出来的产量,存货出现意外的减少,这时扩大再生产
是有利可图的。于是,企业会增雇工人,增加产量,使收入向均衡收入靠拢。相反,如果收
入大于 8000 亿元时,比方说为 10000 亿元时,$C=9000$ 亿元,加上投资 600 亿元,总支出为
9600 亿元,说明企业生产出来的产量大于它的销售量,存货出现意外的增加,于是企业便会
减少生产,使收入仍向 8000 亿元靠近,只有收入达到均衡水平时,既没有非计划存货投资,
又没有非计划存货负投资,产出量等于销售量,供给等于需求,存货保持正常水平,这就是

企业愿意保持的产量水平。

均衡国民收入的决定也可用图形表示,如图 12-8 所示。

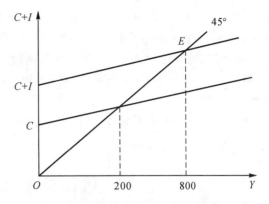

图 12-8 中横轴表示收入,纵轴表示消费加投资。也就是横轴表示总收入,纵轴表示总支出(也即总需求)。由于自发性投资被假定为始终等于 600 亿元,因此,消费加投资所形成的总支出曲线与消费曲线相平行,其之间垂直距离即 600 亿元投资。总支出曲线和 45°线相交于 E 点。E 点决定的收入水平是 8000 亿元的

图 12-8 消费和投资决定的国民收入(单位:10 亿元)

均衡收入。这时家庭和厂商的总需求正好等于总供给。离开该均衡点,厂商的销售就会大于或小于它们的产出。这样,就要进行存货调整,从而引起生产的扩大或收缩,直到回到 E 点为止。

二、储蓄函数决定的均衡收入

消费函数决定的国民收入也就是总供给等于总需求所决定的均衡收入。下面用储蓄函数也就是用计划投资等于计划储蓄的方法求得均衡的国民收入。

由于 $S=I$,储蓄函数为:

$$S=-a+(1-b)Y$$

故可得:

$$Y=(a+I)/(1-b)$$

仍据上例,当 $C=1000+0.8Y$ 时:

$$S=-1000+(1-0.8)Y=-1000+0.2Y$$

因为 $I=S$,且 $I=600$,故

$$600=-1000+0.2Y$$

得　　　$Y=8000$(亿元)

这一结果同样可用表 12-2 得到验证。

我们还可以用图 12-9 来说明计划投资等于计划储蓄时决定的国民收入水平。

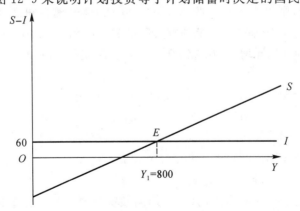

图 12-9 储蓄曲线和投资曲线相交决定均衡收入(单位:10 亿元)

在图 12-9 中,投资曲线与储蓄曲线相交于 E 点,与 E 点对应的收入为均衡收入,即 Y $=8000$ 亿元。这时 $S=I$。在 E 点左边,$S<I$,投资大于储蓄,生产供不应求,厂商存货投资减少,这时企业就会扩大生产,使国民收入增加,一直到 E 点为止。在 E 点右边,$S>I$,投资小于储蓄,生产供过于求,企业存货投资增加,这时企业就会减少生产,使收入水平向左移动,直到均衡点 E 为止。

只有在 E 点,$S=I$,厂商生产才会稳定下来。

第四节　乘数理论

通过本章第三节对两部门国民收入决定理论的分析,我们知道总需求的增加会引起国民收入的增加,但是一定量总需求增加会使国民收入增加多少,即总需求增加与国民收入增加之间数量的关系究竟如何呢? 乘数理论正是要回答这一问题的。

一、简单国民收入决定的动态模型

我们知道,国民收入的均衡条件是 $I=S$。若 $I>S$,生产增加;若 $I<S$,生产会减少,通过厂商存货投资的调整,最终实现均衡。

仍据上例,若投资从 600 亿元增加到 700 亿元,就出现了 $I>S$ 的情况,于是生产和收入就会从 8000 亿元增加到 8500 亿元。[$Y=(a+I)/(1-b)=(1000+700)/(1-0.8)=8500$]。然而实际上并不是从 8000 亿元一下就增加到 8500 亿元的。从 8000 亿元增至 8500 亿元有一个变动过程。这是因为,本期生产由本期消费和投资决定,即 $Y_t=C_t+I_t$(这里右下标 t 表示时期),但本期的消费支出并不是本期收入的函数,而是上一期收入的函数,即 $C=a+bY_{t-1}$。这主要因为居民进行消费时,必须先有收入,而这种收入只能来自上一时期的生产。这样,将 $C=a+bY_{t-1}$ 代入 $Y_t=C_t+I_t$ 就得到如下差分方程:

$$Y_t=bY_{t-1}+a+I_t$$

这一方程反映收入决定的变动过程。仍拿上面的例子来说,消费函数 $C=1000+0.8Y$,这实际上是假定居民在任何时期的消费支出都是本期收入的函数。在这种情况下,若投资 $I=600$ 亿元,则可求得均衡收入 $Y=8000$ 亿元,但现在知道,实际的情况是 $Y_t=C_t+I_t$,而 $C=a+bY_{t-1}$,于是任何一期的收入便是 $Y_t=0.8Y_{t-1}+1000+600$。

假定投资 I 从 600 亿元增至 700 亿元时,收入从原先的 8000 亿元增加到 8500 亿元的变动过程将是:

第一期收入:$Y_1=0.8\times8000+1000+700=8100$(亿元)

第二期收入:$Y_2=0.8\times8100+1000+700=8180$(亿元)

第三期收入:$Y_3=0.8\times8180+1000+700=8244$(亿元)

第四期收入:$Y_4=0.8\times8244+1000+700=8327$(亿元)

如此不断增加,最后达到 8500 亿元。

要知道变动过程中某一期收入,就得一期期顺次计算。如不是这样一期期顺次计算,而要直接算出某一期的收入,需要运用差分方程的解。这一差分方程的解是:

$$Y_t = [Y_0 - (a - I_t)/(1-b)]b_t + (a + I_t)/(1-b)$$

式中:Y_t 表示任何一期收入;Y_0 表示初始收入或产量,在本期中即为 8000 亿元;I_t 表示任何一期投资,本例中为 700 亿元。有此差分方程的通解,则可求得任一期的收入。

从上述例子中可知,当 I 数值改变后,收入能从一个均衡值 8000 亿元逐渐变为另一个均衡值 8500 亿元。事实上,从差分方程的解中也可知道,由于假定边际消费倾向大于零而小于 1,即 $0 < b < 1$,因此,不管 Y_0 与 $(a + I_t)/(1-b)$ 之间有多大差距,随着时间 t 的推移,$[Y_0 - (a - I_t)/(1-b)]b_t$ 之值必然越来越小,最终必然趋于零,从而 $Y_t = (a + I_t)/(1-b)$。

二、乘数原理

1. 乘数的含义

根据上面的例子,若自发投资量从 600 亿元增加到 700 亿元,则均衡的国民收入从 8000 亿元增加到 8500 亿元。在这里,投资增加 100 亿元,收入增加 500 亿元,增加的收入是增加投资的 5 倍。可见,当投资增加时,收入的增量将是投资的 K 倍。这个 K 称为投资乘数。如用 ΔI 表示投资增量,ΔY 表示国民收入增量,K 表示乘数,则:

$$K = \Delta Y / \Delta I$$

可见,投资乘数是指收入的变化与带来这种变化的投资增加量的比率。在现实经济中,乘数是大于 1 的,因为国民经济各部门之间存在着密切的联系。社会总需求的增加(投资的增加事实上是社会总需求的增加)首先会使国民收入等量增加,这种国民收入中必然有一部分用于支出,从而使总需求又一次增加,这种总需求的增加又会使国民收入再增加。这种总需求与国民收入的增加会不断进行下去,最终使国民收入的增加数倍于最初总需求的增加。当然,如果社会总需求减少,也同样会有乘数作用,最终使国民收入的减少数倍于总需求的减少。因此,西方经济学家把乘数称为一把"双刃剑"。

2. 投资乘数公式的推导

下面我们用上例来推导出乘数公式。假设增加 100 亿元投资用来购买投资品时,实际上是用来购买制造投资品所需要的生产要素。因此,这 100 亿元以工资、利息、利润和租金的形式流入生产要素的所有者手中,即居民手中,从而居民收入增加了 100 亿元。这 100 亿元是需求对国民收入的第一轮增加。

假定社会的边际消费倾向是 0.8,因此,增加的 100 亿元中又会有 80 亿元用来购买消费品。于是,这 80 亿元又以工资、利息、地租的形式流入生产消费品的生产要素所有者手中,从而使该社会居民收入又增加 80 亿元,这是国民收入的第二轮增加。

同样,这些消费品的生产会把这 80 亿元收入中的 64 亿元(100×0.8^2)用于消费,使社会总需求提高 64 亿元。这个过程不断地循环下去,最终会使国民收入增加 500 亿元,其过程是:

$$100 + 100 \times 0.8 + 100 \times 0.8^2 + \cdots + 100 \times 0.8^n$$
$$= 100 \times (1 + 0.8 + 0.82 + \cdots + 0.8^n)$$
$$= 1/(1 - 0.8) \times 100$$
$$= 500(亿元)$$

式中:$1/(1-0.8)$ 即为乘数。如果用 K 代表乘数,则有

$$K=1/(1-0.8)$$

由于上式中 0.8 为边际消费倾向 b，因而乘数公式可写成：

$$K=1/(1-b)$$

从公式中可以看出，乘数的大小取决于边际消费倾向 b，乘数大小与边际消费倾向同方向变动。边际消费倾向越大，乘数越大；边际消费倾向越小，乘数也越小。这主要因为，边际消费倾向越大，所增加的国民收入中用于消费支出的部分就越大，从而所引起下轮的总需求增加也就越大，以后国民收入的增加就越多。而且：

$$0<b<1$$

$$K=1/(1-b)>1$$

此外，由于收入分为消费与储蓄，且 $MPC+MPS=1$，所以乘数是边际储蓄倾向的倒数，与边际储蓄倾向反方向变动，如果用 s 代表边际储蓄倾向，则有

$$K=1/(1-b)=1/s$$

3.乘数的图形说明

在国民收入决定理论中，可以用图形来说明总需求如何决定国民收入的水平。乘数的效应也可以用图 12-10 来说明。

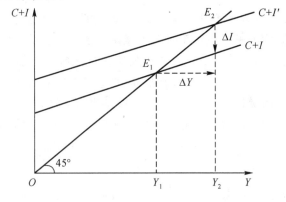

图 12-10　乘数效应

在图 12-10 中，$C+I$ 代表原来的总需求线，$C+I'$ 代表新的总需求线，$I'=I+\Delta I$。原来的均衡收入为 Y_1，新的均衡收入为 Y_2，增加的国民收入为 $\Delta Y=Y_2-Y_1$。当投资需求为 600 亿元时，决定的均衡国民收入为 Y_1，即 8000 亿元，即 E_1 点。投资需求由 600 亿元增加到 700 亿元后，使 $C+I$ 线向上移动。C 移动距离为 $\Delta I=100$ 亿元，新的需求线与 45°线在 E_2 点相交，国民收入达到新的均衡。最后国民收入的增加量 $Y_2-Y_1=\Delta Y$，即

$$\Delta Y=K \cdot \Delta I$$

在图 12-10 中，乘数的大小取决于 $C+I$ 与 $C+I'$ 的斜率，即边际消费倾向 b，b 越大，$C+I$ 和 $C+I'$ 的斜率越大，$C+I$ 和 $C+I'$ 线越陡峭，ΔI 所引起的国民收入的增加就越大。这也就说明乘数大小取决于边际消费倾向，并与之呈同方向变动。

4.乘数理论的适用性

乘数理论反映了现代市场经济的特点，即由于经济中各部门之间的密切联系，某一部门需求的增加必然在经济中引起其他部门的连锁反应，从而使国民收入有数倍地增加。从这种意义上来讲，乘数理论是适用于各种经济的一般规律。

上述例子分析的是投资变动引起国民收入变动的乘数效应。实际上,总需求的任何变动,如消费的变动、政府支出的变动、税收的变动、净出口的变动等,都会引起国民收入若干倍的变动。如消费的变动,假如原来的消费函数为 $C=1000+0.8Y$,在投资 $I=600$ 元时,$Y=8000$ 亿元。如果自发消费因人们节约由 1000 降为 800,则:

$$Y=(800+600)/(1-0.8)=7000$$

可见,消费需求减少 200 亿元,使国民收入减少 1000 亿元。

但乘数发挥作用是需要一定条件的。这种条件就是经济中存在没有得到充分利用的资源。这样,总需求的增加才会使国民收入增加,否则,国民收入的增加将受到资源条件的限制,总需求增加起不到刺激经济的作用。同时也应看到,社会上某种资源的"瓶颈状态"也会制约"乘数效应"的作用。某种或几种资源的"瓶颈状态"使利用其他闲置资源成为不可能实现的任务。

第五节　三部门和四部门经济国民收入的决定

一、政府的收入和支出

前面所讨论的国民收入决定理论是以两部门经济为前提的。但在现实的市场经济中,政府为了使经济尽可能实现充分就业和低通货膨胀的经济增长,必然要对国民经济进行宏观调控。政府作为一个经济部门,对均衡国民收入的影响是通过财政政策实现的。财政政策的主要手段是变动政府的收入和支出的数量。

政府收入主要来自税收。政府税收主要包括两类:一类是直接税,它是对财产和收入征税,其特点是纳税人就是负税人,无法转嫁税收负担。属于这类税收的税种有工资税、个人所得税、公司利润税、资本收益税以及财产和遗产赠予税等。另一类是间接税,它是对商品和劳务征税,其特点是纳税人并不是负税人。属于这类税收的税种有产品税、营业税、增值税和进出口税等。

政府税收作为国民收入流量循环中的漏出对总需求起收缩作用,这是因为税收可以使可支配收入 Y 减少。可支配收入等于国民收入 Y 减去 NT,当净税率为 t 时,假定 $NT=tY$,则可支配收入的计算公式为

$$YD=Y-NT=Y-tY=Y(1-t)$$

这个公式告诉我们,居民户能持有(支配)的收入为税前收入乘以 $(1-t)$。当纯税率为 0.2 或 20% 时,税后收入或可支配收入只是税前收入的 0.8 或 80%,其余的 20% 交给了政府。

居民户的预期消费是其可支配收入的一部分。假定边际消费倾向为 MPC,那么净税收扣除后的边际消费倾向 $MPC'=MPC\times(1-t)$,假定本来边际消费倾向为 0.7,那么,净税收扣除后的边际消费倾向 $MPC'=0.7\times0.8=0.56$,如图 12-11 所示。如果没有税收,国民收入 Y 与可支配收入 Y_D 相等。消费函数 CC 表示居民户在国民收入的每一水平上愿意消费的数量。但现在居民户仅消费增加的每一单位国民收入的 $0.7\times0.8=0.56$。与国民

收入相联系,受净税收的影响,消费函数曲线 CC 向下移动到 CC'。正因为边际消费倾向降低,所以总需求下降,从而导致国民收入降低。

政府支出包括政府购买和转移支付,两者都会引起总需求增加,但政府购买和转移支付对总需求的影响方式不同。政府购买直接引起对商品和劳务需求的增多,转移支付通过国民收入的再分配使个人可支配收入增多,从而引起对所消费的商品和劳务的需求增加。

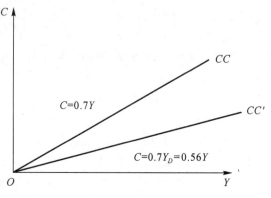

图 12-11　净税收与消费函数曲线

二、三部门经济中国民收入的决定

为了分析三部门经济中均衡国民收入的决定,需要再做出些假定:

(1)撇开折旧,只讨论国内生产净值 NDP 的决定,所以投资仍指净投资。

(2)政府的收入全部来自个人所得税。间接税和公司利润税都为零,同时撇开政府转移支付。

(3)公司利润全部分配,不存在未分配利润。

根据这些假定,国内生产净值(NDP),国民收入(NI)和个人收入(PI)都相等,但个人可支配收入(DPI)却小于个人收入(或国内生产净值),因为个人可支配收入是扣除个人所得税后的收入,即 $DPI=NDP-T$。

在以上条件下,宏观均衡的条件是什么呢?

国内生产净值现在按定义是购买最终产品的支出,是消费支出(C)、净投资(I_n)和政府购买(G)的总和,即

$$NDP=C+I_n+G$$

宏观均衡是总需求(即购买最终产品的支出)和总供给相等,如果用 Y 表示总供给,则宏观经济均衡的条件是:

$$Y=C+I_n+G$$

根据以上假定,现在 Y 就是国内生产净值 NDP,即总供给。而总需求包括消费支出、计划净投资和政府购买。在三部门经济中,总供给

$$Y=NDP=DPI+T=C+S+T$$

上述宏观均衡条件也可以写作:

$$C+S+T=C+I_n+G$$

等式两边消去 C,那么宏观均衡条件为

$$S+T=I_n+G$$

或　　　　　$$T-G=I_n-S$$

假定 $C=6000$ 亿元,$I_n=2000$ 亿元,$G=2000$ 亿元,总需求 $=C+I_n+G=10000$ 亿元。如果计划储蓄 $S=2500$ 亿元,$T=2500$ 亿元,那么总供给 $=C+S+T=11000$ 亿元,超过了总需求 1000 亿元,这时宏观经济就不均衡,储蓄与税收的总额超过净投资与政府购买的总

额,其差额就是非意愿存货投资 1000 亿元。

从三部门经济中宏观均衡的条件出发,可以认识三部门经济中国民收入的决定。当存在政府税收和政府购买时,国民收入在新的水平上达到均衡,成为均衡的国民收入。假定存在闲置资源,工资和价格缺乏伸缩性,那么对总需求来说,消费支出是可支配收入的递增函数,假定边际消费倾向 $MPC=0.75$,消费函数为 $C=130+0.75Y_D$,意愿投资 $I_n=1000$ 亿元固定不变,政府支出也假设固定为 2000 亿元;再假定税收函数为 $T=40+0.2Y$,即边际税率(也就是 NDP 变化引起税收的变动)$MTR=0.20$,即 NDP 每增加 1 元,税收增加 0.2 元。这样,NDP 增加 1000 亿元,税收增加 200 亿元,可支配收入就增加 800 亿元。根据以上假定,总供给和总需求的变动如表 12-3 所示。

表 12-3 总供给和总需求的构成 单位:10 亿元

国民净产值	税收	可支配收入	消费支出	意愿投资	政府支出	总需求
Y	T	DPI	C	I_n	G	$C+I_n+G$
300	100	200	280	100	200	580
400	120	280	340	100	200	640
500	140	360	400	100	200	700
600	160	440	460	100	200	760
700	180	520	520	100	200	820
800	200	600	580	100	200	880
900	220	680	640	100	200	940
1000	240	760	700	100	200	1000
1100	260	840	760	100	200	1060
1200	280	920	820	100	200	1120

从表 12-3 可以看出,均衡的国民收入为 1000 亿元。除此之外,任何收入都不能达到均衡。也就是说,当边际消费倾向 $MPC=0.75$,$I_n=1000$ 亿元,$G=2000$ 亿元时,只有 10000 亿元的 NDP 才是均衡收入。在这一收入水干上,储蓄 $S=DPI-C=7600-7000=600$(亿元),税收 $T=2400$(亿元),$S+T=I_n+G$ $=3000$(亿元)。

以上结果也可以用图 12-12 表示。在图中,横轴表示 NDP(Y),纵轴表示消费支出 C、意愿投资 I_n 和政府购买 G 之和。在图中,三部门经济的总需求曲线 $C+I_n+G$ 与消费曲线 C 平行。因为 I_n 和 G 是固定的,不随收入的变化而发生变化。45°线表示沿此线总供给 Y 与总需求总相等。于是总需求曲线 $C+I_n+G$ 与 45°线的交点 E_3 决定均衡收入 Y_3。如果

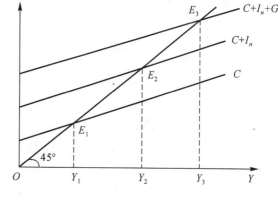

图 12-12 三部门的均衡收入

没有政府购买,那么消费和意愿投资决定的均衡收入为 Y_2,没有投资,那么国民收入水平为 Y_1,而且有 $Y_3 > Y_2 > Y_1$。由于存在政府购买,扩大了社会总需求,因而使国民收入增加。

值得注意的是,这里的消费曲线 C 表示的是边际消费倾向一定时消费与可支配收入的变动关系,而图中的横轴表示的是国民生产总值而不是可支配收入,因此,消费曲线 C 表示消费支出与国民收入的关系。但由于可支配收入等于国民收入减去税收,所以当边际税率 $MTR = 0.2$ 时,收入每增加 1 元,税收就增加 0.2 元,税后收入的增加额 0.8 元就是增加的可支配收入。假定 $MPC = 0.75$,每增加 1 元的国民收入,消费支出将增加可支配收入增加额的 75%,即 $0.75 \times 0.80 = 0.60$。消费曲线反映了从国民收入到可支配收入再到消费支出的变动过程,因此,消费曲线 C 的斜率为 0.6。这一斜率表示国民收入(这里是国内生产净值)每增加 1 元,消费增加 0.6 元。

如果用 t 表示边际税率,Y_D 表示可支配收入,T 表示税收,b 表示边际消费倾向。消费是可支配收入的函数为 $C = a + bY_D$。可支配收入是个人收入减去税收,即 $Y_D = Y - T$。而税收随着收入的增加而增加,所以税收又是收入的函数。假定这一税收函数为 $T = T_0 + tY$,在这里,T_0 为常数,t 表示边际税率,可支配收入 $Y_D = Y - T = (1-t)Y - T_0$,消费函数 $C = a + bY_D$ 就可以写成:

$$C = a + b(1-t)Y - bT_0$$

由于均衡收入 $Y = C + I + G$,即

$$Y = a - bT_0 + b(1-t)Y + I + G$$

则有

$$Y = (a - bT_0 + I + G) / [1 - b(1-t)]$$

这就是三部门经济中均衡的国民收入的代数表达式,如果知道消费函数、税收函数、投资和政府支出,就可以求出均衡收入、消费和储蓄。

三、三部门经济中的乘数

我们已经知道,乘数就是支出的变动所引起的国民收入变动与支出最初变动量的比值。本章第四节里我们仅简单分析了投资乘数,现在我们分析三部门经济中的乘数效应。

1. 投资乘数和政府支出乘数

在其他条件不变时,所得税增加会使支出乘数变小。比如假定边际消费倾向为 0.8,税收为零,那么乘数 K 为

$$K = 1/(1-b) = 1/(1-0.8) = 5$$

假定边际消费倾向 b 仍为 0.8,而税率 t 为 0.25,那么支出乘数 K 变为

$$K = 1/[1 - b(1-t)] = 1/[1 - 0.8(1-0.25)] = 2.5$$

这是因为,当有了税收,税收函数为 $T = T_0 + tY$ 以后,均衡收入的公式变成:

$$Y = (a - bT_0 + I + G) / [1 - b(1-t)]$$

因此,投资 I 或政府支出 G(其实还包含自发消费 a)的任何变动,都会使收入变动 $1/[1 - b(1-t)]$。可见,所得税降低了乘数。显然,乘数的降低是因为有了税收,同时可支配收入也减少了。

实际上,三部门中投资乘数与政府支出乘数从形式上来看是一样的。用 K_I 表示投资乘数,用 K_G 表示政府支出乘数,那么三部门的投资乘数与政府支出乘数可以表示为

$$K_I = K_G = 1 / [1 - b(1 - t)]$$

2. 税收乘数

除了这两个乘数之外,还有税收乘数。税收的增加使个人可支配收入减少,从而减少总需求和国民收入。税收的减少使可支配收入增加,从而就会增加总需求,引起国民收入若干倍增长。因此,税收与均衡的国民收入呈反方向变动。税收同样存在乘数效应。

然而,减税 1 元对收入变化的影响,却没有增加政府支出 1 元对收入变化的影响那么大。这是因为,政府支出(购买)增加 1 元,一开始就会使总需求增加 1 元。但是,减税 1 元,只会使可支配收入增加 1 元。在这 1 元中,只有一部分用来增加消费,其他部分用来储蓄。假定边际消费倾向 $b = 0.75$,则减税 1 元所引起的增加的个人可支配收入中,消费增加 0.75 元,即总需求只增加 0.75 元。假定边际消费倾向 $b = 0.75$,税率 $t = 0.20$,如果税收减少 800 亿元,则可支配收入就增加 800 亿元。这将诱致消费支出增加 600 亿元($800 \times 0.75 = 600$)。这笔增加的支出会使产量和收入增加 600 亿元。这是第一轮收入的增加。这 600 亿元收入中有 20% 要作为税收,即 120 亿元($600 \times 20\%$)作为税收,税后 480 亿元成为可支配收入,它又引致消费增加 360 亿元($480 \times 0.75 = 360$)。这样,最终收入的变化将是:

$$\Delta Y = 600 + 600 \times 0.8 \times 0.75 + 600 \times 0.8 \times 0.75 \times 0.8 \times 0.75 + \cdots$$

即
$$\Delta Y = 600 \times (1 + 0.6 + 0.6^2 + 0.6^3 + \cdots + 0.6^{n-1})$$

$$\Delta Y = 600 \times 2.5 = 1500$$

就是说,减税 800 亿元,引起国民收入增加 1500 亿元,这一结果可以用图 12-13 表示。

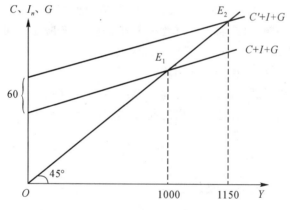

图 12-13　税收乘数(单位:10 亿元)

在图 12-13 中,800 亿元的减税使消费曲线($C + I + G$)向上移动 600 亿元,成为($C' + I + G$)线,结果使国民收入从 10000 亿元提高到 11500 亿元。

上述变化用符号表示为
$$\Delta Y = -\Delta T \times b / [1 - b(1 - t)]$$

如果用 K_T 表示税收乘数,那么上述的税收乘数可以表示为
$$K_T = -b / [1 - b(1 - t)]$$

3. 转移支付乘数

转移支付的增加也会增加总需求,从而使产量和国民收入增加,增加转移支付与减少税收的效果相同,即都会引起个人可支配收入增加,而个人可支配收入分为消费支出和储

蓄两部分,两部分的比例由边际消费倾向决定。假定边际消费倾向 $b=0.75$,边际税率 $t=0.2$,如果政府增加转移支付 800 亿元,可支配收入就增加 800 亿元,引致消费支出增加 600 亿元(800×0.75),这笔增加的支出会使产量和收入增加 600 亿元。这 600 亿元收入中有 20% 作为税收交给国家,那么可支配收入增加 480 亿元,又引致消费支出增加 360 亿元,这样,最终收入仍和减少税收 800 亿元的增加数相同,为 1500 亿元,用符号表示为

$$\Delta Y = TR \times b \, / \, [1-b(1-t)]$$

如果用 K_{TR} 表示转移支付乘数,那么上述转移支付乘数可以表示为

$$K_{TR} = b \, / \, [1-b(1-t)]$$

值得注意的是,税收乘数和转移支付乘数的绝对值虽然相等,但符号相反,因为增加税收,使总需求下降,而增加转移支付,则使总需求上升。

4. 平衡预算乘数

由于政府支出(这里仅指政府购买)乘数大于税收乘数,因此,如果政府增加支出和增加一笔与支出相同数额的税收时,国民收入一定会增加。仍拿上例来说,假定政府增加 800 亿元的支出,税收也相应增加 800 亿元,政府增加的支出数额和税收数额相等,预算收支相抵,预算平衡,但国民收入显然会增加 500 亿元。这是因为,政府支出增加 800 亿元,使收入增加 2000 亿元(800×2.5),而增加税收 800 亿元,只会使收入减少 1500 亿元(800×1.875),两者相抵,收入增加 500 亿元。

政府支出增加和税收增加同一数目,是一种平衡预算,其结果是国民收入增加,其增加额等于政府支出乘数与税收乘数的差额乘以这笔增加的支出或税收。其公式为

国民收入增加额＝(政府支出乘数－税收乘数)×政府支出(购买)或税收增加额

在上例中:$\Delta Y = 800 \times (2.5-1.875) = 800 \times 0.625 = 500$

两个乘数的差额(0.625)称为平衡预算:

平衡预算乘数＝政府支出(购买)乘数－税收乘数

平衡预算乘数表明,政府在增加支出的同时,增加等额的税收会引起实际产量的上升。若用 K_B 表示平衡预算乘数,则

$$K_B = K_G + K_T$$

四、四部门经济中的国民收入决定

在开放经济中,一国均衡的国民收入不仅取决于国内的消费水平(包括个人消费、投资和政府购买),还取决于出口,或者说净出口。

净出口是指一国的出口(X)大于其进口(M)的余额。用 NX 表示净出口,则有 $NX = X - M$。加进了外贸,考虑到净出口的情况下,国民收入为

$$Y = C + I + G + X - M$$

显然,进出口的变动也同其他注入和漏出一样会引起国民收入(实际产出)的变动。

假定消费函数为

$$C = a + bY_D$$

个人可支配收入为

$$Y_D = Y - T + TR$$

在净出口 NX 中,当国民收入水平提高时,进口随之增加,当国民收入下降时,进口随

之减少。进口是收入的增函数。

设进口函数 $M=M_0+mY$（M_0 为自主性进口,m 为边际进口倾向）。在进口中,一部分是同收入水平没有关系的进口,即不管国内收入水平如何,都必须进口的,另一部分是同收入有密切联系的进口。收入水平越高,进口额度越大。

关于出口 X,甲国的出口,可以看作乙国收入水平的增函数,乙国收入水平的变化会直接影响甲国的出口,进而影响甲国收入水平;同样,甲国的收入变化也会影响乙国的出口和收入。假定甲国的出口额只占乙国进口额的极小部分,乙国收入变化对甲国出口额没有多大影响,也就是假定甲国的经济规模较小。在这样小国模型中,进口是收入的函数,出口则是外生变量或者说外生支出,即 $X=\overline{X}$。

于是,我们有如下的均衡产出或收入模型:

$$Y=C+I+G+X-M$$
$$C=a+bY_D$$
$$YD=Y-T+TR$$
$$T=T_0+tY$$
$$X=\overline{X}$$
$$M=M_0+mY$$
$$I=\overline{I}$$
$$G=G$$
$$TR=TR$$

此模型确定的均衡产出水平为

$$Y_0=\frac{a+I+G-bT_0+bTR+X-M_0}{1-b(1-t)+m}$$

此式为开放经济条件下的均衡产出的表达式,它表明均衡产出水平是由消费函数参数 a 和 b、投资 I、政府购买 G、税收函数参数 T_0 和 t、转移支付 TR、出口 X 以及进口函数参数 M_0 和 m 等因素所决定的,其中,a、I、G、TR 和 X 对 Y 的贡献为正,其中任何一项的增加,都会使国民收入增加;而 T_0、M_0 对 Y 的贡献为负,为经济的消极因素,它们与国民收入成反方向变化。

从图 12-14 中可看出,在没有国外经济部门的条件下,所决定的均衡国民收入水平为 Y_1,加进了外国部门以后,消费、净投资、政府购买和净出口所决定的国民收入水平为 Y_2,由于总需求的增加,使均衡国民收入水平由 Y_1 增加到 Y_2。

同时,我们从开放经济条件下的均衡产出表达式中可以推导出外贸乘数。

如果对均衡产出表达式中 Y 对 X 求导,即

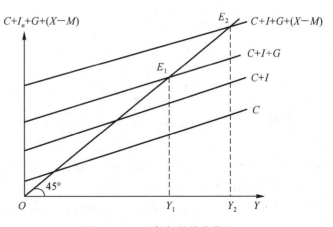

图 12-14　四部门的均衡收入

$$dY/dX = 1/[1-b(1-t)+m]$$

它表示出口增加一个单位所引起的国民收入的变动额。由于 b、t、m 皆为小于 1 的正数，而一般情况下有 $b>t>m$，故外贸乘数大于 1，出口额增加使产出水平上升，进口额的增加降低产出水平。

在封闭经济中，$1/(1-b) > 1/[1-b(1-t)]$，两者都大于对外贸易乘数，这主要是由于增加收入的一部分用于进口商品上。

五、通货紧缩缺口与通货膨胀缺口

无论两部门、三部门还是四部门经济，只要总需求等于总供给，都可以决定国民收入水平。但是，这种均衡的国民收入水平未必就是充分就业的国民收入水平。

我们已经知道，充分就业的国民收入水平就是潜在的国民收入水平。在一定时期内，一国潜在的国民收入水平是固定不变的。而均衡的国民收入水平依总需求而定，可能小于、等于或大于充分就业的国民收入水平。当均衡国民收入水平和潜在国民收入水平不相等时，两者之间就产生了差额，这个差额就是"缺口"，因此有：

1. 通货紧缩缺口

通货紧缩缺口是指实际总需求水平低于充分就业时的国民收入水平所形成的缺口。在存在通货紧缩缺口的情况下，意味着社会总需求不足，企业非意愿存货增加，厂商缩减现有生产水平，降低实际产出和就业水平，引起失业，最终在低于充分就业的水平上实现总需求和总供给的均衡。所以，通货紧缩缺口意味着经济面临衰退的压力，资源闲置浪费。

通货紧缩缺口如图 12-15 所示。

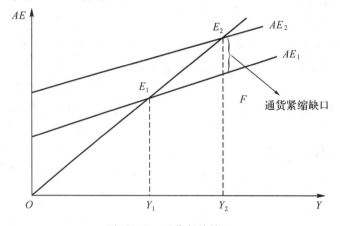

图 12-15　通货紧缩缺口

在图 12-15 中，Y_2 表示充分潜在的或充分就业的收入水平，社会总需求曲线为 AE_2，它所决定的均衡国民收入为 OY_2。而社会实际总需求为 AE_1，由于 $AE_1<AE_2$，所以它所决定的均衡国民收入水平为 Y_1，低于充分就业的均衡国民收入 Y_2。$AE_2>AE_1$，它们之间的差为通货膨胀缺口，即图中的 FE_2。从图中也可以看到，由于存在通货紧缩缺口，总需求和总供给只能在低于充分就业水平的 Y_1 达到均衡。充分就业收入与均衡收入之差为缺口与自发乘数的积，即

$$\Delta Y = K \cdot \Delta AE$$

2.通货膨胀缺口

通货膨胀缺口是指实际总需求水平大于充分就业水平时的国民收入水平所形成的缺口。在存在通货膨胀缺口的情况下,意味着存在过度发出需求,即社会在充分就业状态所生产的产品仍不能满足需求的要求。然而,由于经济已处于充分就业状态,社会已没有可扩大实际产出的劳动力和其他闲置资源,不可能再增加实际产出。在这种经济上,价格水平必然上升,所以,当存在通货膨胀缺口时,经济将面临物价普遍上涨的压力。经济只能在远远高于充分就业收入的名义收入水平上达到均衡。

通货膨胀缺口如图 12-16 所示。

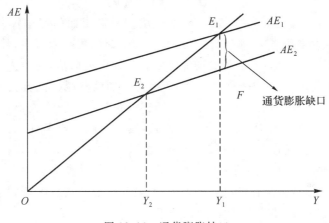

图 12-16　通货膨胀缺口

在图 12-16 中,Y_2 表示充分就业的或潜在的收入水平。社会总需求曲线为 AE_2,它所决定的均衡的国民收入为 OY_2。而实际总需求为 AE_1,由于 $AE_1 > AE_2$,所以它所决定的均衡国民收入水平为 Y_1,高于充分就业水平的均衡国民收入 Y_2。$AE_1 > AE_2$,它们之间的差为通货膨胀缺口,即图中的 FE_1。由于通货膨胀缺口存在,导致物价水平上涨,经济最终将在高于充分就业的收入水平 Y_1 上达到均衡。$Y_1 > Y_2$,它们之间的差称为乘数和缺口的乘积,即

$$\Delta Y = K \cdot \Delta AE$$

六、节俭的悖论

人们一直崇尚节俭,节俭被视为中国人民的一种传统美德。从微观上分析,某个家庭勤俭持家,开源节流,减少消费,增加储蓄,往往可以致富。但根据凯恩斯的总需求决定国民收入的理论便产生了一个矛盾。公众越节俭,降低消费,增加储蓄,往往越会导致社会收入的减少。这是因为,在既定的收入中,消费与储蓄呈反方向变动,即消费增加储蓄减少,消费减少储蓄增加。所以,储蓄与国民收入呈反方向变动,储蓄增加固民收入减少,储蓄减少国民收入增加。这可以用图 12-17 来说明。

在图 12-17 中,储蓄曲线从 S_0 移动到 S_1 表示储蓄的减少,从 S_0 移动到 S_2 表示储蓄的增加。S_0 与 I 相交于 E_0,决定了均衡的国民收入为 Y_0。S_1 与 I 相交于 E_1,决定了均衡的国民收入为 Y_1,$S_0 > S_1$,$Y_0 < Y_1$,表明由于储蓄减少,均衡国民收入增加了。S_2 与 I 相交于 E_2,决定了均衡的国民收入为 Y_2,$S_0 < S_2$,$Y_0 > Y_2$,表明由于储蓄增加,均衡国民收入减少了。

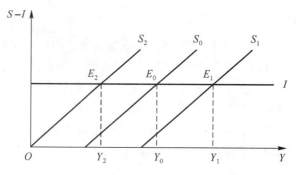

图 12-17　节俭的矛盾

根据上述观点,增加消费减少储蓄,会通过增加总需求而引起国民收入增加,经济繁荣;反之,减少消费增加储蓄,会减少社会总需求而引起国民收入减少,经济萧条。由此得出一个看来自相矛盾的推论:节制消费增加储蓄会增加个人财富,对个人是件好事;但由于会减少国民收入引起萧条,对国民经济是件坏事。增加消费减少储蓄会减少个人财富,对个人是件坏事,但由于会增加国民收入使经济繁荣,对整个经济来说都是好事。这就是所谓的"节约的悖论"。但必须指出,节俭的悖论,有其存在的时空条件。只有在大量资源闲置,社会有效需求不足,存在严重失业时,才有可能出现这种矛盾。如果社会已经达到充分就业,社会资源紧缺,甚至存在膨胀缺口时,节俭就能抑制过高的总需求,有助于消除通货膨胀,达到充分就业。特别是在低收入的发展中国家,社会总需求大于社会总供给,需要强调积累,增加生产能力,就要提倡节俭、反对浪费。

第六节　消费理论的发展

由于消费是构成总需求的主要部分,在收入既定的情况下,储蓄又是消费的函数,因此经济学家对人们的消费行为进行了大量的研究,其重点主要在消费与收入的关系上,试图揭开人们的消费规律,以寻找到经济增长的途径。从研究成果看,论述消费与收入之间关系的理论大致有以下几种。

一、绝对收入假说理论

绝对收入理论的基本观点是,消费者的消费支出取决于其收入的绝对水平。最初提出这一观点的是凯恩斯,他在《就业、利息和货币通论》一书中提出了一条适合于社会消费的基本心理法则:当人们的收入增加时,其消费不会以同一绝对量增加,因而储蓄的绝对量将增大。也就是说,如果其他条件不变,随着家庭收入水平的提高,家庭平均消费倾向将趋向于下降,而平均储蓄倾向则趋于上升。

在其他理论提出之前,这一理论曾被西方经济学家普遍接受。因为它似乎较好地解释了人们在日常生活中观察到的现象:低收入家庭会把其收入的绝大部分用于消费;而高收入家庭的消费则可能仅占其收入的较小部分。家庭收入水平越高,消费所占的比重会越小。

然而,从 19 世纪中叶至 20 世纪初,美国长达 70 年的长期经验数据并不支持绝对收入理论,因此从长期看,美国的消费与收入之间的关系基本上是呈固定比例的,其平均消费倾向并没有随着收入的增加而下降(其中 19 世纪 20 年代至 30 年代平均消费倾向的突然提高与 1929—1933 年的经济大危机有关)。因此人们认为绝对收入理论只说明了一种短期经济现象。

为了说明短期消费函数与长期消费函数之间的差异,阿瑟斯密赛斯认为,消费对收入的变动所做的反映总体上是呈非比例变化的,即绝对收入理论是适用的。但是在收入的长期增长过程中,会产生众多的除收入以外的影响消费的因素,受这些因素的影响,消费函数会向上移动,从而抵销平均消费倾向随收入下降的趋势。这些影响因素主要包括:①农村人口大量向城市转移。由于消费习惯的差异,城市消费者的消费倾向要比农民高得多,因此人口的移动促进了消费函数的上移。②人口的年龄分布出现老龄化现象,由于老年人只是消费者而不是生产者,因此,随着老年人口在人口中的比例不断上升,消费总量在总收入中的比重也随之不断提高。③随着生产技术的提高,新的消费品不断出现,这些新产品越来越多地成为一般居民的基本生活必需品

二、相对收入假说理论

杜森贝利的相对收入假定。美国哈佛大学经济学教授杜森贝利提出了"相对收入假定"消费理论,其主要论点是:

(1)消费者的消费支出不仅受自身收入的影响,而且也受别人消费和收入的影响。如果一个家庭收入增加了,但周围的或自己同一阶层的人的收入也同比例增加了,则他们消费在收入中的比例并不会变化。反之,如果他们收入并没有增加,但它周围或同一阶层的人的收入增加了,则他的消费在收入中的比例会提高。这是因为他周围的人对他的消费具有"示范效应"。他的消费开支要能维持他左邻右舍的水平,因此,他的消费倾向不是取决于他的绝对收入水平而是取决于他的收入的相对水平。

(2)消费者的现期消费支出不仅受现期实际收入的影响,而且还要受到过去收入和消费的影响,特别是受到过去"高峰期"收入水平的影响。如果一个消费者的收入水平相对于过去有所下降,消费者不会立即降低他们现在的消费水平,他们宁肯动用储蓄来维持目前的消费水平,而不是马上改变消费习惯。这样,社会收入减少时,消费习惯有可能使消费支出不变或只有轻微下降,从而不至于影响社会需求量,这被称作消费的"棘轮效应"。

由于消费棘轮效应的存在,由收入变动所引起的消费变动是不对称的,即收入增加时消费会迅速增加,而当收入减少时,消费并不会迅速减少。可用图 12-18 来说明这一点。

如图 12-18 所示,从原点出发,斜率为 b(边际消费倾向)的长期消费曲线 $e=b \cdot Y$ 是收入达到高峰时的消费曲线,它表明了消费者的消费习惯。当现期收入为 Y_0 时,消费为 E_0。这表明现期收入为高峰时的消费。如果收入由 Y_0 减少为 Y_1,消费只调整到 E_1。这就表明,高峰收入时形成的消费习惯仍在影响消费,消费的减少与收入的减少并不成比例,消费者要用储蓄来维持自己的消费水平。如果收入增加到 Y_2,形成新的高峰收入,消费就会迅速增加到 E_2。如果收入又减少为 Y_0,消费也只会减少到 E_3,而不是 E_0。

这种理论同样解释了消费的稳定性。

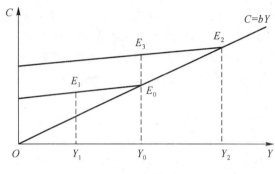

图 12-18　棘轮效应

三、生命周期假说理论

美国经济学家莫迪利安尼提出了"生命周期假定"理论。他从整个人生的角度研究消费者如何决定他们的消费。该理论认为,消费者之所以储蓄,主要是为了老年消费的需要。这种理论提出了影响社会经济储蓄率的一些不确定因素,其中人口年龄结构是决定消费和储蓄行为的主要因素。基于生命周期的角度,莫迪利安尼把消费函数公式作了如下调整:

$$C = a \times W/P + bY$$

其中,W/P 代表财富;a 为财富的边际消费倾向;b 为边际消费倾向。因此该理论的主要内容如下:

(1)消费者一生中的消费水平保持平稳;

(2)消费支出的来源等于人生中的收入加上最初财富;

(3)以 L 代表消费者死亡年龄,T 代表消费者获得财富的年龄,则消费者每年的消费支出等于财富的 $\frac{1}{(L-T)}$ 加上预期平均工资收入(没有财富的 T 年以前则没有财富来源);

(4)现期消费支出取决于现期财富状况和生命期内收入状况。

假设某消费者生命周期为 L 年,其中有工作收入为 N 年,消费者自参加工作起计划其个人终生消费,则其退休年限为 $(L-N)$ 年(在这个假设中,没有包括青壮年以前的儿童、少年期,因为儿童、少年期中的消费一般由父母负担,可不予考虑)。假定不考虑储蓄利息,并且不考虑该消费者的财产情况,如果其工作年限的平均工资水平为 Z,则整个生命周期的消费等于工作期的总收入,即

$$C \times L = Z \times N$$

两边同除以 L,得出每年的计划消费函数:

$$C = N/L \times Z$$

公式表明,消费者每年消费支出面数等于其平均工资收入水平的某一个比率,该比率为工作年限与生命周期之比。

如图 12-19 所示,$GFCO$ 为整个生命周期的全部工资收入;$ABDO$ 为整个生命周期的消费支出,该消费者在工作年限中所积蓄的储蓄 $AEFG$ 等于没有工资收入的退休年限消费支出 $CEBD$。工作年限中的储蓄即为资产,图中储蓄的长方形区域则是假定消费者在其工作年限中一直获得某个不变的工资收入水平,但实际上,收入是随着工作年限的增长而不断增加的,作为资产的储蓄也是不断积累的,在该消费者退休时资产达到最高点,即图中虚

线所示,退休后资产开始下降。

再进一步研究消费者在有财产时的消费情况。消费者在一生中任何时候都有可能获得财产,或生下来就有继承的财产或在生命周期过程中他人给予财产。当消费者接受财产后,便会把它用于生命周期的消费计划中。假设某消费者在某年接受一笔财产,从这一年开始该消费者就会增加消费水平,那么,其生命周期剩下的年限的消费函数为

$$C(L-T)=W/P+(N-T)Z$$

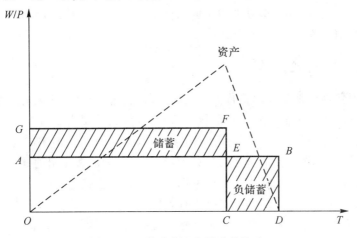

图 12-19   终身收入与消费的关系

式中:C 代表消费;L 代表死亡年龄;T 代表接受财产的那一年;W/P 代表财富总量(即过去储蓄加上所获得的财产);N 代表退休年龄;Z 代表工资收入。公式表明,消费者自接受财产到死亡时的消费支出 $C(L-T)$ 等于包括以前储蓄和所获财产在内的财富加上剩下工作年限的收入总和。按照上式可以得出生命周期内获得财产起每一年的消费函数如下:

$$C=aW/P+b\times Z \qquad (a=1/(L-T),b=(N-T)/(L-T))$$

式中:a 为对财富的边际消费倾向;b 为对工资收入的边际消费倾向。因而,可以得出如下结论:边际消费倾向取决于消费的生命周期状况,消费者越接近生命周期的终点,对财富的边际消费倾向越高。而消费者对工资收入的边际消费倾向既和消费者的还能够继续获得工资收入的年限$(L-T)$有关,又和需要用这些收入支付消费的年限$(L-T)$有关。从上式中还可以清楚地看出,无论增加财富还是增加工资收入,都将提高消费倾向。同时,增加相对于退休期年限的劳动期年限,也会提高消费支出。总之,整个生命周期中收入和财富是决定消费支出的根本因素。

四、持久收入假说理论

美国经济学家弗里德曼提出了"持久收入假定"理论。他把消费者的收入分为"暂时收入"与"持久收入";把消费者的消费分为"暂时消费"与"持久消费"。

暂时收入是指临时性的、偶然性的收入。持久收入是指消费者可以预料到的长期性收入。暂时消费是指非经常性的、不在计划中的消费支出,持久消费是指正常的、计划中的消费支出。

他认为,消费者在某一时期的收入等于暂时收入加上持久收入,消费者在某一时期的消费等于暂时消费加上持久消费。它们之间的关系是:暂时收入与暂时消费之间不存在固

定的比率,暂时收入和持久收入之间不存在固定的比率,暂时消费和持久消费之间不存在固定比率,但持久收入与持久消费之间存在着固定比率。如果以 Y_F 代表持久收入,c 代表两者比例,那么持久收入和持久消费之间的关系为

$$C = cY_F$$

由于持久收入被认为是较稳定的,因而持久消费也是较稳定的。

根据这种理论,政府想通过增减税收来影响总需求的政策,是不能奏效的,因为人们为减税而一时增加的收入,并不会立即用来增加消费。同样,即使人们因增税而减少了收入,也不会立即减少消费支出。

五、几种消费理论的比较

上述四种消费理论都是以消费行为为基础来研究收入与消费之间的关系的。

绝对收入理论侧重于消费者的短期行为的研究,认为消费者在收入中所占的比例不是固定的,这一比例会随着收入的增加而下降。统计数据中所表现出来的长期平均消费倾向不变的趋势,并不反映收入与消费之间的关系,而是由影响消费支出的其他因素导致的。

相对收入论、持久收入论和生命周期论都在不同程度上侧重于消费者的长期消费行为的研究。相对收入论认为,人们的消费行为有着极其强烈的模仿性和追求高消费水平的动力,因此随着收入的提高。其消费水平也必然会提高,因此从长期看,消费者的平均消费倾向是固定不变的。

持久收入论研究的范围并不包含与长期相对的短期消费函数。因为这一理论涉及的是持久收入与持久消费之间所存在的固定不变的比例关系。这一理论认为,经验数据中所观察到的收入与消费之间的变动主要由暂时收入和暂时消费之间的变动所引致的。由于暂时收入与暂时消费都是一种随机变量,因此研究人们收入与消费之间关系的重点应放在持久收入与持久消费的关系上。

生命周期理论则是从人的生理周期变化角度研究人们对收入与消费之间关系处理的变化趋势,因为在人的一生中,人们的消费行为除了受现期收入的影响外,还会受财产多寡的影响。

从这些理论的研究内容与研究角度观察,尽管其基本观点有所不同,但并不存在实质性差别。这些理论都从不同的角度解释了收入与消费之间的关系,从一定意义上说,这些理论之间是可以互补的。

::: 案 例 :::

【案例1】   **蜜蜂的寓言启发了凯恩斯:总需求决定理论**

凯恩斯认为,在短期中决定经济状况的是总需求而不是总供给。这就是说,由劳动、资本和技术所决定的总供给,在短期中是既定的,这样,决定经济的就是总需求。总需求决定了短期中国民收入的水平。总需求增加,国民收入增加;总需求减少,国民收入减少。

18世纪初,一个名叫孟迪维尔的英国医生写了一首题为《蜜蜂的寓言》的讽喻诗。这首诗叙述了一个蜂群的兴衰史。最初,蜜蜂们追求奢侈的生活,大肆挥霍浪费,整个蜂群兴旺发达。后来它们改变了原有的习惯,崇尚节俭,结果蜂群凋散,终于被敌手打败而逃散。

这首诗所宣扬的"浪费有功"在当时受到指责。英国中塞克斯郡大陪审团委员们就曾宣判它为"有碍公众视听的败类作品"。但在 200 多年之后,这部当时声名狼藉的作品却启发凯恩斯发动了一场经济学上的"凯恩斯革命",建立了现代宏观经济学和总需求决定理论。

在 20 世纪 30 年代之前,经济学家信奉的是萨伊定理。萨伊是 18 世纪法国经济学家,他提出供给决定需求,有供给就必然创造出需求,所以,不会存在生产过剩性经济危机。这种观点被称为萨伊定理。但 20 世纪 20 年代英国经济停滞和 30 年代全世界普遍的生产过剩以及严重失业打破了萨伊定理的神话。凯恩斯在批判萨伊定理中建立了以总需求分析为中心的宏观经济学。

凯恩斯认为,在短期中决定经济状况的是总需求而不是总供给。这就是说,由劳动、资本和技术所决定的总供给,在短期中是既定的,这样,决定经济的就是总需求。总需求决定了短期中国民收入的水平。总需求增加,国民收入增加;总需求减少,国民收入减少。引起 30 年代大危机的正是总需求不足,或者用凯恩斯的话来说是有效需求不足。凯恩斯把有效需求不足归咎于边际消费倾向下降引起的消费需求不足和资本边际效率(预期利润率)下降与利率下降有限度引起的投资需求不足。解决的方法则是政府用经济政策刺激总需求。包括增加政府支出的财政政策和降低利率的货币政策,凯恩斯强调的是财政政策。

在凯恩斯主义经济学中,总需求分析是中心。总需求包括消费、投资、政府购买和净出口(出口减进口)。短期中,国民收入水平由总需求决定。通货膨胀、失业、经济周期都是由总需求的变动所引起的。当总需求不足时就出现失业与衰退。当总需求过大时就出现通货膨胀与扩张。从这种理论中得出的政策主张称为需求管理,其政策工具是财政政策与货币政策。当总需求不足时,采用扩张性财政政策(增加政府各种支出和减税)与货币政策(增加货币供给量降低利率)来刺激总需求。当总需求过大时,采用紧缩性财政政策(减少政府各种支出和增税)与货币政策(减少货币量提高利率)来抑制总需求。这样就可以实现既无通货膨胀又无失业的经济稳定。

总需求理论的提出在经济学中被称为一场"革命"(凯恩斯革命)。它改变了人们的传统观念。例如,如何看待节俭。在传统观念中,节俭是一种美德。但根据总需求理论,节俭就是减少消费。消费是总需求的一个重要组成部分,消费减少就是总需求减少。总需求减少则使国民收入减少,经济衰退。由此看来,对个人是美德的节俭,对社会却是恶行。这就是经济学家经常说的"节约的悖论"。"蜜蜂的寓言"所讲的也是这个道理。

凯恩斯重视消费的增加。1933 年当英国经济处于萧条时,凯恩斯曾在英国 BBC 电台号召家庭主妇多购物,称她们此举是在"拯救英国"。在《就业、利息与倾向通论》中他甚至还开玩笑地建议,如果实在没有支出的方法,可以把钱埋入废弃的矿井中,然后让人去挖出来。已故的北京大学经济系教授陈岱孙曾说过,凯恩斯只是用幽默的方式鼓励人们多消费,并非真的让你这样做。但增加需求支出以刺激经济则是凯恩斯本人和凯恩斯主义者的一贯思想。

那么,这种对传统节俭思想的否定正确与否呢?还是要具体问题具体分析。生产的目的是消费,消费对生产有促进作用,这是人人都承认的。凯恩斯主义的总需求分析是针对短期内总需求不足的情况。在这种情况下刺激总需求当然是正确的。一味提倡节俭,穿衣服都"新三年旧三年缝缝补补又三年",纺织工业还有活路吗?这些年,当我国经济面临需求不足时政府也在努力寻求新的消费热点,说明这种理论不无道理。

当然,这种刺激总需求的理论与政策并不是普遍真理。起码在两种情况下,这种理论并不适用。其一是短期中,当总供给已等于甚至大于总需求时,再增加总需求会引发需求拉动的通货膨胀。其二是在长期中,资本积累是经济增长的基本条件,资本来自储蓄,要储蓄就要减少消费,并把储蓄变为另一种需求——投资需求。这时提倡节俭就有意义了。

凯恩斯主义总需求理论的另一个意义是打破了市场机制调节完善的神话,肯定了政府干预在稳定经济中的重要作用。第二次世界大战后各国政府在对经济的宏观调控中尽管犯过一些错误,但总体上还是起到了稳定经济的作用。"二战"经济周期性波动程度比战前小,而且没有出现30年代那样的大萧条就充分证明了这一点。

世界上没有什么放之四海而皆准的真理。一切真理都是具体的、相对的、有条件的。只有从这个角度去认识凯恩斯主义的总需求理论才能得出正确的结论。其实就连"蜜蜂的寓言"这样看似荒唐的故事中不也包含了真理的成分吗?

摘自 http://jwc.njue.edu.cn,有改动

问题:(1)宏观经济学中如何区分短期和长期的概念?
      (2)如何理解"节俭的悖论"?

【案例 2】   做大乘数

面对通货紧缩和亚洲等地区金融危机的负面影响,中央政府正确地采取了扩大内需和避免风险的基本对策。然而,尽管扩张性的宏观政策的力度很大,其带动作用却非常有限,连续降息并没有将股市刺激起来,财政扩张也只使国有部门的投资有所增长,而统计资料显示,1998年的非国有部门的投资呈负增长。这是怎么回事呢?

我们现在采取的宏观经济政策倾向,被称为凯恩斯主义。凯恩斯是个英国贵族,也是个经济学家。在他学术生涯的巅峰时期,正好(不巧)赶上了1929—1933年的世界经济大萧条。他提出的救治方案就是扩张性的宏观经济政策,包括货币政策,即降低利率;也包括财政政策,主要是赤字政策和公共工程。但是这些政策之所以被称为政策,而不是政府的单打独斗,就意味着它要在社会上产生连锁反应,使效果数倍甚至数十倍于政府的努力。为了解释这样的效果,凯恩斯提出了"投资乘数"的概念。意思是说,当政府比正常情况新增一笔公共工程的投资时,由于该工程要雇用工人和购买设备与原材料,就要支付工资和贷款;而贷款也最后会变成生产设备和原材料的工人的工资。因此投资会引致消费,消费支出又会变成生产消费品的工人收入,即消费又会引致新的消费。如此循环往复,一笔投资就会变成数倍于这笔投资的需求。这个倍数就是乘数,一个扩张的财政政策的直接效果,就是财政扩张的数额乘以"投资乘数"。由于这是凯恩斯最早提出来的,所以又叫"凯恩斯乘数"。

后来,乘数概念在经济学中泛滥,又有人提出"存款乘数"。意思是说,当银行新增一笔存款时,银行会扣掉一定比率的准备金,然后再把它贷出去;获得贷款的企业或者用来支付货款,或者暂时存入银行,无论如何,都会又回到银行;银行仍旧按上面的办法处理。如此循环,也会使这笔新增存款"创造"出数倍于原来存款的效应。这个倍数就是"存款乘数"。

有趣的是,上面讲的"投资乘数",今天正好对应于财政政策;而"存款乘数",正好对应

于今天的货币政策,因为所谓"新增存款"是降息所至。当我们讨论或预测政策效果时,有两个简单的因素:一个是政策本身的力度,一个是"乘数"。当政策没有达到预期的效果时,既可以说,政策的力度不够,又可以说,乘数不大。经济学家自然可以讨论政策力度问题,但这更多的是政府的事情;并且无论是财政政策,还是货币政策,都是有很多的约束条件的,不是可以任意使用的。例如,财政的首要功能,还是筹措公共物品的资源。当财政本身吃紧时,发挥政策作用的余地就很小,更为积极的因素是"乘数"。

毫无疑问,在政策力度一定的情况下,如果政策效应较小,就意味着乘数较小,而又是什么决定乘数的呢?在前面的讨论中我们可以注意到,无论是"投资乘数"还是"存款乘数",其产生和大小都和经济活动及其频率相关。具体地说,就是商品交易的频率和金融交易的频率。交易频率高,也可以说是交易效率高。这就涉及市场的发育和成熟程度了。在我国,市场制度刚刚建立不久,它信用不足,也缺乏效率,所以交易效率就会较低,交易速度就会较慢,在有些时候,交易甚至会受阻。一旦交易缓慢或受阻,形成乘数的循环就会较少,乘数也自然会很小。

事情还不仅仅如此。政策力度与乘数之间,也不是简单的相乘关系,有时两者会互相冲突。政府政策相对于经济制度也并非中性,它经常会产生"体制效应",即政策本身会对经济制度产生影响。这就存在一种可能性,即扩张性的宏观经济政策会导致负面的体制效应,损害市场制度的改进和完善,结果会使乘数变小。譬如,为了筹措更多的财政资源以支持扩张性的财政政策,政府扩大了对市场的管制范围,结果损害了市场的效率;又譬如,为了避免金融风险,政府采取了过分保守的金融管制政策,会使问题走向另一个极端,导致金融体系的效率降低,存款—贷款的循环甚至会被中断,"存款乘数"就会变小。

既然我们面对的是乘数太小的问题,我们的任务就是要把乘数做大。做大乘数的方法,就是继续进行市场化的制度变革,使初步建立起来的市场制度变得更有效率。既然政府政策会产生"体制效应",我们的目标就是变负效应为正效应。在财政方面,既然大量亏损的国有企业是财政的"鸡肋",进行企业并购和产权交易,就是具有制度变革特征的、缓解财政危机的手段;在公共工程方面,打破国有部门独揽项目的局面,让非国有企业参与公平的竞标,则是扩展市场规则的又一契机;在货币政策方面,只有将中央银行的再贷款利率与商业银行的市场利率分开,才能更有效地使政策发挥作用,同时又使我国的货币体系向着市场化的方向迈进一步;即使是财政政策手段,如发行政府债券,也可以用来促进金融市场的发展,如利用政府债券支撑起证券市场的交易。

当然,除了短期手段外,乘数变大是一个漫长的过程。但这并不意味着政府可以忽视这个对政策效果举足轻重的变量。一个明智而有效的政府更应注重借用经济制度本身的力量。它在推行短期的宏观经济政策时,不应伤及那个会使政策效应更为显著的制度基础,同时为了社会与国家长远计,应时刻牢记改进使政府显得更有效的市场体系。至少在政府制定政策的视野内,它的名字叫"乘数"。

摘自 http://jwc.njue.edu.cn,有改动

问题:(1)投资乘数发挥作用的前提条件是什么?机制如何?

(2)做大投资乘数的本质是什么?

▦ 习　题 ▦

1.什么是乘数？乘数在经济中发生作用的前提条件是什么？

2.假设某经济社会消费函数为：

$C=100+0.8Y, I=50$。求：

(1)均衡收入、消费和储蓄水平。

(2)如果实际产出为 800，企业非自愿存货投资为多少？

(3)若消费函数变为 $C=100+0.9Y$，投资仍为 50，收入和储蓄各为多少？投资增至 100 时，收入增加多少？

(4)经济乘数前后有何变化？

3.设消费函数为 $C=100+0.8Y_d$，投资 $I=50$，政府购买 $G=100$，税收 $T=50+0.25Y$，出口 $X=40$，进口 $M=20+0.1Y$。求：

(1)求均衡收入。

(2)求净出口。

4. 假设消费函数为 $C=200+0.9Y_p$，这里 Y_p 是永久收入，并且进一步假定 $Y_p=0.7Y_d+0.3Y_{d-1}$。

(1)假定第 1 年和第 2 年的收入是 6000 元。第 2 年的消费是多少？

(2)如果第 3 的收入增加到 7000 元并且假定以后每年的收入保持在 7000 元，那么第 3、4 年及以后每年的消费是多少？

5.假设某经济社会的消费函数为 $C=100+0.8Y_d$（Y_d 为可支配收入），投资 $I=200$，政府购买支出 $G=100$，政府转移支付 $TR=62.5$，税收 $T=0.25Y$。

(1)求均衡收入；

(2)试求：投资乘数、政府购买乘数、税收乘数、转移支付乘数、平衡预算乘数。

(3)假定该社会达到充分就业所需要的国民收入为 1325，试问：①增加政府购买；②减少税收；③增加政府购买和税收同一数额（以便预算平衡）来实现充分就业，各需多少数额？

第十三章 货币、利率和投资

第十二章的简单国民收入决定理论说明了总需求决定国民收入的最基本的原理。但现代经济中,国民收入决定在很大程度上受货币市场的影响。为了全面揭示国民收入决定的过程,必须引入货币因素,考察货币市场均衡对国民收入决定的影响。本章先分析货币的供给与需求以及由其决定的利率,然后再进一步讨论投资,分析说明货币市场到产品市场的传导机制。

第一节 货币和货币供给

一、货币与银行制度

货币是能执行交换中介、价值标准及财富贮藏手段职能的物品。在世界各国的货币发展史上,有许多种商品充当过货币,如牲畜、贝壳、布帛、贵金属等,最后才逐渐固定在贵金属金上。它具有交换中介、价值标准、延期支付标准和财富贮藏手段四个职能。

货币的交换中介职能就是以货币作为商品交换的中介,即以货币为中介物,先将商品或劳务换为货币,然后再用货币换取需要的另外的商品或劳务。货币的交换中介职能避免了物物交换存在的缺陷,使物品之间的交易不必再以"需要的双重偶合"为前提,从而节省了寻觅交易对象和搜集市场信息的时间和资源,降低了交易成本,提高了交易效率。

货币的价值标准职能就是用货币来衡量并表示商品或劳务的价值,确定各种商品或劳务相交换的比率。货币的价值标准职能不仅大大地减少了商品交换的比率,而且简化了簿记,便利了会计核算。

货币的延期支付标准职能是以货币来表示债务的标准。货币是衡量长期性契约和借贷合约的基础,一切长期合约都可以货币为单位来签订。货币的延期支付标准职能,促进了信用制度和借贷关系的发展,但由于货币的价值经常随时间而变化,因此,也使信用关系复杂化。

货币的财富贮藏手段职能就是货币作为资产的一种形式,可以在一定的时期内保存价值。货币的贮藏手段职能无须或仅需较少的交易成本就可以在相当长的时间内保存资产价值,以便未来购买。但货币要充分发挥财富贮藏的职能,币值本身必须稳定。

以上四种职能,第一种职能即交换中介职能是最重要的,它是货币的最基本的职能。

货币依据其流动性的大小可分为 M_1、M_2、M_3 等几个层次:

M_1 是严格意义上的货币,即"狭义货币"。它包括流通中通货和活期存款,即

$$M_1 = C_u + D$$

其中,C_u 代表通货(currency);D 代表活期存款(deposit)。

M_2 被称作"广义货币",除 M_1 外,它主要包括储蓄存款与小额定期存款,即

$$M_2 = M_1 + D_s + D_t$$

其中,D_s 代表储蓄存款;D_t 代表小额定期存款。

储蓄存款和小额定期存款之所以可以看作货币,是因为尽管它们的流动性比 M_1 低,不能像通货和现金那样直接作为交换中介和支付手段,但它们很容易转变为活期存款,尔后像 M_1 一样发挥作用。如美国 20 世纪 70 年代开办的自动转账账户 ATS。存户可以在银行同时开有活期存款账户和储蓄账户,前者无息,但可开支票;后者有息,但不可开支票,存户只得在活期账户上保留很少的余额,开列支票时,银行会自动将金额从储蓄账户转到活期账户。这样,存户既可以取得利息,又可以开列支票。因此,成为货币的一个组成部分。

M_3 是更广义的货币,除了 M_2 外,还包括其他流动性资产或货币近似物,即

$$M_3 = M_2 + D_n$$

其中,D_n 代表其他流动性资产或货币近似物。

货币的流通中介主要是银行。现代银行体系主要由中央银行、商业银行和其他金融机构组成。中央银行是一个国家的最高金融机构,它是发行的银行、是政府的银行、是银行的银行。货币政策主要由中央制定并领导实施。商业银行是办理存贷业务的金融组织。商业银行的活动是以存款为基础的,对于吸收的存款,商业银行有义务负责支付。由于存款与取款的时滞,商业银行手中总是有相当数量的款项可以放贷求利,但商业银行不能将全部的存款贷放出去,为了应付客户提款的需要,银行必须经常保持一定数量的现金。这种商业银行为应付存款客户随时提款的需要,按照客户存款的一定比例留存的、不能放贷出去的资金,称为存款准备金,存款准备金占存款的比率称为存款准备率。在现代银行制度中,存款准备率一般由中央银行规定,称为法定准备率。商业银行根据法定准备率留足准备金后,剩下的部分则可放贷出去。可见,商业银行留存较少准备金就足以支持商业银行的整个活动。

二、货币的创造

现代银行体系具有多倍的存款创造功能,这种存款创造功能产生于存款准备金率、存款金额以及以活期存款形式放款的银行制度。

假定法定存款准备率为 100%,那么,商业银行的准备金额等于存款额,不可能产生存款创造。放宽这一假定,假定商业银行的法定准备率为 20%,那么,商业银行可以将存款的 80% 放贷出去。但若是通货放款,即借款人获得的贷款完全以现金形式提取,并继续持有这些通货,那么,仍不会产生存款创造。上面的假定在现实中并不存在。因为借款人所以借款,并为此支付利息,是为了购买,而卖主也不会手持现金,通常的做法是将其存入银行。因此,这里的分析首先作如下假定:①公众手中不持有现金;②公众的所有收入都以活期存款的形式存入银行;③法定准备率为 20%;④商业银行不存在超额储备。在这样的假定下,

就会产生存款创造。

假如中央银行买进政府债券 1000 元,并向债券的持有者开出 1000 元的支票。债券持有者将这张债券存入甲银行,甲银行可增加存款 1000 元。如果法定准备率为 20%,那么,甲银行的存款准备金将增加 $1000 \times 20\% = 200$ 元,贷款额将增加 $1000 - 1000 \times 20\% = 800$ 元。得到贷款者又把这 800 元存入乙银行。乙银行可增加存款 800 元,增加存款准备金 $800 \times 20\% = 160$ 元,增加贷款 $800 - 800 \times 20\% = 640$ 元。得到贷款者把这 640 元存入丙银行,丙银行可增加存款 640 元,增加存款准备金 $640 \times 20\% = 128$ 元,增加贷款 $640 - 640 \times 20\% = 512$ 元。这样的存贷过程会不断地进行下去,最后,各商业银行的存款总额为:

$$1000 + 800 + 640 + \cdots = 1000 \times (1 + 0.8 + 0.8^2 + \cdots)$$
$$= 1000 \times [1/(1 - 0.8)]$$
$$= 1000 \times 5$$
$$= 5000$$

各商业银行的贷款总额为

$$800 + 640 + 512 + \cdots = 1000 \times (0.8 + 0.8^2 + 0.8^3 + \cdots)$$
$$= 1000 \times [0.8/(1 - 0.8)]$$
$$= 1000 \times 4$$
$$= 4000$$

投放 1000 元的货币,最后可增加到 5000 元,即比原来增加了 4 倍,这就是所谓的银行存款创造。显然,银行存款创造的规模取决于法定准备率。若以 D 代表活期存款总额,R 代表原始存款,r 代表法定准备率,d 代表存款乘数,则

$$d = 1/r$$
$$D = R/r = Rd$$

对于上例,$R = 1000$,$r = 20\%$,存款乘数 d 为

$$d = 1/r = 1/20\% = 5$$
$$D = R/r = Rd = 1000 \times 5 = 5000$$

可见,通过银行体系的作用,银行最初吸收的存款将扩大 $1/r$ 倍。$1/r$ 即法定准备率的倒数,就是存款乘数。它是每 1 元的准备金变动引起的存款变动。存款乘数不仅可以使银行存款多倍扩大,而且也可以使银行存款多倍紧缩。如前例中,银行准备金不是增加,而是减少,那么,银行存款将多倍紧缩。

从上面的分析可以发现,法定准备金是吸收初始准备的一种漏出。如果吸收的存款全部用于放贷,法定准备金率为零,即 $1/r$ 中的 r 趋于零,则 1 元的准备金变动将引起存款的无穷大变动。法定准备金仅仅是吸收初始准备的第一种漏出,除它外,还有其他因素,如超额准备金、通货比率和定期存款比率等,也是吸收初始准备的一些漏出。

在活期存款创造过程中,超额准备金与法定准备金的作用是一样的,它也会使银行的贷款额减少。如上例中,甲银行除了按 20% 的法定准备率留足法定准备金外,还按 5% 的超额准备率,即银行自愿保留的作为超额准备金的每元存款的百分比,提出超额准备金,那么,甲银行的贷款数额将不是 800 元,而是 750 元,其他银行的贷款数额也会随之减少。这时,存款创造乘数不是 $d = 1/r$,而是:

$$d = 1/(r + e)$$

式中:e代表超额准备率。

对于这里的例子,则有

$$d=1/(20\%+5\%)=4$$

公众手中不能不持有现金。假定对于每1元的可开列支票存款,公众想持有0.15元的现金,那么,存款机构对于公众的每1元新增存款就要多付0.15元,这0.15元不会进入存款创造过程,也是吸收初始准备的一种漏出。前例中,甲银行吸收1000元的存款,扣除200元和50元的法定准备金和超额准备金,还将支付150元的通货给存款者。因此,该银行只能将剩下的600元贷出。其他银行也将像甲银行一样做出类似的调整。这时存款乘数将不是$d=1/(r+e)$,而是:

$$d=1/(r+e+k)$$

式中:k代表通货比率。

对于这里的例子,则有

$$d=1/(20\%+5\%+15\%)=2.5$$

与超额准备金和公众现金持有额对存款乘数的影响不同,可开列支票存款转化为定期存款的部分不是完全不能进入存款创造过程。不能进入存款创造过程的仅仅是定期存款准备金,如1000元的可开列支票存款的2%,即20元转化为定期存款,如果定期存款准备率为5%,则不能进入存款创造的只有$20\times5\%=1$元。这仅仅占全部可开列支票存款的$2\%\times5\%=1‰$。因此,这时的存款乘数为

$$d=1/(r+e+k+t\cdot r_t)$$

式中:t代表定期存款比例;r_t代表定期存款准备率。

对于这里的例子有:

$$d=1/(20\%+5\%+15\%+2\%\times5\%)=2.5$$

上面分析了银行系统准备金增加引起的多倍存款创造。如果存入银行的是现金,那么也会产生同样的存款创造效果。不同的是,如果公众有对现金的要求,产生了通货漏出,那么,前面计算存款总量公式的分子将改变为$R+C$,即货币基础,则存款总量为

$$D=1/(r+e+k+t\cdot r_t)\cdot(R+C)$$

有了存款乘数就可以求得货币乘数。由于公众持有的通货是按可开列支票存款与通货比率k的乘积计算的,因此通货总量为

$$\begin{aligned}C_u&=kD\\&=k\cdot1/(r+e+k+t\cdot r_t)\cdot(R+C)\\M_1&=C_u+D\\&=kD+D\\&=(k+1)D\\&=(k+1)\cdot1/(r+e+k+t\cdot r_t)\cdot(R+C)\end{aligned}$$

式中:$(k+1)\cdot1/(r+e+k+t\cdot r_t)$就是货币乘数,它是货币存量与基础货币存量的比率。

三、影响货币供给的主要因素

货币乘数表明,中央银行增加或减少一笔货币,经过银行系统的作用就可以多倍地增加或减少货币存量。中央银行可以通过增加或减少货币的办法来控制货币供给量。但这

种控制并不是绝对的,还有许多因素影响中央银行对货币存量的控制程度。

从货币乘数的公式中可以看出,影响货币供给的主要因素有法定准备率、定期存款比率、超额准备率和现金比率。

现金比率的大小取决于公众的资产偏好、持有现金的机会成本、收入与财富状况、非法交易活动在整个交易活动中的比例以及银行的破产风险等因素。在其他条件不变的情况下,现金比率愈大,货币乘数愈小,一定量的货币所创造出的货币就愈少;反之,通货比率愈小,货币乘数愈大,一定量的货币所创造出的货币就愈多。

定期存款率也受公众的资产偏好、收入和财富状况等因素的影响。在其他条件不变的情况下,定期存款比率的提高会引起货币乘数减少,从而使货币供给量减少,但由于定期存款比率的提高会间接地降低法定准备率的超额准备率,引起货币乘数增大,从而使货币供给量的增长趋缓。

超额准备率的高低取决于商业银行的经营决策。一般的,银行在确定超额准备率时要考虑其以超额准备金进行投资而获得的利益和持有超额准备金而获得的收益两个因素。争取利润最大化的银行应该将其超额准备金保持在闲置准备金的边际(机会)成本等于银行的边际收益之点上。在其他条件不变的情况下,超额准备率愈高,货币乘数愈小,货币创造能力就愈小;反之,超额准备率愈低,货币乘数愈大,货币创造能力就愈大。

法定准备率可分为活期存款法定准备率和定期存款法定准备率。定期存款法定准备率低于活期存款法定准备率。法定准备率的高低不仅取决于定期存款法定准备率和活期存款法定准备率的高低,而且还取决于定期存款比率。法定准备率的高低因银行规模的大小不同而有所差别。另外,银行所在地区的不同也会引起法定准备率的差别。法定准备率对货币供给的作用主要表现在:法定准备率愈高,货币乘数愈小,货币供给能力愈小;反之,法定准备率愈低,货币乘数愈大,货币供给能力增强。

可见,中央银行、商业银行和公众都是影响货币供给量的因素,因此货币供给量的控制不仅取决于中央银行,而且依赖于商业银行和公众的配合。尽管如此,从根本上说货币供给还是中央银行控制的。在经济分析中,货币供给被认为是与利率无关的、由当局控制的量。因此,货币的供给曲线是一条与利率轴平行的直线。如图 13-1 所示。

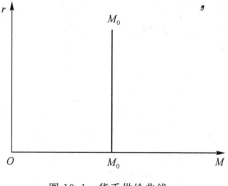

图 13-1　货币供给曲线

第二节　货币的需求

一、金融资产与货币需求

货币需求是指社会各个部门在既定的国民收入范围内能够或愿意以货币形式持有财富而形成对货币的需求。货币需求可以从名义变量和实际变量两个方面来考察:名义货币需求是人们对一定量货币的需求;实际货币需求是对用货币能购买到的物品量来表示的需求,它等于名义货币需求与价格的比值。考察货币需求,目的在于探明决定货币需求的因素。为了说明这个问题首先要了解金融资产的分类及其选择。

人们所拥有的财富可以分为两大类:一类是实物资产,即具有实际使用价值的有形物品,如房地产、机器设备等;另一类是金融资产,即单纯以价值形式存在的财产,如货币、债券、股票等。为了分析问题方便,可将金融资产划分为两类,即货币与其他金融资产。不同金融资产的流动性、风险性和盈利性是不同的,货币的流动性大、风险性小,但盈利性差。其他金融资产的流动性小、风险性大,但盈利性好。这就给人们提出了以什么形式持有金融资产,以获得收益最大化的问题。

决定以什么形式、多大比率持有金融资产就是进行证券投资决策。人们对金融资产的需求受其所拥有金融财富(数量)的制约。在金融资产数量一定的条件下,如果以货币形式拥有的金融资产多,则以其他形式拥有的金融资产就少。拥有其他金融资产,尽管流动性小、风险大,但它一般能够带来较高的收益。这种情况会减少人们对货币的需求。因此,人们对货币需求取决于人们手持货币的动机和持有货币的机会成本。

二、交易方程与剑桥方程

交易方程和剑桥方程都是古典学派的货币需求理论。古典学派认为,货币只具有交换中介和价值标准的职能,公众持有货币的目的和动机是满足交易需要,因此货币需求量只是收入的函数。

交易方程是由欧文·费雪提出。费雪认为人们持有货币的动机是用来充当交换媒介,是将货币作为购买力,用来购买商品和劳务。因此,一定时期内社会所需要的货币量必定等于参与交易的各种商品和劳务的价值之和,即

$$MV = PT$$

式中:M 表示流通中的货币数量;V 表示货币的平均流通速度;P 表示一般价格水平;T 表示商品和劳务的交易量。这就是费雪方程式。它表明流通中的货币数量与货币流通速度的乘积等于一般价格水平与商品和劳务的交易量的乘积。费雪认为,商品和劳务的交易量 T 取决于社会资源及技术情况,在短期内很少变动;货币的平均流通速度 V 取决于社会经济的运动状况、信用制度和人们的支付习惯,在短期内也很少变动。在 T 和 V 固定不变的假定下,货币数量 M 的变化就会引起一般价格水平的等比例变化。

上面的费雪方程式稍加改变,就可得出以存量形式表示的货币需求方程。由

$$MV = PT$$

得

$$M = (PT)/V = (T/V)P$$

等式左边的 M 即货币需求,而等式右边的 T、V 及 P 则是影响货币需求的因素。货币需求与交易总额,即同一般价格水平与商品和劳务的交易量的乘积成正比,而与货币的流通速度成反比。在短期内,T 和 V 相对稳定,货币需求就取决于物价水平。

费雪的交易方程式主要是用于解释说明物价水平与货币数量之关系。由于将交易量 T 和货币流通速度 V 假定为常数,因此,只适用于充分就业和货币流通速度不变的情况,以马歇尔、庇古等人提出的剑桥方程式克服了这一不足。

马歇尔、庇古认为,货币具有延期使用的功能,出于便利和安全的考虑,人们总是将一定量的现金余额留在手头。这种留在手头的现金余额就形成货币需求。人们手中持有货币的多寡取决于实际国民收入、一般价格水平以及交易动机货币需求率,即人们为了交易而持有的货币数量对名义国民收入的比率。货币数量等于名义国民收入与交易动机货币需求率之乘积,即

$$M=kPy$$

式中:M 表示货币数量;k 表示交易动机货币需求率;P 表示价格水平;y 表示实际国民收入。这就是剑桥方程式。它反映了人们持有货币的数量与其影响因素之间的关系。剑桥方程式一开始就以货币需求为中心来分析问题。

剑桥方程式很容易与费雪的交易方程式互相转换。如果将交易方程式中的商品和劳务交易量改为实际国民收入,货币流通速度改写为 $1/k$,则由 $MV=PT$ 得

$$M(1/k)= Py$$
$$M=kPy$$

可见,剑桥方程式与交易方程式实际上没有多大的差别。它们之间的不同之处在于后者假定 T 与 V 为固定不变的常数,而前者则不必视 y 与 k 为固定不变。剑桥方程式倘若加上充分就业及 k 值固定之假定,自然可以得出与交易方程式相同的结论,即货币需求与价格水平成等比例变化。

新古典学派的货币需求理论,只考虑货币的交换中介的职能,忽视了货币的价值贮藏职能,其理论具有很大的局限性。在此之后,凯恩斯首先将利率因素引入货币需求理论的研究,并以流动性偏好(即人们不愿持有股票、债券等生利资产而持有货币的偏好)为基本概念,对人们持有货币的动机作了比较全面的综合性探索。同期,希克斯也提出了用选择理论的边际分析来处理货币需求问题的主张,并试图建立资产持有者的一般均衡条件与资本账户的一般均衡体系。凯恩斯的理论与希克斯的理论结合在一起构成了现代货币理论的基本框架。以后,经过鲍莫尔(William Baumol)、托宾(James Tobin)、弗里德曼(Milton Friedman)等经济学家的发展,形成了广为流传的现代货币理论。

三、交易动机的货币需求理论

交易动机的货币需求是公众和厂商为应付日常规律性的购买和支付而持有货币。凯恩斯认为,交易动机引起的货币需求取决于国民收入水平。如果以 y 代表实际国民收入,P 代表价格水平,则交易动机性货币需求可以表示为

$$L_1=kP \cdot y$$

式中:k 是一个系数,它的大小主要取决于社会支付制度。如果收入与支出在时间上完全同步,则不需要持有货币。否则,不管是厂商还是公众,为应付日常支付的需要必须持有货币。其持有货币的数量则取决于取得收入的时间间隔。每月取得一次收入要比每周取得一次收入需要持有的货币余额要多。前者持有的货币余额是月收入的一半,而后者持有的货币余额是周收入的一半。如某人的月收入为 3000 元,假定在下次取得收入前全部花完,则每天将支出 100 元。如果其收入是按月取得的,那么,其持有的货币余额为 1500 元;如果其收入是每十天取得一次,那么,其持有的货币余额为 500 元。

凯恩斯的交易动机的货币需求理论仅仅将交易性的货币需求与收入联系在一起,没有

考虑利率因素的影响,这一不足在鲍莫尔和托宾那里得到了纠正。

将全部收入留在手头固然方便,但不能生息;如果用其购买债券,等必要时再出售债券收回现金,应付支付所需,尽管不大方便,但可以获利。当然债券的买卖,要支付费用给经纪人,如果支付的费用超过了债券的利息收入,那么,买卖债券不如持有现金。可见,持有货币所放弃的利息与经纪人费用是持有货币的成本,而使用方便所带来的好处则是持有货币的收益。如果知道了交易总额、债券利率以及经纪人费用,则可以确定一个最有利的货币持有额,使其持有者既满足日常需要,又获得更多的利息收益。正是基于这一点,鲍莫尔和托宾才将存货理论引入货币需求的研究,并得出了著名的货币需求的平方根定理。

假定某家庭每月收入 Y 恰好维持全部家计支出,每日的支出不变,此家庭在月初取得收入后立即将其全部用于购买债券,债券的利息为 r。然后每当需要支出时即出售一批债券,每次向证券交易所支付的经纪人费用为 t_c。进一步假定该家庭每次出售债券的数额 C 都相同,那么,每月出售债券的次数 n 及每月支付的经纪人费用 T_c 将分别是

$$n = Y/C$$
$$T_C = n \cdot t_c = (Y/C) \cdot t_c$$

其中,t_c 为每一次出售的经纪人费用。

同时将债券换为货币会损失利息收益,其大小为平均货币持有量 M 与债券利率 r 之积。而平均货币持有量 M 等于每次债券交易额的 $1/2$,月收入的 $1/2n$,即

$$M = C/2 = Y/2n$$

因此,持有货币的利息损失为

$$R = M \cdot r = (C/2) \cdot r$$

经纪人费用和利息损失构成了持有货币所付出的成本 P,即

$$P = (Y/C) \cdot t_c + (C/2) \cdot r$$

最优的期初货币持有量为 P,最小时的债券出售量 C,将 P 对 C 微分,并令其为零,得

$$dP/dC = (-Y/C^2 \cdot t_c) + r/2 = 0$$

整理,得

$$C^2 = (2 \cdot Y \cdot t_c)/r$$

即

$$C = [(2 \cdot Y \cdot t_c)/r]^{0.5}$$

最优的平均货币持有额为

$$M = C/2 = [(Y \cdot t_c)/2r]^{0.5}$$

这就是货币需求的平方根公式,它表明交易动机的货币需求随交易总额的平方根成正比例变化,并且受经纪人费用和利率的影响,或者说,交易动机的货币需求与国民收入呈同方向变动,与利率呈反方向变动。

四、预防动机的货币需求

预防动机的货币需求是为应付各种意外事件而额外持有的货币,未来是不可测的,为了应付不测的事件,必需持有货币。对于预防动机的货币需求,凯恩斯的观点比较含糊,尽管有时也提到这部分货币需求受利率支配,但更多的是暗示这部分货币需求仅受收入的影响。一般认为,在凯恩斯那里这部分货币需求对大多数公众和厂商来说,是在满足了交易

动机的货币需求后随着收入的增减而变化的。收入水平愈高,公众和厂商所持有的预防动机的货币需求就愈会增加。预防动机的货币需求与交易动机的货币需求一样,也表现为收入的函数。但后来的经济学家似乎并不看重预防动机的货币需求与收入的关系。

经济中充满了不确定因素,意外事件随时可能发生,如果手头没有一定的、作为应付意外事件的货币,就会带来损失。比如出现家庭突然收到一份喜帖或家庭成员突然生病等情况,会使家庭的支出立即增加。为了应付急需,不得不将原来持有的债券削价出售,这样就会损失利息收益。这种损失是由于临时缺少货币而引发的,可以将其看作是货币短缺的成本,用 q 来表示。q 值的大小取决于货币的短缺程度。一般的,为预防货币短缺而持有的货币众多,货币的短缺程度愈小,q 值亦愈小;反之,q 值就愈大。

未来一定时期内究竟是否发生不测事件是难以预料的概率。这一概率可以表示为 $p(M,\sigma)$。其中,M 代表持有的货币,σ 是代表未来支出的不确定性。$p(M,\sigma)$ 表示货币短缺的概率取决于持有货币的多寡和未来支出的不确定性。货币持有量愈多,未来货币短缺的概率就愈小;反之,货币持有量愈小,未来货币短缺的概率就愈大;如果完全不持有货币,那么,货币短缺的概率可能接近 1。未来支付的不确定性大,则货币短缺的概率大;未来支出的不确定性小,则货币短缺的概率小;如果未来支出呈规律地变化,则货币短缺的概率接近于零。未来货币短缺的概率与货币持有量呈反方向变动,与未来支付的不确定性呈同方向变动。未来货币短缺的概率确定后,就可以求出货币短缺的预期成本,即 $p(M,\sigma) \cdot q$。

另外,持有货币需要负担利息损失。这种损失也就是利息成本,即 $(M \cdot r)$。这样,为预防未来的货币短缺而持有货币的预期成本 EC 可以表示为

$$EC = M \cdot r + p(M,\sigma) \cdot q$$

持有货币少,货币短缺所带来的损失就大,但所负担的利息损失却小;反之,持有的货币多,货币短缺带来的损失就小,但所负担的利息损失却越大。为了确定用于预防动机的最优货币持有量,就要将增加一个单位的货币持有量所引起的边际成本与相应的边际收益进行比较,两者相等时的货币持有量就是最优的货币持有量。

增加一个单位的货币持有量的边际成本就是所放弃的利息,因为货币持有量的变动不会引起利率的变动,因此,货币持有量的边际成本就是一个常数。增加一个单位的货币持有量,可以减少一部分因货币短缺而造成的预期损失。这也就是增加一个单位货币持有量的边际收益。因为货币短缺带来的损失随着货币持有量的增加而愈来愈显得微不足道,故持有货币的边际收益随着货币持有量的增加而递减。如果用 MC 表示货币持有量的边际成本,MB 表示货币持有量的边际收益(见图 13-2),那么,曲线 MC 与 MB 将相交于 E 点。E 点决定的货币量就是最优的预防性货币持有量。

从图 13-2 可以看出,预防动机的货币需求主要取决于利率水平、货币短缺的损失和未来支出的不确定性。利率水平提高,如由 r 提高为 r',边际成本曲线 MC 会向上移动至 MC',最优的货币持有量就会由 M^* 减少为 M_1^*,预防动机的货币需求与利率呈反方向变动。货币短缺的损失减小,增加货币所带来的边际收益减少,边际收益曲线会向左下方移动,如由 MB 移至 MB',预防动机的货币需求也就由 M^* 减至 M_2^*,预防动机的货币需求与货币短缺的损失呈同方向变动。未来支出的不确定性大,增加货币持有所带来的边际收益就大,边际收益曲线会向上移动,如由 MB 移至 MB'',预防动机的货币需求就会由 M^* 增加至 M_3^*,预防动机的货币需求与未来支出的不确定程度呈同方向变动。至于预防动机的货币

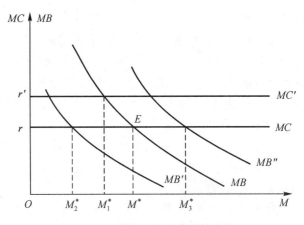

图 13-2   最优预防性货币持有量

需求与国民收入的关系,在这一模型中则不易确定。

五、投机动机的货币需求

投机动机的货币需求,即投机性货币需求,是指人们为了抓住有利的购买剩余资产的机会而持有货币。持有这种货币不是为了用它去购买商品或劳务,而只是为了在最有利的时机去购买债券。与交易性货币需求(即交易动机的货币需求)和预防动机的货币需求所强调货币的交换中介职能不同,投机性货币需求强调货币的价值贮藏职能。

凯恩斯是最早将货币需求与利率联系起来,提出投机性货币需求的经济学家。后来,托宾等经济学家对这一理论作了许多解释,使这一理论更加完善。他们在分析说明时都假定资产仅由货币和债券两部分构成,人们的资产不是以货币形式存在,就是以债券形式存在。凯恩斯认为,投机性货币需求取决于利率水平。

因为人们持有货币和债券的选择是基于债券价格、债券收益和利率水平之间的关系,即

$$p = R/r$$

式中:p 代表债券价格;R 代表债券收益;r 代表利率。

债券价格与债券收益呈同方向变动,与利率呈反方向变动,如果债券收益不变,那么,债券价格就取决于利率,即利率上升,债券价格下降,利率下降,债券价格上升。这种债券价格与利率之间的反向变动关系使投机者有机可乘,从而调节着投机性货币需求。假定现在利率提高,债券价格下降,人们可能以为债券的市场价格已经降低到正常水平以下,预计很快回升;或者说,利率已经提高到了正常水平以上,预计很快会回落,及时抓住机会买进债券,则有利可图。这会引起投机性货币持有量减少。反之,当利率下降,债券价格上升,人们可能认为债券价格已经上升到正常水平以上,并预计很快会回落,或者说利率已经下降到正常水平以下,预计很快会回升,及时抓住机会出卖债券,则可以避免损失。这会引起投机性货币持有量增加。因此,投机性货币需求取决于利率水平的高低,投机性货币需求表现为利率的函数,即

$$L_2 = L_2(r)$$

式中:L_2 代表投机性货币需求量;r 代表利率。

投机性货币需求与利率呈反方向变动,利率高时,投机性货币需求小;利率低时,投机性货币需求大。凯恩斯认为,如果利率极低,比如说是 2%,那么人们就会认为利率不会再下降,债券价格不会再上升,持有货币损失的利息不多,但持有债券的风险却很大。在这种情况下人们就会抛出债券,换回货币,有多少货币就持有多少货币。这就是所谓的"流动性陷阱"或"凯恩斯陷阱"。

六、货币需求函数

前面分别分析了交易性货币需求和投机性货币需求。交易性货币需求主要决定于国民收入,国民收入增加,则交易性货币需求增加,国民收入减少,则交易性货币需求减少。利率也是决定交易性货币需求的因素,但为了简化分析,宏观经济学在分析货币总需求时经常假定交易性货币需求对利率完全无弹性,因此,交易性货币需求就表现为国民收入的函数,即

$$L_1 = L_t + L_P = L_1(Y)$$

式中:L_1 代表交易性货币需求和预防性需求总和;L_t 和 L_P 分别代表交易动机的货币需求和预防动机的货币需求;Y 代表收入。

投机性货币需求决定于利率,前面已经提到它是利率的减函数,即

$$L_2 = L_2(r)$$

式中:L_2 代表投机性货币需求;r 代表利率。

货币总需求就是交易性货币需求与投机性货币需求之和,如果用 L 表示货币总需求,则

$$L = L_1 + L_2 = L_1(Y) + L_2(r) = L(Y, r)$$

如果以横轴代表货币需求,纵轴代表利率,则可求出货币的总需求曲线,如图 13-7 所示。图中,L_1 是交易性货币需求曲线,当收入一定时它是一条垂直于横轴的直线。随着收入的增加,它将向右移动,表示货币需求与收入呈同方向变动。L_2 是投机性货币需求曲线,它向右下方倾斜,表示货币需求与利率呈反方向变动。L 则是由 L_1 和 L_2 加总得到的货币的总需求曲线。

前面的货币需求理论主要是凯恩斯主义的货币需求理论。另外,货币主义的货币理论也是很有影响的

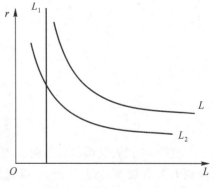

图 13-7　货币总需求曲线

货币理论。弗里德曼认为,货币需求理论是现代货币数量论的核心,并将现代货币数量论的货币需求概括为一个货币需求函数,即

$$M/P = f(Y, W; r_m, r_b, r_e, 1/P \cdot dP/dt; u)$$

式中:M/P 代表实际货币需求;Y 代表实际国民收入;W 代表非人力财富在总财富中的比率;r_m、r_b 和 r_e 分别代表货币、债券和股票的预期名义收益率;$1/P \cdot dP/dt$ 代表预期的物价变化率;u 代表其他影响货币需求的因素。

弗里德曼的货币需求函数表明,货币需求决定于许多因素,但他更强调收入因素的主导作用。他还认为,各种预期名义收益率可以用已经包含了预期物价变化率的名义利率代

替,因此,货币需求函数就简化为

$$M/p = f(Y,r)$$

从形式上看,这个简化了的货币需求函数与凯恩斯主义的货币需求函数相似,但两者存在着很大的差别。因为凯恩斯主义的货币需求函数重视利率的主导作用,而弗里德曼则强调收入的重要影响。由此导致了两者不同的政策主张。

第三节　货币市场的均衡及其对产品市场的传导机制

一、货币市场的均衡过程

货币需求是收入的增函数,是利率的减函数,而货币供给则是与利率无关的、由中央银行控制的外生变量。货币市场的均衡是货币需求与货币供给两种力量共同作用的结果。货币市场的均衡可以用图 13-8 说明。

在图 13-8 中,横纵两轴分别表示货币量和利率。曲线 L 代表货币需求曲线,它向右下方倾斜,表明货币需求与利率呈反方向变动关系。

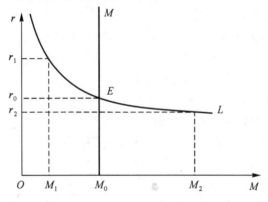

图 13-8　货币供给与货币需求的均衡

直线 M 代表货币的供给曲线,它垂直于横轴,表明由政府货币当局控制,与利率无关。曲线 L 与直线 M 交于 E 点,E 点就是均衡点。在 E 点,货币的需求量与供给量相等,其所对应的均衡利率与均衡的货币量分别为 r_0、M_0。在货币市场上,利率的变动会引起货币需求的变动,货币需求的变动则会引起货币市场的自动调整,并使其趋向均衡。

如果货币供给超过货币需求,人们就会感到持有的货币过多,就会用多余的货币买进债券。这样,债券价格上涨,利率下降,从而引起货币需求增加,直到与货币供给相等为止。如图 13-8 所示,当利率为 r_1 时,货币供给量为 M_0,货币需求量为 M_1。货币供给超过货币的需求,促使人们削减货币持有量和增加债券持有量,结果使利率不断下降。只要利率高于 r_0,调整过程就会自动进行下去,一直调整到均衡利率 r_0 为止。这时,货币需求量将由 M_1 增加到 M_0,货币需求量等于货币供给量,实现了货币市场的均衡。反之,如果货币需求超过货币供给,人们就会感到持有的货币过少,就会卖出债券换回货币。这样,债券价格下降,利率上升,从而引起货币需求的减少,直到与货币供给相等为止。如图 13-8 所示,当利率为 r_2 时,货币供给量为 M_0,货币需求量为 M_2。货币需求超过货币供给,促使人们放弃债券,增加货币持有量。结果使利率不断上升,只要利率低于 r_0,调整过程就会自动地进行下去,直到与均衡利率 r_0 相等为止。这时货币需求量将由 M_2 减少到 M_0,货币需求量等于货币供给量,实现了货币市场的均衡。

二、货币供给对货币市场均衡的影响

货币市场具有自动趋于均衡的调节机制。利用这种机制,中央银行可以通过增加或减少货币供给量控制货币市场,实现对经济的干预。

如图 13-9 所示,货币市场的初始状态是均衡的,均衡利率为 r_0,与之相对应的货币供求量为 M_0。现在假定中央银行减少货币供给,将货币供给曲线由 M 移动至 M''。那么,在初始的均衡利率下,现在的货币供给量就小于货币需求量。这时,货币市场的自动均衡机制就会引导人们出售债券持有货币,从而导致债券需求减少,债券价格下降,利率上升,货币需求减少,直到利率上升为 r_2,货币需求量与货币供给量 M_2 相等为止。相反,如果中央银行增加货币供给,将货币供给曲线由 M 移动

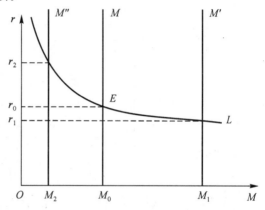

图 13-9　货币供给的变化对均衡的影响

至 M'。在初始的均衡利率下,现在的货币供给量就大于货币需求量。这时,货币市场的自动均衡机制就会引导人们用货币购买债券,引起债券需求增加,债券价格上升,利率水平下降,从而诱发货币需求增加,直到利率下降到 r_1,货币需求量等于货币供给量 M_1 为止。

以上分析表明,货币供给量的变动会影响利率,从而影响货币需求并使其与货币供给相一致。因此,通过控制货币的供给就可以调节货币供求的均衡水平。

三、利率、投资与国民收入

货币供给量的变动不仅调节货币市场的均衡水平,而且会对产品市场产生影响。

在均衡利率的分析中,只考虑了利率变动对投机性货币需求的影响,从而使货币市场走向均衡。其实问题还有另一个方面,即利率的变动还会影响投资,影响收入,进而影响交易性货币需求,导致货币需求曲线的移动,加速货币市场的均衡。因此,不能像简单国民收入决定理论一样,把投资作为一个外生变量。在这里,投资是一个由利率所决定的内生变量。

凯恩斯认为,投资的大小取决于利率和资本边际效率。所谓资本边际效率,就是使一项投资品或投资项目的供给价格与该资本品或投资项目的预期收益的现值相等的贴现率或折现率。它表明,一件投资品的收益每年保持何种比例的增长才能达到预期的收益。因此,资本边际效率也就是预期利润率。

设 R 代表投资品的供给价格,$R_1, R_2, R_3, \cdots, R_n$ 代表一系列未来不同年份的预期收益,i 代表资本边际效率,则有公式如下:

$$R=R_1/(1+i)+R_2/(1+i)^2+R_3/(1+i)^3+\cdots+R_n/(1+i)^n$$

公式表明,资本边际效率取决于投资品的供给价格与预期收益。在其他条件不变的条件下,投资品的供给价格愈高,资本边际效率就愈低;预期收益愈大,资本边际效率愈高。

在投资市场上,每一个厂商都有许多不同的投资项目可以选择。每一个项目的投资量不同,资本边际效率也不同。对一定投资量的投资项目,总会有一个资本边际效率与之对应。这样可以绘出每个投资项目的投资量与资本边际效率关系的示意图,如图 13-10 所示。

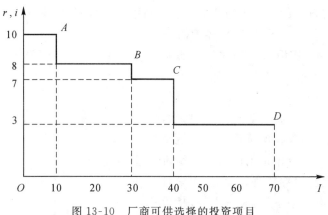

图 13-10 厂商可供选择的投资项目

图 13-10 中,横轴代表投资量,纵轴代表资本边际效率和利率。对应于投资量分别为 10 万元、20 万元、10 万元和 30 万元的可供选择的投资项目 A、B、C、D,资本边际效率分别是 10%、8%、7%和 3%。假如市场利率为 3%,则 A、B、C 相 D 四个项目都是有利可图的,厂商会集资 70 万元,对这四个项目进行投资。如果利率为 7%,则 A、B 和 C 三个项目是有利可图的,厂商将以 40 万元投资于这三个项目。如果市场利率更高,比如说是 10%,那么,就只有 A 项目是有利可图的。厂商只能以 10 万元投资于 A 项目。可见,利率与投资量成反方向的变动关系,图中的实折线大致表明了这种关系。

市场上有许多厂商,每一个厂商都会面临类似于图 13-10 的折线,如果将这些折线加在一起,就可得到一条平滑的曲线,即资本边际效率曲线,如图 13-11 所示。图中横轴表示投资量,纵轴表示利率,曲线 MEC 则是资本边际效率曲线。

资本边际效率曲线表明了社会总投资量与利率之间的反向变动关系,但它仅考虑了每

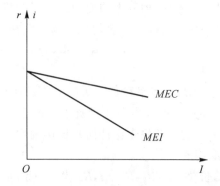

图 13-11 资本边际效率曲线和投资边际效率曲线

个厂商单独增加投资时的情况,是以投资品的供给价格不变为前提的。事实上,社会上所有厂商都增加投资,投资品的供给价格必然上升,在相同的预期收益下,资本边际效率就会下降。这种由于投资品的供给价格上升而缩小了的资本边际效率称为投资的边际效率,用 MEI 代表在相同的预期收益下,投资边际效率小于资本边际效率。随着投资量的增加以及由此引起的投资品的供给价格的上升,两者间的差距也会变大。图 13-11 表明了这种情况。图中,MEC 和 MEI 分别代表资本边际效率曲线和投资边际效率曲线。当投资量为零时,投资品的供给价格不变,MEC 与 MEI 的数值相同,故 MEC 曲线与 MEI 曲线相交于纵轴。随着投资数量的增加,投资品的价格不断上涨,两者的差距会逐渐拉大。可见,投资边际效率有赖于但又不同于资本边际效率。前者对投资影响小,而后者对投资影响大。由于投资边际效率考虑了投资引起的投资品的价格变动这一因素,因此,决定投资的大小应以投资边际效率为依据。

投资边际效率曲线表明了每一利率水平下的投资数量,因此,投资边际效率曲线就是投资需求曲线。用公式表示,即

$$I = I(r)$$

式中:I 代表投资量;r 代表利率。

此式表明,投资量与利率之间存在着反向变动的关系,即利率愈高,投资量愈小;利率愈低,投资量愈大。

下面的有关分析中,本书将假定这样的投资需求函数,即

$$I = e - dr$$

式中:e 代表自发投资量,即使为零时也会有投资需求;d 代表投资需求对利率的反映程度。

这一投资函数在坐标系中表示出来就是一条向右下方倾斜的曲线,如图 13-12 所示。

以上分析表明,货币的供给与需求决定利率,利率又决定投资,而投资是总需求的一个组成部分,它的变动又直接影响产出。因此,货币市场与产品市场不是相互分离的,而是相互联系的。在货币需求不变的情况下,如果货币供给增加,就会引起利率的下降,利率的下降又会促使投资的增加,投资增加则国民收入增加。如果货币供给减少,就会引起利率上升,利率的上升又会促使投资减少,投资减少则国民收入减少。这样,借助于利率这一媒介,货币市场与产品市场也就结合到了一起。

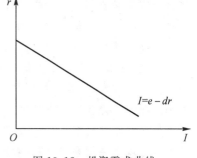

图 13-12　投资需求曲线

▒▒▒ 案　例 ▒▒▒

【案例 1】　　　　　　　　　　　什么是投资

初学宏观经济学的人有时弄不懂宏观经济学家如何以一些新而特殊的方式运用相似的词。一个例子是"投资"这个词。混淆的产生是因为对个人看来像投资的东西对整个经济来说并不是投资。一般规则是经济的投资并不包括仅仅在不同个人之间重新配置资产的购买。当宏观经济学家用投资这个词时,投资是创造新资本。

我们来考虑一些事例。假设我们观察到这两个事件：

(1)斯密为自己购买了一所有100年历史的维多利亚式房子。

(2)琼斯为自己建造了一所全新的现代房子。

这里什么是总投资？是两所房子，一所房子，还是没有？

在一个宏观经济学家看来，这两个交易中只有琼斯的房子算作投资。斯密的交易并没有给经济创造出新房子，它仅仅是对已有房子的重新配置。斯密的购买对斯密是投资，但对出售房子的人是负投资。与此相比，琼斯为经济增加了新房子；她的新房子可算作投资。

同样，考虑这两个事件：

——盖茨在纽约股票交易所购买了巴菲特500万元的IBM股票。

——通用汽车公司向公众出售了1000万元的股票，并用收入建立了一个新汽车厂。

在这里，投资是1000万元。在第一个交易中，盖茨投资于IBM股票，而巴菲特是负投资；经济中没有投资。与此相比，通用汽车公司用经济中一部分物品和劳务产出来增加自己的资本存量；因此，它的新工厂算作投资。

问题：(1)经济学上的投资和生活中的投资有哪些区别？

(2)经济学上，私人部门投资的主要影响因素有哪些？政府如果要对私人部门投资进行控制，可以通过什么方法来实现？

【案例2】　　　　　　　　　　集中营里的货币

在第二次世界大战期间纳粹集中营中发展出一种特殊形式的商品货币。红十字会向战俘提供各种物品——食物、衣服、香烟等。但分发这些配给品时并没有考虑个人偏好，自然这种配给就往往是无效率的。一个战俘可能偏爱巧克力，另外战俘可能偏爱奶酪，而第三个战俘可能想要件新衬衣。战俘不同的嗜好与资源禀赋使他们相互交易。

但是，物物交换被证明是配置这些资源的一种不方便的方法，因为它要求欲望的双向一致性。换言之，物物交换制度不是确保每个战俘得到自己评价最高物品的一种最方便的方法。即使战俘营这个有限的经济中也需要某种方便交易的货币形式。

最终香烟被确定为用以表示价格和进行交易的"通货"。例如，一件衬衣值80支香烟。劳务也可以用香烟来标价：一些战俘为另一些战俘洗一件衣服值2支香烟。甚至不吸烟的人在交换中也乐意接受香烟，因为他们知道在未来可以用香烟来交换某种自己需要的物品。在战俘营内香烟成为价值储藏、计价单位和交换媒介。

摘自 http://www.scutde.net

问题：根据案例，这里涉及了货币的哪些职能？请举例说明。

▦ 习　题 ▦

1. 商业银行和中央银行的主要业务差异？

2. 如何区分 M_1、M_2 和 M_3？

3. 简述货币创造过程。

4. 简述凯恩斯主义的货币需求理论。

5.简述货币市场的自动均衡机制。

6.假定货币市场处于均衡状态,增加货币市场将有什么变化?

7.影响投资的主要因素是什么? 为什么投资与利率呈反方向变动关系?

8.在一个三部门经济中,税收采用定量税形式,$T=T_0$。假设货币需求函数是 $L=ky-hr$ 中的 $k=0.5$,消费函数形如 $C=a+0.5y$,政府购买支出增加 20 亿元,假定物价指数 $P=1$。请计算:如果要保持利率不变,中央银行要增加多少货币供给量?

9.若货币交易需求为 $L_1=0.20Y$,货币投机性需求为 $L_2=2000-500r$。

(1)写出货币总需求函数;

(2)当利率 $r=6$,收入 $Y=10000$ 亿美元时,货币需求量为多少?

(3)若货币供给 $MS=2500$ 亿美元,收入 $Y=6000$ 亿美元时,可满足投机性需求的货币是多少?

(4)当收入 $Y=10000$ 亿美元,货币供给 $MS=2500$ 亿美元时,货币市场均衡时利率是多少?

10.当法定准备金率是 0.12,没有超额储备,对现金的需求是 1000 亿美元。请计算:

(1)假定总准备金是 400 亿美元,货币供给是多少?

(2)假如中央银行把准备金率提高到 0.2,货币供给变动多少(总储备仍是 400 亿美元)?

(3)中央银行买进 10 亿美元政府债券(存款准备金率是 0.12),货币供给如何变动?

第十四章　*IS—LM* 模型

前面分别阐述了收入决定理论和货币利息理论。收入决定理论与产品市场有关,而货币利息理论与货币市场有关。在讨论产品市场的总需求决定时,我们简单地假定投资需求是个外生变量。但是实际上投资是利率的减函数。因此当利率变动时,投资就会变动,从而影响产品市场上的总需求,总需求的变化会影响均衡的总产出,即实际国民收入水平。实际国民收入的变化又会影响货币的交易需求,从而影响货币市场的均衡状态,最终影响货币市场的均衡利率。由此可见,利率与收入水平的决定是相互联系的。为此,我们应将产品市场和货币市场联系起来,研究利率和收入水平如何同时决定。这也是建立 *IS—LM* 模型的目的。*IS—LM* 模型由英国经济学家约翰·理查德·希克斯(John Richard Hicks)和美国凯恩斯学派的创始人汉森(Alvin Hansen)在凯恩斯宏观经济理论基础上提出的。下面就展开对这个模型的介绍。

第一节　*IS* 曲线

一、*IS* 曲线的推导

IS 曲线反映了在两部门的经济系统下,当产品市场达到均衡,即计划的总需求等于总产出或计划的投资等于储蓄($I=S$)时,利率与国民收入之间反方向变动的关系。它实际上是由简单国民收入决定模型中引出来的。其新的内容仅在于不再假设投资是一个外生的、不变的量,而是由利率所决定的。因此,*IS* 曲线可以通过建立简单的国民收入决定模型来求得。

假定在两部门经济系统下的国民收入决定模型为

$$Y=C+I$$
$$C=a+bY \quad (a,b>0)$$
$$I=e-dr \quad (a,b>0)$$

则有

$$Y=a+bY+e-dr$$
$$(1-b)Y+dr=a+e$$

整理得

$$r=(a+e)/d-[(1-b)/d]\cdot Y$$

此即为两部门经济系统下得到的 IS 函数,它实际上是产品市场的均衡恒等式。

由于 $dr/dY=-(1-b)/d<0$,所以 IS 函数的斜率为负,是减函数,说明 Y 和 r 之间具有反向关系。

两部门经济系统下的国民收入决定模型还可以假定为另外一种形式:

$$I=S$$
$$S=-a+(1-b)Y$$
$$I=e-dr$$

由该形式也可推得相同的 IS 函数。在这里,我们准备用它来推得 IS 函数的几何形态,即 IS 曲线。

我们可以用四个相关的坐标系来描述 IS 曲线的推导过程。

如图 14-1(a)所示,为投资需求函数的几何形式。因为投资需求为利率的减函数,所以它是一条向右下方倾斜的直线。图(b)为一条从原点出发的 45°射线。该射线上的每一点都满足计划储蓄等于计划投资这一条件,因此它实际上是均衡恒等式的几何形式。图(c)为储蓄函数。因为储蓄是国民收入的增函数,所以它是一条向右上方倾斜的曲线。图(d)为 IS 曲线。该曲线上的每一点也满足计划储蓄等于计划投资这一条件,因此 IS 曲线实质上是均衡恒等式的又一种几何形式。只是由于坐标系的不同,才导致均衡恒等式的几何形式的多样性。

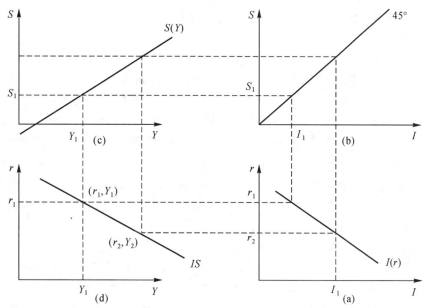

图 14-1　IS 曲线的推导

在上述四个相关的坐标系中,若任意给定一个利率水平 r_1,则在图(a)中的投资函数上即可找到一个对应的投资水平 I_1,此时,根据图(b),若要保持产品市场均衡,储蓄水平应为 S_1。而要产生 S_1 量的储蓄额,根据图(c),相应的国民收入水平应为 Y_1。因此,在图(d)中可得一点(r_1,Y_1),它应为 IS 曲线上的一个点。同样,当利率水平为 r_2 时,相应的投资水平

为 I_2，与之均衡的储蓄量为 S_2，为此需要 Y_2 量的国民收入水平。从而可得图(d)中的另外一点(r_2,Y_2)。以此类推，只要有一个 r 值，依次通过投资需求函数、均衡条件和储蓄函数，最终可以找到一个对应的 Y 值。第一个 r 和 Y 的对应位就形成一个点，将这些点连接成线即可得到 IS 曲线。

二、IS 曲线的斜率

从 IS 曲线的推导过程中可以看出，IS 曲线的斜率之所以为负，是由于投资为利率的减函数。当利率下降时，投资水平随之增加。相应的，均衡储蓄水平和收入水平势必也要提高，否则商品市场难以维持均衡。

如前所述，当假定储蓄函数和投资函数为线性函数时，$dr/dY = -(1-b)/d$。因此，IS 曲线的斜率大小取决于投资函数和储蓄函数的倾斜程度。

当储蓄函数的斜率($1-b$)不变时，投资对利率变动越敏感，即 d 越大，dr/dY 越大。因此，如图 14-1(a)所示中的投资需求曲线越平缓，图(d)中的 IS 曲线也就越平缓。

同理，当投资函数的斜率($-d$)不变时，储蓄函数的斜率越大，dr/dY 越小。因此，图(c)中的储蓄曲线越陡峭，图(d)中的 IS 曲线也就越陡峭。总之，IS 曲线的平缓程度的变动方向与投资需求曲线和储蓄曲线的平缓程度的变动方向一致。

三、IS 曲线的移动

从上述 IS 曲线的推导过程可以看出，IS 线在图(d)中的具体位置也是由储蓄曲线和投资曲线决定的。当最初的 IS 曲线所赖以建立的储蓄函数和投资函数发生位移时，IS 曲线也要相应地发生位移。

先看投资函数的位移对 IS 曲线的影响。假定储蓄函数不变，若投资者对投资的前景变得乐观，信心增强，则导致资本的边际效率普遍提高。这样，在每一利率水平上，对投资的需求会增加，于是投资需求曲线会向右方移动。由于投资的普遍增加，在每一利率水平上，均衡国民收入水平必然会随之普遍提高。因此 IS 曲线必然会右移。如图 14-2 所示，I_1 右移到 I_2，导致 IS_1 也右移到 IS_2。IS 曲线水平移动的距离(ΔY)等于投资需求曲线水平移动距离(ΔI)乘以投资乘数(K_1)，即 $\Delta Y = K_1 \cdot \Delta I$。乘数 K_1 越大，IS 曲线移动的距离也就越大。反之，若在每一利率水平上，投资需求均下降，投资需求曲线向左移，从图中可推导出 IS 也会向左移动。如当 I_1 左移到 I_3 时，IS_1 也会左移到 IS_3。总之，IS 曲线的移动方向与投资需求曲线的方向相同。

再看储蓄函数的变动对 IS 曲线的影响。假定投资需求函数不变，由于人们的储蓄意愿增加了，即人们更加节俭了，则储蓄曲线将向左移动。从图 14-3 中可推导出，当 S_1 右移到 S_2 时，IS 曲线也会从 IS_1 右移到 IS_2。它表明，在既定的利率和投资水平上，维持产品市场均衡所要求的均衡收入水平下降了。因为同样水平的储蓄，现在较低的收入就可以提供出来。相反，如果人们的消费意愿增强，储蓄意愿降低了，即储蓄曲线向右水平移动，则将导致 IS 曲线也向右移动。IS 曲线移动的距离(ΔY)等于储蓄曲线移动的距离(ΔS)乘以投资乘数(K_1)，即 $\Delta Y = K \cdot \Delta S$。因为在产品市场保持均衡时，储蓄全部转化为投资，储蓄变动对收入的影响与投资变动对收入的影响相似，只是方向相反。总之，IS 曲线移动的方向与储蓄曲线移动的方向也相同。

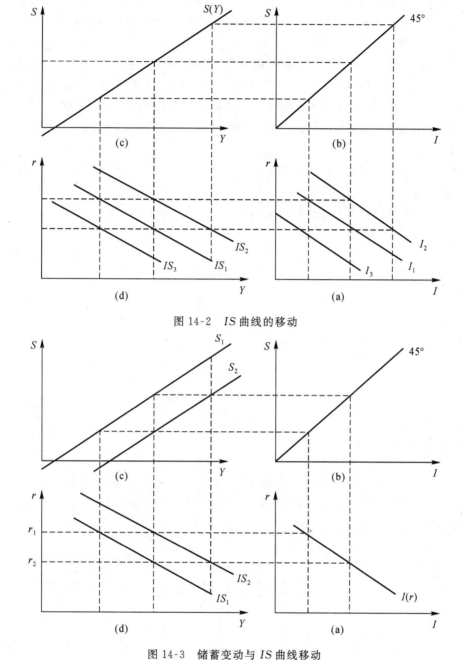

图 14-2　*IS* 曲线的移动

图 14-3　储蓄变动与 *IS* 曲线移动

四、*IS* 曲线的扩展

上面我们推导出了两部门经济体系下的 *IS* 曲线。如果进一步地考虑到政府收支及进出口这两个因素，则可推导出三部门和四部门经济体系下的 *IS* 曲线。

在三部门经济体系下的宏观产品市场均衡恒等式为 $I+G=S+T$。在四部门经济体系下的相应恒等式为 $I+G+X=S+T+M$。显然，增加政府购买支出和增加出口，在总需求变动中的作用与增加投资相同，都属于"注入"。因此，增加政府支出和增加出口如同投资需求曲线右移,将导致 IS 曲线向右移动;减少政府购买支出和减少出口,如同投资需求曲线左移,将导致 IS 曲线向左移动。且 IS 曲线移动的距离等于政府支出和出口的变动量分别乘以相应的乘数。

相反,税收和进口与储蓄一样,属于"漏出"。因此,税收和进口的增加如同储蓄曲线的左移,会使 IS 曲线向左移动,税收和进口的减少如同储蓄曲线的右移,会使 IS 曲线向右移动。IS 曲线的移动距离同样等于税收和进口的移动量分别乘以相应的乘数。

总之,三部门和四部门经济体系下的 IS 曲线可以由两部门经济体系下的 IS 曲线通过位置的移动获得。

另外,也可以通过建立三部门或四部门经济体系下均衡国民收入的决定模型来求得相应的 IS 函数。

例如,假定四部门经济体系下的均衡国民收入水平的决定模型为

$$Y = C + I + G + X - M$$
$$C = a + bYD$$
$$YD = Y - T + TR$$
$$T = T_0 + tY$$
$$X = \bar{X}$$
$$M = M_0 + mY$$
$$I = e - dr$$
$$G = \bar{G}$$
$$TR = \overline{TR}$$

则有 IS 函数为

$$r = \frac{a + e + \bar{G} - bT_0 + b\overline{TR} + \bar{X} - M_0}{d} - \frac{1 - b(1-t) + m}{d}Y$$

显然,三部门或四部门经济体系下的 IS 函数实质上也是均衡恒等式的变形。只不过此时的"注入"已不仅仅指投资(I)时的"漏出",也已不仅仅指储蓄(S)。因此,广义的 IS 曲线应是指那些能保持产品市场均衡的点(r, Y)的轨迹。

第二节 LM 曲线

一、LM 曲线的推导

LM 曲线是指能保持货币市场均衡,即货币需求(L)等于货币供给(M)的点(r, Y)的轨迹。

我们已经讨论过货币需求函数。如果用 L 表示对货币的总需求,则 $L = L_1(Y) + L_2(r)$。其中,$L_1(Y)$为货币的交易需求函数,表示为满足人们对货币的交易需求和预防性需求而引起的对货币的需求量,一般认为它是国民收入水平的增函数。$L_2(r)$为货币投机需求函数,它表示为满足人们对货币的投机性需求而引起的对货币的需求量,一般认为它是利率的减函数。

如前所述,我们把货币供给视作政策变量,它由货币当局的经济政策决定,与利率和国民收入水平无直接的关系。

如果国民收入 Y 增加,货币的交易需求 $L_1(Y)$ 将增加。在货币供给不变的条件下,为保持货币市场均衡($L=M$),货币的投机需求 $L_2(r)$ 必须相应减少。而 $L_2(r)$ 是利率的减函数,L_2 要减少,r 必须提高。因此,若要保持货币市场均衡,一个增加了的国民收入量,必须与一个增加了的利率水平相对应。反之,如果 Y 减少,则 $L_1(Y)$ 也要减少。在货币供给不变的条件下,为保持货币市场的均衡,$L_2(r)$ 须增加,则 r 须下降。总之,在货币供给量既定的情况下,只能通过使 Y 与 r 保持同方向变化的关系来调整对货币的总需求,才能保持货币市场的均衡。因此,LM 曲线的斜率应为正。

为了求得 LM 函数的具体形式,我们可以首先建立货币市场的均衡模型:

$$L=M$$
$$L=L_1(Y)+L_2(r)$$

$M=\overline{M}$,则有 LM 函数为 $L_1(Y)+L_2(r)=\overline{M}$,将其写成隐函数形式

$$F(Y,r)=L_1(Y)+L_2(r)-\overline{M}=0$$

则有
$$dr/dY=-\frac{aF/aY}{aF/ar}=-\frac{dL_1/dY}{dL_2/dr}$$

因为,$dL_1/dY>0$,$dL_2/dr<0$,所以,$dr/dY>0$。

根据货币市场均衡模型的表达式,我们可以用四个相关的坐标系来说明 LM 曲线的推导过程。

如图 14-4(a)所示为货币的投机需求曲线 $L_2(r)$。由于 L_2 是 r 的减函数,所以曲线从左向右下方倾斜。图(b)表示货币均衡的恒等式。图(c)为货币的交易需求曲线 $L_1(Y)$。由于 L_1 是 Y 的增函数,所以曲线从左向右上方倾斜。图(d)为 LM 曲线,它表明在保持货币市场均衡的条件下,所有可能的点(r,Y) 的轨迹。因此,LM 曲线实质上是货币市场均衡恒等式在特定坐标系下的特殊几何形式。

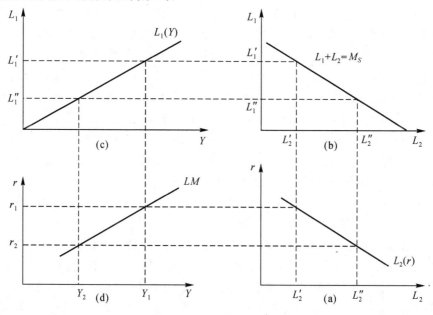

图 14-4　LM 曲线的推导

　　假定利率水平为 r_1，则根据图(a)可确定相应的 L_2'。在货币的供给量不变的条件下，若要保持货币市场的均衡，由图(b)可知，相应的 L_1 应为 L_1'。为此，由图(c)可知，国民收入水平应为 Y_1，从而在图(d)可确定 LM 曲线上的一点(r_1,Y_1)。同理，假定利率水平为 r_2，则由图(a)可知相应的 L_2 应为 L_2''。在货币供给量不变的条件下，若要维持货币市场的均衡，由图(b)知，相应的 L_1 应为 L_1''。为此，由图(c)可知，国民收入水平应为 Y_2。因此，在图(d)中可确定 LM 曲线上的另一点(r_2,Y_2)。以此类推，结定一个 r 值，就可以找到满足货币市场均衡的一个 Y 值，形成一个利率和国民收入的组合点。把所有 Y 与 r 的组合点连续起来所形成的曲线就是 LM 曲线。

二、LM 曲线的斜率

　　从以上 LM 曲线的推导过程来看，LM 曲线的斜率大小与 $L_2(r)$ 和 $L_1(Y)$ 的斜率大小有直接的关系。

　　现在我们假定一个具体的货币市场均衡模型为

$$L = M$$
$$L = L_1 + L_2$$
$$L_1 = kY \ (k>0)$$
$$L_2 = -hr(h>0)$$
$$M = \overline{M}$$

则有 LM 函数为

$$r = k/h \ \times Y - \overline{M}/h$$

　　可见，当交易需求函数一定时，LM 曲线的斜率就取决于货币的投机需求曲线的斜率，如果货币的投机需求对利率变动的反应很敏感，即 h 的值较大，投机需求曲线较平缓，则 LM 曲线也较平缓，即其斜率较小。这是因为，从图 14-4 可以看出，如果投机需求对利率反应敏感，则 r 变动一定幅度，L_2 的相应变动就较大。在货币供给量一定的前提下，连锁引起 L_1 直至 Y 的较大幅度变动，从而 LM 曲线的变化较平缓。反之，如果投机需求对利率的反应不敏感，即投机需求曲线较陡峭，h 较小，则 LM 曲线也较陡峭，即其斜率较大。

　　当投机需求函数一定时，LM 曲线的斜率则取决于货币的交易需求曲线的斜率。如果交易需求曲线的斜率较小，即 k 的取值较小，则 LM 曲线也较平缓，即其斜率也较小。这同样可以从图 14-4 中得到解释。当 r 变动一定幅度时，L_2 会有相应的变动。在货币供给量不变的前提下，L_1 也应有相应的调整；否则货币供求难以平衡。但是由于交易需求对收入变动不敏感，即为使 L_1 变动一定的幅度，Y 要变动很多。这样，r 变动一个较小幅度，导致 Y 变动一个较大的幅度，表现为 LM 曲线较平坦。反之，如果交易需求曲线较陡峭，即 k 的取值较大，则 LM 曲线也较陡峭，即其斜率也较大。

　　由于货币的交易需求比较稳定，所以货币的交易需求曲线的斜率相对比较固定。因此，一般认为 LM 曲线的斜率主要由投机需求曲线的斜率决定。

　　货币的投机需求曲线可能出现几种特殊的形态：一种是在一定的利率水平范围内，对货币的投机需求等于零，即 L_2 曲线与利率轴重合；一种是在某一特定的利率水平上，对货币的投机需求趋向无穷大，即出现"流动性陷阱"，这时的 L_2 曲线平行于横轴。与之相应，LM 曲线的形态也很特殊。其对应关系如图 14-5 所示。LM 曲线先是一条水平线，后向右上方倾斜;然后又呈垂直状。凯恩斯认为,在流动性陷阱区域;对货币的投机需求无穷大,利率不可能下降。由于此时的 L_2 不确定,因此与不同的 L_2 相对应,在货币供给量不变的前提下,为保持货币市场的均衡,L_1 和 Y 也分别有不同的取值。因此,LM 曲线也有一斜率为零的水平段。LM 曲线的这一区域可称为"凯恩斯区域"。当利率足够高时,对货币的投机需求为零。因此,在货币供给量不变的前提下,为保持货币市场的均衡,L_1 和 Y 的取值也是唯一的。与之相对应,LM 曲线也有一斜率无穷大的垂直段。习惯上,将 LM 曲线上的这一区域称为"古典区域"。而介于凯恩斯区域和古典区域之间的区域被称为"中间区域。"

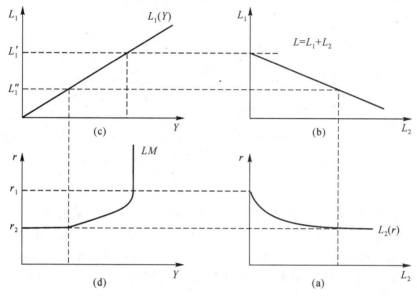

图 14-5　LM 曲线的三个区域

三、LM 曲线的移动

从上述推导过程看出,LM 曲线的具体位置是由货币的投机需求函数、货币的交易需求函数和货币的供给量共同决定的。因此,这三个函数位置的移动必然会引起 LM 曲线的位置移动。

第一,货币投机需求曲线的移动会使 LM 曲线向相反的方向移动。如图 14-6 所示,假定货币交易需求函数 $L_1' = kY$ 以及货币供给量 M_S' 不变。如果货币投机需求曲线 L_2 从 L_2' 向左移动到 L_2'',表示在每一个利率水平上,人们比以前对货币的投机需求均减少,这将导致 LM 曲线从 LM_1 向右移动到 LM_2 的位置。因为,在每一利率水平上,L_2 都下降了。在货币供给量保持不变的前提下,为维持货币市场的均衡,L_1 必须随之增加。而为了使 L_1 增加,Y 也必须随之增加。这意味着在每一利率水平上,国民收入水平都增加,从而使得 LM 曲线向右移动。相反,如果投机需求曲线 L_2 从 L_2'' 向右边移动到 L_2',同样将导致 LM 曲线从 LM_2 向左边移动到 LM_1。所以说,货币的投机需求曲线移动的方向与 LM 曲线移动的方向正好相反。

第二,货币交易需求曲线的移动使 LM 曲线同方向移动。如图 14-6 所示,假定货币的投机需求函数 L_2' 及货币供给 M_S' 不变,如果交易需求曲线 L_1 从 L_1' 向右边移动到 L_1'' 的位置,表示完成同样水平的国民收入的交易所需要的货币将比过去减少,这将导致 LM 曲线

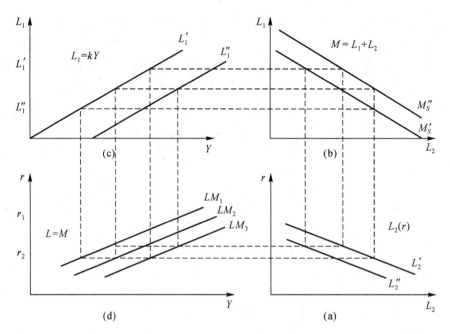

图 14-6　*LM* 曲线的移动

从 LM_1 也向右移动到 LM_3 的位置。因为,任意给定一个利率水平,在投机需求曲线上可找到一个对应的 L_2'。由于假定货币供给量不变,因此有唯一的一个 L_1 与 L_2' 相对应。但是由于 L_1 曲线从 L_1' 右移到 L_2'',因此与 L_1 相对应的 Y 增加了,从而使得 LM 曲线从 LM_1 的位置右移到 LM_3。同理,如果交易需求曲线向左边移动,*LM* 曲线也会向左边移动。所以说,L_1 曲线与 LM 曲线移动的方向相同。

　　第三,货币供给量的变动将导致 *LM* 曲线向相同的方向移动。如图 14-6 所示,假定投机需求函数 L_2 和交易需求函数 L_1 不变。如果货币供给量增加从 M_S' 增加为 M_S'',则 *LM* 曲线也将从 LM_1 向右移动到 LM_2 的位置。这是因为,任意给定一个 r 值,在投机需求曲线上可找到一个对应的 L_2 值。由于货币供给量增加,为维持货币供求均衡,L_1 应相应增加,为此国民收入水平也应相应增加。因此,*LM* 曲线必定也相应右移,同理,当货币供给量减少时,在任一给定的利率水平上,为维持货币供求均衡,L_1 应相应减少,为此国民收入水平也应相应减少。因此,*LM* 曲线必定也相应左移。所以说,*LM* 曲线的变动与货币均衡线的变动方向相同。

　　在使 *LM* 曲线移动的三个因素中,应特别重视货币供给量的变动因素。因为货币供给量的变动正是货币政策调节的结果,而货币政策效应的研究是宏观经济学的重要课题。

第三节　产品市场和货币市场的同时均衡

一、*IS—LM* 模型

　　如前所述,*IS* 曲线上所有利率和收入的对应点都满足产品市场的均衡条件;*LM* 曲线上所有利率与收入的对应点都满足货币市场的均衡条件。如果将这两条曲线结合起来,寻找产品市场和货币市场同时均衡时的利率与收入的关系,便形成 *IS—LM* 模型。

两个市场同时实现均衡的利率和国民收入水平可以由 *IS* 和 *LM* 曲线的联立方程求得。

例如,假定产品市场和货币市场的均衡模型分别为

$$I = 1250 - 250r$$
$$S = -500 + 0.5Y$$
$$I = S$$
$$M_d = 0.5Y + 1000 - 250r$$
$$M_s = 1250$$
$$M_d = M_s$$

据此,可求得 *IS* 和 *LM* 曲线的方程分别为

$$IS:Y = 3500 - 500r$$
$$LM:Y = 500 + 500r$$

当产品市场和货币市场同时均衡时,有 *IS=LM*。因此,联立这两个 r 和 Y 的方程,求得的利率与收入的对应值,必将满足产品和货币两个市场的同时均衡,即

$$\begin{cases} Y = 3500 - 500r \\ Y = 500 + 500r \end{cases}$$

这样,两个市场同时均衡,得

$$r = 3, Y = 2000$$

从图 14-7 上看,两个市场的同时均衡表示为 *IS* 与 *LM* 曲线相交。交点所代表的利率水平和收入水平为两个市场均衡时的水平。*E* 点为 *IS* 与 *LM* 曲线的交点,只有 *E* 点处的利率和国民收入水平才能使得两个市场同时实现均衡。

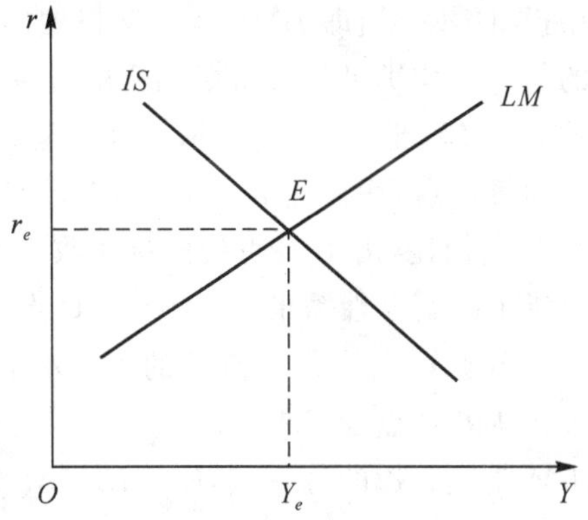

图 14-7 产品市场和货币市场同时达到均衡

二、均衡的调整

在 *IS* 与 *LM* 曲线的交点,由于同时实现了两个市场的均衡,因此,只要投资函数、储蓄函数、货币需求函数和货币供给量等因素不变,即 *IS* 和 *LM* 曲线不变,则任何失衡情况将是不稳定的,最终将趋向均衡。

当产品市场处于非均衡状况时,如图 14-8 所示。*A* 为 *IS* 曲线右边的任意一点,*B* 为 *IS* 曲线左边的任意一点,*A*、*B* 两点均不在 *IS* 曲线上,所以为失衡点,与 *A* 点对应的国民收入为 Y_A,与 Y_A 相对应的 *IS* 曲线上的一点为 *C*。由于 *A* 点与 *C* 点的国民收入水平相同,因此 *A* 点处的储蓄 S_A 等于 *C* 点处的储蓄 S_C,即 $S_A = S_C$。又由于 *A* 点处的利率 r_A 高于 *C* 点处的利率 r_C,所以 *A* 点处的投资水平 I_A 小

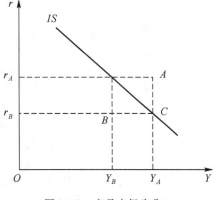

图 14-8 产品市场失衡

于 C 点处的投资水平 I_C，即 $I_A < I_C$。根据定义，IS 曲线上的每一点都满足产品市场的均衡条件，所以在 C 点处：$S_C = I_C$。在 A 点处 $I_A < S_A$，由于 A 点为 IS 曲线右边的任意一点，因此在 IS 曲线的右边的每一点均有 $I < S$。同理，B 点与 C 点相比，B 点处的国民收入水平 Y_B 小于 C 点处的国民收入水平 Y_A，所以 B 点处的储蓄水平 S_B 低于 C 点处的储蓄水平 S_C，即 $S_B < S_C$。又由于 B 点和 C 点处的利率水平均相同，所以 $I_B = I_C$，又因为在 C 点处 $I_C = S_C$，所以在 B 点处，$S_B < I_B$。由于 B 点为 IS 曲线左边的任意一点，因此，IS 曲线左边的每一点均存在 $I > S$ 的特征。

再分析一下货币市场的失衡情况，如图 14-9 所示。A 为 LM 曲线左边的任意一点，B 为 LM 曲线右边的任意一点，AB 两点因不在 LM 曲线上，所以称为失衡点。与 A 点对应的国民收入水平为 Y_a，与 Y_a 对应的 LM 曲线上的一点为 C。A 点与 C 点相比，由于国民收入水平相同，所以两点处的货币交易需求量亦相同，即 $L_1^A = L_1^C$。

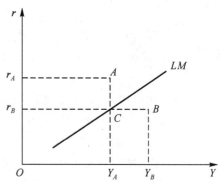

图 14-9　货币市场失衡

由于 A 点处的利率水平 r_A 高于 C 点处的利率水平 r_C，所以 A 点处的货币投机需求低于 C 点处的货币投机需求量，即 $L_2^A < L_2^C$。又根据定义，LM 曲线上的每一点均满足货币市场均衡的条件，即在 C 点处，$L_1^C + L_2^C = M_S$，所以在 A 点处，$L_1^A + L_2^A < L_1^C + L_2^C$，即 $L_1^A + L_2^A < M_S$。由于 A 点为 LM 曲线左边的任意一点，因此，在 LM 曲线左边的每一点，均存在 $L_1 + L_2 < M_S$，即货币的总需求 M_D 小于货币的总供给 M_S。同理，B 点与 C 点相比，由于 B 点处的国民收入水平 Y_B 高于 C 点处的国民收入水平 Y_C，所以 B 点处对货币的交易性需求量 L_1^B 大于 C 点处对货币的交易性需求量，即 $L_1^B > L_1^C$。

又由于 C 点处和 B 点处的利率水平相同，所以有 $L_2^B = L_2^C$。又由于在 C 点处 $L_1^C + L_2^C = M_S$，所以在 B 点处，$L_1^B + L_2^B > L_1^C + L_2^C = M_S$。由于 B 点在 LM 曲线右边的任意一点，因此，在 LM 曲线右边的每一点，$L_1 + L_2 > M_S$，即货币的总需求 M_D 大于货币的总供给 M_S。

将上述两张图放在一起，则如图 14-10 所示。

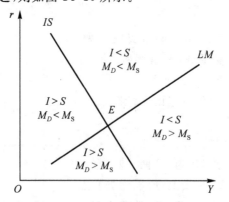

图 14-10　产品市场和货币市场的 8 种失衡情况

图 14-10 列示了产品市场和货币市场不均衡的 8 种情况，在 IS 曲线右边的两个区域有 $I < S$；在 IS 曲线左边的两个区域有 $I > S$；在 LM 曲线右边的两个区域有 $M_D > M_S$；在 LM

曲线左边的两个区域有 $M_D < M_S$。除 *IS* 与 *LM* 曲线的交点以外，在 *IS* 曲线上的点，有 $I = S$，但 $M_D \neq M_S$。在 *LM* 曲线上的点，有 $M_D = M_S$，但 $I \neq S$。

当出现这些不均衡情况时，市场经济本身的力量将使失衡恢复到均衡，从失衡到均衡的调整过程如图 14-11 所示。

假定最初社会经济的实际收入和利率的组合处于 *A* 点的非均衡状态。*A* 点的特点是，在产品市场上，由于 $I > S$，存在超额产品需求，因此 *Y* 趋向于增长；而在货币市场上，$M_D > M_S$，存在超额货币需求，将引起 *r* 提高。这两种趋势将导致收入与利率同时上升，因而 *A* 点将沿着对角线的方向移动。假定 *A* 点最终移至 *B* 点，在 *B* 点处的产品市场上，由于 $I < S$，存在着超额的产品供给，因此 *Y* 趋向于下降；而在货币市场上，由于 $M_D > M_S$，仍存在着超额的货币需求，因此 *r* 将继续提高。这两种趋势将导致收入与利率同时变化，因而 *A* 点将沿着对角线的方向移动。假定 *A* 点最终移

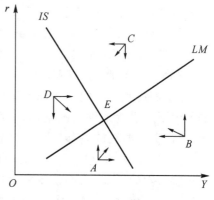

图 14-11　失衡的调整

至 *C* 点处。在 *C* 点处的产品市场上，由于 $I < S$，供给仍然大于需求，因此 *Y* 继续向左移动，而在货币市场上，由于 $M_D < M_S$，有剩余货币供给，因此 *r* 趋向于下降。这两种趋势将导致收入与利率同时变化，因而 *C* 点将沿着对角线的方向移动。假定 *C* 点最终移至 *D* 点处。在 *D* 点处的产品市场上，由于 $I > S$，所以 *Y* 将增加；在货币市场上，由于 $M_D < M_S$，所以利率将下降。这两种趋势将导致收入与利率同时变化，因而 *D* 点将沿着对角线的方向移动。这种变动过程将持续下去，最后，收入和利率均将移动到 *IS* 曲线与 *LM* 曲线的交点 *E* 处，从而同时达到产品市场和货币市场的均衡。

三、均衡的变动

如前所述，如果 *IS* 曲线与 *LM* 曲线不变，即使出现了失衡的收入与利率，市场机制也会使失衡恢复到均衡。然而，如果 *IS* 曲线与 *LM* 曲线变动了，则均衡利率和均衡收入就会发生相应的变动

第一，假定 *LM* 曲线不变，*IS* 曲线右移。如图 14-12 所示，*IS* 曲线由 IS_0 右移到 IS_1，则收入和利率水平都会提高。利率从 r_0 提高到 r_1，收入从 Y_0 提高到 Y_1。那么，收入和利率为什么都会提高呢？如前所述，*IS* 曲线右移的原因不外乎财政支出的增加、消费和投资的增长以及净出口的增加等原因。而这些因素的增加都会使总需求增加。总需求的增加，又使生产和收入增加，随着国民收入的增加，对货币的交易需求也将增加。由于假定 *LM* 曲线不变，即货币供给量不变，因此，人们只能出售有价证券来获得从事交易的货币，这就使得证券的价格下

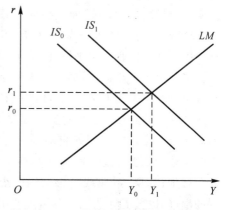

图 14-12　*IS* 曲线的移动和均衡的变动

降，利率上升，即总需求的增加，引起 *Y* 增加，*Y* 的增加又升起 *r* 上升。

如果假定 LM 曲线不变，IS 曲线左移，例如从 IS_1 左移至 IS_0，则利率和国民收入水平均下降，IS 曲线左移的原因不外乎财政支出的减少、消费和投资的下降以及净出口的减少等原因。这些因素会引起总需求减少，从而使得国民收入水平下降，随着国民收入水平的下降，对货币的交易需求也减少。由于假定 LM 曲线不变，即货币供给量不变，因此货币供给相对过剩。这部分闲置货币将进入证券市场，使得证券的需求增加，价格上升，利率下降，所以，总需求的减少，引起 Y 减少，而 Y 的减少又引起 r 的下降。

第二，假定 IS 曲线不变，LM 曲线右移。如图 14-13 所示，LM 曲线由 LM_0 右移至 LM_1，则收入将从 Y_0 增加到 Y_1，利率从 r_0 下降到 r_1。LM 曲线右移的原因不外乎货币供给的增加、一般价格水平的下降、货币交易曲线的右移以及货币投机需求曲线的左移等因素。所有这些因素的变动都可归结为实际货币供给量的增加，从而使得货币实际供给大于实际需求，利率必将下降。利率的下降又使得投资需求增加。总需求的增加又带动了均衡国民收入水平的增长。因此，LM 曲线的右移使得利率下降，国民收入的水平提高。

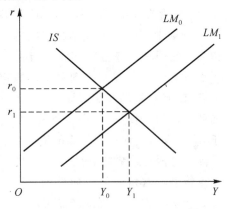

图 14-13　LM 曲线移动与均衡的变动

如果假定 IS 曲线不变，LM 曲线左移，即从 LM_1 左移至 LM_0，则国民收入将从 Y_1 减少到 Y_0，利率将从 r_1 上升到 r_0。LM 曲线的左移不外乎货币供给量的减少、一般价格水平的上升、货币交易曲线的左移以及货币投机需求曲线的右移等因素。所有这些因素都可归结为实际货币供给量的减少，从而使得货币的实际供给小于实际需求，利率趋于上升。利率的提高使得投资需求减少，总需求趋于下降，从而使得均衡国民收入水平下降。

第三，若 IS 曲线与 LM 曲线同时移动，则 IS 曲线与 LM 曲线的交点即均衡点，将会有不同的变动。

假定政府购买支出增加的同时，名义货币供给量下降，根据前面的分析，当政府购买支出增加时，IS 曲线会向右移，如图 14-14 所示。从 IS_0 移到 IS_1，当货币供给量减少时，LM 曲线会向左移，如下图所示，从 LM_0 左移到 LM_1 的位置。由于 IS 曲线右移会使利率提高和国民收入水平增加；而 LM 曲线左移一方面会使利率进一步提高，另一方面却会使国民收入水平减少。结果利率肯定会上升，由图中的 r_0 上升到 r_1。但均衡国民收入水平的变化则要看 IS 和 LM 移动的相对幅度以及它们各自对利率的弹性。如果 IS 曲线右移的幅度超过 LM 曲线左移的幅度，国民收入就会增加；如果 IS 曲线右移的幅度小于 LM 曲线左

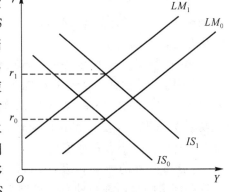

图 14-14　IS 曲线与 LM 曲线
同时移动与均衡的变动

移的幅度，以致 LM 曲线左移造成的国民收入下降力量抵销了 LM 曲线右移造成的国民收入上升的力量之后还有余，国民收入水平就会降低；如果 IS 曲线右移造成的国民收入上升的力量恰好与 LM 曲线左移造成的国民收入下降的力量相互抵销，国民收入就会保持不变。

如果政府购买支出下降,货币的名义供给量上升,就会出现与上述过程完全相反的情况。这时,IS 曲线会向左移动,LM 曲线会向右移动,利率肯定会下降,而国民收入仍有可能增加、减少或不变。

当财政支出和名义货币供给量同时上升,如图 14-15 所示,IS 和 LM 曲线会同时向右移动。IS 曲线由 IS_0 右移至 IS_1,LM 曲线由 LM_0 右移至 LM_1。当 IS 曲线右移时,均衡国民收入会上升,均衡利率也会上升;当 LM 曲线向右移动时,国民收入水平会上升,但均衡利率会下降。这样,IS 和 LM 曲线同时右移的结果是实际国民收入肯定会增加,但利率的变动结果则要看 LM 和 IS 移动后的相对位置,均衡利率可能上升、下降或不变。

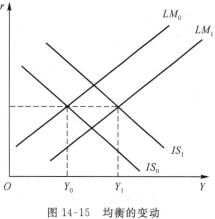

图 14-15　均衡的变动

如果财政支出和名义货币供给量同时减少,就会导致 IS 曲线和 LM 曲线同时左移。其必然结果是实际国民收入锐减,均衡利率则可能上升、下降或不变。

▓▓ 案 例 ▓▓

【案例 1】　　　　　IS—LM 模型与我国宏观经济政策选择

人们通常运用 IS—LM 模型来分析宏观经济政策的效力,并以该模型所体现的经济思想作为政府宏观经济政策选择的理论依据。但我国宏观经济学的实践表明,以 IS—LM 模型为依据的扩张性宏观经济政策尤其是扩张性货币政策并没有取得预期的效果。

IS—LM 模型的形状取决于 IS 曲线和 LM 曲线的斜率。以我国投资的利率弹性对 IS 曲线斜率的影响看,由于市场经济体制在中国还没有完全确立,政府在企业投资中还起着一定的作用,企业自身还不能自觉地按市场经济原则办事,这必然导致企业投资对利率的反应没有一般市场经济国家敏感,从而导致中国的 IS 曲线比一般市场经济国家的 IS 曲线陡峭。从边际消费倾向变化对 IS 曲线的影响看,储蓄的超常增长表明,中国的边际消费倾向已经远远低于在目前收入水平应具有的水平,收入与消费之间已出现了严重的失衡,这种失衡必然导致我国的 IS 曲线比在正常情况下陡峭。

那么,中国的 LM 曲线的斜率如何呢?

首先,中国正处于新旧体制交替的过程中,中国居民对货币的预防性需求急剧膨胀,从而打破了收入与消费之间的稳定关系,使中国的货币交易需求的收入弹性不再稳定,导致 LM 曲线不断趋向平坦。其次,从货币投机需求的利率弹性对我国 LM 曲线斜率的影响看,在目前的中国,由于金融市场、资本市场尚不十分完善,广大居民缺乏多种投资渠道,利率的变化对人们的投机性货币需求影响并不大,投机需求的利率弹性较小,其对 LM 曲线的影响是使 LM 曲线比较陡峭。

由以上分析,我们可以得出以下结论:

其一,在进行政策选择时,必须考虑政策的有效性和确定性。在一定的经济形势下,一些政策比另一些政策更加有效,一些政策的影响比另一些政策的影响具有更大的确定性。在我国目前的状况下,IS 曲线陡峭,LM 曲线平坦,这时,财政政策效果十分有效,货币政策效果有限。

近几年,利率连续下调对消费和投资的刺激十分有限已经告诉我们,目前条件下,货币政策充分发挥作用的环境并不存在,继续下调利率很难取得预期的效果。因此,在运用扩张性经济政策以刺激需求时,应把重点放在财政政策上。

在运用扩张性财政政策时,必须注意不同措施的效果。由于悲观预期的存在,居民的预防性货币需求无限膨胀,企业对未来利润率的预期也比较悲观,试图通过增加居民(尤其是收入较高阶层居民)收入以扩大消费需求,通过降低利率以扩大投资需求的愿望在实践中具有很大的不确定性,很可能由于公众的不配合使这些政策的作用受到限制。而政府购买和直接投资的效果则是十分确定的,因此,在政策措施选择上,应加大政府开支和用于失业、养老等方面的转移支付和直接投资。基于此,我们认为政府通过举办公共工程以刺激需求的政策是明智的,而在通过增加居民收入以刺激消费上,应把重点放在增加边际消费倾向较高的低收入阶层身上。

其二,在进行政策选择时,应考虑政策的效力与市场完善程度的关系。宏观经济政策作用的发挥,取决于市场经济制度的完善程度,在制度尚不完善的条件下,货币政策的作用自然受到限制;而财政政策是通过税收和政府支出的变化直接影响经济的运行,尤其是政府支出的变化带有强烈的行政色彩,对市场制度的要求没有货币政策那么高,因此,在市场制度尚不十分完善的情况下,扩张性政策的作用应主要通过财政政策来实现。

财政政策之所以比货币政策更容易发挥作用,是由我国现阶段经济体制和财政政策本身的特点决定的。我们在强调本身带有行政色彩的财政政策作用时,应该谨防片面夸大行政手段的作用,防止出现旧体制、旧的管理方法的复归。更不能因为一些经济手段暂时的失灵而否认其作用,为倒退寻找理论依据。

其三,货币政策的重点应放在为其充分发挥作用创造制度环境上。目前我国 LM 曲线的形状表明,希望通过降低利率以刺激投资和消费的货币政策注定不会有多大作用。在这种情况下,人们很容易回到老路上去,即希望通过直接增加或减少货币供给量来达到一定的宏观经济目标,这种带有明显行政色彩的货币政策是我们以前常用的。如果说,在经济"软着陆"时期,行政性的货币政策曾经起过很大作用的话,那么,在经济萧条时期,行政性的扩张货币政策很可能是一副毒药,这样做的后果是非常严重的,极易酿成严重的金融危机。中国金融机构存在的严重问题和东南亚金融危机已经使我们清醒地认识到了这一点。目前,我国货币政策的重点不在于扩张本身(因为间接的扩张效果有限,直接的扩张可能酿成灾难性后果),而在于完善金融市场、资本市场及需要银行介入的再分配制度和消费制度,为货币政策充分发挥作用创造良好的制度环境。

在市场机制发育不完善的条件下,宏观经济政策的实行不仅要服务于宏观经济管理的目标,而且要肩负起塑造市场体系的重任,以减少政策实施的制约因素。在目前至未来一个相当长的时期内,重建宏观经济运行环境比宏观经济政策实施更为重要。只有建立起完善的市场体系,才能找到渐进地实现宏观调控目标的途径。

摘自 http://logistics.nankai.edu.cn

问题:(1)IS 曲线陡峭,LM 曲线平坦,是什么原因造成的?

(2)在拉动内需为主的反危机政策下,*IS* 曲线和 *LM* 曲线的位置如何变化才能使政府的需求刺激政策更为有效?

【案例 2】　　　　20 世纪 30 年代的银行倒闭与货币供给

在 1929 年 8 月到 1933 年 5 月间,货币供给减少了 28%。一些经济学家认为,这种货币供给的大幅度减少是大萧条的主要原因。但是,我们并没有讨论为什么货币供给减少会如此之多。

表 1 表示 1929 年和 1933 年决定货币供给的三个变量——基础货币、准备金—存款比率以及通货—存款比率。你可以看出,货币供给的减少并不能归咎于基础货币的减少。实际上,在这一时间,基础货币增加了 18%;相反,货币供给减少是由于货币乘数下降了 38%。货币乘数下降是因为通货—存款比率和准备金—存款比率都大幅度上升了。

表 1　1929 年和 1933 年决定货币供给的变量

	1929 年 8 月	1933 年 5 月
货币供给	26.5	19.0
通货	3.9	5.5
活期存款	22.6	13.5
基础货币	7.1	8.4
通货	3.9	5.5
准备金	3.2	2.9
准备金—存款比率	0.14	0.21
通货—存款比率	0.17	0.41

大多数经济学家把货币乘数的下降归咎于 20 世纪 30 年代初的银行大量倒闭。从 1930 年到 1933 年,9000 多家银行停止营业,拖欠了存款人的存款。银行倒闭通过改变存款人和银行家的行为而引起货币供给减少。

银行倒闭降低了公众对银行的信心而提高了通货—存款比率。人们担心银行倒闭会持续下去,他们开始把通货而不是活期存款作为更合意的货币形式。当他们提取自己的存款时,他们就用尽了银行的准备金。当银行对准备金减少的反应是减少自己未被偿还的贷款余额时,货币创造过程就反过来了。

此外,银行倒闭使银行家更为谨慎而提高了准备金—存款比率。在看了许多银行的经营之后,银行家对用少量准备金经营感到担忧。因此,它们把自己准备金的持有量提高到法定最低限之上。正如家庭对银行危机的反应是相对于存款持有更多通货一样,银行的反应是相对于贷款持有更多准备金。

尽管解释货币供给减少的原因是容易的,但要决定是否应该归罪于美联储却是较为困难的。有人认为,基础货币并没有减少,因此不应该归罪于美联储。对美联储这个时期政策的批评提出了两种观点。第一,批评者认为,美联储应该通过在银行经营中需要现金时起到最后贷款者的作用,而在防止银行倒闭中起更积极的作用。这将有助于维持对银行体系的信心。第二,他们指出,美联储可以通过比它所做的更多地增加基础货币。这两种行为都可以阻止货币供给的这种大幅度减少,而这又会降低大萧条的严重程度。

自30年代以来,已实行了许多政策,最重要的是联邦存款保险制,它维持了公众对银行体系的信心,从而防止了通货—存款比率的大幅度波动。但是,存款保险也是一项费用很高的政策。在80年代末期和90年代初期,联邦政府为了紧急援救许多无偿还能力的储蓄与机构而有大量支出。但存款保险有助于稳定银行体系和货币供给。

资料来源:汪祥春.宏观经济学(第四版).大连:东北财经大学出版社,1990:216—217.

问题:(1)货币乘数发生作用的前提条件有哪些?

(2)货币政策是如何传导的?

习　题

1.什么是 IS 曲线?为什么说 IS 曲线表示产品市场的均衡? IS 曲线为什么向右下方倾斜?

2.什么是 LM 曲线?为什么说 LM 曲线表示货币市场的均衡? LM 曲线为什么向右上方倾斜?什么是 LM 曲线的三个区域,其经济含义是什么?

3. IS—LM 模型是如何表示产品市场与货币市场的共同均衡状态的?

4.如果经济暂时处于 IS 曲线和 LM 曲线之外的非均衡点,通过什么机制才能实现产品市场与货币市场的双重均衡?

5.设在两部门经济中,货币需求函数为 $L=0.2Y-4r$,消费函数为 $C=100+0.8Y$,货币供给为200,投资 $I=150$。求:

(1) IS 和 LM 曲线方程;

(2)均衡收入和利率;

(3)若货币供给量增加20,其他条件不变,则均衡收入和利率有何变化?

6.设某国经济中,消费函数为 $C=0.8(1-t)Y$,税率 $t=0.25$,投资函数为 $I=900-50r$,政府购买 $G=800$,货币需求为: $L=0.25Y-6.25r$,实际货币供给为 $M/P=500$。试求:

(1) IS 曲线;

(2) LM 曲线;

(3)两个市场同时均衡的利率和收入。

7.假定某两部门经济中, IS 的方程为 $Y=1250-30r$。

(1)假定货币供给为150,当货币需求为 $L=0.20Y-4r$ 时, LM 方程如何?两个市场同时均衡的收入和利率为多少?当货币供给量不变,但货币需求为 $L=8.75Y-4r$ 时, LM 方程如何?均衡的收入为多少?

(2)当货币供给从150增加到170时,均衡收入和利率有什么变化?这些变化说明了什么?

8. 假设一个只有家庭和企业的两部门经济中,消费 $c=100+0.8Y$,投资 $I=150-6r$,货币供给 $m=150$,货币需求 $L=0.2Y-4r$ 。求:

(1) IS 和 LM 的曲线;

（2）商品市场和货币市场同时均衡时的利率和收入；

（3）若上述两部门经济变为三部门经济，其中税收 $T=0.25Y$，政府支出 $G=100$，货币需求为 $L=0.20Y-2r$，实际货币供给为 150 亿美元。求 *IS*、*LM* 的曲线及均衡利率和收入。

9. 假定 $Y=C+I+G$，消费需求 $C=800+0.63Y$，投资需求 $I=7500-20000R$，货币需求 $L=0.1625Y-10000R$，价格水平 $P=1$。试计算当名义货币供给是 6000 亿元，政府支出为 7500 亿元时的 GDP 值，并证明所求的 GDP 值等于消费、投资和政府支出的总和。

10. 请说明当利率和收入的组合点位于 *IS* 曲线右上方时，反映产品市场上供过于求的原因。产品市场上供过于求是指储蓄大于投资的情况，在 *IS* 曲线右上方的任何收入和利率的组合点之所以都表明储蓄大于投资。这是因为，相对于一定收入而言，利率太高了，从而使该收入提供的储蓄超过了该利率所导致的投资，或者是相对于一定利率而言收入太高了，从而该利率所导致的投资水平低于该收入所提供的储蓄（可结合图形说明）。

11. 用 *IS—LM* 图形说明：在假定经济起初处于充分就业状态，现在政府要改变总需求构成，增加私人投资而减少消费支出，但不改变总需求水平，政府应当实行一种怎么样的混合政策？

第十五章　财政政策和货币政策

宏观经济学的理论分析在于为政策的应用提供依据。本章在简单的凯恩斯模型和 *IS—LM* 模型的基础上,阐述货币政策和财政政策,分析说明各种政策手段及其对国民收入的影响。

第一节　货币政策及其效应

一、货币政策及其影响因素

货币政策是指中央银行根据既定的目标,改变货币供给量,以调节宏观经济活动的经济政策。货币政策的中心问题是控制货币供给量。中央银行的货币政策应该"逆经济风向行事"。就是说当经济衰退、失业增加、总需求不足时,中央银行应当采取扩张性的货币政策,增加货币供给、降低利率、刺激投资,消除衰退与失业;反之,当经济过热、物价上涨、总需求膨胀时,中央银行则应当采取紧缩性的货币政策,减少货币供给、提高利率、抑制投资,消除通货膨胀。为了达到调节宏观经济的目标,中央银行通常采用公开市场业务、改变贴现率和改变法定准备率等政策手段实施货币政策。

公开市场业务是指中央银行在公开市场上买卖政府债券以控制货币供给与利率的货币政策手段。中央银行在公开市场上买进政府债券,增加商业银行的准备金,提高市场上政府债券的价格,从而增加货币供给、降低利率、刺激投资,促进经济发展。反之,卖出政府债券,减少商业银行的准备金,降低市场上政府债券的价格,从而减少货币供给、提高利率、控制需求、平抑物价。公开市场业务是中央稳定经济的最灵活的政策手段,也是最常使用的一种政策手段。

改变再贴现率是中央银行通过变动给商业银行的贷款利率来控制货币供给量与利率的货币政策手段。这里的再贴现率是中央银行向商业银行提供贷款的利率。中央银行向商业银行贷款意味着增加商业银行的准备金。降低再贴现率,扩大再贴现规模,将降低市场利率刺激投资。反之,提高再贴现率,缩小贴现规模,将提高市场利率,抑制投资。这样中央银行通过再贴现率的变动,就能起到调节经济的作用。改变再贴现率并不像人们所期望的那样,是一种卓有成效的货币政策。实际上,贴现率的变动对货币供给量的影响很小。

因此,这种政策手段目前已不占主要地位。

改变法定准备金率是中央银行通过调整法定准备金率以影响商业银行的准备金和货币创造乘数,从而控制货币供给量的货币政策手段。提高法定存款准备金率,将增加商业银行的准备金,削弱商业银行的贷款能力,并减小货币创造乘数,缩小货币扩张的规模;反之,降低法定存款准备金率,将减少商业银行的准备金,扩大商业银行的贷款能力,并增大货币创造乘数,扩大货币扩张的规模。改变法定准备金率的货币政策是一种强有力的货币政策手段,但这种政策手段对商业银行的影响太大,不利于货币供给和经济的稳定。因此,不易经常使用。

除了以上三种主要货币政策手段外,中央银行也采用其他一些货币政策手段,如选择性控制、道义劝告以及公布与指导等。

货币政策是由中央银行制定并组织实施的,但中央银行自身并不能保证其货币政策能否达到预期的目的。因为,商业银行和公众的行为对中央银行的货币政策产生着不可忽视的影响。

商业银行的行为对货币政策的影响主要表现在以下几个方面:一是超额准备金对货币政策的影响。从货币创造乘数的公式可以看出,在其他条件不变的情况下,货币创造乘数与商业银行的超额准备率呈反方向变动关系,即商业银行的超额准备率愈高,货币创造乘数愈小,货币供给的扩张或收缩能力就愈小,改变准备金的货币政策的效果就愈小;反之,改变准备金的货币政策效果就愈大。二是商业银行融资渠道的多样化对货币政策的影响。从理论上讲,中央银行提高贴现率会增加商业银行的贷款成本,会迫使商业银行提高利率,但实际上并非如此。因为商业银行完全可以通过同业拆借市场从其他金融机构获得资金,同业拆借市场上供求关系决定的利率比中央银行宣布的贴现率对商业银行更有意义。因此,往往不是中央银行的贴现率决定市场利率,而是中央银行的贴现率随同业拆借市场上的利率变动而调整,贴现率总是反映已经变化了的市场利率。这样,中央银行的贴现率政策基本失效。

公众的行为对中央银行货币政策的影响主要表现在以下几个方面:一是通货比率(现金比率)对货币政策的影响。根据货币创造乘数的公式,通货比率是影响货币供给量的一个重要因素,而这一比例的大小取决于公众手持现金的偏好,政府货币当局无能为力。二是定期存款比率对货币政策的影响。公众以什么方式保存其财富各有各的主见。如果公众以定期存款的形式持有其大量的财富,那么,定期存款比率升高,货币创造乘数将减小,货币的扩张或收缩能力下降;反之,货币的扩张或收缩能力增强,这足以对货币政策产生影响。

总之,中央银行的货币政策会受到来自商业银行和公众等方面的影响,因此,中央银行在制定和实施货币政策时,应当充分考虑这些因素的影响,不能一意孤行。

二、货币政策效应

货币政策效应是指货币供给量的变动对总需求从而对国民收入和就业的影响,从 IS—LM 模型看,货币政策效应是指 LM 曲线移动对国民收入变动的影响。如图 15-1 所示,IS 曲线和 LM 曲线相交于 E_1 点,对应的利率和国民收入分别为 r_1 和 Y_1,假定中央银行采用增加货币供给量 ΔM 的扩张性货币政策,LM 曲线向右下方移动到 LM',LM' 线与 IS 曲线

相关于 E_1' 点对应的利率和国民收入分别为 r_1' 和 Y_1'。由于采用扩张性的货币政策，国民收入 Y_1 增加为 Y_1'。这就是扩张性货币政策的政策效应。同理，紧缩性的货币政策将会引起国民收入的减少。

货币政策效应的大小，取决于 IS 曲线和 LM 曲线的斜率的大小。在 LM 曲线不变时，IS 曲线平坦，即 IS 曲线的斜率小，LM 曲线移动对国民收入变动的影响大，即货币政策效应大；反之，IS 曲线陡峭，即 IS 曲线的斜率大，则 LM 曲线移动对国民收入变动的影响小，即货币政策效应小。因为 IS 曲线的斜率表示投资需求的利率弹性。IS 曲线平坦，

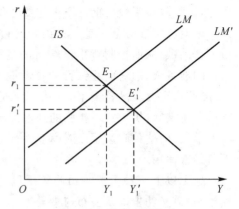

图 15-1　货币政策效应

斜率小，表明投资需求的利率弹性大；IS 曲线陡峭，斜率大，表明投资需求的利率弹性越小。因此，当 LM 曲线由于增加货币供给量的扩张性货币政策而向右移动，从而使利率降低时，前者引起的投资增长幅度大，从而对国民收入增加的影响大。后者引起的投资增长幅度小，从而对国民收入增加的影响小。

如图 15-2(a)和(b)所示，LM_1 和 LM_2 是两条相同的 LM 曲线，IS_1 和 IS_2 则是两条不同的 IS 曲线，IS_1 平坦而 IS_2 陡峭，IS_1 的斜率的绝对值小于 IS_2 斜率的绝对值。IS_1 和 IS_2 分别与 LM_1 和 LM_2 相交于 E_1、E_2 点，E_1 点对应的利率和国民收入分别为 r_1 和 Y_1，E_2 点对应的利率和国民收入分别为 r_2 和 Y_2。当政府货币当局实行增加货供给量 ΔM 的扩张性货币政策时，因 IS_1 和 IS_2 的倾斜程度不同，即其斜率不同，所引起的国民收入变动也不同，即产生的货币政策效应不同。前者引起的国民收入变动为 Y_1Y_1'。后者引起的国民收入变动为 Y_2Y_2'。$Y_1Y_1' > Y_2Y_2'$，前者的货币政策效应大，后者的货币政策效应小。

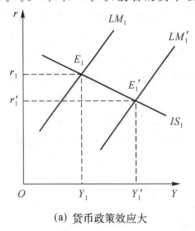

(a) 货币政策效应大

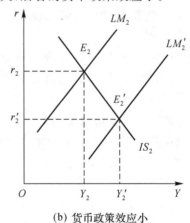

(b) 货币政策效应小

图 15-2　货币政策效应与 IS 曲线的斜率

在 IS 曲线不变时，LM 曲线平坦，即 LM 曲线的斜率小，LM 曲线移动对国民收入变动的影响小，即货币政策效应小；反之，LM 曲线陡峭，即 LM 曲线的斜率大，LM 曲线移动对国民收入变动的影响就大，即货币政策效应大。因为 LM 曲线的倾斜程度，即斜率，表示货币需求的利率弹性。LM 曲线平坦，斜率小，表示货币需求的利率弹性大，即利率的较小变动就会引起货币需求的较大变动。货币供给的较大变动只能引起利率和投资的较小变动。

LM 曲线陡峭,斜率大,表示货币需求的利率弹性小,即利率的较大变动只能引起货币需求的较小变动,货币供给的较小变动就会引起利率和投资的较大变动。因此,当 LM 曲线由于增加货币供给量的扩张性货币政策而向右移动时,前者引起利率下降幅度小,投资增加少,从而使国民收入增加少,货币政策效应小;后者引起利率下降幅度大,投资增加多,从而使国民收入增加多,货币政策效应大。

如图 15-3(a)和(b)所示,IS_1 和 IS_2 是两条相同的 IS 曲线,LM_1 和 LM_2 是两条不同的 LM 曲线,LM_1 平坦而 LM_2 陡峭,LM_1 斜率小而 LM_2 斜率大。IS_1 和 IS_2 分别与 LM_1 和 LM_2 相交于 E_1 和 E_2 点,E_1 对应的利率和国民收入分别为 r_1 和 Y_1;E_2 对应的利率和国民收入分别为 r_2 和 Y_2。当政府货币当局实行增加货币供给量 ΔM 的扩张性货币政策时,因 LM_1 和 LM_2 的斜率不同,所产生的货币政策效应也不同。前者引起的国民收入变动为 $Y_1 Y_1'$,后者引起的国民收入变动为 $Y_2 Y_2'$。$Y_1 Y_1' < Y_2 Y_2'$,前者的货币政策效应小,后者的货币政策效应大。

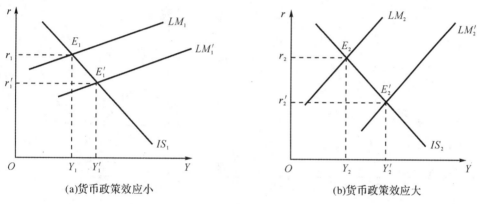

(a)货币政策效应小　　　　(b)货币政策效应大

图 15-3　货币政策效应大小与 LM 曲线斜率

因此,一项扩张性的货币政策如果对利率下降影响较大,并且这种利率下降对投资增长有较大的刺激作用,那么,这项货币政策的效应就较大;反之,货币政策的效应就较小。这主要取决于投资需求的利率弹性和货币需求的利率弹性。投资需求的利率弹性和货币需求的利率弹性是货币政策效应大小的主要决定因素。

三、流动性陷阱和古典情况与货币政策效应

以上分析表明,货币政策效应与 IS 曲线的倾斜程度呈反方向变动;与 LM 曲线的倾斜程度呈同方向变动。如果 IS 曲线的倾斜程度不变,货币政策效果的大小就取决于 LM 曲线的倾斜程度。但是 LM 曲线不是一条直线,它的斜率是不断变化的,在不同的阶段它的倾斜程度是不同的。

如图 15-4 所示,LM 曲线是一条开始水平,然后逐渐向右上方倾斜,最后垂直的曲线。其斜率从零开始,逐渐增大,直至无穷。由此,LM 曲线可以分为三个区域:斜率为零,曲线水平的区域,称为"凯恩斯区

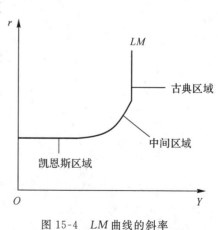

图 15-4　LM 曲线的斜率

域"；斜率逐渐变大，曲线向右上方倾斜的区域，称为"中间区域"；斜率为无穷大，曲线垂直的区域，称为"古典区域"。*LM* 曲线和 *IS* 曲线在不同的区域发生关系，会产生出不同的货币政策效应。前面分析了中间区域的情况，下面对其他两种情况加以说明。

LM 曲线处在"古典区域"的情况称为古典情况。这时利率上升到如此高的水平，致使人们再也不愿为投机而持有货币。如果政府货币当局采用增加货币供给的扩张性货币政策，增加的货币量将全部用于交易需求，从而导致利率下降，投资增加，国民收入将大幅度增加。在这种情况下，货币政策的效应极大。

如图 15-5 所示，*IS* 曲线和 *LM* 曲在"古典区域"相交于 E_1 点，相应的利率和国民收入分别为 r_1 和 Y_1，当政府货币当局采用增加货币量的扩张性货币政策时，LM_1 曲线向右移动至 LM_2，LM_2 曲线与 *IS* 曲线相交于 E_2 点，对应的利率和国民收入分别为 r_2 和 Y_2。*LM* 曲线移动引起的国民收入增加量等于 *LM* 曲线移动的距离。因此，扩张性的货币政策效应极大。

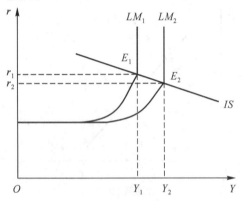

图 15-5　古典情况和货币政策效应

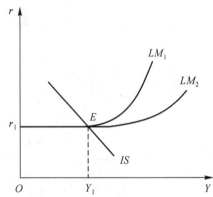

图 15-6　流动性陷阱和货币政策效应

LM 曲线处于"凯恩斯区域"的情况即"凯恩斯陷阱"，也称"流动性陷阱"。这时，利率如此之低，以至于政府货币当局增加的任何货币都将被流动性偏好吞噬，货币政策效应为零。

如图 15-6 所示，LM_1 曲线与 *LM* 曲线在凯恩斯区域相交于 E 点，对应的利率和国民收入分别为 r_1 和 Y_1，当政府货币当局采用增加货币供给的扩张性货币政策，尽管会使 LM_1 移至 LM_2，但 *LM* 曲线与 *IS* 曲线的交点位置 E 点不变，利率不变，国民收入不变。因此，货币政策效应为零。

第二节　财政政策及其效果

一、财政制度的自动稳定器与财政政策

政府财政包括财政收入和财政支出两方面。财政收入主要是税收，财政支出主要包括政府购买和政府转移支付。

政府财政收入和政府财政支出不仅是分配社会产品的手段，而且其本身具有一种内在

的自动稳定经济的功能。即当经济膨胀过热时,政府财政具有抑制膨胀、冷却降温的作用;当经济衰退滑坡时,政府财政具有减缓衰退的作用。从政府财政收入方面看,在实行累进税的情况下,经济高涨,就业人数增多,公民的收入增加,纳税档次提高,政府财政收入增长幅度将超过国民收入增长幅度,从而税负加重,投资成本提高,经济发展速度会逐渐放缓;反之,经济衰退,就业人数减少,公民收入减低,纳税档次下降,政府财政收入下降的幅度会超过国民收入下降的幅度,从而税负减轻,投资成本降低,经济衰退会有所抑制。

从财政支出方面看,经济繁荣,失业率下降,失业救济金和其他福利性的政府转移支付减少,从而公民可支配收入和消费的增长受到制约,经济发展速度放缓;反之,经济衰退,失业率上升,失业救济金和其他福利性的政府转移支付增加,从而公民可支配收入和消费得以保证,经济衰退得以缓解。

因此,政府财政收入和财政支出波动变化对国民经济能够起到一定的稳定作用。这种减缓经济波动的政府财政收入和财政支出的自动变化称为财政制度的自动稳定器或内在的稳定器。

政府财政尽管能够在一定程度上起到稳定经济的作用,但是这种作用是十分有限的。它只适用于经济中的轻微波动,对于剧烈的经济波动,则需要采用政府的财政政策。

财政政策是指为调节社会经济活动而对政府财政收入和支出所进行的变动或对政府的财政收入和支出所作出的决策。使用政府财政政策调节经济,要逆经济风向行事。就是说政府应根据对经济形势的判断,主动采取增加或减少财政收入以及减少或增加财政支出的决策。当经济过热、需求膨胀、物价上涨时,政府应增加收入,减少支出,实行紧缩性的财政政策,抑制需求,避免通货膨胀;反之,当经济衰退、需求不足、失业增加时,政府则应减少收入,增加支出,实行扩张性的财政政策,刺激需求,遏制衰退,增加就业,实现经济增长。这就是所谓的权衡性的财政政策。

实行权衡性的财政政策,往往会冲击政府财政,打破国家预算的平衡。国家预算(national budget),简单地讲,就是国家的财政收入(fiscal income)和财政支出(fiscal expendure)计划。如果政府财政收入大于政府财政支出,则会出现财政预算盈余(fiscal budget surplus),即政府的税收收入大于政府购买支出与政府转移支付的部分,用公式表示就是

$$BS = TA - G - TR$$
$$= t \times Y - G - TR$$

其中,BS 表示预算盈余;TA 表示税收收入;G 表示政府购买;TR 表示政府转移支付。

如果政府财政收入小于政府财政支出,则会出现财政预算赤字,即政府税收收入小于政府购买支出与政府转移支付的部分,用公式表示就是

$$BD - BS = G + TR - TA$$
$$= G + TR - t \times Y$$

其中,BD 表示预算赤字(budget deficit)。

如果政府财政收入等于财政支出,则财政预算平衡,即政府的税收收入等于政府购买支出与政府转移支付,用公式表示就是

$$TA = G + TR$$
$$t \cdot Y = G + TR$$

或 $BS-BD=0$

因此,当经济膨胀过热,政府实行减少支出、增加收入的紧缩性的财政政策时,会产生预算盈余;当经济衰退萧条,政府实行增加支出、减少收入的扩张性的财政政策时,会产生预算赤字。这就使人们很容易将紧缩性的财政政策与预算盈余联系起来,将扩张性的财政政策与预算赤字联系起来。但预算赤字不一定是扩张性财政政策的结果,预算盈余也不一定由紧缩性财政政策引起。从前面几个公式中可以发现,在政府的财政政策不变的情况下,也会由于收入的变动而使预算盈余和预算赤字发生变动。当收入水平提高时,税收增加,会引起预算盈余增加,预算赤字减少,最终可能导致预算盈余;当收入水平下降时,税收减少,会引起预算盈余减少,预算赤字增加,最终可能导致预算赤字。

所以,不能简单地将预算盈余或预算赤字作为衡量紧缩性财政政策和扩张性财政政策的标准。为了衡量财政政策的扩张与紧缩,需要引入新的概念,即充分就业预算盈余。

充分就业预算盈余是按照充分就业的国民收入水平计算的预算盈余。用公式表示就是

$$BS^* = t \times Yt - G - TR$$

式中:BS^*代表充分就业预算盈余;Y_t代表充分就业的国民收入。

充分就业预算盈余与实际预算盈余的差别在于计算税收的国民收入不同,前者是充分就业的国民收入,而后者是实际国民收入。

$$\begin{aligned}BS^* - BS &= t \times Y_t - G - TR - (t \times Y - G - TR)\\ &= t \times Y_t - t \times Y\\ &= t \times (Y_t - Y)\end{aligned}$$

所以,充分就业预算盈余与实际预算盈余的差额取决于充分就业的国民收入与实际国民收入的差额。如果充分就业的国民收入大于实际国民收入,则充分就业预算盈余大于实际预算盈余。如果充分就业的国民收入小于实际国民收入,则充分就业预算盈余小于实际预算盈余。如果充分就业的国民收入等于实际国民收入,则充分就业预算盈余等于实际预算盈余。

二、财政政策手段及其效果

用扩张性的或紧缩性的财政政策调节经济需要借助于一定的手段。这些手段主要包括改变政府购买、改变政府转移支付和改变政府税收。改变政府购买水平,就是在经济衰退萧条、失业率升高、社会总需求不足时,政府扩大对商品和劳务的购买,增加社会有效需求;反之,在经济繁荣高涨、社会总需求过旺、物资紧缺、物价上涨时,政府减少对商品和劳务的购买,控制需求,平抑物价。改变政府转移支付水平,就是在经济衰退萧条,失业率升高,公民收入水平下降时,政府应增加社会福利费用,提高转移支付水平;反之,政府则降低转移支付水平。改变政府税收水平,就是通过改变税率,特别是所得税税率,改变政府与公民之间的收入分配关系,调节社会总需求与总供给,维持经济的稳定增长。在经济衰退萧条,失业率升高时,政府应降低税率,采取减税措施,给公民提供宽松的生存环境;反之,政府则应提高税率,增加税收,抑制经济的过热膨胀。

各种不同的财政政策手段,在调节经济中的作用是不同的。为了考察它们对经济的不同影响,需要借助乘数概念,包括政府购买乘数、政府转移支付乘数、税收乘数和平衡预算

乘数。前面曾介绍过,下面分别予以公式推导。

政府购买乘数是指收入变动与引起这种变动的政府购买变动的比率。若以 ΔG 表示政府购买变动;ΔY 表示收入变动;K_g 表示政府购买乘数,则

$$K_g = \Delta Y / \Delta G$$

或　　　　　　$K_g = dY/dG$

根据 $Y = C(Y) + I + G$,假设政府购买 G 全部来自借款,从而税收 T 为零;政府购买 G 的变动不影响利率 r,从而不影响投资 I,则对 $Y = C(Y) + I + G$ 进行全微分,得

$$dY = (dC/dY)dY + dG$$

其中,dC/dY 是边际消费倾向,即 $dC/dY = b$

所以　　　　　$dY = b \times dY + dG$

整理,得

$$dY/dG = \frac{1}{(1-b)}$$

所以

$$K_g = 1/(1-b)$$

因此,政府购买乘数 K_g 等于 1 减边际消费倾向 b 的倒数或等于边际储蓄倾向 $(1-b)$ 的倒数,其数值为正数。

由于政府购买乘数的作用,政府购买的变动 ΔG 会引起多倍的收入变动 ΔY。

因为

$$K_g = \Delta Y / \Delta G$$

所以

$$\Delta Y = \Delta G \cdot K_g = 1/(1-b) \cdot \Delta G$$

例如,若边际消费倾向 $b = 0.8$,则政府购买乘数 $K_g = 5$,若政府购买 G 增加 200 亿元,则国民收入可增加 1000 亿元。若政府购买 G 减少 200 亿元,则国民收入要减少 1000 亿元。

政府转移支付乘数是指收入变动对引起这种变动的政府转移支付变动的比率。若以 Δtr 表示政府转移支付变动,ΔY 表示收入变动,K_{Tr} 表示政府转移支付乘数,则:

$$K_{Tr} = \Delta Y / \Delta Tr$$

根据 $Y = C + I + G$,当政府转移支付存在时,式中的 C 成为个人可支配收入(即 Y_d)的函数。根据定义 $Y_d = Y + Tr$,其中,Tr 为政府转移支付,因此

$$Y = C(Y_d) + I + G$$
$$Y = C(Y + Tr) + I + G$$

假定投资 I 和政府购买 G 不变,对上式进行全微分,得

$$dY = (dC/Y_d)dY_d$$
$$dY = (dC/Y_d)d(Y + Tr)$$

其中,dC/dY_d 是边际消费倾向,即 $dC/dY_d = b$。

所以

$$dY = b(dY + dTr)$$

整理,得

$$\mathrm{d}Y/\mathrm{d}Tr=b/(1-b)$$

所以

$$K_{Tr}=b/(1-b)$$

因此,政府转移支付乘数 K_{Tr} 等于边际消费倾向乘以 1 减边际消费倾向的倒数,其数值为正。

由于政府转移支付乘数的作用,政府转移支付变动 ΔTr 引起多倍的收入变动 ΔY。因为 $K_{Tr}=\Delta Y/\Delta Tr$,所以 $\Delta Y=K_{Tr}\times\Delta Tr,\Delta Y=[b/(1-b)]\times\Delta Tr$

例如,若边际消费倾向 $b=0.8$,则政府转移支付乘数 $K_{Tr}=[1/(1-0.8)]\times0.8=4$。若政府转移支付 Tr 增加 200 亿元,则国民收入增加量 $\Delta Y=4\times200=800$ 亿元。若政府转移支付减少 200 亿元,则国民收入减少量 $\Delta Y=4\times200=800$ 亿元。

税收乘数是指收入变动对税收变动的比率。税收乘数有两种:一种是税率变动对总收入的影响,即比例税对总收入的影响;另一种是税收绝对量变动对总收入的影响,即定量税对总收入的影响。这里只分析后者。若以 ΔT 表示税收变动,ΔY 表示收入变动,K_t 表示税收乘数,则

$$K_t=\Delta Y/\Delta T$$
$$K_t=\mathrm{d}Y/\mathrm{d}T$$

根据 $Y=C+I+G$,当净税收 T 存在时,C 成为个人可支配收入 Y_d 的函数。又由于 $Y_d=Y-T$,因此

$$Y=C(Y_d)+I+G$$
$$Y=C(Y-T)+I+G$$

假定投资 I 和政府购买 G 不变,对上式进行全微分,得

$$\mathrm{d}Y=(\mathrm{d}C/\mathrm{d}Y_d)\mathrm{d}Y_d$$
$$\mathrm{d}Y=(\mathrm{d}C/\mathrm{d}Y_d)\mathrm{d}(Y-T)$$
$$\mathrm{d}Y=(\mathrm{d}C/\mathrm{d}Y_d)(\mathrm{d}Y-\mathrm{d}T)$$

其中,$\mathrm{d}C/\mathrm{d}Y_d$ 是边际消费倾向,即 $\mathrm{d}C/\mathrm{d}Y_d=b$,所以

$$\mathrm{d}Y=b(\mathrm{d}Y-\mathrm{d}T)$$

整理,得

$$\mathrm{d}Y/\mathrm{d}T=-b/(1-b)$$

所以

$$K_t=-b/(1-b)$$

因此,税收乘数 K_t 等于边际消费倾向 b 与 1 减边际消费倾向 b 之比的负值,或等于边际消费倾向 b 与边际储蓄倾向 $(1-b)$ 之比的负值。可见,税收乘数和政府转移支付乘数基本相同,但符号相反。这表明收入会随税收绝对量的增加而减少;随税收绝对量的减少而增加。

由于税收乘数的作用,税收的变动会引起多倍的收入变动。

因为

$$K_t=\Delta Y/\Delta T$$

所以 　　　　$$\Delta Y=K_t\times\Delta T$$
$$Y=[-b/(1-b)]\times\Delta T$$

例如，若边际消费倾向 $b=0.8$，由税收乘数 $K_t=[-1/(1-0.8)]\times0.8=-4$。若政府增税 $\Delta T=200$ 亿元，则国民收入减少 $\Delta Y=-4\times200=-800$ 亿元。若政府减税 $\Delta T=200$ 亿元，则国民收入增加 $\Delta T=-4\times(-200)=800$ 亿元。

比较以上分析的政府购买乘数 K_g、政府转移交付乘数 K_{Tr} 和税收乘数 K_t，可以看到 $K_g>K_{Tr}>K_t$。因此，改变政府购买水平对出现经济活动的效果大于政府转移交付水平的效果；而改变政府转移支付水平对宏观经济活动的效果大于改变税收水平的效果。可见，改变政府购买水平是财政政策的最有效手段。

平衡预算乘数是指政府收入和支出同时以相等效量增加或减少时收入变动对政府支出变动的比率。假定政府支出全部都是政府购买，并且增加的政府支出等于增加的税收，若以 ΔG 代表政府购买变动，ΔT 代表税收变动，ΔY 代表收入变动，K_b 代表平衡预算乘数，则

$$K_b=\Delta Y/\Delta G$$

由于增加的政府支出和税收都会影响收入水平，因此，收入的变动 ΔY 等于政府支出变动 ΔG 引起的收入变动 $K_g\times\Delta G$ 与税收变动 ΔT 引起的收入变动 $K_t\times\Delta T$ 之和，即

$$\Delta Y=K_g\times\Delta G+K_t\times\Delta T$$

因为

$$K_g=1/(1-b)$$
$$K_t=-b/(1-b)$$

所以 $\quad\Delta Y=1/(1-b)\times\Delta G+[-b/(1-b)]\times\Delta T$

又因为 $\quad\Delta G=\Delta T$

所以
$$\begin{aligned}\Delta Y&=1/(1-b)\times\Delta G+[-b/(1-b)]\times\Delta T\\&=[1/(1-b)-b/(1-b)]\times\Delta G\\&=\Delta G\end{aligned}$$

因此 $K_b=1$，即平衡预算乘数等于 1。

可见，由于平衡预算乘数的作用，等量政府支出与税收的变动引起的收入的变动，等于政府支出 G 变动。

从前面几个例子中可以看出，政府购买增加 200 亿元时，国民收入增加 1000 亿元。税收增加 200 亿元时，国民收入减少 800 亿元。政府购买和税收同时增加 200 亿元，政府预算是平衡的，但国民收入却增加 200 亿元，并且增加的数量与政府购买支出和税收变动的数量相同。

三、财政政策效应

前面分析的各种乘数反映的是在市场利率不变的情况下各种财政政策手段的效果。但在 $IS-LM$ 模型中我们发现，任何财政政策在引起 IS 曲线移动的同时也引起市场利率的变化，而这种变化反过来又影响财政政策的效果。因此，考察财政政策时，还必须引入货币因素，运用 $IS-LM$ 模型分析财政政策的效应。

财政政策效应是指政府支出变化对总需求从而对国民收入和就业的影响。从 $IS-LM$ 模型看，财政政策效应是指 IS 曲线移动对国民收入变动的影响。如图 15-7 所示，IS 曲线和 LM 曲线相交于 E_1 点，决定的均衡利率和均衡国民收入分别为 r_1 和 Y_1。当政府采用扩

张性的财政政策,比如增加政府购买 ΔG 时,IS 曲线会向右上方移动至 IS',并与 LM 曲线相交于 E_1' 点,决定的均衡利率和均衡国民收入分别是 r_1' 和 Y_1'。由于采用了扩张性的财政政策,国民收入由 Y_1 增加为 Y_1',这就是扩张性财政政策效应。同样,如果采用紧缩性的财政政策,会导致国民收入的下降。

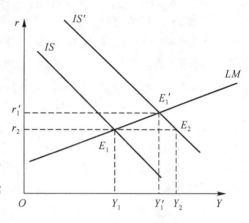

图 15-7 财政政策效应

财政政策效应的大小取决于 IS 曲线和 LM 曲线的倾斜程度。一般的,在 LM 曲线不变时,IS 曲线平坦,即 IS 曲线斜率的绝对值对 IS 曲线移动对国民收入变动的影响小,财政政策效应小;反之,IS 曲线陡峭,即 IS 曲线斜率的绝对值大,IS 曲线移动对国民收入变动的影响大,故其财政政策效应大。因为 IS 曲线的倾斜程度反映着投资需求的利率弹性,IS 曲线平坦,斜率的绝对值小,反映的投资需求的利率弹性就大,即投资需求对利率变动的敏感程度强,较小的利率变动就会引起较大的投资变动;反之,IS 曲线陡峭,斜率的绝对值大,反映的投资需求的利率弹性就小,即投资需求对利率变动的敏感程度差,较大的利率变动仅能引起投资的较小变动。因此,当政府采用增加支出的扩张性财政政策使 IS 曲线向右移动从而使利率上升时,前者对投资的抑制作用大,国民收入增加少,因而财政政策效应小;而后者对投资的抑制作用小,国民收入增加多,因而财政政策效应大。

如图 15-8 所示。图(a)和图(b)是两个不同的 IS—LM 模型。其中,IS_1 和 IS_2 是两条倾斜程度不同,即斜率不同的 IS 曲线,IS_1 的倾斜程度小于 IS_2 的倾斜程度。LM_1 和 LM_2 是两条倾斜程度相同 LM 曲线。IS_1 和 IS_2 分别与 LM_1 和 LM_2 相交于 E_1 和 E_2 点,E_1 对应的利率和国民收入分别为 r_1 和 Y_1,E_2 对应的利率和国民收入分别为 r_2 和 Y_2,并且 $r_1=r_2$,$Y_1=Y_2$。在这两种情况下,当政府采用同样的扩张性财政政策,如增加政府支出 ΔG,尽管 IS 曲线都会向右移动 $\Delta G \cdot K_g$,但因 IS_1 和 IS_2 的倾斜程度不同,IS 曲线移动引起的国民收入的变动也不同,前者为 Y_1Y_1' 后者为 Y_2Y_2',$Y_1Y_1'<Y_2Y_2'$。前者的财政政策效应小,后者的财政政策效应大。

当 IS 曲线不变,LM 曲线平坦,即 LM 曲线的斜率小,IS 曲线移动对国民收入变动的影响大,即财政政策效应大;反之,LM 曲线陡峭,即 LM 曲线的斜率大,IS 曲线移动对国民收入变动的影响小,即财政政策效应小。因为 LM 曲线的斜率反映货币需求的利率弹性。LM 曲线平坦,斜率小,反映货币需求的利率弹性大;LM 曲线陡峭,斜率大,反映货币需求的利率弹性小。对于前者利率的较小变动就会引起货币需求的较大变动,亦即货币需求的较大变动只能引起利率和投资的较小变动。对于后者,利率的较大变动只会引起货币需求的较小变动,亦即货币需求的较小变动就会引起利率和投资的较大变动。因此,当 IS 曲线向右移动,即政府增加支出引起货币需求增加时,前者引起的利率上升幅度较小,对投资的抑制作用小,故国民收入水平提高幅度大,财政政策效应大;后者引起的利率上升幅度大,对投资的抑制作用大,故国民收入水平提高幅度小,财政政府效应小。

如图 15-9 所示,图(a)和图(b)是两个不同的 IS—LM 模型。IS_1 和 IS_2 是两条相同的 IS 曲线,LM_1 和 LM_2 则是两条不同的 LM 曲线,LM_2 比 LM_1 陡峭,即 LM_2 的斜率大于

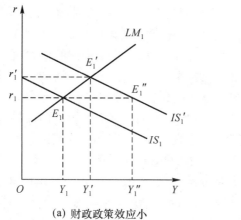

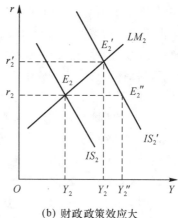

(a) 财政政策效应小　　　　　　　　(b) 财政政策效应大

图 15-8　财政政策效应和 IS 曲线斜率

LM_1 的斜率。IS_1 和 IS_2 分别与 LM_1 和 LM_2 相交于 E_1 和 E_2 点,E_1 对应的利率和国民收入分别为 r_1 和 Y_1,E_2 对应的利率和国民收入分别为 r_2 和 Y_2,并且 $r_1=r_2$,$Y_1=Y_2$。当政府实施同样的扩张性财政政策,如增加政府购买 ΔG 时,尽管 IS_1 和 IS_2 曲线都向右移动相同的距离 $\Delta G \cdot K_g$,但因 LM_1 和 LM_2 曲线的倾斜程度不同,即斜率不同,所引起的国民收入的增长也不同,前者为 Y_1Y_1',后者为 Y_2Y_2',$Y_1Y_1'>Y_2Y_2'$。故前者的财政政策效应大,后者的财政政策效应小。

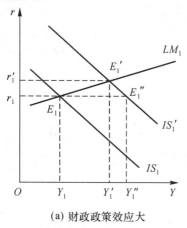

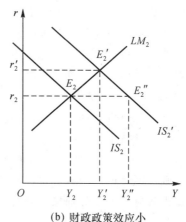

(a) 财政政策效应大　　　　　　　　(b) 财政政策效应小

图 15-9　财政政策效应与 LM 曲线斜率

　　因此,一项扩张性的财政政策如果对利率上升仅有轻微的影响,并且利率的上升对投资的下降抑制作用较小,那么,这项财政政策的效应大;反之,财政政策效应小。而这主要取决于投资需求的利率弹性和货币需求的利率弹性。投资需求的利率弹性和货币需求的利率弹性是影响财政政策效应的主要因素。

四、挤出效应

　　通过上面的分析可以发现,同样的财政政策对国民收入的影响,在同时考察产品市场和货币市场与单独考察产品市场两种情况下是不一样的。如图 15-7 所示,撇开货币市场不谈,即假定利率水平不变,扩张性的财政政策将使均衡点 E_1 移动到 E_2,增加国民收入为 Y_1Y_2。但引进了货币市场的分析后,均衡点移动到 E_1',增加的国民收入仅为 Y_1Y_1'。这是因为,扩张性的财政政策使总需求与国民收入增加,同时也引起货币需求的增加,在货币供给不变的条件下,利率将上升,投资将下降,从而反过来抑制总需求与国民收入的增长。这种扩张性的财政政策所引起的利率上升、投资下降、需求减小现象,称为挤出效应。

与财政政策效应相同,挤出效应的大小也取决于 IS 曲线和 LM 曲线的倾斜程度,即取决于 IS 曲线和 LM 曲线的斜率。在 LM 曲线不变时,IS 曲线平坦,斜率的绝对值小,则挤出效应大;反之,IS 曲线陡峭,斜率的绝对值大,则挤出效应小。因为 IS 曲线的倾斜程度反映着投资需求的利率弹性,IS 曲线平坦,利率的绝对值小,反映的投资需求的利率弹性就大,即投资需求对利率变动的敏感程度强,较小的利率变动就会引起较大的投资变动;当 IS 曲线由于政府支出的增加而向右移动使利率上升时,利率对投资抑制作用大,故挤出效应大;反之,则挤出效应小。因此,挤出效应的大小与投资需求的利率弹性呈同方向变动。

如图 15-8(a)所示,IS_1 曲线比较平坦,政府支出产生的挤出效应大;图(b)中,IS 曲线比较陡峭,政府支出产生的挤出效应小。

当 IS 曲线不变,LM 曲线平坦,即 LM 曲线的斜率小,则挤出效应小,反之,LM 曲线陡峭,即 LM 曲线的斜率大,则挤出效应大。因此,LM 曲线的斜率反映货币需求的利率弹性。LM 曲线平坦,斜率小,反映出货币需求的利率弹性大,利率的较小变动就会引起货币需求的较大变动,亦即货币需求的较大变动只能引起利率与投资的较小变动,政府购买对投资的抑制作用小,产生的挤出效应小;LM 曲线陡峭,斜率大,反映出货币需求的利率弹性小,利率的较大变动只会引起货币需求的较小变动,亦即货币需求的较小变动就会引起利率与投资的较大变动,政府支出对投资的抑制作用大,产生的挤出效应大。因此,挤出效应的大小与货币需求的利率弹性呈反方向变动。

如图 15-9(a)所示,LM_1 曲线比较平坦,政府支出产生的挤出效应小;图(b)中,LM_2 曲线比较陡峭,政府支出产生的挤出效应大。

以上分析的是挤出效应的一般情况。但在某些特殊情况下,如在流动性陷阱中和在古典情况下,挤出效应会有一些特殊的表现。如果经济处于严重的衰退状态,政府支出产生的挤出效应则微不足道。如果经济已经处于充分就业状态,从长期看,增加政府支出会产生完全的挤出效应。下面分别加以分析。

所谓"流动性陷阱",是指利率下降到如此低的水平,致使货币需求的利率弹性无限大,以至于公众在此利率水平下愿意持有任何数量的货币。这时不论政府货币当局增加多少货币供给,都不会导致利率的下降。"流动性陷阱"又称"凯恩斯陷阱"。

在流动性陷阱中,LM 曲线为一条水平线,政府支出的增加不会引起利率的升高,不会抑制投资,财政政策效应最大,挤出效应不存在。

如图 15-10 所示,处于流动性陷阱的 LM 曲线是一条水平线,斜率为零,这表明货币需求的利率弹性无限大,即货币需求的再大变动也不会引起利率的变动。因此,当政府实施增加支出的扩张性财政政策时,IS 曲线向右移动至 IS',而利率保持不变,投资不受影响,从而不产生挤出效应,所以,财政政策效应最大。

在古典情况下,LM 曲线是一条垂线,增加政府支出的扩张性的财政政策只会引起利率升高,不会增加国民收入,财政政策效应为零,挤出效应最大。

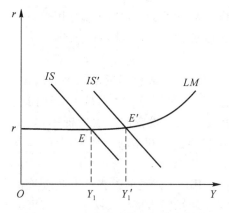

图 15-10　流动性陷阱下的挤出效应

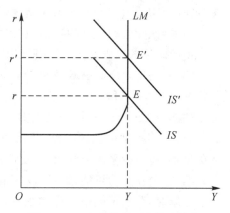

图 15-11　古典情况下的挤出效应

如图 15-11 所示,处于古典情况下的 LM 曲线是一条垂线,斜率为无穷大。这表明货币需求的利率弹性为零,即货币需求的微小变动就会引起利率的无限变动。因此,当政府增加财政支出时,利率升高,私人投资下降,挤出效应达到最大。

第三节　货币政策和财政政策的混合

一、货币政策与财政政策的局限性

货币政策和财政政策在调节经济中都起重要作用,但这不是说货币政策和财政政策是万能的,事实上,不管是货币政策还是财政政策,在调节经济中都存在很大的局限性。

货币政策的局限性主要表现在以下几个方面:

第一,流动性陷阱使货币政策失效。出现流动性陷阱时,利率降低到最低水平,货币需求的利率弹性无限大,货币需求的再大变动也不会引起利率的变动,货币政策效应为零,如图 15-10 所示。因此,政策无法再用货币政策降低利率,刺激投资。货币政策失去了其存在意义。正是从这个意义上,凯恩斯主义者认为货币政策对经济的调节作用有限,应当注重财政政策对经济的调节作用。

第二,公众行为影响货币政策的效果。货币政策到底能取得多大成效,很大程度上取决于公众行为与宏观货币政策的配合。然而,公众的局部利益与政府的全局利益往往是不一致的,这难免使公众行为与政府货币当局的愿望背道而驰,当经济萧条时,利率再低,公众也不愿投资,政府扩张性的货币政策多此一举;当经济高涨时,利率再高,公众也竞相投资,政府紧缩性的货币政策也只能是"耳旁风"。因此,公众利益的局限性大大地削弱了政府货币当局货币政策的作用。

第三,同样的货币政策在不同部门产生的作用是不同的。不同的部门之间存在着很大的差别,这些差别使同样的货币政策在不同的部门会产生不同的效果。利率反应敏感的部门,货币政策效果大,而利率反应差的部门,货币政策效果小。这种情况将影响货币政策的作用广度。

第四,个人储蓄对货币政策的反应差。个人储蓄主要是为了满足个人的生活需要,它的多少往往取决于个人的收入和消费偏好,利率对它的影响不大,货币政策对其调节作用很小。

另外,国际金融市场的变动、政治因素等也会对货币政策的效果产生影响。

财政政策的局限性主要表现在以下几个方面:

第一,挤出效应是财政政策的绊脚石。政府扩张性的财政政策引起货币需求的增加,提高利率,这将使私人投资减少,从而大大地降低了财政政策的效果。特别是当 LM 曲线处于古典区域时,政府扩张性财政政策将完全被其引起的私人投资的减少所抵销,如图15-11所示。正是由于这一点,货币主义认为,财政政策只会引起利率的升高,不会引起收入的增加,应当少采用财政政策,更多地采用货币政策。

第二,公众行为可能偏离财政政策的目标。当政府采用增支减税的扩张性财政政策扩大总需求时,公众可能把由此增加的收入转为储蓄。这会使总需求的增加大打折扣,也会使政府的扩张性财政政策达不到预期的目的。

第三,财政政策的实施往往受到来自不同方面的阻力。不同的财政政策对不同阶层和不同利益集团的影响是不同的。减少所得税,有利于一般公众;增加军事购买,有利于军工厂商;增加转移支付,有利于穷人;增加投资补贴则利于投资家。这一切无疑增添了财政政策实施的难度。

另外,政治因素和其他政策等也会对财政政策的效果产生影响。

二、货币政策与财政政策的混合使用

货币政策和财政政策对经济调节的不同作用和它们各自的局限性,要求政府在货币政策和财政政策之间做出选择,它或者选用货币政策,或者选用财政政策,或者两种政策兼而用之。由于经济问题十分繁杂,因此,在实践中,往往将两者结合起来组合使用。

假如某一时期经济低于充分就业的水平,政府既可以采用扩张性的财政政策,又可以采用扩张性的货币政策。只采用扩张性的财政政策,会引起货币需求增加,导致利率的上升,抑制私人投资,产生挤出效应,但若采用扩张性的货币政策,增加货币供给,则会导致利率下降。因此,如果在采用扩张性的财政政策的同时,采用扩张性的货币政策,则可抵销两种政策导致的利率的上升与下降,使利率维持在一定的水平上,避免挤出效应。这样既稳定了利率,又促进了经济增长。

如图 15-12 所示,IS 曲线和 LM 曲线交于 E_1 点,相应的利率和国民收入分别为 r_1 和 Y_1,但 Y_1 不是充分就业的国民收入,充分就业的国民收入为 Y_1^*。为了实现充分就业,政府既可以实施扩张性的财政政策,将 IS_1 曲线向右移动,又可以实施扩张性的货币政策,将 LM_1 曲线向右移动。这两种政策都可实现充分就业,使国民收入增加为 Y_1^*。但只采用财政政策,需将 IS 曲线移至 IS_2 的位置,这时利率上升为 r_2,只采用货币政策,需将 LM_1 曲线移至 LM_2 的位置,这时利率降低为 r_2'。这两种方法都会导致利率的大起大落,不利于经

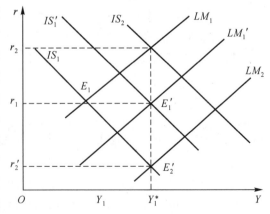

图 15-12　财政政策与货币政策的混合

济的稳定。如果同时采用扩张性财政政策和扩张性货币政策,即同时将 IS_1 和 LM_1 分别移动到 IS' 和 LM' 位置,则利率 r_1 可保持不变,国民收入可达到充分就业水平。

财政政策和货币政策的混合是多种多样的,其基本组合有以下四种:一是扩张性的财政政策和扩张性的货币政策混合;二是扩张性的财政政策和紧缩性的货币政策混合;三是紧缩性的财政政策和扩张性的货币政策混合;四是紧缩性的财政政策和紧缩性的货币政策混合。这些混合的政策效应,有的可以事先预料;有的则必须根据财政政策效应和货币政策效应的大小,进行比较后才能断定。如表 15-1 所示为以上四种基本混合的政策效应。

表 15-1　财政政策与货币政策的混合

混合政策效应 货币政策 财政政策	扩张性的货币政策	紧缩性的货币政策
扩张性的财政政策	利率不定	利率上升
	收入增加	收入不定
紧缩性的财政政策	利率下降	利率不定
	收入不定	收入减少

财政政策和货币政策的混合方式不同,产生的政策效应不同,适用的经济环境也就不同。当经济严重萧条时,可采用扩张性的财政政策和扩张性的货币政策。一方面用扩张性的财政政策增加总需求,另一方面用扩张性的货币政策降低利率,避免挤出效应。当经济萧条但不太严重时,可采用扩张性的财政政策和紧缩性的货币政策。一方面用扩张性的财政政策刺激需求,另一方面用紧缩性的货币政策抑制通货膨胀。当经济出现通货膨胀但又不太严重时,可采用紧缩性的财政政策和扩张性的货币政策。一方面用紧缩性的财政政策压缩总需求,另一方面用扩张性的货币政策降低利率,刺激投资,遏止经济的衰退。当经济发生严重的通货膨胀时,可采用紧缩性的财政政策和紧缩性的货币政策。一方面用紧缩的货币政策提高利率,抑制投资;另一方面用紧缩性的财政政策,控制总需求。

财政政策和货币政策及其混合的选用,不仅取决于经济因素,而且取决于政治等其他因素。因为财政政策和货币政策作用的后果,会使国民收入的结构发生变化,从而对不同阶层和不同利益集团产生不同的影响。因此,政府在选用财政政策和货币政策及其混合时,必须全面考察,兼顾各方面的利益。

▦ 案　例 ▦

【案例1】　　　　　　　　**克林顿经济学的调控作用**

自从 20 世纪 30 年代凯恩斯主义产生之后,它就几乎成了国家干预主义的代名词。凯恩斯主义的具体理论和政策主张可以说大致经历了如下四个阶段的发展和变化:一是以凯恩斯本人的有效需求理论为基础,以摆脱大萧条和严重失业为己任,主张实行以刺激总需求为目标、以需求管理为内容的扩张性财政和金融政策;二是由汉森首倡并以菲利普斯曲线为理论基础,主张实行周期平衡的补偿性财政和金融政策;三是以托宾等人为代表的、以就业空位与失业并存的结构性滞胀理论为基础,主张实行以就业培训、人力政策为中心的结构性或微观化的宏观经济政策;四是80年代中期兴起的并且新近成为克林顿政府官方经济学的新凯恩斯主义,采用了工资和物价黏性的说法,并引入了经济人和理性预期的假设,重新解释了资本主义经济危机和严重失业的原因。从现实来看,新凯恩斯主义对于美国经济正在产生着越来越大的影响,这是不能不引起人们重视的。

从理论上讲,新凯恩斯主义其实是一个将凯恩斯主义、现代货币主义、供给学派和理性预期学派的理论与政策主张进行了更为广泛"综合"的"新综合"。因而,所谓克林顿经济学不过就是人们对克林顿政府所主张和实施的一系列新凯恩斯主义的经济政策的一个统称或代名词。克林顿经济学的基本要义就是既反对完全自由放任的政府,又反对过度干预的政府。用克林顿自己的话说就是"我们将走第三条道路"。不仅如此,克林顿经济学还在很大程度上受到日本产业政策的影响,吸收了其中许多有益的东西。克林顿政府的宏观经济政策已经不仅仅是将重点放在总量的简单平衡上,而是在考虑总量平衡的同时,更为注重结构问题。可以说,新凯恩斯主义或克林顿经济学对经济乃至西方经济学本身就是极其讲究实用性的。

克林顿经济学从经济政策的实施上主要包括以下几方面:

实施了较为合理的财政政策。克林顿上台后,大力削减财政赤字,同时,政府和国会达成协议,要在2002年消灭财政赤字,实行平衡预算。因此,克林顿执政以来,联邦政府财政赤字稳步下降,1996年财政年度已减少到1073亿美元,1997年已降至千亿美元以下。政府预算赤字的减少实际上增加了市场的资本供应量,有利于促使长期利率下降并保持在较低水平,从而刺激企业投资。同时,财政赤字的稳定下降也有助于增强人们对美国经济前景的信心,促进了长期利率的下降,推动了投资市场的繁荣。近几年来,虽然美国财政政策的目标主要在于减少财政赤字,但它并不是采取以前各任总统所采取的简单减少支出的办法,而是采用有增有减的结构性的财政政策。其主要措施包括:通过增加投资、经济转型和增长战略来增加财政收入;削减国防经费;取消非生产性开支,鼓励私人投资;削减联邦行政开支。财政赤字的减少也成为近年来美国股票市场在大多数情况下走势较好的一个重要原因。投资市场的繁荣对美国公司吸收资金和扩大投资起到了积极作用,从而也促进了经济的稳定发展。

制定和执行了正确的货币政策。里根执政初期,当时的美联储主席沃尔克为了制止通货膨胀,不惜把美国经济再次拖进衰退,大幅度提高利率。

1987年接任美联储主席的格林斯潘在沿用沃尔克坚决反通货膨胀做法的同时,更加强调采取"预防性"的措施,在通货膨胀还没有明显苗头的情况下就实行紧缩政策,将通货膨胀消灭在萌芽状态,从而保持经济的持续稳定增长。可以说,在货币政策上,克林顿政府所采用的是较为温和、谨慎的货币政策。这一点可以从过去几年美联储的数次利息升降中可以看出来。以格林斯潘为首的美联储执行的是以控制通货膨胀为首要目标的低增长率和低通货膨胀率的货币政策。每当经济出现过热迹象时,格林斯潘总是毫不手软地采取坚决措施,紧缩通币以对经济实行刹车。实践证明,这一政策对美国经济的稳定增长起到了重要的保证作用。由于私人消费占美国国内生产总值的2/3,大幅度紧缩银根对美国的消费热起到了降温作用,保证了最近两年经济继续沿着低速而稳定增长的轨道运行。

迅速开发和应用高新技术。高新技术迅速开发和应用使得美国的生产率得到了很大的提高。高新技术的发展日新月异,电脑技术的普遍运用使产品的开发、生产、销售和库存的控制发生了革命性的变化。这一方面大大提高了生产率,降低了生产成本,增强了产品的竞争力,限制了物价的攀升。另一方面生产和市场信息的准确和快速的收集,也减少了生产的盲目性,有效地控制了库存的增长,降低了由于生产过剩最终导致经济危机发生的可能性。一些经济学家指出,1990 年美国投到信息业的资本首次超过对其他产业的投资,标志着美国已开始进入信息社会。据美国政府统计,1996 年,美国用于计算机等信息处理及其相关设备的投资额达 2028 亿美元,比 1996 年的 1832 亿美元增加了 12.5%,是其他工业设备投资的 1.6 倍,信息技术投资已占企业固定资本投资的 35.7%。自 1993 年以来,美国工业取得的增长中,约有 45% 是由电脑和半导体创造的。计算机技术带来更大的影响是彻底改变了企业的运作方式。随着公司内部电脑网络的普及,公司的科研人员可以在同一时间对同一课题进行攻关,从而大大缩短了新技术和新产品的研究与开发时间。网络化还使公司根据市场情况对生产、销售和库存随时进行调整,从而在相当大程度上降低了生产过剩引发经济危机的可能性或者至少推迟了衰退到来的时间。

实行以开拓国外市场为核心的贸易政策。克林顿政府将一直以提倡"自由贸易"为荣的美国贸易传统转变到目前更体现实用主义的"公平贸易"上来。鉴于经济竞争已成为"冷战"后国际竞争的核心内容,对外贸易特别是出口的扩大已成为支撑美国经济扩展的重要因素,克林顿政府前所未有地把开拓国外市场、扩大对外贸易置于对外战略的优先地位。为此,美国政府制定了美国有史以来第一个"国家出口战略",确定了六大重点出口产业。

强调供给政策是克林顿经济学中很独特的一个组成部分。它的供给政策在很大程度上是吸收了里根经济学中的供给管理政策的有益成分,同时又吸收了日本等东亚国家过去 30 年经济快速成长的经验。这一政策包括:①继续保持较低的税率,以刺激商品和劳务的供给。②政府机构开始加强对技术开发的投入。1994 年,美国成立了由总统任主席的国家科学委员会,其地位与国家安全委员会、国家经济委员会平等,从而把科技工作提到了空前重要的地位。③大幅度增加了对技术改造项目的奖励,设立专门的投资税收信贷政策,鼓励企业参与国际竞争,购置高效率的机器设备;对开创性的技术公司提供长期信贷税收基金。④提高人力资本素质,提倡终身教育。⑤提高能源利用率,走可持续发展的道路。克林顿政府几年来一直提倡减少能源消耗,加强防止空气和水污染,保护环境,鼓励废物的回收和利用,以提高经济效益。

尽管新凯恩斯主义和克林顿经济学的实践在前些年对美国经济产生了很多积极的作用,并在今后两三年内仍将继续影响美国经济,使其继续保持低速稳定的增长态势,但它们是否能够使美国政府完全摆脱周期性危机的阴影,还是值得怀疑的。

资料来源:胡希宁.文汇报,2001-10-09

问题:(1)根据案例,请举例说明,为实现宏观经济的目标,克林顿政府采用了哪些政策工具?

(2)克林顿政府是如何搭配财政政策和货币政策的? 为什么要这样搭配?

【案例 2】　　　　　　　稳健货币政策中的"适度从紧"

1997—2004 年我国所实行的货币政策被称为稳健的货币政策,这一政策强调的是货币信贷增长与国民经济增长大体保持协调关系,但在不同时期有不同的特点和重点,因为经济形势的变化,就要求适度调整的政策实施的力度和重点。例如,从 2001 年 11 月份开始,我国居民消费物价指数开始出现负增长,经济运行出现通货紧缩局面长达 14 个月,这种通货紧缩不仅表现为消费需求不足,也表现为投资需求不足,整个经济增长乏力。但是,在2003 年居民消费物价指数由负转正仅一年时间,通货紧缩阴影尚未完全消散的情况下就出现了严重的投资过热趋势。这种过热,主要表现在钢铁、水泥、电解铝和房地产等几个行业,而有些产业例如农业的投资还严重不足。2003 年我国钢铁、水泥、电解铝等行业投资分别增长 96.6%、121.9% 和 92.9%,2004 年第一季度钢铁、水泥、电解铝投资增长又分别达到 107.2%、101.4% 和 39.3%,而农业投资增长率只有 0.4%。其原因有几个,一是 1998 年以来我国多年实施积极财政政策,这些政策实施中的投资项目大多为基础设施建设项目,这必然带动钢铁、水泥等行业热起来;二是地方政府的"投资冲动",各地搞"政绩工程";三是我国经济市场化程度提高后,利益主体也多元化,使地方政府与经济主体间形成默契与投资合力,再加上房地产行业在这几年的暴利引诱,造成钢铁、水泥等行业的异常投资冲动。固定资产投资增长过快、规模过大以及投资结构的严重失调这两大问题,在银行信贷上也得到了充分反映。从 2003 年来看,全年贷款 2.8 万亿元,广义 M_2 增长达 20%,这显然是过度投资导致的过度货币信贷增长。根据中共中央经济工作会议精神,央行提出 2004 年广义货币 M_2 增长 17%,新增贷款 2.6 万亿元的指标,但第一季度货币政策实施过程中,信贷增长近 20%,广义货币稳定在 20% 左右的水平,都高于预期目标。

钢铁、水泥、电解铝和高档房产等几个行业投资增长如此迅猛,后患无穷。最主要的有以下几方面:一是这种盲目投资,势必大大超出资源和环境承受能力,带来重要原材料和煤电油的全面紧张,使经济运行绷得过紧,进一步推动整个投资规模扩张,这种投资与重工业之间的循环扩张,只会和社会消费越来越脱节,造成经济结构扭曲,各部门间严重失衡,从而经济终将从"大起"转向"大落",从"通胀"转变为"通缩";二是形成严重金融风险,目前我国钢铁行业资产负债率为 46%,投资项目中有 38% 来自银行贷款;水泥行业资产负债率为 54%,投资项目中有 39% 来自银行贷款;电解铝行业资产负债率为 54%,投资项目中有 48% 来自银行贷款。这三个行业供需状况又如何呢?2005 年,我国钢铁生产能力 3.3 亿吨,水泥产量超过 10 亿吨,电解铝生产能力超过 900 万吨,这些产品都大大超过需求量。严重的供过于求带来的损失易形成银行的呆账和坏账。

宏观经济管理部门看到了这一矛盾,及时做出了调控决策。考虑到积极财政政策已到了必须淡出的时候,所以必须从货币政策方面考虑调控,前几年我国为配合积极的财政政策,在 1997—1998 年实行了稳健货币政策中的适度从宽,以扩大内需,促进经济增长。为此,取消了贷款限额控制,下调了存款准备金,并一再降低存款利率。这样,各行各业包括上述投资过热的那些行业,不但有了极宽松的贷款环境,而且借贷成本极为低廉,这无疑为这些行业进行盲目投资放开了资金的水龙头。要收紧这个水龙头,央行采取了多种措施,唯独尚未用提高利率的办法,这是考虑到种种因素,包括发达国家目前利率水平很低,如我国提高利率显然会使国外资金流入套利而形成人民币升值压力;还包括提高利率会加大企业利息负担(我国企业资产负债率普遍比较高)以及使股市更加雪上加霜等。为此,央行采取了其他一系列措施:一是提高法定准备率(2003 年 9 月 21 日起,把原来 6.1% 的法定准备率提高到 7%,2004 年 4 月 25 日起,再把准备率从 7% 提高到 7.5%)。二是实行差别存款准备金率,从 2004 年 4 月 25 日起,将资本充足率低于一定水平的金融机构的存款准备金率提高 0.5 个百分点。三是建立再贷款浮动制度,2004 年 3 月 25 日起,在再贴现基准利率基础上,适时确定并公布中央银行对金融机构贷款利率加点幅度,同时决定,将期限在 1 年以内、用于金融机构头寸调节和短期流动性支持的各档次再贷款利率在现行再贷款基准利率基础上统一加 0.63 个百分点,再贴现利率在现行基准利率基础上统一加 0.27 个百分点。四是加大公开市场操作力度,2004 年一季度,央行通过外汇公开市场操作投放基础货币

2916亿元,通过债券市场公开市场操作(卖出债券)回笼基础货币2810亿元,基本全额对冲外汇占款投放的基础货币。五是加强对商业银行贷款的窗口指导,促进优化贷款结构。例如,央行于2004年1月18日下发通知,要求商业银行积极采取措施,严格控制对钢铁、水泥、电解铝等"过热"行业的贷款,同时,积极鼓励和引导商业银行加大对中小企业、扩大消费和增加就业方面的贷款支持。六是积极支持"三农"经济发展,加快推进农村信用社改革。例如,2004年年初,通过地区间调剂,央行对粮食主要产区增加再贷款40亿元;3月份对农村信用社单独安排增加50亿元再贷款,支持信用社发放农户贷款。

可见,央行这次调控,并不是"一把刀"的"急刹车",而是有限制和有支持的"点刹",即该刹车的刹车,该支持的支持,再配合其他一些调控措施,例如,2004年4月25日国务院发出通知,提高钢铁、水泥、电解铝和房地产开发(不含经济适用房)固定资产投资项目资本金比例,又如国家在土地使用方面的一些严格限制等。这些调控措施很快起到了成效,固定资产投资过快增长势头得到了遏制,尽管1—5月累计投资同比还是增长了34.8%,但增幅比1—4月已回落8个百分点,部分投资过热的行业已明显降温。5月份全国生产资料价格总水平同比涨幅14.3%,环比回落1.4%,是持续7个月快速上涨后的首次回落。钢材价格下降尤为明显,5月份全国钢材市场价格总水平比上月回落7.6%,相反,加强农业的政策极大地调动了农民的积极性,农业基础地位得到了加强,夏粮有望增产,将扭转连年下降的局面。整个国民经济继续保持平稳较快增长。

资料来源:根据网络资料修改整理

问题:(1)上文中提到的财政和货币政策具体工具有哪些?

(2)宏观经济管理部门为什么要这样搭配财政政策与货币政策?

习　题

1.中央银行有哪些基本的货币政策手段?

2.商业银行和公众对中央银行的货币政策有什么影响?

3.影响货币政策效应的主要因素是什么?

4.什么是充分就业预算盈余?引入这个概念对分析财政政策有什么意义?

5.政府的财政政策手段主要有哪些?

6.影响政府财政政策效应的因素是什么?

7.在古典情况和流动性陷阱下,货币政策效应和财政政策效应各有什么不同?

8.当通货膨胀严重、经济过热时应采用什么样的财政政策和货币政策?

9.假定经济满足 $Y=C+I+G$,且消费 $C=800+0.63Y$,投资 $I=7500-20000r$,货币需求 $L=0.1625Y-10000r$,名义货币供给量6000亿元,价格水平为1。问:(1)政府支出为7500亿元时,均衡产出和利率各为多少?(2)当政府支出从7500亿元增加到8500亿元时,政府支出挤占了多少私人投资?

10.假定政府当前预算赤字为75亿元,边际消费倾向 $c=0.8$,边际税率 $t=0.25$,政府为降低通货膨胀率减少政府支出200亿元。通过计算回答政府支出的变化能否消灭赤字。

11.三部门的经济中,已知边际消费倾向 $c=0.75$,边际税率 $t=0.2$,货币交易需求 $L_1=0.5Y$,价格总水平 $P=1$。计算:政府支出增加20亿元,保证利率水平不变时的货币供给增量。

第十六章　总需求—总供给模型

前面分析 $IS—LM$ 模型时,以一般价格水平保持既定不变为前提,没有探讨产量与一般价格水平之间的关系。这一章则取消了价格水平既定的假设,把劳动市场的均衡结合到 $IS—LM$ 模型中去,探讨就业水平、实际产出水平与一般价格水平之间的关系。

$IS—LM$ 模型分析的还只是需求方面。因为凯恩斯研究的主要是萧条经济,在该经济中有许多未被利用的资源,只要增加总需求,实际产出和就业水平就会在价格水平不提高的情况下增加,因此,总供给问题很少被考虑。与此不同,这一章既重视需求方面,又重视供给方面。这个模型就是总需求—总供给($AD—AS$)模型。

第一节　总需求曲线

一、总需求曲线的推导

总需求是经济社会在每一总价格水平上对产品和劳务的需求总量。与微观经济学中的个别商品的需求曲线不同,总需求曲线表明了在产品市场与货币市场同时实现了均衡时价格水平与国民收入或产量之间的关系。

总需求曲线可以从 $IS—LM$ 模型中求取。根据 $IS—LM$ 模型,IS 曲线和 LM 曲线的交点将决定总需求。

根据前面的分析,产品市场与货币市场的均衡条件,用公式表示,即

$$S(Y)=I(r)$$
$$M/P=L_1(Y)+L_2(I)$$

将 IS 与 LM 方程联立,消去利率 r,则得到仅存在价格水平 P 和国民收入这两个变量的函数式,即总需求函数。

例如,已知:

$$C=80+0.9Y（消费）$$
$$I=720-2000r（投资）$$
$$L=(0.2Y-4000r) \cdot P（货币需求）$$
$$M=500（名义货币供给）$$

从产品市场均衡看

$$Y=80+0.9Y+720-2000r$$

或 $r=(800-0.1Y)/2000$ ⋯⋯⋯⋯⋯⋯⋯⋯⋯⋯⋯⋯⋯⋯⋯⋯⋯ IS

从货币市场均衡看

$$500=(0.2Y-4000r)P$$

或 $r=(0.2Y-500/P)/4000$ ⋯⋯⋯⋯⋯⋯⋯⋯⋯⋯⋯⋯⋯⋯⋯⋯⋯ LM

将 IS 方程和 LM 方程联立消去 r，得

$Y=4000-1250/P$ ⋯⋯⋯⋯⋯⋯⋯⋯⋯⋯⋯⋯⋯⋯⋯⋯⋯总需求函数

在上述方程中，假定其他条件不变，唯一变动的是价格水平。显然，价格水平的变动不会影响产品市场的均衡，即不会影响 IS 曲线，但是都会影响到货币市场的均衡，即会影响 LM 曲线。这是由于式中的 M/P 代表实际货币供给量，M 代表名义货币供给量。当名义货币供给量不变，而价格水平变动时，实际货币供给量就会发生变动。实际货币量的变动会影响货币市场的均衡，引起利率的变动，而利率的变动就会影响总需求变动。具体说来，M 既定，价格水平的下降会使实际货币供给量增加，货币市场上货币需求小于货币供给，从而利率水平下降，利率下降会增加投资，从而使总需求增加。同样，价格水平的上升则会使总需求减少。现在我们用图 16-1 说明如何从 IS—LM 曲线得出总需求曲线。

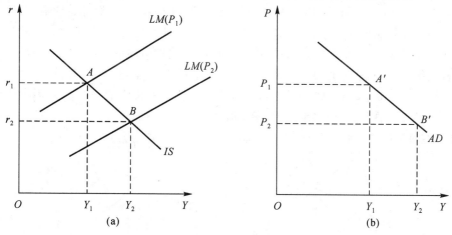

图 16-1 IS—LM 模型推出总需求曲线

图 16-1 分为两部分。在图 16-1(a)中，当价格水平为 P_1 时，$LM(P_1)$ 曲线与 IS 曲线相交于 A 点，A 点所表示的均衡收入和利率分别为 Y_1 和 r_1。当价格水平从 P_1 降到 P_2 时，由于名义货币供给不变时，价格水平下降，意味着实际货币供给增加，从而使 LM 曲线向右下方移动到 $LM(P_2)$，与 IS 曲线的交点 B 决定的均衡收入和利率分别为 Y_2 和 r_2。以此类推，随着价格水平的变化，IS 曲线和 LM 曲线的均衡点的位置会发生变动。

图 16-1(b)表示价格水平与需求总量之间的对应关系。把表示价格水平和收入的各种组合点 $A'(Y_1,P_1)$、$B'(Y_2,P_2)$ 连在一起，就得到总需求曲线 AD。在 AD 曲线上的任何一点都是两个市场同时均衡时价格水平与国民收入相结合的点。

二、总需求曲线的斜率

总需求曲线的斜率反映了既定的价格水平变动所引起的总需求与国民收入的不同变

动情况。

在图 16-1(b)中可以看出,一定的价格水平变动所引起的总需求与国民收入变动越小,总需求曲线的斜率越大;一定的价格水平变动所引起的总需求与国民收入变动越大,总需求曲线的斜率越小,即 AD 曲线越平坦。

我们已经知道,价格水平的变动是通过对实际货币供给量变动的影响来影响总需求水平的。因此,实际货币供给量变动对总需求的影响决定了总需求曲线的斜率,即实际货币供给量的变动所引起的总需求变动大,则总需求曲线的斜率小;反之,实际货币供给量变动所引起的总需求变动小,则总需求曲线的斜率大。

在古典经济学的货币理论中,货币需求唯一只有交易需求,货币需求的利率弹性为零,LM 曲线是垂直的,实际货币供给量的变动对总需求具有很大的影响,总需求曲线就是一条水平线。相反,若处于凯恩斯陷阱的情况,货币需求的利率弹性无限大,公众愿意在利率不变的情况下持有任何数量的货币实际余额,LM 曲线是一条水平线,因而价格变动所引起的实际货币供给量变动对总需求影响甚小,总需求曲线就是一条垂线。

三、总需求曲线的移动

总需求曲线是由 IS—LM 模型决定的,IS 曲线和 LM 曲线的位置也就决定了总需求曲线的位置,IS 曲线和 LM 曲线的移动也会引起总需求曲线的移动。我们已经知道,财政政策的变动会改变 IS 曲线的位置,货币政策的变动则会改变 LM 曲线的位置。例如,当政府采取扩张性的财政政策(增加政府购买、转移支付或降低税率)或货币政策(买进债券、降低贴现率和法定准备金比率)时,总需求曲线就会向右上方移动。图 16-2(a)表示采用扩张性财政政策使总需求曲线右移。由于政府增加支出或降低税率,IS_0 曲线右移至 IS_1 曲线,总需求曲线 AD_0 相应的右移至 AD_1 曲线,在价格水平 P_0 不变时,收入从 Y_0 增加到 Y_1。同样,若采取紧缩性财政政策时,在每一价格水平上,总需求水平都减少了,总需求曲线会向左平行移动。

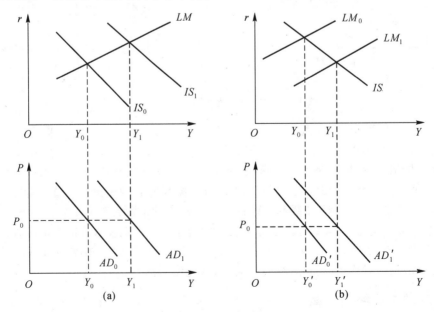

图 16-2　货币政策、财政政策使总需求曲线移动

图 16-2(b)表示采用扩张性货币政策使总需求曲线右移。由于中央银行增加了供给，LM 右移至 LM_1，总需求曲线 AD'_0 相应地右移至 AD'_1，在价格水平 P_0 不变时，收入从 Y'_0 增加到 Y'_1。同样，若采取紧缩性货币政策时，在每一价格水平上，总需求水平都会减少，总需求曲线就会向左方平行移动。

第二节 总供给曲线

一、总供给模型

总供给就是总产量，总产量与一般价格水平有关。因此，总供给是一个经济社会在每一价格总水平上提供的商品和劳务的总量。总供给曲线表示总产量和一般价格水平之间的关系。

总供给曲线是根据生产函数、劳动需求曲线和供给曲线这三种经济关系推导出来的。这是因为，经济社会的供给能力在长期内依存于劳动的数量与质量（N）、资本（K）、自然资源（L）和技术状况（T），即

$$Y = F(N, K, L, T)$$

在短期内，技术、资本存量和自然资源都是既定不变的，因而供给（产量）取决于劳动投入量。而劳动投入量由劳动的需求和供给的均衡决定。均衡的劳动就业量与生产函数相结合，就得到一定的产量，即

$$Y = F(N)$$

假定就业量取决于实际工资水平，实际工资取决于名义工资（W）与一般价格水平（P）。当一般价格水平变动时，劳动者的名义工资如果不变，则实际工资（W/P）也要变动。但是，当价格总水平变动时，均衡就业量如何变化，各个经济学流派有着不同的看法。各学派就以不同的工资假说为基础建立了不同的总供给模型来解释总供给曲线。本章主要介绍古典学派的垂直形状的总供给曲线、凯恩斯的向上倾斜的总供给曲线、新凯恩斯主义总供给曲线以及理性预期学派的卢卡斯总供给曲线。

二、古典模型的总供给曲线

古典模型的总供给曲线，是现代经济学家根据边际学派等传统经济理论对总供给的分析归纳出来的。这一模型以工资有完全的伸缩性的假说为基础，从工资与就业、就业与产量、产量与工资以及工资与价格关系的分析中得出，说明价格与产量关系的总供给曲线。

工资具有完全伸缩性假说的基本内容是：工资可以适应劳动市场上供求的变动而迅速变动。当劳动市场上供给大于需求时，工资会迅速下降；当劳动市场上供给小于需求时，工资会迅速上升，通过工资水平这种迅速而及时的变动，经济总处于充分就业水平。

1. 劳动市场的均衡：就业量的决定

劳动总就业量决定于劳动的供给和需求。劳动的供给和需求可以用劳动供给函数和劳动需求函数表示。

　　西方学者认为,劳动的供给是工资和闲暇的函数:①劳动增加闲暇就会减少,劳动给劳动者带来不舒适或痛苦,这就是劳动的负效用(边际负效用),工资会带来满足和享受,这是工资的效用。劳动者从工资中得到的效用要能抵销劳动的负效用。在一定劳动量下的工资的效用,就等于这个劳动的边际负效用。如果把劳动的边际负效用看作是一个既定的量,工资的边际效用就取决于工资量。而工资有货币工资和实际工资之分。古典学派假设劳动的供给者具有完备的信息,当货币工资提高一倍而价格水平也同时提高一倍的时候,他们不会感到自己的境况比以前好,即不存在货币错觉。因此,劳动的供给是实际工资的函数。劳动供给函数可以写作:

$$N^S = f(W/P)$$

　　上式表明,劳动供给是实际工资的增函数。当实际工资增加时,劳动供给量增加;实际工资减少时,劳动供给量减少。

　　劳动供给函数可以用图 16-3 的劳动供给曲线表示。图中的横轴 N 表示劳动量,纵轴 W/P 表示实际工资,N^S 为劳动供给曲线。当实际工资为 W/P_0 时,劳动供给量为 N_0;当实际工资上升到 W/P_1 时,劳动供给量增加为 N_1,当实际工资降到 W/P_2 时,劳动供给量减少为 N_2。

　　劳动的需求来自厂商,厂商投入劳动要素是为了获取最大化利润。利润最大化原则是边际收益等于边际成本。处于完全竞争的市场,劳动的边际成本就是实际工资,劳动的边际收益就是

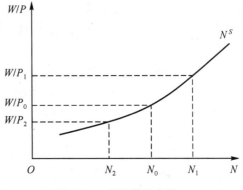

图 16-3　劳动供给曲线

劳动的边际产量。厂商为使利润极大化,就会使劳动的边际产量等于实际工资。从整个社会而言,劳动需求总量由实际工资等于边际产量而决定,即

$$W/P = MP_L$$

式中:MP_L 是劳动的边际产量。当劳动的边际产量为既定时,劳动的需求就取决于实际工资水平,是实际工资的减函数,即实际工资上升,劳动需求减少,实际工资下降,劳动需求增加。因而劳动需求函数可以写为

$$N^D = f(W/P)$$

　　如图 16-4 所示。在图 16-4 中,N^D 为劳动需求曲线。当实际工资为 W/P_0 时,劳动需求量为 N_0,当实际工资上升为 W/P_2 时,劳动需求量减少为 N_2,当实际工资下降为 W/P_1 时,劳动需求量增加为 N_1。

　　当劳动需求和供给相等时,劳动市场达到均衡,即

$$N^D(W/P) = N^S(W/P)$$

　　劳动市场达到均衡时就决定了实际工资水平和均衡就业量。如图 16-5 所示。劳动需求曲线和劳动供给曲线相交于 E 点,决定了均衡实际工资水平为 W/P_0,均衡就业量为 N_0。

　　根据工资有完全伸缩性的假说,这时所决定的就业量一定是充分就业时的就业量。因为,如果存在失业,即劳动供给大于需求,实际工资水平一定会迅速下降,实际工资水平下降会使厂商增加工人,失业消除;反之,如果存在过度就业,即劳动需求大于劳动供给,实际工资水平就会迅速上升,厂商就会削减工人,过度就业消除。因此,劳动市场均衡时就业量

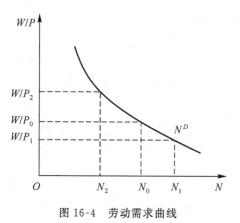

图 16-4　劳动需求曲线

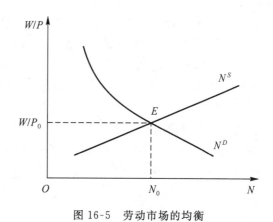

图 16-5　劳动市场的均衡

就是充分就业量。

2. 就业量与产量的决定

根据总生产函数 $Y=F(N)$，总产量决定于总就业量。由于劳动需求曲线和供给曲线的交点决定的均衡就业量是充分就业量，因此，均衡就业量通过生产函数决定的总产量是充分就业的总产量。我们可以用图 16-6(a) 和 (b) 来说明这一点。

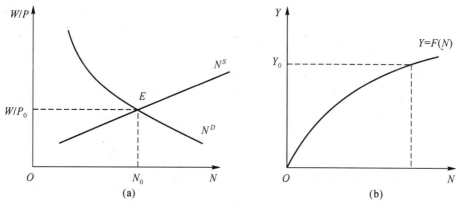

图 16-6　充分就业量与充分就业产量

图 16-6(a) 和图 16-5 一样是劳动市场均衡图，这时决定的实际工资为 W/P_0，就业量为 N_0。图 16-6(b) 是总生产函数图，总生产函数曲线 $Y=F(N)$ 的形状表明劳动的边际生产力是递减的。当就业量为 N_0 时决定的产量水平为 Y_0。

3. 价格与货币工资水平的决定

古典学派是以货币数量理论为出发点来说明价格和名义工资的决定的。

货币数量论的基本观点认为名义货币供给量与价格水平同比例变动，名义货币供给量的变动仅仅影响价格水平而不影响其他实际变量。价格水平随货币数量的增加而提高，随货币数量的减少而下降。货币数量论可以用来说明价格、名义工资与实际工资的决定。

如图 16-7(a) 所示是根据方程 $MV=P\cdot y$ 或 $M=KY=KPy$ 做出的，横轴表示实际产量或国民收入，纵轴表示价格水平，曲线 M_0 和 M_1 表示不同货币数量。在短期中假定 Y_0 不变，V 或 K 为常数，则当货币存量为 M_0 时，对应的价格水平为 P_0，当货币存量由 M_0 上

升到 M_1 时,价格水平提高到 P_1,可见价格水平完全取决于货币数量。

图 16-7(b)所示的横轴表示名义工资水平,纵轴表示价格水平。当图 16-7(a)中的 Y_0、M_0 已知从而 P_0 已知时,通过图 16-7(b)中的实际工资率 W/P,便可以确定同 P_0 相对应的货币工资率 W_0。当货币数量由 M_0 增加到 M_1,从而价格水平从 P_0 提高到 P_1 时,通过图 (b)中的实际工资率 W/P,便可以确定同 P_1 相对应的货币工资率 W_1。实际工资没有变化仍为 W/P,提高的只是货币工资。可见,货币工资取决于货币数量,货币数量的变动从而价格的变动并不影响实际工资水平,也并不影响产量水平,即无论价格水平如何变动,位于充分就业的产量水平上,供给完全缺乏弹性。

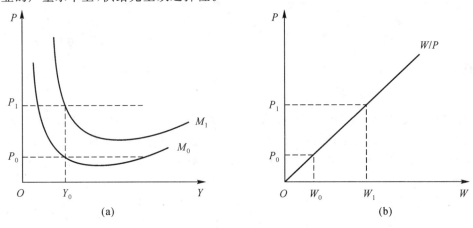

图 16-7　货币数量与价格水平与货币工资水平

可以用图形转变的办法来描述古典模型的总供给曲线及其所分析的产量、就业量、价格与工资水平之间的关系。

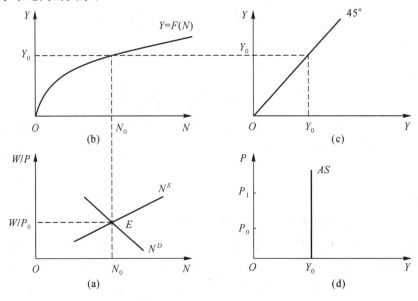

图 16-8　古典的总供给曲线

在图 16-8 中,图(a)为劳动市场均衡图,与图 16-5 完全相同,图(a)的 N^S 和 N^D 相交于

E 点,决定充分就业的实际工资水平 W/P_0 和充分就业量 N_0。图(b)是生产函数图,表明就业员与总产量之间的关系。该图表明,当就业量为 N_0 时,相应的总产量为 Y_0。图(c)为 $45°$ 线图,$45°$ 线表示该线上任何一点到横轴与纵轴上垂直的距离是相等的。通过该图,可以把纵轴上的 Y_0 转换到横轴上。图(d)表示价格水平和总产量之间的关系。当价格水平为 P_0 时的实际工资为 W/P_0,充分就业为 N_0,产量为 Y_0。由于价格水平 P 的变动不影响实际工资的数值,充分就业量 N_0 也不受名义价格水平的影响,同样由充分就业量 N_0 决定的总产量 Y_0 也不受价格水平的影响。因此,不论 P 的数值为多少,Y 的数值总是等于 Y_0,也就是经济社会总处于充分就业状态。总供给曲线就是一条垂线 AS,该线与原点的横抽距离就等于 Y_0。

三、凯恩斯主义总供给曲线

凯恩斯主义模型是对古典总供给模型的发展。这两个模型的关键差别在于工资行为的假说不同。凯恩斯主义是以货币工资的下降具有刚性为出发点。这一假说的含义是:在短期内,货币工资具有完全的向下刚性,但具有完全的向上伸缩性。工资有一个最低限度,无论劳动的供求如何变化,工资也不会低于这一水平,从而具有向下变动的刚性,但在这一最低限度之上,工资则可以随劳动供求关系的变动而变动,从而具有向上的伸缩性。

这一假说是对工资具有完全伸缩性假说的修正。按照古典的说法,劳动供给和需求都是实际工资的函数,劳动供求达到均衡时达到充分就业状态,从而得出垂直总供给曲线。凯恩斯对古典总供给模型的劳动需求曲线并没提出异议,但对劳动供给曲线提出了批评。理由有二:第一,按照古典模型的劳动供给曲线,劳动供给量的大小应取决于实际工资的多少。由于实际工资的多少取决于货币工资和价格水平,因此,一定的实际工资决定一定的劳动供给量,即在货币工资不变的情况下,价格水平稍有提高便会减少劳动的供给量。但这一点与事实不符。实际上,当名义工资不变而价格上升引起实际工资下降时,一般说来在短期内劳动供给量并不减少。第二,工会与厂商进行工资协议时,它们所规定的只能是货币工资。至于由此而导致的实际工资的高低还要取决于其他因素,如价格水平。既然无从确切决定实际工资的高低,也就谈不上劳动供给量取决于实际工资水平的古典的劳动供给曲线了。

凯恩斯否定了古典的劳动供给曲线,但并未明确提出自己的劳动供给曲线。凯恩斯主义经济学家对凯恩斯关于劳动供给曲线的观点进行了解释:由于劳动者具有"货币幻觉",即只看到货币的票面值而不注意货币的实际购买力,所以他们会抵抗价格水平不变的情况下的货币工资的下降,却不会抵抗货币工资不变下的价格水平的提高。两种情况都会造成实际工资下降。然而,由于劳动者具有"货币幻觉",劳动的供给量就不是实际工资的函数,而是货币工资的函数。可以用图 16-9 来说明凯恩斯主义的劳动供给曲线以及劳动市场的均衡。

在图 16-9 中,N^D 曲线仍然与古典的劳动需求曲线相同,两条 N^S(N^S_0、N^S_1)曲线即为凯恩斯主义的劳动供给曲线。当劳动供给曲线为 N^S_0 时,货币工资为 W_0 而价格水平为 P_0,实际工资为 W_0/P_0。在现有的最低限度的货币工资条件下,劳动者愿意提供从零到充分就业 N_1 之间的任何劳动数量。在 N_1 之后,只有提高货币工资才能得到更多的劳动量。

当劳动供给曲线为 N^S_1 时,货币工资不变而价格水平上升到 P_1,实际工资 W_0/P_1 减少

到原有的实际工资 W_0/P_0 之下。这时，由于存在"货币幻觉"，因此，劳动者提供的劳动量和原有的相同。在货币工资 W_0 以下，劳动的供给量为零，当劳动供给大于充分就业量 N_0 时，劳动供给量随货币工资提高而增加，劳动供给曲线向右上方倾斜。

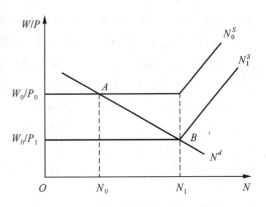

图 16-9　凯恩斯主义的劳动供给曲线

古典模型在理论上排除了失业存在的可能性，而这与现实不符。

图 16-9 可以表示凯恩斯所指出的非自愿失业的状态。当货币工资为 W_0 而价格水平为 P_0 时，N^D 和 N^S 相交于 A 点，对应的就业量为 N_0，非自愿失业量为（N_1-N_0）。因为，此时愿意接受现有的最低限度的货币工资 W_0 而从事劳动的人数为 N_1。如何消灭非自愿失业呢？持传统观点的学者主张通过降低货币工资从而降低实际工资来增加就业，消除失业，对此，凯恩斯主义主张提高价格水平，降低实际工资的办法来消除失业。即只要提高价格水平到 P_1，使实际工资减少到 W_0/P_1。这样，N^D 和下降的 N_1^S 线相交于 B 点时就实现了充分就业，充分就业量为 N_1。

可以用图 16-10(a)、(b)、(c)、(d)来说明凯恩斯主义的总供给曲线的推导。

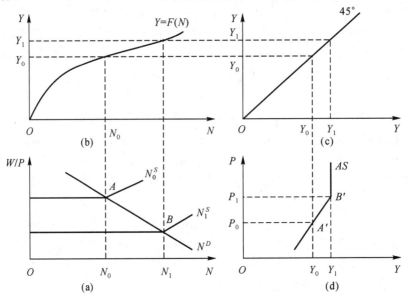

图 16-10　凯恩斯主义的总供给曲线推导

在图 16-10 中，图(a)是和图 16-9 一样，表明劳动市场均衡情况。货币工资为 W_0，当价格水平为 P_0 时，实际工资为 W_0/P_0，劳动的供给曲线为 N_0^S，N_0^S 与劳动的需求曲线 N^D 相交于 A 点，决定了就业量为 N_0；当价格水平上升为 P_1 时，实际工资降为 W_0/P_1，劳动的供给曲线为 N_1^S，N_1^S 和劳动的需求曲线 N^D 相交于 B 点，决定了就业量为 N_1，实现了充分就业。

图(b)是生产函数图。根据生产函数 $y=F(N)$ 所表示的关系，产量取决于就业量。该图表明,当就业量为 N_0 时,相应的产量为 Y_0;当就业量为 N_1 时,相应的产量为 Y_1。

图(c)是 45°线图。该线被用来把纵轴上的 Y_0 和 Y_1 转换到横轴上。

图(d)是总供给曲线图。AS 为总供给曲线,它表示产量与价格的关系。当价格水平为 P_0 时,产量为 Y_0,当价格水平上升到 P_1 时,产量为 Y_1。图中的 AS 线分为两部分。B' 点以下是一条向右上方倾斜的线。这表明,在货币工资不变的条件下,随着价格水平上升,实际工资下降,就业量和产量增加,价格水平和总供给水平同方向变动。B' 点以上是一条垂线,表明已经实现充分就业,因此,无论价格水平如何上升,总供给都无法增加。

在得到向上倾斜的凯恩斯主义总供给曲线之后,西方学者还将该曲线加以进一步简化,即把向上倾斜的曲线部分当作一条水平线。如图 16-11 所示。西方学者把图中的由垂直和水平段组成的曲线称为反 L 形的总供给曲线,亦称作简单的凯恩斯模型。该线的含义是:在达到充分就业产量之前,经济社会大致能以不变的价格水平提供任何数量的产量,而在达到充分就业产量后,无论价格水平被提高到何种程度,该社会的总产量也不会增加。

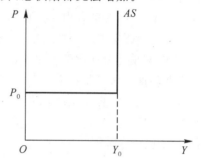

图 16-11　简化的凯恩斯主义总供给曲线

反 L 形总供给曲线所依据的假设是:当存在严重失业时,工资变动极小或根本不能变,即工资具有刚性,从而失业会持续一段时期。据解释,在严重的经济萧条时期,存在着大量闲置不用的劳动力和资本设备,增加劳动投入量,劳动的边际产品也不会减少,厂商可以在既定工资水平之下得到它们所需要的任何数量的劳动力,生产成本不会随产量变动而变动,从而价格水平也不会随产量变动而变动。厂商愿意在现行价格下供给任何数量的产品。达到充分就业之后,所有资源已被充分利用,价格水平提高只能使货币工资上升,而不会使产量增加。

新古典综合派则认为,在达到充分就业产量之前,生产成本是逐渐上升的,从而使总供给价格缓缓上升。因为质量最好和最容易获得的生产要素会最先被利用,随后才是次一些的或更次一些的质量的生产要素投入,质量好的比质量次的效率高、成本低。随着产量的扩大,由于生产要素投入是按先高质量后低质量的顺序排列,因此,生产成本会随产量扩大而上升。随着产量和资源使用量的扩大,使资源或生产要素的稀缺程度加大,这会抬高生产要素的价格,使生产成本进一步增加,当生产要素的使用量在接近充分就业时,也接近其供给的极限,导致总成本大幅度上升,因此总供给曲线向右上方倾斜。

四、理性预期学派的总供给曲线 *

理性预期学派强调了预期对经济行为的重要影响。他们提出从整体和长期来看,人们的预期是合乎理性的,即预期值与未来的实际值是一致的。他们对传统总供给曲线所做的修改和补充就是在其中增加了一个预期变量,并分析这种预期对总供给的影响。这里我们主要介绍理性预期学派的代表之一——卢卡斯总供给模型。

理性预期学派完全同意传统经济学的劳动的需求和供给取决于实际工资(W/P)的观点。但他们强调,在考虑到人们的预期的条件下,在决定实际工资的大小时,劳动供给方面的价格和劳动需求方面的价格不一定是相同的。

劳动者得到的与资本家所支付的工资只是货币工资(W)。要得到货币工资代表的实际工资就要用价格(P)去除货币工资(W)。资本家在决定其所支付的实际工资的大小时,应该用他的产品的价格去除货币工资。因为,只要劳动的边际产量大于资本家为使用这一劳动而必须支付的成本(实际工资),他就会增加雇佣的劳动量,直至劳动的边际产量与实际工资相等为止。这就是说,资本家在决定劳动的需求时,都会按照实际价格水平去计算他所支付的实际工资的大小。

与资本家不同,劳动者由于信息的不完全性,他们并不熟悉各行业的现行的实际价格,他们在计算实际工资时所用的价格是预期的价格水平(P)。如果预期的价格与实际价格一致,产量就会实现充分就业的水平;反之,如果预期价格与实际价格不一致,实际产量就会与充分就业的产量水平相背离。

卢卡斯总供给方程就是说明附加了价格预期时总供给的决定。卢卡斯总供给方程是:

$$Y_t = \bar{Y} + \beta(P_t - {}_{t-1}P_t^e)$$

式中:Y_t 为现期产量,$\bar{Y}$ 为充分就业时的产量,P_t 为实际价格,${}_{t-1}P_t^e$ 为劳动者在 $t-1$ 期对 t 期价格预期的数值,β 是产量 Y_t 对价格变动的反应程度,可以看作是一个既定的外生变量。当实际价格与预期价格一致,即 $P_t = {}_{t-1}P_t^e$ 时,实际产量等于充分就业的产量水平 $Y_t = \bar{Y}$。如果实际价格高于预期的价格水平,$P_t > {}_{t-1}P_t^e$,资本家会将它看作是自己产品相对价格上升的结果,从而认为实际工资下降,增加产量和就业。相反,如果实际价格低于预期的价格水平 $P_t < {}_{t-1}P_t^e$,厂商会将它看作是自己产品相对价格下降的结果,从而认为实际工资水平上升。于是,减少产量和就业。因此,实际产量与充分就业产量的背离,是实际价格与预期价格,或者说资本家采用的实际价格与劳动者采用的预期价格不一致的结果。

可以用图 16-12(a)、(b)、(c)和(d)来说明附加预期的总供给曲线的推导。

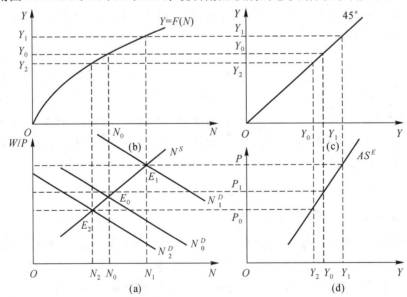

图 16-12　附加预期变量的总供给曲线的推导

在图 16-12(a)中,劳动供给曲线为 N^S,N_0^D、N_1^D、N_2^D 为不同价格实际水平 P_0、P_1、P_2 时

的劳动需求曲线。假定实际价格 P_0 与预期的价格 P_e 相等,即 $P_0 = P_e$,这时 N_0^D 与 N_0^S 相交于 E_0 点,决定了就业量为 N_0。当实际价格上升到 P_1 而预期价格仍然不变时,劳动的需求增加,劳动需求曲线向上移动到 N_1^D,N_1^D 与 N^S 相交于 E_1 点,决定了就业量为 N_1。当实际价格下降到 P_2 而预期价格仍然不变时,劳动的需求减少,劳动的需求曲线向下移动到 N_2^D,N_2^D 与 N^S 相交于 E_2 点,决定了就业量为 N_2。

在图 16-12(b) 中,当就业量分别为 N_0、N_1、N_2 时,根据总生产函数就决定了产量水平分别为 Y_0、Y_1 和 Y_2。通过图(c)的 45°转换线,就得到图 16-12(d)。

图 16-12(d) 中,AS^E 为附加预期的总供给曲线。它表示当预期的价格水平为一定数值时,在不同实际价格下提供的产量。从图 16-12(d) 中可以看到,当实际价格水平和预期价格水平 P_e 相等时,AS^E 曲线与 Y_0 垂直线相交。此时实际价格和预期价格水平部等于 P_0。这时的产量就是充分就业的产量。

图 16-12(d) 中的 AS^E 线推导时以某一给定的 P_0 为起点。如果 P_e 可以具有许多不同的数值,则相对于每一 P_e 数值都存在着一条相应的 AS^E 曲线。每一条 AS^E 曲线与 Y_0 垂直线相交之点都代表预期价格 P_e 和实际价格相等,如图 16-13 所示的 E_1。在该点,两者相等的价格水平大于 P_0。如果 P_e 的数值小于 P_0 时,两者相等的价格水平小于 P_0 点。

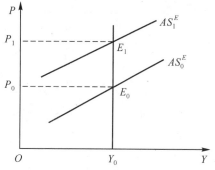

图 16-13 不同预期价格下的总供给线

五、新凯恩斯主义的总供给曲线 *

新凯恩斯主义是以原有的新古典综合派为核心,包括一切维护凯恩斯学说的人。新凯恩斯主义的总供给曲线是对凯恩斯主义总供给曲线的修正和发展。新凯恩斯主义者吸取货币主义和理性预期等学派的观点,用工资黏性假说替代工资刚性假说。工资黏性假说的基本含义是:当劳动市场上的供求关系发生变动时,工资也要发生变动,但工资的这种变动不是迅速的,而是缓慢的,劳动市场上供求的变动与工资的变动之间存在时滞(lag time)。

按照萨缪尔森(Paul A. Samuelson)等人的解释。劳动者的代表(工会)与资本家通过讨价还价以后缔结劳动契约,规定货币工资的大小。契约一经签字,不论客观情况如何,劳资双方必须遵守。在契约的有效期限内工资是粘着不变的。这就是说,在这种契约关系之下,工资的调整会慢于劳动市场上供求关系的变化。

可以用图 16-14 来说明新凯恩斯主义的总供给曲线的推导。

图 16-14 和图 16-12 的形状相同。图 16-14(a) 中的 N_0^D 和 N^S 分别代表劳动的需求曲线和供给曲线,它们都是实际工资(W/P)的函数。但在事实上,资本家所支付和劳动者所得到的只是货币工资。同理性预期学派一样,新凯恩斯主义者认为,资本家在决定劳动的需求时,是按照实际价格水平去计算他所支付的实际工资的大小,而劳动者在决定供给量时只能以他们预期的价格水平作为根据,因为他们不像资本家那样能够准确地知道实际价格水平,从而根据一定的预期价格 P_e,与资本家签订契约,规定货币工资 W_0。因此,劳动供给曲线所使用的价格是 P_e,而劳动的价格是实际价格。

在同一时期内,实际价格水平是可以经常变动的,而资本家是按照实际价格来决定对劳动需求的。如果 $P_0 = P_e$,这时 N_0^D 和 N^S 相交于 E_0 点,决定了就业量(充分就业且)N_0;如果实际价格为 $P_2(P_1 > P_2)$,N_0^D 便处于 N_2^D 的位置,N_2^D 与 N^S 相交交于 E_2 点,决定了就业量为 N_2。可以看到,从不同的实际价格可以得到不同的就业量。

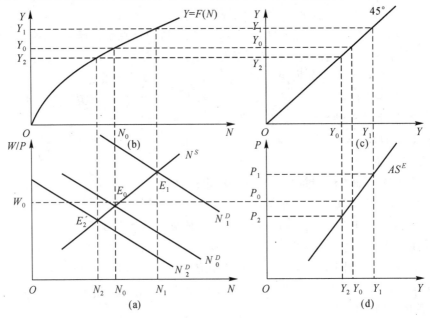

图 16-14　新凯恩斯主义的总供给曲线

根据这些不同的就业量便可以在图(b)的生产函数中得到不同数值的 Y。通过图(c)的 45°线把 Y 的数值由纵轴转换到横轴。

根据图 16-14(a)中的各个实际价格和(d)中各个产量,便可以得到图(d)中的许多对相应的价格和产量的数值,把这些数值所决定的各点联结在一起,便得到总供给曲线 AS^E。该线也称作新凯恩斯主义的附加预期变量的总供给曲线。

六、长期总供给曲线

新古典综合派或新凯恩斯主义认为,在短期中,由于工人存在"货币幻觉"以及受到事先签订的合同的限制,劳动供给曲线总是保持不变,只是劳动需求曲线随价格水平上升而向右上方移动,从而使就业和产量水平上升,形成向上倾斜的总供给曲线。这是一条短期总供给曲线。在长期中,工人的"货币幻觉"会消失,劳动者可以知道实际价格的数值,并根据实际价格水平来决定货币工资的大小,这就是说工资可以自由伸缩。当价格水平上升时,劳动者会要求货币工资相应上升,从而导致劳动供给曲线向左上方相应移动,因而使劳动供给曲线和劳动需求曲线相交于充分就业的数值。因此,长期的总供给曲线是一条垂直线。由于垂直的总供给曲线意味着经济达到充分就业状态,所以长期总供给曲线也就是潜在产量线。如图 16-15 所示。

图 16-15(a)中,潜在产量线为一条垂线,潜在产量线与横轴相交于 Y^*,该点代表充分就业产量。AS_s 为短期总供给曲线,它向右上方倾斜,与垂直的潜在产量线相交。图 16-15

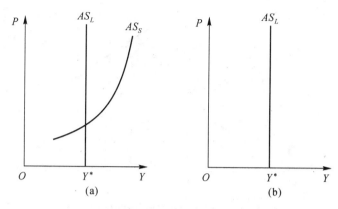

图 16-15　短期和长期的总供给曲线

（b）为长期供给曲线。长期总供给曲线 AS_L 是一条垂线，与垂直的潜在产量线重合。古典总供给曲线就是一条长期的总供给曲线。

第三节　古典总供给曲线与凯恩斯总供给曲线

一、短期总需求—总供给模型

上面考察了价格变动对产品市场和货币市场的影响，得到总需求曲线向下倾斜的结论。考察价格变动对劳动市场的影响，得到短期总供给曲线向上倾斜和长期总供给曲线垂直的结论。把总需求曲线和总供给曲线结合起来，就可以决定经济社会的一般价格水平和国民收入（产量）。总需求曲线和总供给曲线的交点决定均衡价格水平和均衡国民收入水平。

由于总供给曲线可以分为短期总供给曲线和长期总供给曲线，相应的，总需求—总供给模型分为两种情况。我们首先考察短期总需求—总供给模型。

1.总需求变动对国民收入和价格水平的影响

经济中许多因素的变动会引起总需求变动。扩张性的财政政策和货币政策会引起总需求增加。在短期内，总需求的增加会引起收入和价格水平的变动。可以用图 16-16 来说明这一点。

在图 16-16 中，假定短期总供给曲线 AS 不变，当总需求曲线为 AD_0 时，AD_0 和 AS 相交于 E_0，决定了价格水平为 P_0，产量为 Y_0。当政府采取扩张性财政政策和货币政策时，总需求曲线从 AD_0 移动到 AD_1，AD_1 与 AS 相交于 E_1，决定了国民收入为 Y_1，价格水平为 P_1，$Y_1 > Y_0$，说明国民收入增加了，$P_1 > P_0$，说明价格水平上升了。

同样道理，当政府采取紧缩性财政政策或货币政策时总需求减少，总需求曲线由 AD_0 移动到 AD_2，AD_2 与 AS 相交于 E_2，决定了国民收入为 Y_2，价格水平为 P_2，$Y_2 < Y_0$，$P_2 < P_0$，说明国民收入和价格水平都下降了。

在短期中，总需求变动对国民收入和价格影响的大小取决于总供给曲线的斜率。如果

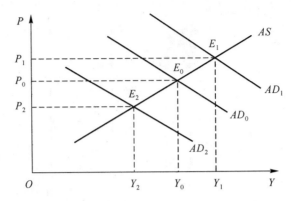

图 16-16　　总需求变动对收入和价格的影响

总供给曲线的斜率小,即总供给曲线较为平坦,则产量和就业变动对工资和价格的变动影响小,从而当总需求发生变动时,对国民收入的影响大,对价格的影响小。如果总供给曲线的斜率大,即总供给曲线较为陡峭,则产量和就业变动对工资和价格的变动影响大,从而当总需求发生变动时,对国民收入的影响小,对价格的影响大。

如果工资与价格对产量与就业的变动没有反应,则总供给曲线为一条水平线,这是凯恩斯所论述的萧条时期的总供给曲线。政府采取扩张性财政政策与货币政策使总需求增加,厂商可以以现行工资水平得到他们所需要的劳动,从而就可以在价格不变的情况下,增加社会所需要的任何供给量。如图 16-17 所示。

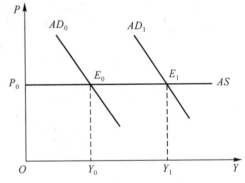

图 16-17　　凯恩斯主义固定价格总供给曲线

总需求增加,使总需求曲线从 AD_0 移动到 AD_1,AD_1 与 AS 相交于 E_1,决定了国民收入为 Y_1,价格水平为 P_0,$Y_1 > Y_0$,说明国民收入和就业增加,但价格水平仍然不变。

2.短期总供给变动对国民收入和价格水平的影响

短期总供给也会因实际工资和其他生产要素价格变动而变动,这种变动同样会影响国民收入与价格水平。在总需求不变时,总供给的增加,即产量的增加会使国民收入增加,价格水平下降;而总供给的减少,即产量的减少会使国民收入减少,价格水平上升。可以用图 16-18 来说明这种情况。

在图 16-18 中,AS_0 与 AD 相交于 E_0,决定了国民收入水平为 Y_0,价格水平为 P_0。当总供给增加时,总供给曲线由 AS_0 移到 AS_1,AS_1 和 AD 的交点 E_1 决定国民收入为 Y_1,价格水平为 P_1。$P_1 < P_0$,$Y_1 > Y_0$,即由于总供给增加,国民收入增加而价格水平下降。反之,总供给的减少会引起总供给曲线由 AS_0 移到 AS_2,AS_2 和 AD 相交于 E_2,决定国民收入为 Y_2,价格水平为 P_2,即总供给减少引起国民收入和就业减少以及价格水平的上升。这就是所谓的"滞胀"。

二、长期总需求—总供给模型

长期总供给曲线 AS_L 是一条垂直的线,它位于充分就业的产量水平上,表示在充分就

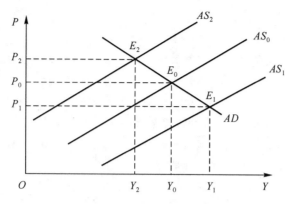

图 16-18　总供给变动与均衡

业的产量水平上总供给完全缺乏弹性,无论价格
水平如何提高,都不会引起总产量的增加。这
时,总需求的增加只会引起价格水平上升,而不
会引起实际产量增加;同样,总需求的减少也只
会使价格水平下降,而实际产量不会变动,即总
需求的变动会引起价格水平的同方向变动,而不
会引起实际产量的变动。如图 16-19 所示。

在图 16-19 中,AS_L 为长期总供给曲线,
AS_L 和 AD_0 相交于 E_0,决定充分就业的国民收
入水平为 Y_F,价格水平为 P_0。总需求增加,总
需求曲线由 AD_0 移到 AD_1,AD_1 与 AS_L 相交于

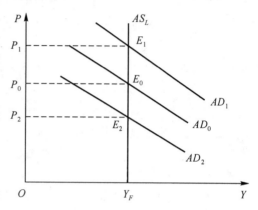

图 16-19　长期总供给—总需求模型

E_1,决定国民收入仍为 Y_F,而价格水平上升到 P_1。总需求减少,总需求曲线由 AD_0 移到
AD_2,AD_2 与 AS_L 相交于 E_2,决定国民收入仍为 Y_F,而价格水平下降为 P_2。

▓▓▓ 案　例 ▓▓▓

【案例 1】　　　　　　　　　　　石油危机的影响

自从 1970 年以来,美国经济中一些最大的经济波动均源于中东的产油地区。原油是生
产许多物品与劳务的关键投入,而且世界大部分石油来自几个中东国家。当某个事件(通
常是源于政治)减少了来自这个地区的原油供给时,世界石油价格上升。美国生产汽油、轮
胎和许多其他产品的企业成本会增加。结果是总供给曲线向左移动,这又引起滞胀。

第一起这种事件发生在 70 年代中期。有大量石油储藏的国家作为欧佩克成员走到了
一起。欧佩克是一个卡特尔:一个企图阻止竞争并减少生产以提高价格的卖者集团,而且
石油价格的确大幅度上升了。

在几年后几乎完全相同的事又发生了。在 70 年代末期,欧佩克国家再一次限制石油的
供给以提高价格。从 1978 年到 1981 年,石油价格翻了一番多,结果又是滞胀。第一次欧佩
克事件之后通货膨胀已有一点平息,但现在每年的通货膨胀率又上升到 10% 以上。但是,

由于美联储不愿意抵销这种通货膨胀的大幅度上升,很快又是衰退。失业从1978年和1979年的6%左右在上升到几年后的10%左右。

世界石油市场也可以是总供给有利移动的来源。1986年欧佩克成员之间爆发了争执,成员国违背限制石油生产的协议。在世界原油市场上,价格下降了一半左右。石油价格的这种下降减少了美国企业的成本,这又使总供给曲线向右移动。结果,美国经济经历了滞胀的反面:产量迅速增长,失业减少,而通货膨胀率达到了多年来的最低水平。

问题:(1)为什么石油危机使西方国家出现经济滞胀?用AD—AS模型作图说明

(2)治理滞胀应该采用什么样的措施?

【案例2】   从短缺到过剩的转换:我国经济的运行态势

从已有的政策决策以及各方面专家的论证意见看,人们对下述判断已具有相当的共识,即在我国国民经济的运行过程中,供求关系已处于普遍性的供大于求的失衡状态之中。根据20世纪90年代末内贸部对610种主要商品的调查,供求基本平稳的为403种,供大于求的为206种,供不应求的只有棕榈油一种。除商品供给过剩外,生产能力过剩、资金供给过剩以及劳动力过剩目前在我国也表现得十分突出。

经济过剩的出现是社会总供给大于总需求的必然结果。从我国1981—1997年16年需求结构变化趋势看,最终消费率基本上以平均每年0.6个百分点的幅度持续下降,由1981年的67.5%降至1997的54.8%,与70%的国际平均水平相比,显然偏低。最终消费率过低,必然导致国内总需求不足,从而使经济运行中出现过剩。这是我国经济增长中面临的一个突出问题。

从供给方面看,我国的经济过剩是因为有效供给缺乏,无效供给过多。能创造、适应需求的供给是有效供给,抑制需求的供给就是无效供给。在参与市场的交换中,无效供给因不能满足消费者的需求,结果就会表现为过剩。有效需求不足与有效供给不足有直接关系。

几年前,不少人就提出在我国应培育新的消费热点,这些消费热点是轿车、住房、旅游等,但"热点"并未热起来,原因在于价格太高,令消费者望而生畏。以住房而言,目前全国大约有331万缺房户,但据国家统计局提供的资料,我国商品房累计空置率很高,中心城市、沿海开放城市商品房空置更为严重。

经济过剩不是资本主义国家的专利,在我国向社会主义市场经济体制的目标迈进过程中,由于历史和现实的原因,造成产品的供给与居民需求之间的脱节。随着社会主义市场经济的发展,市场体系的完善,"历史遗留问题"的解决,价格机制的正位,政策制订者、管理者、生产者、消费者市场心理的成熟和理性化,社会主义市场经济条件下的经济过剩将不再是一个难题。

根据互联网有关资料整理改写

问题:(1)经济过剩会产生什么危害?

(2)从总需求的角度来看,应该如何解决产能过剩的问题?

(3)从总供给的角度看,应如何解决我国当前的结构性过剩问题?

░ 习 题 ░

1. 总支出曲线和总需求曲线是不是一回事?

2. 为什么研究总供给模型要集中在劳动的需求、供给和短期生产函数这三种关系?

3. 总需求曲线移动会不会使物价水平上升的同时又使产出水平下降?

4. 为什么会有短期总供给曲线和长期总供给曲线之分?

5. 简述总供给曲线呈水平形、垂直线和向上倾斜的不同形状的假设条件。

6. 假定经济由 4 部门组成:$Y = C + I + G + NX$,其中:

消费函数 $C = 300 + 0.8Y_d$(Y_d 为可支配收入);

投资函数 $I = 200 - 1500r$(r 为利率);

政府支出 $G = 200$,税率 $t = 0.2$;

净出口函数 $NX = 100 - 0.04Y - 500r$;

实际货币需求 $L = 0.5Y - 2000r$;

名义货币供给 $M = 550$。

试求:

(1) 总需求函数。

(2) 价格水平 $P = 1$ 时的利率和国民收入,并证明私人部门、政府部门和国外部门的储蓄总和等于企业投资。

第十七章　通货膨胀和失业理论

通货膨胀与失业是当代各国经济中的两大顽症。第二次世界大战以来,特别是六七十年代以来,它一直是最重要的宏观经济问题,也是经济学家所面临的最棘手的理论课题。本章及下一章将在前面各章分析的基础上,运用已经阐述的理论工具,分析通货膨胀和失业以及它们之间的关系,剖析与此有关的宏观经济政策。

第一节　通货膨胀概述

经济文献中通货膨胀的定义一般是从以下几个方面得出的:

一是从引起通货膨胀原因的角度下定义,如哈耶克(F. A. Hayek)认为:"通货膨胀一词的原意和真意是指货币数量的过度增长,这种增长会合乎规律地导致物价的上涨。"再如琼·罗宾逊认为:"我不认为应当就这样简单用物价的上涨来给通货膨胀下定义……可以这样说,通货膨胀是由于对同样经济活动的工资报酬率的日益增长而引起的物价直升变动……"

二是从通货膨胀导致的结果的角度下定义。如 M. 弗里德曼认为:"物价的普遍上涨就叫通货膨胀。"再如萨缪尔逊认为:"通货膨胀的意思是物品和生产要素的价格普遍上升的时期——面包、汽车、理发的价格上升;工资租金等也上升。"

三是从通货膨胀过程的一些特征的角度下定义,如 D. 莱德勒和 M. 帕金认为:"通货膨胀是一个价格持续上升的过程,也就是说,是一个货币价值持续贬值的过程。"

各种通货膨胀的定义,从不同的角度、在不同的程度上说明了通货膨胀这一经济现象。尽管强调的角度不同,但它们都将通货膨胀与物价水平的上涨和货币价值的贬值联系在一起。因此,这里将通货膨胀定义为:一般物价水平持续的、较大幅度的上涨和由此引起的货币价值的下降。

对此有以下几点需要说明:第一,这里讲的物价上涨不是个别物价或少数几种物品价格的局部上涨,而是各种物品价格水平的普遍上涨,是一般物价水平的上涨;第二,物价的上涨不是暂时的、一次性的上涨,而是一贯的、持续的上涨,有一段较长时期的上涨过程;第三,物价的上涨需要有较大的幅度,至少它应该足可以是"觉察到"的;第四,这种物价上涨起来后使货币供给超过经济中实际需要的,因此,它总伴随着货币价值的下降。

一、通货膨胀的衡量

既然通货膨胀表现为一般物价水平的上涨,那么,一般物价水平的上涨速度与幅度就成为度量通货膨胀高低的尺度。

一般物价水平是所有的商品和劳务价格总额的加权平均数。其上涨的速度与幅度通常是用在个别商品和劳务价格的基础上编制的物价指数表示的。目前各国编制的物价指数通常采用基期加权价格指数和现期加权价格指数。它可以由加权指数的基本公式导出。

加权指数的基本公式可表示为

$$P_t = 100 \cdot \sum_1^n g_i \frac{P_i^t}{P_i^{t-1}}$$

式中:P_t 表示 t 期的一般物价水平;P_i^t 和 P_i^{t-1} 分别表示商品 i 在 t 期和 $(t-1)$ 期的价格;g_i 表示商品 i 的名义支出额在所有 n 个商品名义支出总额中的比重,即权数。显然 $\sum g_i = 1$,即权数总和为 1。

权数 g_i 既可以用基期($t-1$ 期)的商品量(Q_i^{t-1})确定,也可以用现期(t 期)的商品量(Q_i^t)确定。

如果 g_i 是前者,即

$$g_i = \frac{P_i^{t-1}Q_i^{t-1}}{\sum_{i=1}^n P_i^{t-1}Q_i^{t-1}}$$

$$L_p = \frac{\sum_{i=1}^n P_i^t Q_i^{t-1}}{\sum_{i=1}^n P_i^{t-1}Q_i^{t-1}} \cdot 100$$

如果 g_i 是后者,即

$$g_i = \frac{P_i^{t-1}Q_t^t}{\sum_{i=1}^n P_i^{t-1}Q_i^t}$$

那么,可求得现期加权价格指数,即

$$P_p = \frac{\sum_{i=1}^n P_i^t \cdot Q_i^t}{\sum_{i=1}^n P_i^{t-1} \cdot Q_i^t} \cdot 100$$

基期加权价格指数(拉氏指数)和现期加权价格指数(帕氏指数)都可以用来测定一般价格水平,但基期加权价格指数采用基期的数值,无法考虑商品价格上涨带来的需求下降的效应,它对一般价格水平的测定偏高。现期加权价格指数采用现期的数据,充分考虑了商品价格上涨带来的需求变化,但矫枉过正,它对一般价格水平的测定偏低。为了克服这些缺陷,有时则采用经过修改了的加权平均指数。

衡量通货膨胀不仅涉及如何计算价格水平的问题,而且还涉及在多大范围上编制物价指数的问题。目前各国根据需要主要采用三种物价指数,即国民生产总值折算指数、生产者价格指数(PPI)和消费者价格指数(CPI)。

二、通货膨胀的分类

西方的通货膨胀研究论著中，许多学者从不同角度对通货膨胀进行了分类，较常见的有以下几种。

1. 以经济模式中市场机制运行的程度进行划分，有两种：

(1)公开的通货膨胀。在市场机制充分有效地运行和政府经济管制不严的情况下，价格向上波动的特征非常明显，通称公开的通货膨胀。

(2)抑制性通货膨胀和隐蔽的通货膨胀。当一国政府用计划控制、资金控制、物资配结、票证配售、价格管制等经济措施压制价格波动时，一般价格水平上涨的趋势不明显，但物资短缺、部分商品黑市价格猛涨，这种情况说明存在抑制性通货膨胀或隐蔽性的通货膨胀。

2. 以引起通货膨胀的原因划分，有四种类型：

(1)需求拉动的通货膨胀。在产出量或生产成本不变的情况下，由于需求增大而引起的物价上涨。需求拉动型通货膨胀又可分为三亚类：

①自发需求拉动的通货膨胀。

②诱发需求拉动的通货膨胀。

③支持或补偿性需求拉动的通货膨胀，即政府为了阻止失业上升而增加支出，或采用扩张性货币政策而增加的总需求。

(2)成本推进的通货膨胀。由于存在强大的、对市场价格具有操纵力量的压力集团（如工会、垄断大公司），从而使生产成本人为提高，导致物价上涨。成本推进通货膨胀又分为三亚类：

①工资推进的通货膨胀，即在强大的工会压力下，工资的增长超过劳动生产率的增长而引起的物价上涨。并且，在物价上涨后，工人又要求提高工资，再度引起物价上涨，会造成工资—物价的"螺旋上升"。

②利润推进的通货膨胀，即寡头垄断企业和垄断企业为了保证一定利润而抬高价格，由此引起通货膨胀。

(3)混合型的通货膨胀。有些西方经济学家认为，纯粹的需求拉动和成本推进的通货膨胀在现实经济中是不常见的，长期的通货膨胀都是在需求因素和供给因素共同起作用下产生的，故也称供求混合型的通货膨胀。

(4)结构性通货膨胀。在总需求和总供给处于平衡状态时，由于经济结构方面的因素的变化，也会使物价水平上涨，导致通货膨胀。结构性通货膨胀又可分为四亚类：

①需求转移性通货膨胀，即在总需求不变的情况下，一部分需求转移向其他生产部门，而劳动和生产要素却不能及时转移。这样，需求增加的部门的工资和产品价格上涨，而需求减少的部门的产品价格却未必相应下降，由此物价总水平上涨。

②部门差异型通货膨胀，即产业部门和服务部门的劳动生产率、价格弹性、收入弹性是不同的，但两部门的货币工资增长却趋向同一，加之价格和工资的向上刚性，就引起了物价全面上涨。

③斯堪的纳维亚小国型通货膨胀。对于北欧一些开放经济小国来说，经济结构可分为开放经济部门和不开放经济部门。因小国在世界市场上一般是价格接受者，世界通货膨胀

会通过一系列机制传递到小国的开放经济部门,使后者的通货膨胀率向世界通货膨胀看齐。而小国的开放经济部门的价格和工资上涨后,又会带动不开放经济部门的价格和工资上涨,导致小国全面通货膨胀。这种通货膨胀是一种输入性的通货膨胀。

　　④二元经济结构型通货膨胀。对于发展中国家来说,传统农业部门和现代工业部门并存,在农业生产结构僵化、农产品供给弹性不足、资本短缺、需求结构变化迅速、劳动力自由流动程度低和货币化程度低等结构因素的制约下,要促进经济发展,必须要通过赤字预算,多发货币来积累资金,从而会带动物价全面上涨。

　　3.从物价上涨的幅度和趋势看,可分为四种类型:

　　(1)爬行的通货膨胀,年物价上涨率在 2％～4％,但有可能进一步上升。

　　(2)温和的通货膨胀,年物价上涨率较长时期的在 4％～7％波动。

　　(3)急速的通货膨胀,年均物价上涨率在 6％以上,并有在较短期内有超过 10％的趋势。

　　(4)恶性通货膨胀,年均物价上涨率在 15％以上,并飞速加快,个别时期超过 100％。

　　4.联系经济增长来看,通货膨胀可分为三种类型:

　　(1)通货回胀。在通货紧缩之后,物价水平过低,使经济陷入不景气阶段,从而人为扩张货币供应,使物价回涨至正常水平,促使经济恢复发展,这也是恢复性的通货膨胀。

　　(2)适应性通货膨胀。经济稳步增长伴之以适度的通货膨胀,一般经济增长率高于通货膨胀率。

　　(3)停滞膨胀。经济增长停滞或经济衰退与较高通货膨胀率同时并存。

　　5.以通货膨胀的预期性划分,有两种类型:

　　(1)可预期的通货膨胀,由于一国政府有意识地实行通货膨胀政策,或根据经济因素对未来的通货膨胀趋势可以在一定程度上确定。

　　(2)不可预期的通货膨胀,人们对未来的通货膨胀趋势完全不可知。

第二节　通货膨胀的原因及影响

　　到目前为止,人们在通货膨胀产生的原因方面达成的共识有三类:一是需求拉动型通货膨胀;二是成本推进型通货膨胀;三是结构性通货膨胀。本节将分别对这三种通货膨胀产生原因作一介绍。

　　一、通货膨胀的原因

　　1.需求拉上型通货膨胀

　　所谓需求拉上型通货膨胀,是指把一般物价水平的上升归结为商品市场上的过度需求拉上的。

　　如图 17-1 所示,OD 是 45°线,$OX=OF$ 是充分就业产量。当总支出线 $C+I+G$ 在高于 B 点处与 OD 线相交时,说明总需求大于充分就业情况下的总供给,图中的 AB 就形成了"通货膨胀缺口"。在 A' 点才可以达到供求平衡,但经济已处于充分就业,不可能再增加 FF' 量的产量,而只能是 FF' 名义收入的增加,即只能代表物价的上涨。这时,根据简单推

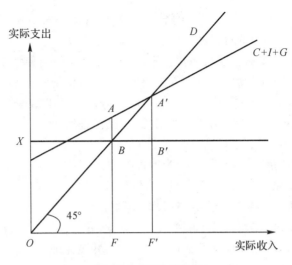

图 17-1　凯恩斯缺口

算可知,通货膨胀率$= AB/BF = AB/OF = A'B'/OF'$。凯恩斯的分析强调收入与支出的流量,而不是并存量。但是,该理论模式有一个明显的缺陷,即断定通货膨胀只能在充分就业水平达到后才可能发生,无法解释通货膨胀与失业并存。通货膨胀与实际产量增长的关系,是一个静态模式。

2.成本推进型通货膨胀

西方成本推进型通货膨胀理论的要点是将价格水平上涨的原因归结为总供给的减少,归结为生产成本的迅速增加。更具体地说,成本推进型通货膨胀理论将通货膨胀产生的原因归结为工会和企业的经济垄断地位所起的作用。这样进而可以把成本推进型通货膨胀分为两类,一类是工资推进型通货膨胀,另一类是利润推进型通货膨胀,并把前者形成的原因归结为工会的"垄断"行为,后者形成的原因归结为企业的垄断行为。

(1) 西方经济学对工资推进式通货膨胀的形成机制的解择是:如果工会成功地将货币工资提高到市场力量所形成的货币工资之上,或者说使货币工资的增加速度高于市场货币工资的增加速度,那么劳动市场的劳动需求将缩减,从而使就业量减少,就业量的减少使产量水平降低。如果总供给量保持不变,价格水平将因总供给落后于总需求而趋于上涨,从而形成成本推进型通货膨胀。工资推进型通货膨胀的形成机制如图 17-2 所示。在图 17-2中,当货币工资水平为W_0时,就业量为N_0,产量水平为Y_0,价格水平为P_0。当工会使货币工资水平从W_0上升到W_1时,实际工资从$(W/P)_0$上升到$(W/P)_t$,就业量从N_0减少到N_1,产量水平从Y_0减少到Y_1,总供给曲线从AS_0向左移动到AS_1,结果价格水平从P_0上升到P_1。

(2)利润推进型通货膨胀,西方经济学认为正如工会可以行使市场权力来迫使工资增长一样,寡头企业和垄断企业在追求更大的利润时,也有可能提高价格,使之超过用以抵销任何成本增加所需。

利润推进型通货膨胀的理论要点主要有:

第一,在存在工会的情况下,企业主考虑到工资增长和罢工的损失,为了保持自己所得的利润额,必然要提高商品价格。并且这种机制普遍存在于许多企业,加上在"不完全竞

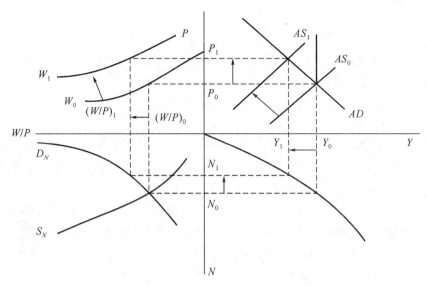

图 17-2　工资推进型通货膨胀

争"的情况下,许多企业都可以做到这一点。

第二,某些集中性很高(即垄断性高)且产品又很重要的行业,为了获得高利而运用"操纵价格"使产品价格大幅度上涨,推动全面通货膨胀。

利润推进型通货膨胀的形成机制如图 17-3 所示。在图 17-3 中,原有的货币工资水平为 W_0,就业量和产量分别为 N_0 和 Y_0,价格水平为 P_0。由于垄断企业的经济行为,劳动需求从而就业量从 N_0 减少到 N_1,产量水平从 Y_0 减少到 Y_1,总供给曲线向左方移动,从而使价格水平从 P_0 上涨到 P_1。

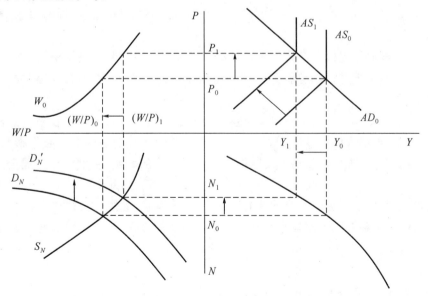

图 17-3　利润推进型通货膨胀

二、通货膨胀的经济效应

尽管人们都担心通货膨胀,但事实上,一些人会因通货膨胀得到好处,一些人会在通货膨胀中受到损害。原因是,通货膨胀只要不是平衡的,都会使得商品和劳务的相对价格发生改变,从而影响人们的相对收入。通货膨胀的经济效应主要有三个方面:一是收入分配效应,二是财富分配效应,三是产量和就业效应。

通货膨胀效应的大小取决于通货膨胀的类型。如果通货膨胀属于平衡的和预料到的通货膨胀,那么最终产品和劳务的价格普遍同比例上升,并且人们可以预知这种变化。于是,经济当事人采取相同的预防措施,结果经济活动的规模不会扩大或缩小,并且由于相对价格不变,资源配置也不会变动,人们取得的收入也就不变。因此,这种通货膨胀对经济活动没有实质性的影响。除了这种极端的通货膨胀类型之外,其他类型的通货膨胀都会不同程度地产生各种经济效应。例如,平衡的但预料不到的通货膨胀,对财富影响不大,但会影响收入分配;非平衡的但预料到的通货膨胀,尽管增加了预见的可能,但由于价格变动不平衡,会使得资源配置发生变动,引起产量变动,同时也会造成资源转移费用的升高;非平衡的也预料不到的通货膨胀则会对收入、财富、产量等产生全面影响。

1.通货膨胀的收入分配效应

首先,通货膨胀会对工资薪金阶层产生影响。在劳动市场上,工人的工资往往以工资合同的方式预先加以确定,也就是说货币工资率的上涨往往慢于物价上涨。因此,当出现通货膨胀时,工人的货币工资没有变动,但实际购买力却下降了。可见,工人在通货膨胀中受到损害,而这种损害取决于工资调整的滞后期。如果工资合同调整较快,或者工资合同中规定有按价格变动自动上调的条款,那么领取工资者受到通货膨胀的损害就少;反之,受到损害就大。在实际中,受损害最深的是那些工作成绩很难与工资挂钩的白领工人、公务员及教师等。

其次,通货膨胀使得以利润为收入者受益。由于生产成本特别是工资落后于产品价格的上升,因而利润呈上升的趋势。只要成本滞后于产品价格上升,那么取得利润者就会获得好处。

再次,通货膨胀使得以利息和租金为收入的人受到损害。由于利息和租金这两种收入形式往往在较长期的合同中被确定下来,因而如果在合同有效期内出现通货膨胀,就会使得资本或土地实际表现出来的利息或地租高于合同规定的数额,结果按合同规定的数额取得利息或租金的人就会受到损害。同时,借贷或租用者就会因此得到好处。

最后,通货膨胀使得退休人员损失最大。在西方国家,退休人员往往在社会保险机构领取定额的保险金和补贴。保险金和补贴的数额很少能赶得上通货膨胀,有时甚至几年不变。由于没有相应地对付通货膨胀的办法,老年阶层受通货膨胀的影响最大。

2.通货膨胀的财富分配效应

家庭财富状况受通货膨胀影响的大小与方向依赖于每个家庭资产的负债的状况。一般说来,在一个家庭拥有的资产中,一部分是按固定的金额偿还的,如资产抵押贷款债权、按固定利息率取得红利的股票和债券等。另一部分是要求按可变价格偿还的,如房地产、汽车等;在家庭拥有的债务中,以抵押贷款、购买汽车贷款等为多数,这些债务大多数以固定的价格偿还。通货膨胀对家庭财富的影响主要取决于资产与负债的数额以及资产中按不变价格偿还的部分与按可变价格偿还的部分所占的比重。当经济中出现通货膨胀时,家庭中拥有的要求按固定金额偿还的资产和债务实际价值将会减少,而拥有的要求按可变价格偿还的资产的实际价值则保持不变。若通货膨胀未被充分预料到,那么通货膨胀将对拥有较多的按可变价格偿还的资产者有利。

一般来说,一个家庭越贫穷,他们拥有的资产总额越小,相应的,由于其资信不够,他们所拥有的债务总额也就越少。对于只拥有少量资产的家庭而言,他们拥有的房屋、汽车等几乎是他们资产的全部,这些资产要求按变动价格偿还,而拥有的存款之类的按固定金额偿还的资产只是很少的一部分。如果出现通货膨胀,这些家庭在资产方面的损失相对来说要小,而他们由通货膨胀造成的债务减少足以补偿其资产中受到的损失。可见,通货膨胀对低财富者有利,因而穷人较不关心通货膨胀。

中等财产净值的家庭,一般拥有较多的资产,也拥有较多的债务。相对而言,这些家庭拥有的按固定金额偿还的资产比低财产净值的家庭要多,按可变价格偿还的资产也多,同时,他们的债务数量也大。当出现通货膨胀时,中等财产净值的家庭拥有的资产损失较多,而他们拥有的较多债务都对他们有利。因此,他们是否在通货膨胀中受到损失,主要看他们拥有的按可变价格偿还的资产数量及其拥有的按不变价格偿还的债务数量。

高财产净值的家庭拥有较多的按可变价格偿还的资产,如高级别墅、花园、高级轿车等,但同时他们又是大债主,拥有大量的按固定价格偿还的资产,而他们的债务相对较少。这样,若发生通货膨胀,这些家庭拥有的按固定价格偿还的资产就会贬值。由于他们从债务中获利较少,因而高财产净值的家庭是通货膨胀的最大受害者。

当然,上述分析是建立在通货膨胀没有被预料到的假设基础之上的。如果人们可以预料到未来出现的通货膨胀,那么人们会调整所拥有的资产中按固定金额偿还的和按变动价格偿还的比例,同时,债主也可以索要较多价格,使按固定金额偿还的资产受到的损失减少。但无论如何,人们无法完全准确地预料通货膨胀的发生及其幅度,因而通货膨胀必然对财富的分配产生影响。

3.通货膨胀的就业和产量效应

如果通货膨胀使就业增加,产量增加,那么通货膨胀对就业和产量产生正效应;反之,则产生负效应。大多数经济学家认为,通货膨胀会对就业和产量产生正效应,未预料到的通货膨胀产生的效应大,而预料到的通货膨胀产生的效应小,甚至没有。如果经济中出现未预料到的通货膨胀,由于货币工资以合同的形式被固定下来,其变动滞后于通货膨胀,结果会使得实际工资下降,从而导致厂商增加雇佣工人,提高产出量。这样,通货膨胀对就业和产出产生正效应。

对于上述观点,并不是所有的经济学家都认同。在反对者看来,通货膨胀不仅仅是价格水平的普遍上升,同时也是对价格信号的一种扭曲。在通货膨胀中,价格上升快的部门不一定是社会最需要的,从而由此引起的资源配置可能是一种浪费。另外,通货膨胀也有可能使得生产者和消费者行为扭曲,从而导致更加严重的通货膨胀或结构失调。当通货膨胀率高时,企业预期经济扩张,从而可能增加存货,以便应付即将来临的购买浪潮;同时,消费者为了减少通货膨胀造成的损失,也可能积存一定数量的耐用品。当通货膨胀率下降时,企业已经积存了足够的存货,消费者已经有了大量的消费品,结果社会需求将急剧下降,经济的大幅度萎缩也就不可避免。正因为人们对通货膨胀现象在行为上的反应不一定一致,所以通货膨胀是否对就业和产量产生正效应常常依赖于经济学家关注的人们的行为方式。因此,这一问题的答案还不十分明确,它不仅取决于通货膨胀的类型,也取决于不同时期人们对通货膨胀所采取的对策。

从长期来看,通货膨胀对资本积累从而对增长也产生影响。当出现通货膨胀时,由于存在货币工资调整的滞后,因而使得通货膨胀的收入分配效应朝着有利于以利润为收入者的方向发展。以利润为收入者一般具有高于以工资为收入者的储蓄倾向,从而利润在总收入中所占的比重增加有利于资本积累的形式,这样就促进经济增长。由此可见,只要工资增长落后于通货膨胀,储蓄就有扩张的趋势,资本积累的规模就大,通货膨胀就会对经济增长产生积极的影响。

从统计数字来看,通货膨胀对经济增长已经没有明显的促进作用了。各国在通货膨胀率与经济增长率的关系上表现出来的差异已经不能再支持通货膨胀的增长效应了。其中一个原因是,货币工资的调整速度在加快,任何通过保持货币工资不变来促进经济增长的企图都会使得货币工资相应于价格调整的速度加快。

第三节　治理通货膨胀的对策

许多国家都经历了较为严重的通货膨胀,给经济造成了巨大的破坏。为了将通货膨胀限制在一定的范围之内,西方国家都在深入研究和尝试治理通货膨胀的政策措施,并针对不同类型的通货膨胀提出了不同的政策。

一、抑制总需求

抑制总需求主要是针对需求拉动型通货膨胀而采取的措施。需求的拉动主要是由财政扩张和货币扩张引起的,所以可以从财政政策和货币政策着手抑制通过膨胀。

1. 财政政策

财政政策是由政府直接掌握的,可控性强,时滞短,通过实行紧缩性的财政政策,可以迅速降低总需求。

具体的措施有:第一,减少财政支出,从而可以降低公共投资,抑制投资需求;第二,增加税收,这不仅可以降低企业的投资积极性,从而抑制投资需求,而且可以减少个人的可支配收入,抑制消费需求;第三,减少转移支付,抑制个人收入增加,达到降低消费需求的目的。

以上措施可以达到降低总需求的目的,但是执行起来比较困难,例如,增加税收会遭到各方的反对。

2. 货币政策

货币扩张是通货膨胀的真正源泉,要治理通货膨胀,必须减少货币供给,因为货币供给的减少可以降低人们的收入水平,从而抑制消费需求。同时,货币供给的下降会推动利率的上升,提高融资成本,抑制投资需求。所以通过紧缩性的货币政策可以达到抑制总需求的目的。为了降低货币供给,中央银行可以进行公开市场操作卖出债券,或者提高再贴现率,或者提高法定准备金率,这些都可以达到目的。

总需求的降低减缓了通货膨胀的压力,因为它缩小了需求和供给的缺口,但是,与此同时也减少了劳动的需求,从而产生更多的失业,而当失业水平上升时,增加工资的压力下降,也就减少了成本推进的可能性。所以,降低总需求是治理通货膨胀的有效工具,但增加了失业。

二、稳定总供给

成本推进型通货膨胀的重要原因之一就是总供给曲线的左移,而总供给曲线的左移主要来源于工资的上涨,所以通过执行一种收入政策稳定工资、稳定总供给,从而可以达到抑制通货膨胀的目的。这种收入政策主要包括以下形式:

(1)确定工资—物价"指导线",以限制工资—物价的上升。这是由政府规定一个允许货币收入增长目标值,即根据估计的平均生产率的增长,政府估算出货币收入的最大增长限度,而每个部门的工资增长率应等于全社会劳动生产率增长趋势,不允许超过。只有这样,才能维持整个经济中每单位产量的劳动成本的稳定,因而预定的货币收入增长就会使物价总水平保持不变。"指导线"不是法律规定,不能强迫工人和企业遵守,但政府可以以不购买该企业的产品来威胁那些不听从劝告的企业,这在一定时期能产生预期的效果,但那些与政府采购没有多大关系的企业却往往超出指导线,使得这一政策执行效果并不是太理想。

(2)实行工资—物价管制。由政府颁布法令,强行规定工资、物价的上涨幅度,在某些时候,甚至暂时将工资和物价加以冻结。这种严厉的管制措施一般在战争时期较为常见,但是当通货膨胀变得非常难以对付时,和平时期的政府也可以求助于它。

(3)以纳税人为基础的收入政策。政府以税收作为惩罚或奖励手段来限制工资增长,对于工资增长率保持在政府规定界限以下的企业,以减少税收的方式进行奖励;对于工资增长率超出政府规定界限的企业,则以增加税收的方式进行惩罚。

三、其他措施

1. 收入指数化政策

收入指数化是按物价变动情况自动调整收入的一种分配方案。指数化的范围包括工资、政府债券和其他货币收入。实施的办法是使各种收入按物价指数滑动或根据物价指数对各种收入进行调整。这种指数化措施主要有两个作用:一是能借此剥夺政府从通货膨胀中所获得的受益,杜绝其制造通货膨胀的动机;二是可以借此抵销或缓解物价波动对个人收入水平的影响,克服由通货膨胀造成的分配不公。借此还可以稳定通货膨胀环境下的微观主体行为,避免出现抢购商品、贮物保值等使通货膨胀加剧的行为。但是这种指数化政策在消除收入的不公平分配方面的作用是有限的,因为价格指数化的编制和收入的调整都需要一定的时间,使得收入调整往往滞后于物价水平的波动。另外,这种消极的适应通货膨胀的政策强化了工资和物价交替上升的机制,从而往往使物价更加不稳定,而不是有利于通货膨胀率的下降。

2. 反垄断政策

因为在通货膨胀过程中,垄断高价常能起到推波助澜的作用,因此,通过制定反托拉斯法限制垄断高价,是不少发达国家价格政策的基本内容。

第四节　失业概述

在宏观经济学中,失业问题与通货膨胀问题同等重要。古典经济学家认为,市场是完美的,市场机制可以自动调节,使经济趋向充分就业均衡。然而进入 20 世纪以来,失业问题始终存在,从而不得不使人们怀疑市场机制的作用。降低失业率和抑制通货膨胀成为各个政府宏观经济政策的主要目标。下面就失业的有关问题作一介绍。

一、失业及失业率

根据国际劳工组织的定义:就业就是一定年龄阶段内的人们所从事的为获取报酬或为赚取利润所进行的活动,失业是就业的对立面,即指有劳动能力并愿意就业的劳动者找不到工作这一社会现象,其实质是劳动力不能与生产资料相结合进行社会财富的创造,是一种经济资源的浪费。由此可见,失业必须具备三个条件:有劳动能力、有就业愿望、正在寻找工作。

衡量一国失业程度最重要的统计指标是失业率,与之相对的变量主要有以下几个:

(1)劳动年龄人口:我国规定男性 16～60 周岁,女性 16～55 周岁为劳动年龄人口,而其他国家有的规定 14～65 周岁为劳动年龄人口,各国的标准不一样。

(2)非劳动人口:劳动年龄人口中有一部分属于非劳动人口,包括在校学生、从事家务劳动者、因病退职人员以及丧失劳动能力不能工作的人,正在服刑的犯人、不愿工作的人、家庭农场或家庭工场中每周工作少于一定时间的人。

(3)根据上述定义,我们可以界定:

劳动人口＝劳动年龄人口－非劳动力人口

失业人数＝劳动人口－就业人数

失业率＝失业人数/劳动人口×100％

二、失业的分类

一般说来,失业按照其原因大体上可以分为下列几种类型:

(1)摩擦失业。摩擦失业是指因劳动市场运行机制不完好或因经济变动过程中工作转换而产生的失业。它被看作是一种求职性失业,即一方面存在着职位空缺,另一方面存在着与此数量对应的寻找工作的失业者,这是因为劳动市场的信息具有不完备性,厂商找到所需求的雇员和失业者找到合适的工作都需要花费一定的时间。在一个变化着的经济中,消费者的偏好会随时间的推移而改变,从而使某些行业衰退,产生过剩劳动力,另一些新兴行业,需要大量增加劳动力,但劳动者从一种职业或一个行业流向另一种职业或另一个行业会因流动成本、职业技能、个人特长和居住地区等原因而出现困难,从而造成暂时的失业,尽管同时存在着职位空缺。摩擦失业在任何时期都存在,并将随着经济结构变化加快而有增大趋势,但西方经济学家认为,摩擦失业的存在与充分就业并不矛盾。

(2)季节性失业。季节性失业是指某些行业中由于工作的季节性而产生的失业。如农业、旅游业和农产品加工业对劳动的需求有季节性,在需求淡季时,就会存在失业。季节性失业也被看作是一种"正常"的失业。

(3)周期性失业。周期性失业是指经济周期中的衰退或萧条阶段因需求下降而造成的失业。在经济衰退时期,产品的生产和需求下降,因有效需求不足而致使部分工人失业。这种失业是和经济的周期性变化联系在一起的。它对各行业的影响是不同的。一般来说,需求的收入弹性越大的行业,周期性失业的影响越严重。

(4)需求不足型失业。凯恩斯认为,如果一个经济的有效需求水平过低,不足以为每一个愿意按现行工资率就业的人提供就业机会,即失业人数超过了以现行工资率为基础的职位空缺,由此产生的失业就是需求不足型失业。另外,如果需求的增长速度慢于劳动力的增长速度和劳动生产率的提高速度,由此产生的失业可称为增长不足型失业。上述的周期性失业和增长不足型失业都是需求不足型失业的两种类型。但是,按照新古典学派的见解,工资水平是有弹性的,它能调节劳动市场的供求。在有效需求不足的情况下,劳动者之间的竞争会使实际工资下降,从而使劳动的供给减少,对劳动的需求增加,由此而消除需求不足型失业,所以不承认存在这类失业。

(5)技术性失业。技术性失业是指由于技术进步,或采用了节约劳动的机器而引起的失业。这种失业是由于资本代替了劳动,从而造成工人失业。比如火车头改为电力机车后,原有的火车司机不再需要了,他们原有的劳动技艺要转移到其他行业是很困难的,因此造成了失业。这种失业是为经济进步而必须付出的代价。

(6)结构性失业。结构性失业是指因经济结构变化、产业兴衰转移造成的失业。这种失业的特点是失业与职位空缺并存。结构性失业与技术性失业有部分重叠。但除技术进步排挤劳动力之外,国际竞争,非熟练工人缺乏培训,消费习惯改变,政府的财政、税收和金融政策对产业结构的影响等因素都可能导致结构性失业。结构性失业与摩擦失业也有差异,两者共同的特点是职位空缺与失业并存,但结构性失业更强调的是空缺职位所需要的劳动技能与失业工人所具有的劳动技能不相符合,或空缺职位不在失业工人所居住的地区,或失业工人无力支付昂贵的培训费用和迁转费用。因此,尽管失业工人能够获得劳动市场有关职位空缺的信息,但他无法填补空缺的职位。

(7)自愿失业。自愿失业是指工人所要求得到的实际工资越过了其边际生产率,或不愿接受现行的工作条件而未被雇用造成的失业。这种失业在西方不被看作真正的失业。凯恩斯提出与此相对的失业是非自愿失业。非自愿失业是指有劳动能力并愿意按现工资率就业,但由于有效需求不足而得不到工作造成的失业,因而这种失业是可能被总需求的提高而消除的那种失业,这种失业与需求不足型失业是一致的。

三、充分就业与自然失业率

充分就业几乎在任何时期都是头号宏观经济目标。怎样才算充分就业?首先需要弄清的是,充分就业并不是百分之百就业,因为即使有足够的职位空缺,失业率也不会等于零,也仍然会存在摩擦失业和结构性失业。在一个日新月异的经济中,永远会存在职业流动和行业的结构性兴衰,所以总有少部分人处于失业状态。

有关充分就业的定义,西方经济学家曾提出几种说法。凯恩斯认为,如果"非自愿失业"已消除,失业仅限于摩擦失业和自愿失业的话,就是实现了充分就业。另一些经济学家认为,如果空缺职位总额,恰好等于失业人员的总额,即需求不足型失业等于零的话,就是实现了充分就业。还有些经济学家认为,如果再要提高就业率,必须以通货膨胀为代价的话,那么就实现了充分就业。

充分就业水平上的失业率,被称为自然失业率,它等于摩擦失业和结构性失业的总和。自然失业率这一概念是由弗里德曼提出的,它是指在没有货币因素干扰的情况下,让劳动市场和商品市场的自发供求力量起作用时,总需求和总供给处于均衡状态下的失业率。所谓没有货币因素干扰,指的是失业率高低与通货膨胀率高低之间不存在替代关系。要确定一定时期中自然失业率的大小比较困难,因为它取决于劳动市场的结构特征,并且随时间不断变化,技术进步的速度、劳动力和劳动生产率增长的速度、获取劳动市场信息的费用和寻业的成本都将影响自然失业率的大小。

货币主义提出自然失业率的概念,在于反对凯恩斯的"非自愿失业"的提法。他们认为,在排除了垄断的劳动市场上,工资是有弹性的,劳动是有流动性的,供求信息也较易获得,因而所有有劳动技能并愿意就业的人迟早会获得工作,失业是摩擦性的或结构性的,这种失业是不能以提高通货膨胀率为代价而消除的。

第五节　通货膨胀与失业

西方经济学家对资本主义的两大病症——通货膨胀和失业的关系多有论述,其理论也在不断发展。

一、由总供给曲线表示的通货膨胀与失业的关系

按照传统的凯恩斯理论,经济在未达到充分就业以前,是不会发生通货膨胀的。这时扩大需求只能使供给增加,而不会使物价上涨。当经济接近或达到充分就业时,通货膨胀就会发生。这时扩大需求只能使物价上涨,而不会使供给或产量增加。

按照这一理论,经济在经历通货膨胀以前,是处于资源未能充分利用或存在失业的状态;而在经济实现充分就业之后,就会处于资源充分利用或存在膨胀的状态。可以用图17-4说明这个问题,横轴代表产量或收入,纵轴代表价格,AS 代表总供给曲线,AD_1、AD_2、AD_3、AD_4 代表不同水平的总需求曲线。假定总供给曲线在达到充分就业产量之前是水平的,因此,随着总需求曲线的变化即从 AD_1、AD_2 到 AD_3,产量或收入也从 Y_1、Y_2 到 Y_3 变化。由于未达到充分就业点,因此在 AD_1、AD_2、AD_3 不同的需求水平下,价格始终是 P_0。但在达到充分就业 Y_f 以后,如果总需求变化到 AD_4 时,总供给不会再继续增加,这时物价水平由 P_0 上升到 P_1,通货膨胀就会发生。

由总供给曲线所表示的失业与通货膨胀的交替交系是,有失业存在,就意味着资源没有充分利用,因而就不存在通货膨胀;而一旦充分就业,就意味着资源已经充分利用,需求

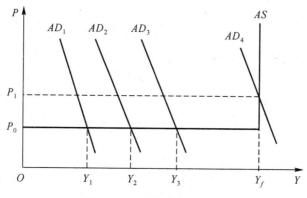

图 17-4　失业与通货膨胀

扩大通货膨胀就会发生。按照这一交替关系,失业与通货膨胀是不能并存的,有此无彼。

二、由菲利普斯曲线表示的通货膨胀与失业的交替关系

菲利普斯曲线是现代西方经济学中用来说明通货膨胀与失业之间关系的具有代表性的理论和方法。

1. 菲利普斯曲线

1958 年,当时在英国伦敦经济学院任教的新西兰籍经济学家菲利普斯(A. W. Philips)通过整理英国 1861—1957 年的近一个世纪的统计资料,发现在货币工资增长率和失业率之间存在一种负相关的联系,西方经济学家把这个表示失业率与货币工资变动率(或通货膨胀率)之间此消彼长、互相交替的曲线称作菲利普斯曲线。如图 17-5 所示。

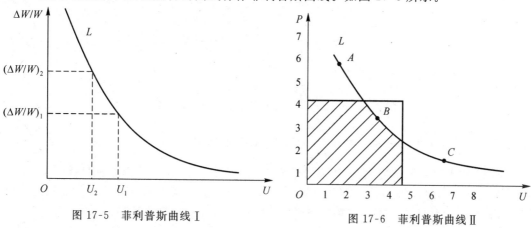

图 17-5　菲利普斯曲线 I　　　　　　　图 17-6　菲利普斯曲线 II

图 17-5 中,W 表示货币工资率,纵轴($\Delta W/W$)表示货币工资增长率,横轴 U 表示失业率。曲线 L 就是菲利普斯曲线,当失业率由 U_1 降到 U_2 时,货币工资增长率就由($\Delta W/W$)$_1$ 上升到($\Delta W/W$)$_2$,这表明失业率与货币工资增长率之间有一种交替关系。

由于货币工资变动率与物价上涨率相关,通货膨胀率又用物价上涨率来表示,因此以后的经济学家也就把通货膨胀率与失业率之间的交替关系用菲利普斯曲线来表示。如图 17-6 所示,菲利普斯曲线表示通货膨胀率(以 P 表示)与失业率(以 U 表示)此长彼消,即失业率较低时,通货膨胀率就较高;反之,失业率较高时,通货膨胀率就较低。

菲利普斯曲线提供的失业率与通货膨胀率之间的关系为实施政府干预、进行总需求管理提供了一份可供选择的菜单。它意味着可以以较高的通货膨胀率为代价来降低失业率或实现充分就业;而要降低通货膨胀率和稳定物价,就要以较高的失业率为代价。

当然,政府在运用菲利普斯曲线确定宏观经济政策时,首先要确定社会临界点。所谓临界点,是指政府对于失业率和通货膨胀率的"社会可接受程度的理解",即在一定的失业率与通货膨胀率之下,社会是可以接受的,或者说是被认可的失业率和通货膨胀率,这时政府不必采取任何措施进行调节。

如在图 17-6 中,假定 4％的通货膨胀率和 4％的失业率是社会可以接受的"临界点",那么图上阴影部分表示安全范围。当通货膨胀率和失业率处在这个范围之内时(如图上的 B 点),政府不必采取调节措施进行干预。而在安全范围之外的点,政府就要采取紧缩性的财政与货币政策,以较高的失业率来换取较低的通货膨胀率(如在 A 点时),或者采取扩张性的财政政策与货币政策,以较高的通货膨胀率来换取较低的失业率(如在 C 点时)。

2. 菲利普斯曲线的恶化

20 世纪 60 年代以后,菲利普斯曲线不断向右上方移动,这说明必须用更高的通货膨胀率才能使失业率下降到一定点;或相反,要用更高的失业率才能使通货膨胀率下降到一定点。这说明原来的"临界点"不能用了,应当修订新的"临界点"。

如图 17-7 所示,L、M、N 为三条菲利普斯曲线。

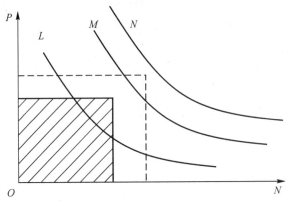

图 17-7　预期扩大的菲利普斯曲线

图 17-7 上的阴影部分为"临界点"之下的"安全范围"。但当菲利普斯曲线向上移动,由 L 变为 M 后,M 不通过这个有阴影的部分。这表明,此时无论采取什么样的需求管理措施,都不能把通货膨胀率和失业率下降到"临界点"之内,于是只得提高"临界点"。图上的虚线框,就表明提高了"临界点"后的"安全范围"。但当 M 移到 N 后,这样的"临界点"也就不适应需要了,除非再提高"临界点"。

那么为什么菲利普斯曲线会向右上方移动呢?西方经济学家认为,原来的菲利普斯曲线 L(或称简单的菲利普斯曲线)反映的是通货膨胀预期为零时的失业率与通货膨胀率之间的此消波长的关系。如果通货膨胀连年上升,特别是政策利用菲利普斯曲线进行相机抉择,用高通货膨胀率换取低失业率的话,就会形成一种通货膨胀预期。如果通货膨胀已被预期到了,工人就会要求提高货币工资以避免生活水平受通货膨胀侵蚀,这时工资—物价螺旋上升,这表明现在必须用更高的通货膨胀率来换取一定失业率。

假定失业率不因通货膨胀率的变动而变动,那么菲利普斯曲线可能成为一条垂直线。如图 17-8 所示。

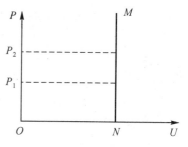

图 17-8 中 NM 线,就是一条垂直的菲利普斯曲线,它表明通货膨胀率与失业率之间不存在交替关系(或长期的交替关系)。据弗里德曼解释:这是因为经济中存在着一种"自然失业率",即在没有货币因素干扰的情况下,让劳工市场和商品市场的自发供求力量发挥作用时的均衡失业率。无论通货膨胀率如何上升(图中由 P_1 上升到 P_2),从较长时期来考察,失业率不会下降(始终为 ON)。这样就使经济中形成了失业的"硬核"。

图 17-8　垂直的菲利普斯曲线

3. 菲利普斯曲线(正相关)

一些经济学家(如弗里德曼)认为,如果采取人为的干预措施,使市场机制失去作用,那么菲利普斯曲线可能成为一条正相关的曲线,如图 17-9 所示的 NN' 线。

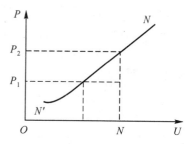

这表明通货膨胀率与失业率同时增加的正相关的关系。现在已不再能够用较高的失业率来换取较低的通货膨胀率,或用较高的通货膨胀率来换取较低的失业率。这种情况反映出当代资本主义社会中所存在的严重的高通货膨胀率与高失业率并有。"滞张"现象,也表明用宏观财政政策与货币政策调节经济失灵。

图 17-9　正相关的菲利普斯曲线

"滞胀"即停滞膨胀,经济停滞从而失业与通货膨胀同时并存。

(1)对"滞胀"原因的各种解释

①用市场的不完全性来解释。托宾和杜森贝利认为,市场上存在两大垄断力量:大公司和工会,前者控制物价,后者控制工资,从而形成"价格刚性"和"工资刚性",即价格易涨不易跌;工资易升不易降。物价上升,工资紧跟着上升,大公司一般根据成本加成法定价,因此,当工资上升时,物价再度上升,从而引起工资和物价的螺旋式上升。

此外,由于工人在工种、技术、年龄、性别等方面存在着差别,特别是劳工市场不统一,存在着地域性的差别,因而即使劳动的需求等于劳动的供给时,也会出现失业与职位空缺并存。由于"工资刚性"的作用,社会上存在失业时,工资水平并不因此而下降;但当社会上有职位空缺时,工资水平就会上升,而工资水平的上升又推动物价上涨。于是,失业与职位空缺并存转化为失业与工资上升,失业与工资上升并存又转化为失业与物价上涨并存。

②通货膨胀与失业相互加强。弗里德曼认为,从长期来看,由于自然失业率的存在,菲利普斯曲线已成为一条垂直线。在这种情况下,只有通货膨胀率的增长速度快于工资率的增长速度,才能使实际工资相对下降,失业才有可能减少。一旦劳工意识到物价上涨率超过了工资增长率,他们就必定要求工资增长赶上物价上涨,甚至需要把预期的通货膨胀率那部分追加到工资增长中。这样,失业便将回升到自然失业率水平。因此,经济中实际上存在的是通货膨胀的加速与失业之间的稳定关系。

弗里德曼认为,通货膨胀和低速增长是政府庞大化的产物,两者有相互强化的力量。首先,由于政府庞大化,支出必然增加,但为了取得增加支出的来源,政府只能依靠税收来增加。由于增加税收会遭到人们的反对,政府就通过发行货币来弥补赤字。实际上,这是用变相征税的方法制造通货膨胀。其次,政府还采用借债的方法,如发行公债等,来弥补政府的开支。而这与发行新货币的效果相同。

政府庞大化及其膨胀性措施又会使经济低速增长。因为政府支出增加使税负增加,人们失去努力工作和存款投资的欲望;由于通货膨胀的情况不断变化,价格体系与市场结构出现不平衡,经济活动效率受到损失;由于通货膨胀率经常发生变化,消费者为逃避通货膨胀所造成的损失,不是从事生产活动,而是热心于投机。

这样,由于通货膨胀与低速增长相互加强而造成通货膨胀与失业并存的"滞胀"局面。

③用结构理论来解释。英国经济学家希克斯等人用结构理论来解释通货膨胀与失业并发症,他们认为,经济部门可以分为两大类,扩展中的部门和停滞的或衰退的部门。前一类部门劳动生产率增长得较快,后一类部门劳动生产率停滞甚至下降。各部门工人都要求"公平性原则",即要求在工资报酬方面一视同仁。前一类部门因劳动生产率提高了,货币工资率也相应地上升。后一类部门的工人看到了这种情况,不管本部门是否提高了劳动生产率或是否盈利,也要求提高工资,否则以罢工相威胁。为了避免因罢工造成更大的损失,后一类部门的企业不得不仿效前一类部门那样提高工资率。但由于后一类部门的劳动生产率没有提高,这样对全社会来说就形成货币工资率增长率大于劳动生产率的情况,这种通货膨胀属于结构性通货膨胀,其根源是部门间发展的不平衡性。

在发生上述这种结构性通货膨胀时,经济中原有的失业不但不会因物价上涨而减少,甚至有可能因后一类部门的企业盈利状况的恶化以及它们为提高劳动生产率而采取的技术措施而增加。这样就形成通货膨胀与失业并发症。

④"市场操纵"说。卡尔多认为经济活动中存在三类部门,即初级部门,它为工业活动提供必需的食品、燃料和基本原料;第二级部门,它将原料加工为制成品以供投资或消费;第三级部门,它提供辅助其他部门的各种服务,如运输、销售或各种专门技术以及提供欣赏的服务等。第三级部门不会发生重大问题,但是初级部门和第二级部门都可能成为通货膨胀的根源。

卡尔多认为,初级产品的市场价格对个别生产者和消费者来说是既定的,其价格变动是调节未来生产和消费的"信号";而制造品的市场价格则是由生产者根据成本按"垄断程度"加价的原则制定的。初级产品的市场价格主要受供求关系调节;而制造品的市场价格对需求变动的反应是不十分敏感的,但对成本变动却迅速地做出反应。

卡尔多认为,初级产品价格的任何巨大变动,无论是有利还是不利的,对工业活动往往起着抑制作用。

第一,当农矿品价格下降时,虽然有可能刺激工业部门吸收更多的农矿产品,以及由于食品价格的下降而使工人实际收入有所提高,从而有可能刺激对工业品的需求。但由于贸易条件(初级产品价格与制造品价格的比例)对初级产品生产者不利,所以这将减少初级品生产者对工业产品的有效需求,同时也降低了对初级产品生产的投资,结果势必抵销了农矿产品下降所带来的对工业品需求的任何刺激而有余。

第二,当农矿产品价格上涨时,它在工业品成本方面便具有强有力的通货膨胀的影响,因为农矿产品等基本原料和燃料价格的上涨,增加了工业制成品的成本,导致制成品生产者根据垄断加价法使产品价格提高。如果制成品价格的提高使得利润在增加值中的价额上升的话,就会引起工人要求增加工资以便抵抗实际工资降低。这样,农产品价格的上涨很可能在工业部门引起工资—物价螺旋上升式的通货膨胀。因而,使贸易条件有利于初级产品生产者的趋势不可能持续很久。工业部门将通过由成本引起的工业品价格上涨来对付农矿产品价格的上涨,以便保障它的实际收入不下降。与此同时,通货膨胀本身也有缩小工业品有效需求的作用。一方面是初级产品部门的生产者利润的增加与他们的支出不相称,另一方面是大多数工业国可能采取紧缩的财政政策与货币政策来对付通货膨胀。这样,这种通货膨胀一方面限制了工业活动的发展,减少了对劳动力的需求,另一方面又使得低收入家庭更加贫困,他们不得不增加劳动力的供给。所以,通货膨胀不仅减少了就业机会,还增加了劳动力的供给,使通货膨胀与失业并存,形成了经济中的"滞胀"局面。

(2)解决"滞胀"问题的各种对策

①工资—物价管制。宏观财政政策和宏观货币政策被认为不足以应付成本推进的通货膨胀。因此,有些经济学家建议采取工资—物价管制政策。这种政策又称收入政策,主要指限制工资收入增长率的政策。

工资—物价管制政策旨在限制工资上升,其矛头是对准工会的。其理由是:只要工资不上升,物价就不会上升。但有时,政府为了不让工会提出增加工资的要求,也采取管制物价的措施。但对物价的限制与对工资增长率的限制相比,前者是次要的,后者是主要的。

工资—物价管制的具体措施包括:第一,硬性冻结,即禁止工资和物价上涨。第二,工会与企业自愿议定,共同遵守限制工资收入增长率的措施。第三,以增税或减税作为惩罚或奖励以限制工资收入增长率的政策,又称以税收为基础的收入政策。凡遵守规定的工资增长界限的企业和企业里的工人,可以得到减税优待,以示奖励;凡违背这一规定的,就对企业加重征税。由于企业不按规定给工人增加工资要受到惩罚,雇主就可以以此来拒绝工人增加工资的要求。

②人力投资。由于劳工市场结构不协调而造成的失业,被称为结构性失业。失业与职位空缺并存条件下的失业,通常用于结构性失业。政府的人力投资(人力政策)被认为可以解决失业与职业空缺的矛盾。因为这将使不适应雇主要求的工人和失业者有机会重新受训练,或迁移到适宜于他们就业的地点去。

③部门之间的协调。考虑到通货膨胀的结构性和失业的结构性,一些经济学家建议应使各部门之间保持一定的比例关系。这是因为,在经济波动过程中,经常会有些部门兴起,有些部门衰落,这就发生劳动力能否转移到新工作岗位去的问题,而劳动力的转移问题也是一个技术适应问题。如果部门比例不协调,将加剧失业状况。

不仅如此,为了避免因某些产品供求失调而推动的物价上涨,特别是为了避免某些关键性产品的供求失调,部门之间保持一定的比例关系被认为是必要的。

④实行微观财政政策和微观货币政策。微观财政政策包括税收结构政策和公共支出的微观化。税收结构政策并不是指变动税收总量,而是指在一定的税收总量前提下,调节各种税的税率和施行的范围等。公共支出的微观化并不是指变动财政支出总量,而是指在一定的财政支出总量前提下,调节政府支出的项目和各种项目的数额。

微观财政政策的用处在于影响需求和供给的结构。

微观货币政策包括利息率结构和信贷结构的调节。它旨在通过各种利息率的差别的调整以及通过各种信贷数额和条件的变动来影响存款和放款总额,以调节货币流通量。

尽管经济学家提出了上述这些据说可以缓和或消除通货膨胀与失业并发症的措施,但实际上并没有收到预期的效果。就以工资—物价管制措施为例,它的实施即使能暂时限制工资率的提高,但却无法制止物价的上涨,而物价的上涨一方面与"紧"的财政政策或货币政策的预期效果相抵销,另一方面又使职工的实际收入下降,从而使生产能力的提高与群众购买力相对缩小之间的矛盾更加尖锐。如果说收入政策所采取的是极端的形式(包括对物价的冻结),那么马上就会使经济中一向借以调节生产要素供给的资源配置机制失灵,硬性的物价管制将造成黑市,将促使资本朝着比较易于逃避监督的地区和部门流动,经济效率会大大降低,企业的扩建和新建会停顿下来,这一切又会加剧失业率。同时,私人资本必定会使政府预定用来解决通货膨胀、失业的一切措施受到极大的牵制,如果收入政策采取的是指导性的措施,那么私人企业不一定按照政府的指示去做,除非他们认为这样做恰恰符合自己的盈利意图。如果政府采取法体形式硬性管制物价,那么私人企业不愁找不到可以逃避管制的途径,而且一旦有势力的集团认为这些管制侵犯了自己的实际利益,它们甚至可以迫使政策制定和执行者改变政策。

::: 案 例 :::

【案例 1】 <center>阿根廷的通货膨胀</center>

在 20 世纪 80 年代的大部分时间里,阿根廷一直是一个典型的经济案例,年通货膨胀率平均达到 450%,1990 年初之前的 12 个月,其通货膨胀率更升至 2000%。在这种情况下,经济活动的主要目的只是避免通货膨胀吞噬一切。作家 V. S. 奈保尔在访问阿根廷时,与一位具有远见卓识的阿根廷商人约格交谈。约格告诉奈保尔:

通货膨胀使你终日战战兢兢。我们公司所在的产业只能给你 4～5 天的赊账。否则在这样的通货膨胀下,流动资本就全被扼杀。通货膨胀的另一个负面影响是人们不再关心生产力乃至技术,而所有进步的秘密全在于生产力。然而在世界任何地方,生产力的年增长不可能超过 3%～4%。而在我国这样的通货膨胀下只要你知道应该在何时何地进行投资,一日之内你就可以赚取 10%(当然是名义回报)——你的流动资产比包括技术在内的长期目标更重要,尽管你希望两者兼顾。

这是通货膨胀的不可避免的恶果,即货币疾病。你的钱分崩离析,就像癌症。你得过且过。当通货膨胀率超过每天 1% 你别无选择。你放弃计划,只要可以支撑到周末就全感到满足了。然后我就会待在贝尔格拉博的公寓里阅读有关古代板球比赛的书籍。

人均而言,目前我们比 1975 年贫穷 25%。真正的受害者是你看不见的穷人、老人和年轻人。他们被赶出大型火车站——那些人是阿根廷生活中的游民和弃儿,像大海的浪花。

阿根廷的高通货膨胀终于出现了一个充满希望的转机。1989 年刚刚当选总统的卡洛斯·梅内姆宣布了通过财政和货币政策反通货膨胀的计划。此外,他还支持许多以市场为导向的经济改革,包括在 1991 年初任命由哈佛大学培养的经济学家多明戈·卡瓦洛为经济大臣。在 90 年代初期,通货膨胀已降为每年 30% 左右,真实 GDP 的增长达到每年 5%,超过了约格的想象。

问题:(1)较高的通货膨胀有哪些危害?

(2)通货膨胀形成的主要原因是什么?

(3)如何治理通货膨胀?

【案例 2】　　　　　　　　　供给学派经济学抵抗通货膨胀

　　货币学派与凯恩斯学派的分歧在于前者认为菲利普斯曲线是垂直的,后者认为失业与通货膨胀能两相抵销。我们已经了解他们对沿着菲利普斯曲线移动以及移动菲利普斯曲线的看法。

　　货币学派对菲利普斯曲线的移动没有反感。对他们来说既然菲利普斯曲线是垂直的,这种变动仅表示自然失业率的减少。他们对政府这样转变菲利普斯曲线的能力并不乐观。但如果政府能使劳动力市场更好地运作,或者减少它对劳动力市场的那种阻碍劳动力调节的干涉,那就已能讨人喜欢了。

　　这个争论为简化起见被分成两个对立的观点。但对此问题还有另外一些看法。里根总统有一批经济学家做他的顾问。这些经济学家由于强调经济中的供给面而被称为"供给学派"。与强调总需求的凯恩斯经济学成为对照。

　　供给学派认为,有效抵御通货膨胀的方法是移动总供给曲线。因此他们促成美国 1981 年的减税。他们相信这样做能刺激经济中的供给,从而降低通货膨胀水平。他们争辩道,当时的税务制度削弱了经济的发展动力。工人们工作得越来越不努力,因为他们劳动的边际所得中越来越大部分被政府拿走。与此相似,因为税收的消极作用企业投资越来越少,居民存的钱也越来越少,而不是相反。

　　里很执政的前几年,通货膨胀得到了控制。但是总体来说,成功的荣誉应更多地归功于货币紧缩政策和巨大的经济衰退,而不是归功于产出的增加。即使企业由于税收减少而增加投资,但在此之前,为投资增加的支出首先对需求方造成了正面的影响。这就更加剧了通货膨胀。增加产出的实现可能要好几年,但是到了那个时候,通货膨胀的插曲已经演奏了好久了。

　　资料来源:Joseph E Striglitz.《经济学》小品与案例.北京:中国人民大学出版社,1998

　　问题:(1)短期菲利普斯曲线为什么是斜向上的? 而长期的菲利普斯曲线是竖直的?
　　　　　(2)说一说理性预期学派对菲利普斯曲线的看法。

▦▦ 习　题 ▦▦

　　1.简述需求拉动型的通货膨胀模型。

　　2.简述成本推进型的通货膨胀模型。

　　3.略述凯恩斯主义、货币主义在通货膨胀和失业的关系问题上的分歧。

　　4.试述通货膨胀的经济效应。

　　5.失业的类型有哪些?

　　6.如果你的房东说:"工资、公用事业及别的费用都涨了,我也只能提你的房租。"这属于需求拉动还是成本推进的通货膨胀? 如果店主说:"可以提价,别愁卖不了,店门口排队争购的多着哩。"这又属于什么类型的通货膨胀?

　　7.工资上涨会导致消费增加,试问工资推动型通货膨胀可否也看作是需求拉动型通货膨胀?

第十八章 经济增长与经济周期理论

经济增长与经济周期理论是现代宏观经济学的重要理论。它涉及的主要问题有：什么是经济增长？经济增长的源泉是什么？如何才能实现经济长期稳定增长？经济周期的含义及原因等。

凯恩斯以后，西方经济学家加强了对经济增长和经济周期理论的研究。这里仅就其中最有代表性的几种模型予以简要介绍和分析。第一节分析经济增长理论；第二节分析经济周期理论。

第一节 经济增长

一、经济增长的含义和特征

一般来说，经济增长是指一个国家或一个地区生产商品和劳务能力的增长。如果考虑到人口增加和价格变动情况，经济增长应当包括人均福利的增长。库兹涅茨给经济增长下了这样一个定义：一个国家的经济增长，可以定义为给居民提供日益繁多的经济产品能力的长期上升，这种不断增长的能力是建立在先进技术以及所需要的制度和思想意识之相应的调整的基础上的，他认为，这个定义有三个组成部分：

(1)提供产品能力的长期上升，因而不断提高国民生活水平，是经济增长的结果，也是经济增长的标志。

(2)先进技术是经济增长的基础或者说必要条件。

(3)制度与意识的调整是技术得以发挥作用的充分条件。

库兹涅茨还总结了现代经济增长的六个特征：

第一，按人口计算的产量，人口以及资本形成的高增长率；

第二，生产率本身增长的程度也是很高的；

第三，经济结构的快速变革，例如由农业转向非农业、由工业转向服务业的速度也是很迅速的，生产规模的变化，单个私人企业转向全国性或跨国公司等；

第四，社会结构与意识形态的迅速改变，表现在社会城市化和移风易俗上；

第五，增长在世界范围内的迅速扩大，经济发达国家要向其他国家争取市场和原料；

第六,世界各国经济增长不平衡,先进国家和落后国家之间人均产出水平有很大差距。

库兹涅茨对经济增长的数量与结构问题的研究在当代西方经济学界是很有影响的。从上述理论中可见,所谓经济增长,不但指人均国民收入增加,也包括社会制度结构的变化。但不少西方经济学家实际上还是将经济增长和经济发展加以区别,认为经济增长和经济发展虽然都指人均国民收入增加,但经济增长一般是指经济发达国家人均实际国民收入的增加,而经济发展的含义又要更广一些,它不仅指人均国民收入的增加,还包括适应这种增长的社会制度的变化问题。经济增长理论专门研究发达国家经济增长问题,而经济发展理论则专门研究一个国家如何由不发达状态过渡到发达状态,因而主要研究发展中国家经济。

二、经济增长的源泉

经济增长源泉的分析所要说明的中心问题是劳动的增加、资本存量的增加和技术进步以及在促进经济增长中所起作用的大小。也就是探讨什么力量使某国经济增长,比方说由3%提高到4%。

美国经济学家丹尼森认为,对经济长期发生作用并且能影响增长率变动的主要有七类经济增长因素,它们分别是:

(1)就业人数和它的年龄—性别构成;

(2)包括非全日工作的工人在内的工时数;

(3)就业人员的教育年限;

(4)资本存量大小;

(5)资源配置,主要指低效率使用的劳动力比重的减少;

(6)规模的节约,以市场的扩大来衡量,即规模经济;

(7)知识的进展。

前四种因素属于生产要素的供给增长,其中1~3种为劳动要素的增长,第4种为资本要素的增长。后三种因素用于生产要素的生产率范畴,可归纳为技术进步。在这七种因素中,知识进展属于最重要的因素。

下面对生产要素供给和生产要素的生产率对经济增长所起的作用分别加以分析。

(1)生产要素供给的增长。大多数经济的生产要素的供给一直在增加着,劳动力在增长,资本存量在增加。那么,产出的增长中有多少是直接依靠要素供给的增长而取得的呢?

为了使这个问题的分析简单明白,可以假设经济只生产一种产品,并假定生产要素只有劳动和资本,而且劳动是单一的工种,资本设备是单一的机器,还假定要素数量在增长,但质量没有改进,已存在的生产方法也没有变化。

在以上假定的条件下,投入和产出关系如何呢? 如果劳动和资本的投入按相同比例增加,产出也按相同比例增加,例如劳动和资本供给各增加1%,则产出也增加1%,这就是前面讲过的规模报酬不变。在这种情况下,经济增长率取决于劳动和资本组合起来的增长,即取决于总要素的投入。

要理解"产出的增长率取决于劳动和资本的组合起来的增长"这句话,首先要明确劳动和资本如何量度。劳动一般用劳动小时量度,比方说,今年投入的劳动比去年增加1%,是指投入的劳动小时比去年增加1%,资本一般用资本设备总量来测量,比方说,今年投入的资本比去年增加 1%，是指资本设备总量增加 1%。生产必须由劳动和资本相结合，然而，劳动和资本对产出所起的作用并不相同。劳动和资本对产出的增加所做的贡献用每一要素所获得的国民收入份额来测量。因此，如果劳动得到 3/4 的国民收入而资本得到 1/4 的国民收入，我们就说，劳动比资本"重要"3 倍。在计算综合的增长率时，劳动的增长率占 3/4，而资本的增长率占 1/4。这个原理可用公式表示。

$\Delta Y/Y = $ 产出增长率

$\Delta K/K = $ 资本供给增长率

$\Delta L/L = $ 劳动供给增长率

$a = $资本的国民收入份额

$b = $劳动的国民收入份额

劳动和资本的增长率是：（资本收入份额×资本增长率）+（劳动收入份额×劳动增长率），用符号表示是：

$$a \times \Delta K/K + b \times \Delta L/L$$

由于假定规模报酬不变，所以

$$\Delta Y/Y = a \times \Delta K/K + b \times \Delta L/L$$

这个方程的含义是，在一个规模报酬不变和没有技术进步的经济中，产出的增长率是资本和劳动增长率的加权总和。

假如，劳动得到 3/4 而资本得到 1/4 的国民收入，劳动供给每年增长 1%，而资本供给增长 3%，则产出增长率为

$$\Delta Y/Y = 1/4 \times 3\% + 3/4 \times 1\% = 1.5\%$$

（2）生产要素的生产率——剩余。美国有些经济学家在测算一些国家长时期投入和产出的增加时，发现产出的增长率一般大大高于投入的增加率。比方说，某国一年实际投入增长 2%，则产出会增长 4%。产出的实际增长和根据要素投入增加而预测的增长之间的差距可称为剩余。它说明，生产要素的生产率如何，是一个除劳动和资本增加以外的一切产出增长的源泉。

从表 18-1 中可以明显看出，产出增加率 $\Delta Y/Y$ 大于要素增长率 $a \times \Delta K/K + b \times \Delta L/L$。

美国经济学家约翰·肯德里克(J. Kendirich)曾经考察了 1889—1957 年期间美国经济的产出增长情形。

表 18-1　美国产出和投入的增长（1889—1957 年）

	年度百分数增加		
	国民生产总值增长率 $\Delta Y/Y$	投入要素增长率 $a \cdot \Delta K/K + b \cdot \Delta L/L$	剩余
1889—1919 年	3.9	2.6	1.3
1919—1957 年	3.2	1.1	2.1

资料来源：劳埃德，雷诺兹. 宏观经济分析和政策. 北京：商务印书馆，1986：402.

在 1889—1919 年，美国国民总收入的年度增加率（3.9%）中约有 2/3 是由于较多的要素投入，要素的生产率提高的贡献只占 1/3。但自从 1919 年以后，这两个增长的来源相对的贡献改变了。投入的增长率下降而生产率增加。在 1919—1957 年间总的要素投入每年只增长 1.1%，但要素生产率每年增加 2.1%，大大快于过去。在这近 40 年里，每年产出增

加 3.2%,其中,要素生产率增加的贡献约占 2/3,而要素投入增加的贡献仅是 1/3。这是技术进步的结果。

发现大部分产出增长归因于总的要素生产率的增长,推动了对要素生产率增加原因的研究。差不多近一个世纪以来,生产要素生产效率大大增进的原因是什么呢?

首先,要归功于技术革新,包括发现新技术,生产新产品,降低产品的生产成本等。技术革新又依赖于基础科学和应用科学的研究以及产品设计和试制等。

其次,管理的改进对生产要素的生产率的增进也起了很大作用。改进管理不是变更生产要素的数量和质量,而是使这些要素利用得更有效。管理方法的改进包括生产管理、人事管理、金融管理、市场管理等各个方面。目前,运用数学方法在管理决策上又日益获得成功。

三、经济增长模型

经济增长模型是经济增长理论概括的数字表达式,它表明经济增长和有关变量之间的因果关系和数量关系。这种模型论证:为了实现经济的均衡增长(指社会经济按某一个不变增长率均衡发展下去),有关经济变量(如投资、储蓄、人口、资本—产量比率等)应具备哪些待点?经济增长中首先要介绍的是哈罗德—多马增长模型。这一模型提出最早,而其他一些模型或多或少也是在这一模型的基础上发展起来的。

1. 哈罗德—多马经济增长模型

(1)哈罗德—多马经济增长模型的假定

哈罗德—多马经济增长模型有如下几个假定:①经济社会生产单一产品。②只有劳动和资本两种生产要素。③在一定时期内技术水平不变,故资本—产量比率不变,规模报酬也不变。④在边际消费倾向不变的条件下,储蓄率不变。

在这些假定基础上,哈罗德—多马经济增长模型集中考察了社会再生产过程中的几个变量以及它们之间的相互关系,提出了一个国家在长期内实现经济稳定的、均衡增长所需具备的条件。

(2)哈罗德经济增长模型

哈罗德模型是通过国民收入、资本—产量比率和储蓄率三个经济变量及其相互关系的分析来考察决定经济增长的因素。用 G 表示经济增长率,Y 表示国民收入,ΔY 表示国民收入的增量,则有

$$G=\frac{\Delta Y}{Y}$$

用 v 表示资本—产量比率,即前面提到的加速系数 a,则有

$$v=\frac{K}{Y}$$

用 s 表示储蓄—收入比率(储蓄率),则有

$$s=\frac{S}{Y}$$

把 $v=\frac{K}{Y}=\frac{\Delta K}{\Delta Y}=\frac{I}{\Delta Y}$ 和 $s=\frac{S}{Y}$ 作些变化,分别变成 $I=\Delta Y \cdot v$、$S=s \cdot Y$ 的形式,使 $I=S$,经整理,并用 G 表示 $\Delta Y/Y$,于是得到 G、v、s 三者之间的如下关系:

$$G=\frac{s}{v}$$

$G=\frac{s}{v}$ 就是哈罗德模型的基本公式,它说明:第一,经济增长率与储蓄率成正比,储蓄率越高,经济增长率也越高。第二,经济增长率与资本—产量比率成反比,即资本—产量比率越高,经济增长率越低。

哈罗德经济增长模型是以凯恩斯收入理论为基础的动态经济分析。

(3)多马经济增长模型

多马经济增长模型研究的是三个变量及其相互关系,这三个变量是:收入增长率(G)、储蓄在收入中的比例(s)、资本生产率又称投资效率,即每单位资本的产出或收入,由 σ 代表。前两个变量与哈罗德公式中的两个变量是一致的,后一个变量即资本生产率 σ 实际上就是哈罗德的资本—产量比率的倒数。

多马的基本公式是:

$$G=s\sigma$$

将 $G=\frac{\Delta Y}{Y}$、$s=\frac{S}{Y}$、$\sigma=\frac{\Delta Y}{I}$ 代入 $G=s\sigma$ 中,得

$$\frac{\Delta Y}{Y}=\frac{S}{Y}\cdot\frac{\Delta Y}{I}$$

即 $S=I$

由于多马模型的基本公式 $G=s\sigma$ 与哈罗德的基本公式 $Gv=s$ 是完全一致的,因此,西方经济学家一般把两个模型相提并论,称作"哈罗德—多马模型"。

从以上分析可以看到,哈罗德—多马经济增长模型是建立在凯恩斯储蓄—投资理论基础上的,是凯恩斯理论的发展。但是,哈罗德—多马经济增长模型与凯恩斯理论又有明显的区别。首先,凯恩斯理论是从短期的角度、用静态的方法来说明投资和储蓄的均衡以及由此实现的国民收入均衡。哈罗德—多马经济增长理论则将凯恩斯的储蓄—投资的分析加以长期化、动态化。所谓长期化,就是将人口、资本和技术等关系经济增长的因素看作是随着时间的推移而变动的变量;所谓动态化,就是阐述长期内投资和储蓄的均衡及其对国民收入均衡变动的影响。其次,凯恩斯短期静态的投资—储蓄分析理论,只注意增加投资对刺激收入增长的重要作用,而哈罗德—多马经济增长理论则强调投资既增加需求又增加供给的双重作用。

(4)均衡增长率、实际增长率和自然增长率

①均衡增长率。是指经济在实现充分就业条件下均衡的、稳定的增长所需要的增长率。在经济稳定增长条件下,只有保证使增加的储蓄能全部转化为投资,才能使总供给和总需求相等,实现均衡增长。假设在充分就业条件下人们愿意的储蓄率为 s_w(称合意的储蓄率),用 v_w 表示合意的资本—产出比率(用投资—收入增量比率 $I/\Delta Y$ 表示),为了必须使投资者在保证实现最大利润条件下愿意按资本—产出比率增加投资,则为实现充分就业的有保证的均衡经济增长率(G_w)应是:

$$G_w=\frac{s_w}{v_w}$$

实际的资本存量等于合意的资本存量、实际的与合意的资本存量增长率等于投资增长

率,亦等于储蓄增长率,同时总供给等于总需求(储蓄＝投资)时,经济就能在保持充分就业条件下获得均衡增长。

②实际增长率及其与均衡增长率之间的关系。实际增长率就是在事后统计中实际达到的增长率。$G＝s/v$ 中的数字 s、v 如果是实际的统计数字,则 G 就是实际增长率,此时的 G 可表达为 G_A。实际增长率可能大于均衡增长率,亦可能低于均衡增长率。

均衡增长率高于实际增长率条件下,实际资本存量超过合意的资本存量(企业家所需要的资本存量),表示有过剩的资本存量。这是因为,较低的经济增长率造成商品滞销,必然导致库存增加、生产能力过剩。在这种情况下,企业家就要用逐步削减投资的办法来减少库存,使实际资本存量降低到与合意的资本存量相当的水平。由此造成的实际投资下降,会通过乘数和加速系数作用而引起经济过程的累积性收缩,其结果是经济的衰退与萧条。

反之,如果实际增长率大于均衡增长率,就会有实际资本存量小于合意资本存量的情况出现。在资本不足的情况下,企业家就会通过增加投资使实际资本存量同合意资本存量相当。这就意味着实际的储蓄率或实际的投资率会大于合意的储蓄率或合意的投资率,从而使实际的需求大于合意的供给。这样就会形成经济的累积性的扩张,可能导致通货膨胀。

以上两种情况都会导致社会经济发生短期性的周期波动,经济就处于收缩与扩张的不断交替中。只有当实际增长率等于合意的增长率时,经济才能保持在充分就业条件下的长期、稳定的增长。

③自然增长率与均衡增长率的关系。自然增长率是指与人口增长率相对应的经济增长率。从长期的经济发展来看,人口的增长和技术的进步对经济增长的影响是极其重要的。哈罗德的增长模型中引进了这两种因素,把人口增长归纳为劳动力增长,把技术进步归为劳动生产率增长。用 n 代表劳动力增长率,ε 代表劳动生产率增长率,则经济的自然增长率(G_n)等于两者之和,即

$$G_n＝n+\varepsilon$$

如果劳动力增长率 $n＝1\%$,劳动生产率增长率 $\varepsilon＝5\%$,则自然增长率为 6%。这样,保证实现长期充分就业的均衡增长率就是 6%。如果均衡增长率偏离自然增长率,就会使经济过程出现波动。

当均衡增长率大于自然增长率,说明储蓄和投资的增长率超过了人口增长与技术进步所能允许的程度,这时的生产增长受到劳动力的不足与技术水平的限制,将会出现储蓄与投资过度现象,也就是社会总供给大于社会总需求,从而使经济呈现长期停滞的趋势。反之,当均衡的增长率小于自然增长率,说明储蓄和投资的增长率还没有达到人口增长同步所允许的程度。这时,生产的增加不会受劳动力不足与技术水平的限制,生产者将增加雇佣工人以扩大再生产,从而使经济出现长期的繁荣、扩张的趋势。

哈罗德认为,只有实际增长率、合意增长率、自然增长率三者相等,即:$G_A＝G_w＝G_n$,经济社会才能实现合乎理想的长期的均衡增长,$G_A＝G_w＝G_n$ 也就是理想的、长期的均衡增长条件。但是,事实上要达到实际增长率、合意增长率、自然增长率三者一致是极其困难的,因为要达到三个增长率相等必须取决于其他六个要素。三个增长率常常不一致,就导致了经济的长期波动。

综上所述,哈罗德—多马经济增长模型得出的结论是:尽管经济在长期中均衡增长的可能性是存在的,但经济的长期、均衡增长的可能性极小;一般情况下,资本主义经济很难稳定在一个不变的增长速度上,表现出的是或者连续上升或者连续下降的剧烈波动状态。

2. 新古典经济增长模型

(1)新古典经济增长理论的假定

新古典增长模型有如下几个假定:①社会储蓄函数为 $S=sY$, s 为储蓄量。②劳动力按照一个不变的比率 n 增长。③技术水平不变。④生产的规模报酬不变。⑤在完全竞争的市场条件下,劳动和资本是可以通过市场调节而充分地相互替代。

根据以上五个假定,生产函数可以表示为人均形式:

$$y=f(k)$$

式中:y 为人均产量;k 为人均资本量;$y=f(k)$ 表示人均产量取决于人均资本量。人均资本量的增加会使人均产量增加,但是,由于报酬递减规律,人均资本量会以递减的速度增长。如图 18-1 所示是生产函数的图示。

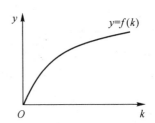

图 18-1　人均生产函数曲线

(2)新古典经济增长模型的基本方程

$$sy=\Delta k+(n+\delta)k \quad (9.27)$$

上式就是新古典增长模型的基本方程,式中,sy 为人均储蓄;Δk 为人均资本增量。$(n+\delta)k$ 由两部分组成,一部分是 nk——人均储蓄中用于装备新增劳动力的花费,另一部分是 δk——人均储蓄中用于替换旧资本的花费,即人均折旧量,$(n+\delta)k$ 被称为资本的广化。人均储蓄中超过资本的广化的部分会使得人均资本增多,即 $\Delta k>0$,Δk 就是资本的深化。因此,新古典增长模型的基本方程可以表述为:人均储蓄是资本深化与资本广化之和,或者说,人均储蓄用于资本深化与资本广化两部分。

(3)稳态分析

稳态是指一种长期稳定、均衡的状态,是人均资本与人均产量达到均衡数值并维持在均衡水平不变。在稳态下,k 和 y 达到一个持久的水平。这就是说,要实现稳态,资本的深化为零,即人均储蓄全部用于资本的广化。因此,稳态条件是:$sy=(n+\delta)k$。稳态时,$\Delta k=0$。

虽然在稳态时 y 和 k 的数值不变,但总产量 Y 与总资本存量 K 都在增长。由于 $y=\dfrac{Y}{N}$、$k=\dfrac{K}{N}$,所以,总产量 Y 与总资本存量 K 的增长率必须与劳动力数量 N 的增长率 n 相等。这就是说,在稳态时,总产量与总资本存量的增长率相等,且都与劳动力的增长率 n 相等,即

$$\frac{\Delta Y}{Y}=\frac{\Delta K}{K}=\frac{\Delta N}{N}=n$$

还可以用图形来分析稳态,如图 18-2 所示。

由于 $0<s<1$,故储蓄曲线 sy 与人均生产函数曲线 y 的形状相同;又由于 $sy<y$,所以储蓄曲线 sy 位于人均生产函数曲线 y 下方。资本广化曲线 $(n+\delta)k$ 是通过原点、向右上方倾斜的直线。

由于 $sy=(n+\delta)k$ 是稳态条件,所以,稳态时,sy 曲线与 $(n+\delta)k$ 曲线一定相交,交点是

E 点。稳态时的人均资本为 k_E，人均产量为 y_E，人均储蓄量为 sy_E，此时，$sy_E = (n+\delta)k_E$，即人均储蓄正好全部用来为增加的劳动力购买资本品（花费为 nk_E）和替换旧的资本品（花费为 δk_E），人均资本没有变化（即 $\Delta k = 0$）。

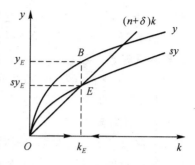

图 18-2　经济增长的稳态

从图 18-2 中可以看到，在 E 点之左，sy 曲线高于 $(n+\delta)k$ 曲线，表明人均储蓄大于资本广化，存在着资本深化，即 $\Delta k > 0$。这时，人均资本 k 有增多的趋势，人均资本 k 会逐步地增加，逐渐接近于 k_E。当 k 的数量为 k_E，即 $k = k_E$ 时，经济实现稳定状态。反之，在 E 点之右，人均储蓄小于资本广化，即 $sy < (n+\delta)k$，此时有 $\Delta k < 0$，人均资本 k 有下降趋势。人均资本 k 的下降会一直持续到 k_E 的数量上，达到稳态。

以上论述表明，当经济偏离稳定状态时，无论是人均资本过多还是过少，经济都会在市场力量的作用下恢复到长期、稳定、均衡状态。

显然，新古典增长模型"稳定、均衡"的结论与哈罗德—多马经济增长模型"稳定、均衡的极小可能性及经济的剧烈波动"的结论存在着重大差别。

（4）稳态的变化

如果储蓄率和人口增长率发生了变化，稳态也会相应变化。下面先来看储蓄率的提高对稳态的影响。

如图 18-3 所示，由于人均储蓄曲线 $s_0 y_0$ 与 $(n+\delta)k$ 曲线相交，所以经济处于稳态均衡，E_0 点表示最初的经济稳态均衡，此时的人均储蓄为 $E_0 k_0$、人均资本量为 k_0。当储蓄率由 s_0 提高到 s' 以后，人均储蓄曲线 $s_0 y_0$ 上升到 $s'y'$ 的位置。由于人均储蓄曲线 $s'y'$ 与 $(n+\delta)k$ 曲线相交，所以经济仍然处于稳态均衡，新的稳态均衡状态由 E' 点表示。新的稳态下，人均储蓄为 $E'k'$，多于旧均衡的 $E_0 k_0$；人均资本量为 k'，也多于旧均衡时的人均资本量 k_0。显然，储蓄率的提高增加了稳态的人均资本量。新的稳态均衡时的人均收入大于旧稳态均衡时的人均收入。因此，储蓄率的提高还增加了人均收入。

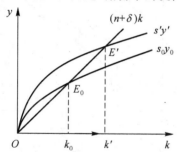

图 18-3　储蓄率提高对稳态的影响

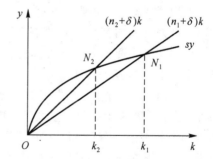

图 18-4　人口增长率的提高对稳态的影响

由于 E_0 点与 E' 点都表示稳态，所以，这里所提到的稳态变化不是指由稳态到非稳态，而是指旧的稳态变化到新的稳态，经济变化前后都是稳态。这就是说，储蓄率的提高不能影响稳态增长率 n，但能提高稳态的人均资本与人均收入水平。

下面来看人口增长率提高对稳态的影响。

以上分析的都是经济按照不变的劳动力增长率 n 增长，现在就来分析把 n 看作是参数时,人口增长率提高对稳态产生的影响。

如图 18-4 所示,最初的经济位于 N_1 点所表示的稳态均衡,此时的人口增长率为 n_1、人均资本量为 k_1。当劳动力的增长率由 n_1 提高到 n_2 以后,$(n_1+\delta)k$ 曲线上升到 $(n_2+\delta)k$ 的位置,$(n_2+\delta)k$ 曲线与 sy 曲线相交于 N_2 点,实现了新的稳态。由于 sy 曲线向右上方倾斜,$(n_1+\delta)k$ 曲线上升后的新的均衡点 N_2 点一定低于 N_1 点。可以看到,人口增长率的增长降低了人均资本的稳态水平,人均资本由 k_1 降低到 k_2。又由于 sy 曲线的上方有一条人均收入曲线,所以,新稳态均衡时的人均收入显然低于旧稳态均衡时的人均收入。因此,人口增长率的提高又减少了人均收入,即降低了人均产量的稳态水平。这一结论揭示了发展中国家人均产量下降由人口增长率上升引起的现象,并且两个储蓄率相同的国家,人均收入会由于人口增长率不同而不同。

(5)黄金分割率

以上的稳态分析表明,储蓄率会影响稳态的人均资本水平,人均资本水平又影响人均产量。由于产量要用于积累与消费,所以需要分析经济长期增长过程中的人均消费。

假定不存在折旧,则 $(n+\delta)k$ 就变为 nk,稳态条件就变为

$$sy=nk$$

稳态时,人均消费 Ca 就是人均收入与人均储蓄之差,即

$$Ca=y-sy$$

又由于 $sy=nk$,$y=f(k)$,故可得

$$Ca=f(k)-nk$$

人均消费 Ca 最大化的一阶条件是

$$f'(k)-(nk)'=0,$$

即

$$f'(k)=n$$

上式就是黄金分割率表达式,其含义为:要想使得稳态人均消费最大化,稳态人均资本量的选择就应该使资本的边际产品等于劳动的增长率。

还可以用图 18-5 表示人均消费最大化。图中,稳态时的人均消费就是人均收入曲线 y 与直线 nk 之间的垂直距离。最大的人均消费量出现在人均资本等于 k^* 的时候。因为在人均资本等于 k^* 的时候,y 曲线的切线的斜率正好等于 n,即这条切线与直线 nk 平行。这种情况下,人均收入曲线 y 与直线 nk 之间的垂直距离 $M'M$ 最大即消费最大,$M'M$ 表示的消费量大于人均资本分别等于 k_1、k_2 时的消费 $G'G$、$H'H$。$G'G$、$H'H$ 之所以小于 $M'M$,是因为人均资本为 k_1、k_2 时所做的曲线 y 的切线都不与直线 nk 平行。这一结论与 $f'(k)=n$ 的意思完全相同。

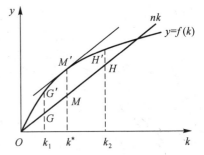

图 18-5 经济增长的黄金分割率

从黄金分割率可知,稳态时,如果人均资本量多于黄金分割的水平,则需要通过消费掉一部分资本使人均资本减少到黄金分割的水平,这就能够提高人均消费水平。反之,人均资本量少于黄金分割的水平,则需要减少消费、增加储蓄,再通过储蓄转化为资本,使人均资本增加到黄金分割的水平。

3. 技术进步与经济增长

技术进步包括科学技术的进展和管理方法的改进,例如设计出新的高效率的机器设备或改进劳动组织等。我们在论述以上各种增长模型的时候,为了说明简单起见,一直把技术进步这个因素对于经济增长所起的作用撇开不谈,而假定产量(或收入)的增长,只来源于生产要素投入量的增加,即来自人口(劳动力)的增加和(或)资本的增加。现在我们加进技术进步这一因素,考察技术进步对经济增长所起的作用。

英国经济学家希克斯根据技术进步对资本边际生产力和劳动边际生产力的不同影响,把技术进步分为"节约资本型"、"节约劳动型"和"中性"三种类型。凡是提高了资本边际生产力对劳动边际生产力的比率的技术进步都是节约劳动型的;凡是降低了资本边际生产力对劳动边际生产力的比率的技术进步都是节约资本型的;凡是使资本边际生产力对劳动边际生产力的比率保持不变的技术进步都是中性的。希克斯也把中性技术进步称为产量增长型的技术进步。中性技术进步论就是要分析这种技术进步对经济增长,即产量增加的影响。

希克斯的中性技术进步,可以用图 18-6 来说明。

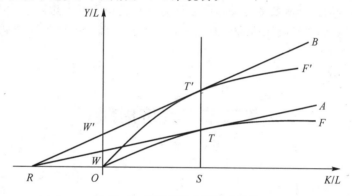

图 18-6　希克斯的中性技术进步

在图 18-6 中,横轴 K/L 代表人均资本量,即资本——劳动比率;纵轴 Y/L 代表人均收入,或人均产量。OF、OF' 代表不同的生产函数曲线,这两条曲线的形状表明资本边际生产力是递减的。OF 为未发生技术进步时的生产函数,OF' 为技术进步时的生产函数。OF 线上任意一点 T 表示人均资本为 OS 时的人均产量为 ST。作一条通过 T 点的切线,与 OS 线的延伸相交于 R,该切线 AR 与纵轴相交于 W,OW 为工资率,即每个劳动力的平均工资,$(ST-OW)$ 为利润量,所以国民收入中工资与利润的比率是:

$OW:(ST-OW)$

因为　$OR/RS=OW/ST$

所以　$OR/(RS-OR)=OW/(ST-OW)$

即　$OR/OS=OW/(ST-OW)$　或者　$(ST-OW)/OS=OW/OR$

即　利润$/K=$工资率$/OR$　或者　利润率$=$工资率$/OR$

所以　$OR=$工资率$/$利润率

同样的方法可以证明,具有技术进步的生产函数曲线 OF' 也具有 $OR=$ 工资率$/$利润率的特征。图中,RB 为过 T' 点的 OF' 的切线,工资率为 OW',利率为 $(ST'-OW')$,利润率$=$

$(ST'-OW')/K$。

因此,OR＝工资率/利润率。

这就表明,如果人均资本量都为 OS,也就是在 OF 和 OF' 两个生产函数曲线上,T 与 T' 相对应的工资率和利润率的比率都一样(为 OR),从而工资和利润在国民收入中的比例也就保持不变。

这个结论的含义是:技术进步不仅提高了劳动边际生产力,使工资由 OW 增加到 OW',而且还同等程度地提高了资本边际生产力,同比例地提高了利润率。这就使工资率与利润率的比率保持不变。在人均资本量不变的情况下,工资率与利润率的比率不变就使利润量与工资量的比例也不变,所以,这种技术进步增加了产量,但并不会改变工资与利润在国民收入中的比例。这就是中性的技术进步。

希克斯在划分技术进步的分类时把代表技术进步的前后两条生产函数曲线上具有相同资本—劳动比率的两个点进行了比较。如果与之相应的劳动边际生产力与资本边际生产力的比率(即工资率与利润率的比率)相等,就属于中性技术进步,如果包含技术进步的生产函数的劳动边际生产力的提高大于资本边际生产力,就是节约资本的技术进步;反之,如果包含技术进步的生产函数的劳动边际生产力的提高小于资本边际生产力,就是节约劳动的技术进步。总之,中性技术进步就是只增加人均产量而不改变工资与利润收入分配份额的技术进步。

第二节　经济周期

一、经济周期的阶段和特点

经济周期是指总体经济活动的扩张和收缩交替反复出现的过程。对此,有两种不同的解释:早期经济学家对经济周期的定义是建立在实际 GDP 或总产量绝对量的变动基础上的,认为经济周期是指 GDP 上升和下降的交替过程。这一定义被称为古典的经济周期定义。现代关于经济周期的定义是建立在经济增长率变化的基础上的,认为经济周期是指经济增长率上升和下降的交替过程。根据这一定义,衰退不一定表现为 GDP 绝对量的下降,只要 GNP 的增长率下降,即使其值不是负数,也可以称之为衰退。所以,在西方有增长性的衰退之说。

现在西方经济学家一般把经济波动的周期分为四个阶段,或者两个阶段和两个转折点:谷底、扩张、峰顶和衰退。扩张阶段是总需求和经济活动的增长时期,通常伴随着就业、生产、价格、货币、工资、利率和利润的上升;而衰退阶段则是总需求和经济活动下降的时期,通常伴随着就业、生产、价格、货币、工资,利率和利润的下降。至于谷底和峰顶则分别是整个经济周期的最低点和最高点,也是用来表示萧条与繁荣的转折点。

如图 18-7 所示描绘了这四个阶段。若以虚线部分表示经济的长期稳定的增长趋势,实线部分则用来表示经济活动围绕"长期趋势"上下波动的实际水平。

从图 18-7 中可以看出,经济周期波动有三个特点。

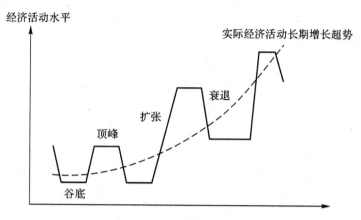

图 18-7　经济周期

第一,每一个经济周期都包括谷底,经济活动水平扩张,峰顶和衰退四个阶段。扩张与衰退是相互交替的,在交替中有两个不同的转折点。如果经济是由扩张转向衰退或者说收缩则转折点是峰顶;如经济由衰退或者说经济活动水平收缩转向扩张,那么,转折点就是谷底,由于扩张和衰退是互相交替的,谷底与峰顶也是相互交替的。

第二,虽然经济周期的四个阶段从逻辑上肯定按这个顺序排列,但它们在每次周期中的长度和实际形态将会有很大的差异。例如,一次周期的谷底或峰顶可能仅仅持续几周,也可能持续几个月。

第三,在一定时期内,存在着生产能力的增长趋势。所以在某一谷底阶段中,其实际的生产和就业水平,有可能出现比以前周期的峰顶时期还要高的状况。如图 18-7 所示,第三个谷底时的经济活动水平要比第一个峰顶时期高。

经济学家不仅分析了经济周期波动的阶段,而且还分析了经济活动中长短各异的波动现象,并根据经济周期波动的时间把经济周期划分为不同的类型,即短周期(短波)、中周期(个波)和长周期(长波)。

法国经济学家米格拉认为,危机或恐慌并不是一种独立的现象,而是经济社会不断面临的三个连续阶段中的一个,这三个阶段是繁荣、危机与清算。这三个阶段反复出现形成了周期现象。平均每一周期的长度为 9～10 年,以国民收入、失业率和大多数经济部门的生产、利润和价格的波动为其标志。这便是所谓的"米格拉周期",又称中周期。

美国经济学家基钦提出,经济周期实际上有大周期和小周期两种。小周期平均长度约为 40 个月,大周期则是小周期的总和。一个大周期可包括两个或三个小周期。这里的大周期相当于朱格拉所论的中周期。这种小周期也可称为短周期,因为它是由基钦提出的,又称"基钦周期"。短周期的长度大致为中周期的一半,两个周期的高峰经常出现于两个中周期的高峰之间。

苏联经济学家康德拉捷夫认为,经济有一种较长的循环,平均长度为 50 年左右。这种50 年左右的长周期,是以各时期的主要发明、新资源的利用、黄金的供求等作为其标志的,它也跟发现者的名字相联系,被称为"康德拉捷夫周期"。

1930 年,美国经济学家库兹涅茨在一项有关生产和价格长期运动的研究中,着重分析了美、英、法、德比等国从 19 世纪初到 20 世纪 60 年代中期,工农业主要产品的产量和 35 种工农业主要产品的价格波动的时间数列资料,以及有关数列的长期消长过程,提出了在主要资本主义国家存在长度从 15 到 22 年不等,而平均长度为 20 年的论点。这也是一种长周期,被称为"库兹涅茨周期"。

二、乘数与加速数交互作用模型

1. 加速原理

现代西方经济学家认为,一个较完整的经济周期理论,通常应能说明:①经济体系本身具有产生周期性被动的功能;②经济波动的原动力来自外界的冲击。西方一些早期的经济波动理论,一般来说都未能同时满足这两方面的要求。这一节介绍的乘数与加速数相互作用的模型则是一种能同时满足上述两个条件的经济周期的现代理论。许多西方经济学家认为,在影响经济波动的各种经济变量中,投资变量起着关键性的作用。因为从长期来观察,消费行为或储蓄行为和收入之间的关系是大致稳定的。但是投资行为与收入之间的关系,却具有不稳定的性质。投资的少量变动会引起收入的较大变动。

反过来,收入的少量变动也将引起投资需求的较大变动。正是这种不稳定关系使经济形成周期性的波动。以前讲的乘数原理是用来表示投资变动怎样引起收入变动的,而这里用来表示收入或消费需求的变动怎样引起投资变动的理论,则称为加速原理。加速原理说明的是这样的现象:收入或消费需求的增加必然引起投资若干倍的增加,而收入或消费需求的减少必然引起投资若干倍的减少。

为什么收入或消费的变动会引起投资若干倍的变动呢? 要弄清这一点,先要介绍资本—产量比率和加速系数这两个概念。

资本—产量比率是指资本量与其产出量之间的比率,用公式表示

资本—产量比率＝资本/产量

如果生产一个单位产品需要 4 单位资本,则资本—产量比率就是 4。

加速数是指增加一单位产品生产所需增加的资本数量,也就是投资与产量增量之比。加速数值的大小取决于生产的技术条件,即制造一定量产品所需使用的资本量。例如,增产 1000 万元的产品需要增加 4000 万元的机器设备,则加速数是 4。

在技术不变条件下,资本产量比率与加速系数的数值是相等的。若以 V 代表加速数,I 表示投资,AY 为产量或收入增加量,则用公式表示的加速数为

$$V = I/\Delta Y$$

为了从动态的角度考察收入的变动同投资变动的关系以及说明加速原理,需要把投资区分为净投资和重置投资。

净投资是指资本存量的新增加部分,它取决于收入变动的情况。重置投资是用来补偿磨损的资本设备的投资,它取决于原有资本数量、使用年限及其构成。净投资加重置投资等于总投资,它构成一个时期中新建造的厂房设备的总和。

加速原理是在假设重置投资不变的前提下考察收入变动对净投资从而对总投资变动的影响。由于 $V = I/\Delta Y$,因此,$I = V \cdot \Delta Y$,由于 $\Delta Y = Y_t - Y_{t-1}$,因此收入的变动与投资的变动之间的关系可以用以下方程式表示:

$$I_t = V(Y_t - Y_{t-1})$$

式中:I 为净投资,下标 t 表示一定时期;V 为加速数;Y 为产量或者收入。

该方程式表明,投资等于收入变动额乘上加速数。如果收入增加,即 $Y_t > Y_{t-1}$,则

$I_t > 0$,净投资为正数;如果收入减少,$Y_t < Y_{t-1}$,则 $I_t < 0$,净投资为负数。

如果进一步考察总投资(G),则总投资为净投资加重置投资(D_t),则有

$$G_t = I_t + D_t = V(Y_t - Y_{t-1}) + D_t$$

该方程式表明,总投资等于收入变动额乘上加速数,再加上重量投资(折旧)。如果产量或收入增加,总投资也增加,如果产量或收入减少,总投资也减少。

下面我们用一个例子来说明收入或者说产量的变动如何会引起总投资加速度的变动。

表 18-2 中 (1)和(2)分别代表时期和产量(或收入);(3)表示由加速系数所决定的需要的或期望的资本量。假定技术不变,资本—产量比率为 2,因此加速数是 2;(4)表示在一个时期开始所使用的资本数量;(5)表示重置投资,假定资本寿命为 10 个时期,例如一台机器设备可使用 10 年,每一个时期更新第一个时期资本的 10%,(6)表示净投资,在不存在过剩资本的情况下,它等于加速数乘以本期产量与前期产量变动的差额;(7)表示过剩资本,它等于一个时期开始可用资本超过期望资本数额;(8)是(5)和(6)的总和,表示总投资。

表 18-2　加速原理举例 $V = 2$

(1)	(2)	(3)		(4)		(5)		(6)		(7)		(8)	
时期	产量	期望资本 K		可用资本		重置投资 D		净投资		过剩资本		总投资 G	
	万元	机器台数	万元	机器台数	万元	机器台数	万元	机器台数	万元	机器台数	万元	机器台数	万元
1	100	20	200	18	180	2	20	0	0	—	—	2	20
2	100	20	200	18	180	2	20	0	0	—	—	2	0
3	105	21	210	18	180	2	20	1	10	—	—	3	30
4	115	23	230	19	190	2	20	2	20	—	—	4	40
5	125	25	250	21	210	2	20	2	20	—	—	4	40
6	125	25	250	23	230	2	20	0	0	—	—	2	20
7	105	21	210	23	239	—	—	—	—	2	20	0	0
8	85	17	170	21	210	—	—	—	—	4	40	0	0
9	85	17	170	19	190	—	—	—	—	2	20	0	0
10	85	17	170	17	170	—	—	—	—	—	—	0	0
11	85	17	170	15	150	2	20	0	0	—	—	2	20
12	105	21	210	15	150	2	20	4	40	—	—	6	60

时期 1 和时期 2,产量不变,因而现有资本不变,没有净投资,只需重置 2 台机器,重投资 20 万元,投资总额也是 20 万元。

时期 3,产量增加了 5 万元,由于加速数是 2,因此需要比原来增加购买 1 台机器,净投资是 10 万元,重置投资为 20 万元,总投资为 30 万元。

时期 4,产量增加了 10 万元,需增加净投资 20 万元,加上重置投资 20 万元,总投资为 40 万元。

时期 5,产量继续增加 10 万元,净投资 20 万元,重置投资 20 万元,总投资为 40 万元。

时期 4 和时期 5,产量增加相同,因而投资总额也相同。

时期 6,产量没有增加,没有净投资,重置投资 20 万元,总投资为 20 万元。

时期 7 和时期 8,产量都下降了 20 万元,净投资应减少 40 万元,重置投资 20 万元,所以有过剩生产能力存在。由于就整个经济而言,任一时期资本量所减少的最大数额就是资本损耗,即重置投资的数额,也就是不进行任何投资,所以事实上总投资不能为负,只能用零表示。

时期 9 和时期 10,产量没有变化,净投资仍为零,但已没有过剩生产能力存在,需要重置机器 2 台,重置投资为 20 万元,总投资上升为 20 万元。

时期 11,虽然产量仍然没有变化,净投资仍为零,但已没有过剩的生产能力存在,需要重置机器 2 台,重置投资为 20 万元,总投资上升为 20 万元。

时期 12,产量增加 20 万元,需要增加购买 4 台机器,净投资上升为 40 万元,加上重置投资 20 万元,总投资为 60 万元,循环重新开始,上升又出现了。

从上面的例子中可以看到:

第一,投资并不是产量或收入的绝对量的函数,而是产量或收入变动率的函数。这就是说影响资本大小的不是产量或收入变动的绝对量,而是产量或收入变动的比率。

第二,投资的波动大于产量或收入的波动。产量或收入的较小变化,将引起投资较大幅度的变化。例如在时期 3,产量增加 5%,投资增加 50%,这就是加速的含义。

第三,要想使投资水平不致下降,产量或收入须按一定比率持续增长。如果产量或收入的增长率放缓了,投资也会大幅度下降。例如,时期 5 到时期 6,产量并没有下降,但投资却下降了 50%。这表明,即使收入并没有绝对地下降,只是相对地放缓了增长速度,也会引起经济衰退。

第四,加速的含义是双重的,即当产量或收入增加时,投资是加速增长的,但产量或收入停止增长或下降时,投资的减少也是加速的。

第五,加速原理必须在没有剩余生产能力的条件下才能起作用,当经济从衰退走向扩张时,只有在剩余生产能力全部消除时,加速原理才能正常发生作用。这是因为,如果有剩余生产能力,则要求产量增长时,可利用剩余生产能力,不一定要求增加投资。

第六,资本耐用程度的大小,直接影响着加速原理的作用。资本(机器设备)越耐用,投资波动也越大;越不耐用,投资波动就越小。

2. 汉森—萨缪尔森模型

西方经济学家认为,投资与收入之间的作用是相互的。因此只有把两者结合起来,才能说明收入、消费和投资之间的关系,才能解释经济波动问题。但是凯恩斯的理论只分析了投资的乘数作用,没有分析投资的加速作用。为了说明消费、投资、收入之间彼此相互作用的关系,有必要用加速原理弥补乘数原理的不足,把乘数的作用与加速的作用结合起来进行考察。投资的加速系数使收入或者消费需求的增长(下降)引起投资若干倍的增长(下降),投资的乘数作用使投资的增长(下降)导致收入若干倍的增长(下降)。加速系数与乘数的交互作用,就造成了经济的波动。由美国经济学家汉森和萨缪尔森提出的模型,即"汉森—萨缪尔森模型",就是说明乘数与加速系数交互作用的一种理论。

乘数和加速相结合的模型,可以通过以下公式来表述:

设边际消费倾向为 b,$b = \Delta c / \Delta Y$。

加速系数为 V，$V = I/\Delta Y$。

现期收入为 Y_t。

自发投资为 I_0，假定 I_0 是不变的。这里所谓自发投资，是指人口、技术、资源、政策等外生因素的变动所引起的投资。

现期消费为 C_0，现期消费由前期投入和边际消费倾向决定，即

$$C_0 = bY_{t-1}$$

引致投资为 I_t，这里所谓的引致投资，是指由收入或消费变动所引起的投资，它由消费与加速数决定。所以

$$I_t = V(C_t - C_{t-1})$$

现期投资为 I_t，$I_t = I_0 + I_t = I_0 + V(C_t - C_{t-1})$。

这样便可以得出"汉森—萨缪尔森"模型的基本公式，分别用来表示消费、投资，国民收入：

$$C_t = b \times Y_{t-1}$$
$$I_t = I_0 + (C_t - C_{t-1})$$
$$Y_t = C_t + I_t$$

若边际消费倾向、加速系数和每期自发投资都为已知，根据上述模型，不难推出以后各期的收入，并能用它说明经济中繁荣与萧条的周期性波动。下面举一例子说明。

假定：$b = 0.5$，$V = 1$，$I_0 = 1000$ 万元

各时期的收入变化如表 18-3 所示。

表 18-3　乘数与加速数相结合　　　　　　　　单位：万元

时期	现期消费 C_t	自发投资 I_0	引致投资 I	现期投资 I_t	现期收入 Y_t	经济波动趋势
1	—	1000	—	1000	1000	—
2	500	1000	500	1500	2000	复苏
3	1000	1000	500	1500	2500	繁荣
4	1250	1000	250	1250	2500	繁荣
5	1250	1000	0	1000	2500	衰退
6	1125	1000	−125	875	2000	衰退
7	7000	1000	−125	875	1875	萧条
8	937.5	1000	−62.5	937.5	1875	萧条
9	937.5	1000	0	1000	1937.5	复苏
10	968.75	1000	31.25	1031.25	2000	复苏
11	1000	1000	31.25	1031.25	2031.25	繁荣
12	1015.625	1000	15.625	1015.625	2031.25	繁荣
13	1015.625	1000	0	1000	2015.625	衰退

表 18-3 所反映的是乘数与加速系数相结合时的收入变动的情况。如果假定自发投资为一固定的量，那么靠经济本身的调节就会自发形成经济的周期波动。经济从高峰到谷底

之间的摆动,正是由乘数相结合的作用所决定的。

假如不考虑加速系数的作用($V=0$),只考虑乘数($b=0.5$,乘数为2)的作用,那么各时期国民收入的变动就会如表18-4所示。

表 18-4　乘数作用

单位:万元

时期	现期消费 C_t	自发消费 I_0	现期收入 Y_t
1	—	1000	1000
2	500	1000	1500
3	750	1000	1750
4	875	1000	1875
5	937.5	1000	1937.5
6	968.75	1000	1968.75
7	985.375	1000	1984.375
8	992.1875	1000	1992.1875
...	...	...	...

表18-4说明,如果只有乘数的作用,而没有加速数的作用,各时期的国民收入不会呈现上下波动,而只可能不断上升。在乘数为2时,收入最终将接近于期初收入的2倍。

可见,乘数的作用和乘数与加速系数相结合的作用是不同的。同样一笔投资,乘数和加速数结合所引起的国民收入和变化要比只有乘数起作用时要大一些。

三、经济波动的上限和下限

前面分析告诉我们,由于乘数和加速数相结合,经济中将自发形成周期性波动,它由扩张过程和收缩过程所组成。但是,即便依靠经济本身的力量进行调节,经济周期的扩张与收缩也并不是无限的。英国经济学家希克斯首先提出了经济周期有其上限与下限的概念。经济周期波动的上限,是指产量或收入无论怎样增加都不会超过一条限界,它取决于社会已经达到的技术水平和一切资源可以被利用的程度。在既定的技术条件下,如果社会上一切可以被利用的生产资源都被充分利用了,那么经济的进一步扩张就会碰到不可逾越的障碍。经济活动达到上限,产量就会停止增加,投资也就停止增加或者减少。

经济周期波动的下限,是指产量或收入无论如何收缩都不会由此再往下降的一条限界。它取决于总投资的特点和加速数作用的局限性。如果经济处于收缩过程,经济活动不会无止境地收缩下去。当衰退到了一定的程度,就会稳定下来。这是因为收入不能下降到连维持起码的消费水准也不够的地步,资本量不会减少到使总投资小于零的地步(由于企业投资数量最少时就是本期不购置任何设备,即总投资不会为负数,最小是零),这构成了衰退的下限。又因为从加速原理来看,它必须在企业没有生产资源闲置的情况下才能起作用,如果企业因经济收缩而处于开工不足,企业有过剩的生产能力存在,这时加速原理就不起作用了。既然加速原理不起作用,就只有乘数还起着作用,而边际消费倾向又不可能等于零,所以经济收缩到一定程度后就会停止收缩。一旦收入不再继续下降,重置投资的乘数作用就会使收入逐渐回升。

四、政府对经济波动的控制

西方经济学家认为,虽然在乘数与加速数的相互作用下,经济会自发地形成周期性的波动,但是,人们在这种经济波动面前并不是无所作为的,政府可以根据对经济活动变化的预测,采取预防性措施,对经济活动进行调节,以维持长期的经济稳定。他们认为,政府的调整措施主要是通过以下三个环节来实现的:

第一,调节投资。经济的周期性波动是在自发投资不变的情况下发生的。如果政府及时变更政府支出或者采取影响私人投资的政策,就可以使经济的变动比较接近政府的意图。例如,在引致投资下降时,政府可以通过增加支出(比如公共工程支出、社会福利的转移支出等)或采取鼓励私人投资(比如减税、降低利率及银行准备率等)从而使现期投资不变或上升,以保持经济稳定持续的发展。

第二,影响加速系数。假定不考虑收益递减问题,加速系数与资本—产量比率是一致的。政府采取措施影响加速系数就是影响资本—产量比率以提高投资的经济效果。例如,政府可采取适当的措施来提高劳动生产率,使同样的投资能够增加更多的产量,从而对收入的增长产生积极的影响。

第三,影响边际消费倾向,即通过适当的政策影响人们的消费在收入增量中的比例,从而影响下一期的收入。例如,当经济将要出现下降局面时,政府可以采取鼓励消费的政策,提高边际消费的倾向,这可以采取增加消费量,引致投资量的增大,进而将促使下一期的收入增多。

::: 案　例 :::

【案例】 **美国经济持续增长 113 个月**

从 1991 年 3 月到 2000 年 8 月,美国经济增长持续了 113 个月。这样,一举打破了 60 年代创造的 106 个月战后最长经济增长纪录。

克林顿政府执政之初曾预计,从 1993 年到 1999 年,美国国内生产总值的年增长率为 2.7%,但实际达到了 3.4%。同时,2000 年美国失业率处于近 30 年来的最低点,通货膨胀率为 10 多年来的最低纪录,财政盈余也在不断增加。

日前,美国经济学家从不同角度分析了美国经济持续增长的原因。

首先,他们认为,过去 20 年经济政策的变化刺激了美国经济。80 年代初,美国联邦储备委员会采取措施遏止了通货膨胀上升的势头,并促使通货膨胀率下降。随后,美国政府对经济采取了放松管制的措施,先是放松了对金融市场、运输、石油和天然气等部门的管制,随后又开始实施对电信和电力部门的松绑。这些措施有力地推动了美国公司改变经营方式,提高了它们的灵活性和竞争力。另外,美国政府推行的贸易自由化政策也促进了企业之间的竞争。1993 年采取的增税和其他一些措施,则为联邦政府财政收支最终扭亏为盈奠定了基础。由于政府支出的增长得到控制,私人部门获得了更多的资金。

其次,他们指出,美国经济结构负面发生的一些根本变化减弱了经济的周期性。在信息、网络技术高速发展的带动下,美国企业界普遍采取了即时库存管理方法。这一管理方法意味着企业可随时掌握市场对其产品和服务需求的变化情况,以便迅速对生产进行调整。历史上,美国经济衰退期间产值下降的一半因素归因于库存的调整,但现在这一因素的影响已越来越小。此外,美国经济比以往更加开放,这使得当美国国内的需求增加或下降时,美国企业不必承受全部的负担,对外贸易可及时充当美国内需波动的减震器。

此外,美国经济的持续发展收益于"天时"之利。90年代初冷战结束,使美国得以将大量的军费开支转投给私人部门。过去几年,墨西哥金融危机和东南亚金融危机发生,正是美国需要给经济降温的时候,而来自海外的冲击规模对美国经济来说也正合适。也就是说,这些冲击既足以使美国经济放慢增长速度,同时又不会把美国经济推入衰退。

以上这些因素的综合作用使得美国经济的周期性减弱,由此带来了更多的投资。而投资增加使得美国的劳动生产率增长加快,这既帮助抑制了通货膨胀,同时又给政府带来了更多的税收,从而形成了良性循环。

资料来源:陈荣耀,方胜春,吉余峰.宏观经济学.上海:东华大学出版社,2003:135

问题:(1)根据经济增长模型,谈谈你对技术创新在美国经济增长中的作用的理解。

(2)经济呈现出周期性波动的主要原因是什么? 在美国连续113个月的增长中,其周期性被弱化的可能原因有哪些?

:::习 题:::

1.为什么说哈罗德—多马增长模型是以凯恩斯的有效需求理论为基础的?

2.均衡增长率、实际增长率和自然增长率的含义是什么? 三者不相等时社会经济会出现什么情况?

3.如何考核生产要素的供给增长和生产要素生产率对经济增长的影响程度?

4.简述希克斯中性技术进步理论。

5.如何运用乘数和加速相互作用来说明经济周期的波动?

6.已知资本增长率 $K=2\%$,劳动增长率 $L=0.6\%$,产出或收入增长率 $Y=3\%$,$a=0.2$。在以上假定条件下,技术进步对经济增长的贡献为多少?

7.假定某国经济的边际消费倾向 $b=0.75$,加速数 $V=2$,每期自发投资 $I_d=900$ 亿元。1993年国民收入水平为6000亿元,比上一年增加400亿元。求1994年和1995年的总投资和国民收入水平。

习题答案

第一章

习题答案略

第二章

习题 1～2 答案略

3.答:(1)$P = 20, Q = 18$

(2)-11.71

(3)消费者承担 1/9,生产者承担 8/9

4.答:价格为 60 时弹性为 -3,价格为 40 时,弹性为 -1.33

5.答:收入的点弹性为 0.5

第三章

习题 1～3 答案略

4.答:12 单位 Y

5.答:X 的需求函数为 $X = M/2P_X$

Y 的需求函数为 $Y = M/2P_Y$

6.答:(1)$X = 125, Y = 50$;(2)$X = 250, Y = 50$;(3)入工会总效用为$(200 \times 40)^2$,不入工会总效用$(125 \times 50)^2$,显然入工会效用更大,因此,加入工会。

第四章

1.答:(1)当产量 $Q = 10$ 时的最低成本支出为 80,使用的 L 和 K 的数量均为 10

(2)当产量 $Q = 25$ 时的最低成本支出为 200,使用的 L 和 K 的数量均为 25

(3)当总成本为 160 时厂商的均衡产量为 20,使用的 L 和 K 的数量均为 20

2.答:(1)$L = 7$ 时,总产量最大为 245;(2)41.25;(3)48;(4)对 APL 求导即可

习题 3～5 答案略

第五章

1.答:汤姆请会计师和经济学家算账,两人所计算的成本和利润如下表所示:

会计成本(会计师)	经济成本(经济学家)
1.设备租金 9000 元	1.不开公司可以找到年薪 30000 元的工作
2.借款利息 3000 元	2.设备租金 9000 元
3.工人工资 20000 元	3.自有厂房机会成本 3000 元

续表

会计成本(会计师)	经济成本(经济学家)
4.原材料成本 40000 元	4.借款利息 3000 元
5.库存 0 元	5.自有资金机会成本 1000 元
	6.工人工资 20000 元
	7.原材料成本 40000 元
	8.库存 0 元
合计:72000 元	合计:106000 元
会计利润 = 100000 − 72000 = 28000 元	经济利润 = 100000 − 10600 = −600 元

2.答:可以利用成本最小化来求解该题。

$\min STC = L + 16$

$s.t.\ Q = 40L/(4+L)$

设拉格朗日函数为

$X = L + 16 + \lambda(Q − 40L/(4+L))$

分别对 L 及 λ 求偏导得

$\frac{\partial X}{\partial L} = 1 − \lambda[160/(4+L)^2] = 0 \Rightarrow \lambda = (4+L)^2/160$

$\frac{\partial X}{\partial \lambda} = Q − 40L/(4+L) = 0 \Rightarrow L = 4Q/(40−Q)$

所以短期总成本:$STC = 4Q/(40−Q) + 16$

短期平均成本:$SAC = 4/(40−Q) + 16/Q$

短期平均可变成本:$AVC = 4/(40−Q)$

短期边际成本:$SMC = 160/(40−Q)^2$

3.答:企业的成本函数为 $TC = 5Q + 5000$;收益函数为 $TR = 10Q$。当企业的收支恰好相抵时必然有 $TR = TC$,即 $5Q + 5000 = 10Q$,可以解得 $Q = 100$。

4.答:中小企业集群的效率主要来源于专业化分工和技术溢出。用长期成本曲线可以说明中小企业集群学习效应的效率;但是,当集群企业对原材料的大量采购以及对产品的大量销售可以节约所有企业的采购费用与流通费用时,可以用长期成本曲线说明其规模经济的效率。

5.答:已知企业的短期成本为 $STC = 0.04Q^3 − 0.8Q^2 + 10Q + 5$,由此可以得到短期平均可变成本 $AVC = 0.04Q^2 − 0.8Q + 10$,边际成本为 $MC = 0.12Q^2 − 1.6Q + 10$。短期平均可变成本取最小值时有 $MC = AVC$,也即 $0.04Q^2 − 0.8Q + 10 = 0.12Q^2 − 1.6Q + 10$。容易计算得到 $Q_1 = 10$ 和 $Q_2 = 0$,舍去后者。将 $Q_1 = 10$ 代入短期平均可变成本代数式,得到其最小值为 6。

6.答:(1)可以比较两个工厂的平均成本来判断。当产出为 8 个单位时,工厂 A 平均成本为 $AC_A = \frac{TC_A}{Q} = \frac{80}{Q} + 2 + 0.5Q = 16$,而工厂 B 平均成本为 $AC_B = \frac{TC_B}{Q} = \frac{50}{Q} + Q = 14.25$。因此,应该建造 B 工厂。

(2) 如果建造 A 工厂,要求 A 工厂平均成本低于 B 工厂,即 $\dfrac{80}{Q}+2+0.5Q \leqslant \dfrac{50}{Q}+Q$,整理可得 $60+4Q-Q^2 \leqslant 0$,由此解得 $Q \geqslant 10$ 或 $Q \leqslant 0$,舍去后者。因此,如果建造工厂 A,需要产出量大于等于 10 个单位。

第六章

习题 1～8 答案略

9. 答:根据完全竞争场上实现利润最大化的原则 $P=SMC$,有:$0.3Q^2-4Q+15=P$,

解得 $Q=\dfrac{4 \pm \sqrt{16-1.2(15-P)}}{0.6}$。

根据利润最大化的二价条件 $MP' < MC'$ 的要求,取解为:$Q=\dfrac{4+\sqrt{1.2P-2}}{0.6}$。

考虑到最小的平均可变成本:$AVC=5$,于是该厂商在短期只有在 $P \geqslant 5$ 时才生产,而在 $P < 5$ 时必定会停产, 所以, 该厂商的短期供给函数 $Q=f(P)$

为:$\begin{cases} Q=\dfrac{4+\sqrt{1.2P-2}}{0.6}, & P \geqslant 5 \\ Q=0, & P < 5 \end{cases}$。

10. 答:(1) 利润极大时 $P=MC=MR$,已知产品价格 $P=975$ 元,解得 $Q_1=35,Q_2=5$。

利润极大化还要求利润函数的二价导数为负,故 $Q_2=5$ 不是利润极大的产量,$Q_1=35$ 是利润极大时的产量。平均成本 $Q^2-60Q+1500=625$ 元,利润 $\pi=12250$ 元。

(2) 该行业是成本固定不变行业,则该行业的长期供给曲线 LS 为一条水平线。由长期平均成本函数为 $LAC=Q^2-60Q+1500$,由 $\dfrac{\mathrm{d}LAC}{\mathrm{d}Q}=2Q-60=0$,得 $Q=30$,可求得最低平均成本 $LAC=600$,即行业长期均衡时 $P=600$,厂商产量为 $Q=30$。

(3) 略。

(4) 假如市场需求曲线是 $P=9600-2Q$,由已知行业长期均衡时 $P=600$,因此,该行业长期均衡产量为 $Q=500$。由于代表性厂商长期均衡产量为 $Q=30$,因此,留存于该行业的厂商人数为 150 家。

11. 答:$\pi=P \times Q-TC=50Q-3Q^2-2Q$,利润最大的一阶条件 $\dfrac{\mathrm{d}\pi}{\mathrm{d}Q}=-6Q+48=0$,求得产量 $Q=8$,价格 $P=26$,利润 $\pi=192$。

12. 答:$\pi=P \times Q-TC=-7Q^2+(90+4\sqrt{A}) \times Q-A$,利润最大的一阶条件 $\dfrac{\partial \pi}{\partial Q}=0$,

$\dfrac{\partial \pi}{\partial A}=0$,可求得产量 $Q=15$,价格 $P=175$,$A=900$。

13. 答:(1) $\pi=P \times Q-TC=12Q-0.1Q^2$,利润最大的一阶条件 $\dfrac{\mathrm{d}\pi}{\mathrm{d}Q}=-0.2Q+12=0$,求得产量 $Q=60$,价格 $P=15$,利润 $\pi=360$。

(2) 由 $MC=MR$,$MC=6+0.1Q$,$MR=P=18-0.05Q$,求得产量 $Q=80$,价格 $P=14$,利润 $\pi=320$。

(3) 由 $\pi=P \times Q-TC=12Q-0.1Q^2=0$,求得 $Q=0$(舍去),$Q=120$,价格 $P=12$。

14. 答:(1) $TC=Q^2+10Q=(Q_1+Q_2)^2+10(Q_1+Q_2)$,则 $MC_1=2Q_1+2Q_2+10$,$MC_2=$

$2Q_1+2Q_2+10$,由两个市场的需求函数可得 $MR_1=80-5Q_1$,$MR_2=180-20Q_2$。由 $MC_1=MR_1$,$MC_2=MR_2$ 可求得 $Q_1=8$,$P_1=60$;$Q_2=7$,$P_2=110$,$\pi=875$。

(2)没有市场分割的需求函数为 $Q=Q_1+Q_2=50-0.5P$,利润函数 $\pi=90Q-3Q^2$,由利润最大的一阶条件,可求得产量 $Q=15$,价格 $P=70$,利润 $\pi=675$。

15.答:已知利润极大时产量 $Q=48$,那么 $MC=Q^2-60Q+1000=424$,$TC=15744$。

第一个市场:已知需求函数,那么 $MR_1=1100-26q_1$。由 $MC=MR_1$,可得 $q_1=26$,$p_1=762$。

第二个市场:$MR_2=p_2(1-\frac{1}{|E_2|})=\frac{2}{3}p_2$,由 $MC=MR_2$,可得 $q_2=22$,$p_2=636$。

那么 $\pi=TR_1+TR_2-TC=18060$

16.答:(1)企业供给函数 $Q=0.5P-15$;

(2)市场供给函数 $Q_s=50P-1500$;

(3)局部均衡的市场价格 $P=70$,供求量 $Q=2000$;

(4)企业的最大利润(或最小亏损)为 100。

第七章

1.答:卡特尔分配产量应遵循使各厂边际成本相等的原则。因此,$A=4$;$B=3$;$C=4$;共生产 11 个单位,此时总成本(80+80+77)最小。

2.答:均衡价格为 $P=360$,产量 $Q=80$,$A=368$

3.答:(1)厂商 1 的反应函数 $Q_1=950-0.25Q_2$,厂商 2 的反应函数 $Q_2=368-0.1Q_1$

(2)$Q_1=880$,$Q_2=280$,$Q=1160$,$P=284$

(3)厂商 1 的利润 54880;厂商 2 的利润 19200

4.答:(1)总产量 $Q=1049$,价格 $P=295$,$Q_1=850$,$Q_2=199$

(2)卡特尔后的各自利润为,厂商 1 的利润 61500;厂商 2 的利润 16497,比原来增加 3917

(3)根据协议,增加的利润两个厂商平分,因此,厂商 1 应该支付给厂商 2 的利润为 4661.5

5.答:(1)寡头垄断市场结构,斯威齐模型

(2)$Q=20$,利润为零

(3)价格 $P=20.75$,利润为 -55.5

6.答:$Q_b=2$,$P=5.96$,$Q_r=292.04$,行业总产量为 294.04

7.答:(1)A 的最大可能损失为最小的策略是违约,至少保证有利润 200,如守约,有可能损失 200。同样 B 的最大可能损失为最小的策略是违约,至少保证有利润 200,这是极大化极小的策略。

(2)如果我是 A,会选择违约,因为,不管 B 是守约还是违约,A 选择违约都是最优的,因而选择违约是 A 的优势策略。同样,B 也会选择违约,如果 A 选择违约,B 也一定选择违约,否则就会有 200 的损失。如果 B 选择违约,A 也会选择违约。

(3)这一对策最可能出现的结果是 A 和 B 都选择违约,从而都得到 200 的利润,因为这是优势策略均衡。事实上,这就是囚徒困境的纳什均衡。

第八章

习题答案略

第九章

习题答案略

第十章

习题答案略

第十一章

1.答:(1)170;(2)170;(3)20

2.答:国民收入 4078.9;国民生产净值 3822.5;个人收入 3343.2;个人可支配收入 3021;个人储蓄 643.2

3. $S=300$, $I=200$, $G=1100$

习题 4～8 答案略

第十二章

习题 1 答案略

2.答:(1)均衡收入 750,消费 700,储蓄 50;(2)50;(3)收入为 1500,储蓄 50;若投资增加至 100,则收入为 2000;(4)乘数由 5 变 10

3.解:(1)四部门经济中的均衡收入 $Y=C+I+G+(X-M)=100+0.8(Y-50-0.25Y)+50+100+(40-20-0.1Y)$,即 $Y=460$;(2)净出口 $(X-M)=40-20-46=-26$。

4.解:(1)第 2 年的永久可支配收入为 6000,则第 2 年的消费为:

$C=200+0.9\times6000=5600$;

(2)第 3 年的永久收入为: $Yp=0.7\times7000+0.3\times5000=6400$;

第 3 年的消费为: $C=200+0.9\times6400=5960$;

第 4 年的永久收入为: $Yp=0.7\times7000+0.3\times7000=7000$;

第 3 年的消费为: $C=200+0.9\times7000=6500$;

从第 5 年开始永久收入一直为 7000,故消费也保持在 6500。

5.解:(1)均衡收入 $Y=C+I+G=100+0.8(Y-0.25Y+62.5)+200+100$,即 $Y=1125$

(2)根据三部门经济中的乘数公式,可得:

投资乘数 $KI=$ 政府购买乘数 $KG=1/(1-c+ct)=1/(1-0.8+0.8\times0.25)=2.5$

税收乘数 $KT=-c/(1-c+ct)=-0.8/(1-0.8+0.8\times0.25)=-2$

转移支付乘数 $KTR=c/(1-c+ct)=0.8/(1-0.8+0.8\times0.25)=2$

平衡预算乘数 $KB=(1-c)/(1-c+ct)=(1-0.8)/(1-0.8+0.8\times0.25)=0.5$

(3)为了达到 1325 的充分就业收入,收入必须增加 200。为此可以采取如下一些措施:

①增加政府购买 $\Delta G=\Delta\dot{Y}/KG=200/2.5=80$

②减少税收 $\Delta T=\Delta Y/KT=200/2=100$

③增加等量的政府支出和税收: ΔG 或 $\Delta T=\Delta Y/KB=200/0.5=400$

第十三章

习题 1～7 答案略

8.解:20 亿元

9.解:(1) $L=0.2Y+2000-500r$;(2) $L=1000$;(3) $L_2=1300$;(4) $r=3$

10.解:(1)4333;(2)1333;(3)货币供给增加 83.3

第十四章

习题 1~4 答案略

5.解：(1)$Y=1250$,此为 IS 曲线方程；$Y=1000+20r$,此为 LM 曲线方程

(2)$r=12.5,Y=1250$

(3)$r=7.5,Y=1250$,所以其均衡收入不变,利率减少 5%

6.(1)$Y=4250-125r$；(2)$Y=2000+25r$；(3)$r=15,Y=2375$

7.解：(1)LM 方程为：$r=0.05Y-37.5$,又由 IS 曲线方程 $Y=1250-30r$ 时,联合 LM 方程和 IS 曲线方程得：$r=40.48,Y=35.65$

(2)当货币供给从 150 增加到 170 时,在货币需求为 $L=0.2Y-4r$ 的情况下,重新计算得到 $r=8,Y=1010$；在货币需求为 $L=8.75Y-4r$ 的情况下,得 $r=40.4,Y=38$；可见随着货币供给增加,均衡利率下降,均衡收入增加。这说明货币供给增加会导致 LM 曲线向右移动,可以通过调节货币供给量来调控经济。

8.解：(1)IS 曲线为 $Y=1250-30r$；LM 曲线为 $Y=750+20r$

(2)商品市场与货币市场同时均衡时的收入 $Y=950$,利率 $r=10$

(3)IS 曲线的方程为：$Y=875-15r$,LM 曲线的方程为 $Y=750+10r$,收入 $Y=800$,利率 $r=5$

9.$Y=40000,r=0.05,C=26000,I=6500$,故 $Y=C+I+G$

习题 10~11 答案略

第十五章

习题 1~8 答案略

9.答：(1)$Y=40000,r=0.05$；(2)464

10.答：正好消灭赤字。

11.答：货币供给增量为 25 亿元。

第十六章

习题 1~5 答案略

6.解：(1)总需求函数：$9Y=8000+5500/P$；(2)$P=1$ 时,利率 $r=10\%$,均衡国民收入 $Y=1500$；此时,$I=50$,私人部门、政府部门和国外部门的储蓄总和等于企业投资。

第十七章

习题答案略

第十八章

习题 1~5 答案略

6.答：技术进步对经济增长的贡献为 $3\%-0.88\%=2.12\%$。

7.答：1994 年的总投资为 1500 亿美元；1994 年的国民收入水平为 5250 亿美元。1995 年的总投资为 1275 亿美元；1995 年的国民收入水平为 5212.5 亿美元。

参考书目

[1]Paul A Samuelson，William D Nordhaus. Economics(Eighteenth Edition). New York：McGraw-Hill Press，2005.

[2]尹伯成.西方经济学简明教程(第五版).上海：上海人民出版社,1995.

[3]汪祥春.宏观经济学(第四版).大连：东北财经大学出版社,1990.

[4]平狄克,鲁宾费尔德.微观经济学.北京：中国人民大学出版社,1997.

[5]多恩布什,费希尔.宏观经济学.北京：中国人民大学出版社,1997.

[6]荣耀等.宏观经济学.上海：东华大学出版社,2003.

[7]Joseph E Striglitz.《经济学》小品与案例.北京：中国人民大学出版社,1998.

[8]梁小民.微观经济学纵横谈.北京：三联书店,2000.

[9]高鸿业.西方经济学.北京：中国人民大学出版社,1996.

[10]戴文标.经济学.杭州：浙江大学出版社,2007.

[11]叶德磊.微观经济学.北京：高等教育出版社,2004.

后　记

　　近来经常有早期毕业的校友邀请我参加他们的同学聚会,见面叙旧,昔日的学生常常会谈及当年听我讲经济学课的一些趣事,令人感慨。屈指回首,自己在经济学的讲台上已经站了整整 27 年了,当年比学生还年轻的小老师如今已是早生华发了,浙江工业大学的经济学教学队伍也已从当初的光杆司令发展成一个由教授和博士组成的 10 多人的强大团队。多年的教学工作,同事们也有了许多的积累和成果,于是便萌生了编写一本教材的想法。我的想法得到了同事们的支持,同时也得到了学校的支持。2007 年浙江工业大学批准《经济学原理》为学校重点建设教材。经过课程组老师的反复讨论、辛苦工作,2009 年,书稿终于出版了,在过去几年中,本教材得到了许多读者和用书单位的欢迎。在此,要向参与本书编写的各位同事表示衷心感谢;向使用本教材的兄弟学校同行和读者表示衷心感谢;同时还要特别感谢大家对教材提出的意见和建议,正是在大家指出错误和提出建议的基础上,我们对教材进行了修订。感谢浙江大学出版社的朱玲编辑,在大家的共同努力下,教材的第二版出版了。

　　本书由浙江工业大学经贸管理学院长期担任经济学课程教学的教师集体编写,陈春根任主编,潘申彪任副主编。具体的编写分工为:陈春根教授(第一、第十四、第十五、第十六章),谭晶荣教授、周晓东博士(第十章),陈多长教授(第九章),王谦教授(第四、第五章),潘申彪博士(第十一、第十二、第十三、第十八章),方建春博士(第二章),郭东杰副教授(第八章),蒋烨副教授(第六、第七章),余妙志博士(第三章),胡军博士(第十七章)。潘申彪负责各章案例和习题的整理,陈春根负责制定编写大纲并完成全书统稿工作,王治平教授参加了教材编写大纲协调会并提出了很好的建议,丁志生、林鸾飞、孟永清参加了部分章节和案例的编写工作。陈春根负责教材再版的修订工作,潘申彪负责部分案例更新,同时负责提供了课后习题答案。

　　本书编写过程中参考和吸收了国内外大量的优秀成果及相关文献,在此也谨向各位作者表示感谢。由于作者水平所限,书中疏漏和错误在所难免,敬请各位读者批评指正,以便修正改进。

陈春根

2014 年 6 月